TIMOTHY LEARY

DENN SIE WUSSTEN WAS SIE TUN

Timothy Leary

DENN SIE WUSSTEN WAS SIE TUN

Eine Rückblende

SPHINX

Aus dem Amerikanischen
von Susanne G. Seiler

CIP-Kurztitelaufnahme der Deutschen Bibliothek

Leary, Timothy:
Denn sie wußten was Sie tun: Eine Rückblende / Timothy Leary.
[Aus d. Amerik. von Susanne G. Seiler].–
Basel: Sphinx-Verlag, 1986.
Einheitssacht.: Flashbacks, an autobiography ‹dt.›
ISBN 3-85914-506-1

1986
© Sphinx Verlag Basel
Alle deutschen Rechte vorbehalten
Originaltitel: Flashbacks, an autobiography
Erschienen bei J. P. Tarcher Inc., Los Angeles
© 1983 by Timothy Leary
Umschlaggestaltung: Charles Huguenin
Satz: Reinhard Amann, Leutkirch
Herstellung: Spiegel Buch GmbH, Ulm
Printed in Germany
ISBN 3-85914-506-1

Inhalt

Prolog

Was meine Zeugung in mir erzeugt

Am 17. Januar 1920 wurde ich auf der Militärbasis von West Point im Staate New York gezeugt. Tags zuvor war Alkohol zur illegalen Droge erklärt worden.

Die Annalen der Militärakademie verraten, daß an jenem Samstag in der Offiziersmesse ein Tanzabend stattfand. Jetzt, nachdem der Schnaps verboten war, hatte der Genuß von Äthylalkohol etwas Glamouröses, Verruchtes an sich. Die stürmischen Zwanziger Jahre hatten begonnen.

Abigail, meine Mutter, erzählte später oft, daß während ihrer Schwangerschaft der Geruch von destilliertem Moonshine-Whiskey und Gin aus der Badewanne wie ein Nebel über dem Offiziersquartier hing. Timothy, mein Vater, auch Tote genannt, war auf dem besten Wege, sich vom Gesellschaftstrinker zum Alkoholiker zu wandeln. Um mich auf meine Zukunft vorzubereiten, pflegte er mir zu erklären, die Prohibition sei zwar schlimm genug, aber nicht so schlimm wie gar nichts zu saufen.

Es war ein außergewöhnlicher Abend! Nachtblaue Ausgangsuniformen, weiße Handschuhe, freche Kurzhaarfrisuren von *Antoine de Paris.* Die flirtende, doch ehrsame Abigail war allen Berichten zufolge die schönste Frau der Basis: pechschwarzes Haar, milchweiße Haut und die Kurven eines Gibson-Girls.

Tote gab sich wie immer arrogant. Wie der geborene Sportsmann stand er an der Bar – groß und schlank. Er füllte aus einem silbernen Flachmann ein illegales Genußmittel in die Gläser von Hauptmann Omar Bradley, Hauptmann Geoffry Prentice und Leutnant George Patton.

Abigail erhob sich vom linnenbedeckten und kerzenbeleuchteten Tisch, um sich mit ihrem Freund General Douglas MacArthur, dem Oberbefehlshaber der Basis, zu unterhalten, der sie gerade um einen Tanz gebeten hatte. Das Orchester spielte «Just a Japanese Sandman». Leutnant Patton, ein glühender Verehrer des weiblichen Geschlechts, gesellte sich zu den beiden.

Später kam Tote an Abigails Tisch. Leicht schwankend zum Takt des «Missouri Walzers» meinte er: «Schau dich nur an, wie du fromm dasitzt wie die Heilige Jungfrau persönlich. Wie wär's denn mit 'ner kleinen Verkündigung?»

Abigail, deren elegante Pose nur durch das leichteste Erröten verraten wurde, klappte ihren Fächer zusammen, nickte ihren Freunden zu, erhob sich anmutig und begab sich in die Garderobe.

Hauptmann Leary chauffierte seinen Packard unsicher zu seinem Haus im Offiziersviertel und summte dabei «Somebody Stole My Gal». Meine Mutter zog sich ins Schlafzimmer zurück, wo ihr Nachthemd auf sie wartete. Sie kniete neben ihr Bett nieder und betete.

Gegrüßt seist du, barmherzige Mutter

Tote mischte sich einen Drink mit destilliertem Gin. Er leerte sein Glas mit einem Zug und ging wankend die Treppen zum Schlafzimmer hinauf, zog sein armeeblaues Jacket mit den zwei Silberstreifen, seine schwarzen Schuhe, seine schwarzen Seidensocken und seine langen Unterhosen aus. Dann legte er sich zu Abigail und ging zu dem für seine Generation typischen ›Befruchtungsritual‹ über.

Rund zwei Wochen früher war ein einmaliges, abenteuerlustiges Jahrhundertei vorsichtig aus dem Vorrat von einer Million Ova, die sich im Körper meiner Mutter befanden, abgesondert worden, und war langsam und sanft entlang der Straße ihrer hübschen und weichen Eileiter hinuntergeglitten, um sich am Abend jenes 17. Januar 1920 zum vorbestimmten Rendezvous einzustellen.

Gott sei mit dir

Im Augenblick des Orgasmus deponierte Tote über vier Millionen Spermien ins «Fortpflanzungsorgan» meiner Mutter.

In wissenschaftlichen Kreisen ist man sich nach wie vor nicht einig, was daraufhin geschah. Traditionellen biologischen Szenarien zufolge brachen die vier Millionen Sämchen, von denen eines die Hälfte von mir enthielt, augenblicklich zu einer Art olympischem Schwimmfest auf. Sie rempelten einander, tauchten, schwammen, krauwlten oder hechteten mit tretenden Bewegungen vorwärts, um das Rennen zu machen und das arme, folgsamempfängliche Fräulein Ei zu vergewaltigen. Hier fand die Zeugung angeblich statt, als der erfolgreichste, sportlichste Same in das Ovum eindrang.

Ich lehne diese Zeugungstheorie aufs leidenschaftlichste ab! Ich wurde *kreiert* durch einen intelligenten, teleologischen Prozeß der natürlichen Selektion. Der verrufene, skurrile Lamarck hatte nämlich, was diese wichtige Stufe der RNS angeht, Recht. Ganz wie Sie bin ich ein getreues und intelligentes Replika, das eine für die Evolution des genetischen Genpools notwendige Rolle zu spielen hat. Die Auswahl des befruchtenden Samens sowie die Entscheidung über die endgültige Chromosomverteilung wird vom Ei getroffen. Es war die SIE in mir, die das letzte Wort hatte.

Gesegnet seist du, Frau aller Frauen

Ich fühlte, wie ich in Abigails Fortpflanzungslabor katapultiert wurde, genau dorthin, wo ich hingehörte, in eine rosa Meereshöhle, die vor Duftsignalen und chemischen Anweisungen nur so strotzte. Dort erfuhr ich eine von Mystikern oft beschriebene, unsagbare Verzückung.

Weiter oben sah ich zu meinem Erstaunen, daß Fräulein Ei, weit davon entfernt, ein passives, dummes Ding mit flachen Absätzen zu sein, das nur darauf wartete, von irgendeinem vorwitzigen, atemlosen, schwitzenden, muskelbepackten Sperma geschwängert zu werden, vielmehr eine leuchtende Sonne war, die belustigte Intelligenz ausstrahlte und die von lauter Magnetfeldern umgeben war, die vor phosphorisierenden Radarsonden und Laseraugen starrten.

Auf dieses besonders elegante, kultivierte und erfahrene Ei stürzte man nicht los wie ein Macho. Entspannt studierte ich in meiner späten Blüte ihre vielen Sinnesöffnungen und versuchte die Signale zu deuten, die von ihr ausgingen. Ich suchte die Antwort auf die Frage: *Was will die Frau?* Mein Leben hing davon ab. Natürlich versuchte ich ein paar Tricks, um ihre Aufmerksamkeit auf mich zu ziehen. Sie müssen funktioniert haben, denn ein sanfter, magnetischer Sog spülte mich durch den endlosen Gebärmutterhals, am Kanal der Zerteilten Gene entlang, und ich fühlte, wie ich gemustert, eingeschätzt und girrend angeworben und belehrt wurde.

Gesegnet seist du, Frucht meines Leibes

Während mein Schlangenleib vor Lust sprühte, wurde ich in ein sanftes, sahniges Zuhause eingebettet. Je mehr ich in diese Sonnensphäre hineingezogen wurde, um so mehr zerfloß ich in Sprudelbädern voller warmer Intelligenz.

Goodbye, hello!

Erster Teil

Metamorphose: Das Alte geht

Wir alle sind Zeugen der Entstehung einer neuen Zivilisation und sehen überall, wie blinde Menschen sie zu unterdrücken suchen. Diese neue Zivilisation bringt neue Familienmodelle, veränderte Arbeitsbedingungen, Liebesbeziehungen, Lebensweisen, neue politische Konflikte, aber vor allem ein verändertes Bewußtsein mit sich...

Das Entstehen dieser neuen Zivilisation allein ist die explosivste Tatsache unserer Zeit.

Es ist die zentrale Begebenheit – Schlüssel zum Verständnis der Jahre, die uns unmittelbar bevorstehen. Es ist ein ebenso tiefschürfendes Ereignis wie jene erste Welle der Veränderung, die vor zehntausend Jahren durch die Erfindung des Ackerbaus herbeigeführt wurde oder die epochale Zweite Welle der Veränderung, die durch die industrielle Revolution zustande kam. Wir sind die Kinder der nächsten Transformation, der Dritten Welle.

Alvin Toffler

Es ist keine Angeberei, wenn's wirklich so war.

Dussliger Dean

11

BIOGRAPHIE

DANTE ALIGHIERI (1265 – 1321), toskanischer Dichter, Politiker, Romantiker, Psychologe schuf eines der größten philosophischen Systeme des Mittelalters. Er lebte in einer sehr widersprüchlichen Zeit. Sein ganzes intellektuelles Streben galt der Anbetung des weiblichen Prinzips (verkörpert durch seine geliebte Beatrice), aber auch einer beharrlichen Opposition gegenüber organisierter Religion und päpstlicher Autorität. Sein Widerstand gegen die weltliche Macht von Papst Bonifatius VII. führte schließlich dazu, daß er in Ungnade fiel und im Alter von siebenunddreißig Jahren aus Florenz verbannt wurde.

Im Exil schrieb Dante die *Göttliche Komödie*, eine lange, allegorische Autobiographie, die Erzählung von der Reise des Dichters durch die Vergangenheit (Hölle) und Gegenwart (Läuterung) zur Zukunft (Paradies). Geschrieben im enzyklopädisch-epischen Stil, liefert die *Divina commedia* eine klassische Beschreibung der menschlichen Evolution.

Ihre Thematik ist des Pilgers allmähliches, schrittweises Verstehen der Stufen seines persönlichen Wachstums und seiner eigenen Entwicklung.

Dantes Botschaft wurde durch die Wahl der Umgangssprache statt des durch die Priesterschaft verwendeten Lateins aufs mächtigste zum Ausdruck gebracht. Seine späteren Werke umfassen *Das neue Leben*, eine Abhandlung über die Liebe, *Das Gastmahl*, eine Dissertation zur Unterstützung der humanistischen Philosophie und *Die Monarchie*, eine beredte Verteidigung der säkularisierten statt der päpstlichen Macht.

1. Die Suche nach dem Schlüssel

Berkeley, 22. Oktober 1955

Genau in der Mitte eines durchschnittlichen Lebens, an meinem fünfunddreißigsten Geburtstag, geriet ich an einen dunklen Ort. Marianne, meine süße, liebevolle Frau, Mutter von Susan und

Jack, beging Selbstmord. Es war an einem bewölkten Samstagmorgen. Wir hatten Karten für das Footballspiel California Golden Bears gegen USJ Trojans. Obwohl ich verkatert aufwachte, spürte ich sofort, daß Marianne nicht neben mir lag. Ich sprang auf, schleppte meinen Brummschädel durchs Haus und rief nach ihr: «Marianne...?»

Keine Antwort.

Ich rannte nach draußen. Die Garagentür war geschlossen, doch konnte ich drinnen den Motor unseres Wagens laufen hören. Ich riß die Türe auf. Der Geruch von abgestandenem Abgas schlug mir entgegen. Marianne lag auf dem Vordersitz, entspannt und kalt. Unsere beiden Kinder, Susan (acht) und Jack (sechs), die durch mein Geschrei aufgewacht waren, standen in ihren Pyjamas in der Auffahrt – mit riesengroßen Augen.

«Susan», rief ich, «lauf zum Feuerwehrposten und sage, sie sollen Sauerstoff bringen.» Die Feuerwehr kam. Es war zu spät. Marianne hatte uns unserem Schicksal überlassen.

Florenz, im Frühjahr 1959

Ich lebte in einer Dachwohnung, von wo ich auf die Kuppeln und Türme der mittelalterlichen Metropole der Toskana hinabsehen konnte. Der Innenhof gewährte mir einen Ausblick auf Dantes trägfließenden Arno. Susan, die jetzt zwölf war, und Jack, zehn, gingen in die amerikanische Schule östlich des Ponte Vecchio.

Ich war fast blank, und es sah nicht so aus, als würde ich bald eine Arbeit finden. Bis zum Vorjahr war ich ein erfolgreicher Psychologe gewesen, Autor einer Reihe von wissenschaftlichen Abhandlungen und zweier anerkannter Bücher zur Persönlichkeitsdiagnose. Nach sechzehn Jahren Lehre und Forschung hatte ich meinen Posten als Forschungsdirektor für Psychologie am Kaiser Foundation Hospital in Oakland aufgegeben, weil ich mir über meinen Beruf nicht im klaren war. Während zehn Jahren hatte mein Forscherteam die Erfolgsrate bei psychologischen Behandlungen verfolgt und niedergeschrieben. Wir fanden immer dieselben, entmutigenden Resultate, gleich welche Art von psychiatrischer Behandlung durchgeführt worden war. Einem Drittel der Patienten ging es besser, einem Drittel ging es gleich gut wie zuvor und einem Drittel ging es schlechter. Kontrollgruppen, die keine Behandlung erhielten, zeigten dieselben Resultate.

Trotz all ihrer Bemühungen hatte die Psychologie noch immer keinen Weg entwickelt, menschliches Verhalten erheblich und absehbar zu verändern. Ich war in der tristen Lage, einen Beruf auszuüben, der nicht zu funktionieren schien.

Ich hatte das vergangene Jahr im selbsterwählten europäischen Exil verbracht und lebte von einem bescheidenen Forschungsstipendium und Versicherungsprämien. Ich las die Philosophen und dachte nach. Ich konnte die scheinbare Tatsache nicht überwinden, daß ein Mensch, gar ein auf Universitäten ausgebildeter Mensch, die Probleme der Menschheit nicht zu lösen vermochte: Unglück, Dummheit und Streit. Diese persönliche und berufliche Malaise dehnte sich auf den Kalten Krieg und die Bombe aus. Seit Hiroshima stimmte gar nichts mehr.

Ich hatte eine altmodische Olivetti gemietet und war gerade mit dem Abtippen eines Manuskripts fertig geworden, das *The Existential Transaction* hieß. Dieses Buch schlug neue, humanistische Methoden zur Verhaltensmodifikation vor.

Zum ersten Mal seit meinem fünfunddreißigsten Geburtstag fühlte ich so etwas wie einen Funken Begeisterung. Ich meinte zu wissen, wie der Mensch seine persönliche Entwicklung steuern kann. Jetzt bestand der nächste Schritt darin, eine Klinik oder Universität zu finden, wo ich diese Ideen testen konnte.

Die Türglocke der Dachwohnung klingelte zweimal, und vor mir stand, abgerissen, verwahrlost, mein alter Freund und Saufkumpan aus den Tagen am Universitäts-Institut in Berkeley, Frank Barron, dessen keltische Augen vor Intelligenz und Aufsässigkeit funkelten. Seit damals hatte er sich den Ruf einer führenden Autorität auf dem Gebiet der Kreativitätspsychologie geschaffen. Im Verlauf seiner Studien war Frank zur leidenschaftlichen Überzeugung gelangt, daß nur die Psychologie, durch eine effektive Neuprogrammierung des menschlichen Gehirns, eine atomare Katastrophe vermeiden konnte.

Barron, der Europa anläßlich eines Studienurlaubs besuchte, brannte danach, mir von einigen ungewöhnlichen Versuchen zu erzählen, die er kürzlich unternommen hatte. Er berichtete, seine

Studien auf dem Gebiet der menschlichen Kreativität hätten ihn nach Mexiko geführt, wo er einen Psychiater befragte, der Visionen und Trancezustände herbeigeführt hatte, indem er die sogenannten «magischen Pilze» nutzte. Frank Barron hatte einen Sack voll von diesen Pilzen nach Berkeley mitgenommen und sie dort gegessen.

Von diesem Punkt an konnte ich Franks Gerede von den durch die eigenartigen Pilze hervorgerufenen Blakeschen Offenbarungen, mystischen Einsichten und transzendenten Perspektiven nicht mehr folgen. Ich machte mir ein wenig Sorgen um meinen alten Freund und warnte ihn vor der Möglichkeit, seine wissenschaftliche Glaubwürdigkeit zu verlieren, wenn er vor unseren Kollegen auf diese Art losplapperte.

Frank hinterließ zwei sehr nützliche Freundesgaben. Er bot mir fünfhundert Dollar aus seinem Forschungsstipendium der Ford Foundation an, um nach London zu fahren und dort Arthur Koestler über Kreativität zu befragen. Dann erzählte er mir, daß der Direktor des Harvard-Zentrums für Persönlichkeitsforschung, Professor David McClelland, seinen Studienurlaub in Florenz verbrachte und mir vielleicht eine Arbeit verschaffen konnte.

Professor McClelland hatte mein Buch *The Interpersonal Diagnosis of Personality* gelesen und wollte mit mir fachsimpeln. Er lud mich für den nächsten Tag zum Lunch ein.

Ich erklärte ihm, daß ich mit «existentiell» ausdrücken wollte, daß der Psychologe in realen Lebenssituationen mit Menschen arbeiten sollte: «Wir sollten die Menschen so behandeln, wie sie sind und ihnen weder ein medizinisches noch ein sonstiges Modell aufzwingen.»

McClelland zündete sich eine italienische Zigarette an und bedeutete mir, fortzufahren.

«Mit ›Transaktion‹ meine ich, daß die Psychologen sich nicht mehr als von ihrem Untersuchungsobjekt getrennt betrachten sollten. Sie sollen sich engagieren und mit den Gegebenheiten identifizieren, die sie untersuchen. Sie sollen an jeden Versuch mit der Bereitwilligkeit herangehen, sich ebensosehr oder mehr zu verändern als die Versuchspersonen selbst.»

McClelland zog eine Augenbraue in die Höhe. «Der Wissenschaftler soll sich verändern?» Er nahm mein Manuskript vom Tisch und blätterte es konzentriert durch. Ich füllte unsere Gläser und fragte mich, ob ich je wieder in der Lage sein würde, mein Brot als Psychologe zu verdienen.

McClelland nahm seine Brille ab und schien noch strenger: «Was Sie in diesem Buch vorschlagen, ist ein drastischer Wandel der Rolle des Wissenschaftlers, Lehrers und Therapeuten. Anstatt Versuchspersonen, Studenten und Patienten einen Komplex von einheitlichen und anerkannten Regeln zu lehren, möchten Sie sich der Sache auf eine egalitäre Art oder in Form eines Informationsaustausches nähern. Stimmt's?»

«Ja, genau das wollte ich zum Ausdruck bringen.»

«Ich nehme an, Sie hoffen, daß eine ahnungslose Erziehungsanstalt Sie anstellt, um aktive Forschungsprojekte in die Wege zu leiten, die von dieser Institution verlangen werden, daß sie sich verändert.»

«Ja», gab ich zu. Ich dachte mir, es sei an der Zeit, mein Manuskript zu nehmen und mit Susans Fahrrad den Hügel wieder hinunterzufahren.

McClelland schenkte uns beiden nochmals ein und zündete eine weitere seiner langen Zigaretten an. «Okay, ich bin bereit, Ihnen einen Job in Harvard anzubieten.»

«Ist das Ihr Ernst?»

«Sie haben mich neugierig gemacht», sagte Professor McClelland. «Es besteht kein Zweifel, daß das, wofür Sie eintreten, die Zukunft der amerikanischen Psychologie sein wird. Sie sind nicht der einzige. Es gibt mehrere kluge Köpfe in unserem Beruf – wie Benjamin Spock, Carl Rogers, Abraham Maslow, Harry Stack Sullivan, Milton Gloaming –, die darauf drängen, daß wir inneres Potential und persönliches Wachstum durch Selbstvertrauen betonen, um Patienten von der Abhängigkeit von autoritären Ärzten und Dogmen zu befreien. Sie kommen mit Taktiken der vordersten Front und sind genau das, was wir brauchen, um in Harvard die Dinge in Bewegung zu setzen.»

WILLIAM JAMES (1842 – 1920), Philosoph und Psychologe, war Amerikas erster anerkannter Gehirndrogenforscher. Sohn eines Swedenborgschen Pfarrers und Bruder des Romanciers Henry James, verfaßte er den klassischen Text *Principles of Psychology* (1890) und etablierte sich als Vater der amerikanischen Psychologie. Im Gegensatz zu den autoritären europäischen Theorien betonte James' Einstellung die aktive und selbstbestimmende Rolle des Geistes im Erschaffen einer persönlichen Wirklichkeit. Seine Hypothese, wir würden unsere Wirklichkeiten aus der «unzusammenhängenden Kontinuität des Raums herausschnitzen», wurde zum grundlegenden Prinzip der Drogenkultur der Sechziger Jahre.

William James eröffnete die Harvard-Tradition der Erforschung von Gehirnveränderungen und schockierte die akademische Gemeinschaft seiner Zeit mit seinen Versuchen mit Peyote und Lachgas. In *Die Vielfalt religiöser Erfahrungen* weist James nach, daß bedeutsame Ebenen der Intelligenz, die sich hinter dem eng justierten, konditionierten Geist befinden, mittels Drogen erreichen lassen.

2. Das Harvard-Kollegium für visionäre Erfahrungen

Cambridge, Massachusetts, im Januar 1960

Harvard war zu Beginn dieses neuen Jahrzehnts ein angesehenes akademisches Korallenriff, ein solider Haufen von über die Jahrhunderte angesammelter akademischer Traditionen, der einer großen Vielfalt von Küstentierchen Platz bot: Umrankten, akkreditierten Professoren, schnellschießenden Lektoren, nervösen, schlüpfrigen Kandidaten, fröhlichen, bunten Studentchen, die aufgeschnappt wurden von eiligen Fakultäts-Krabben und gelegentlich von Killerwalen des Kissinger/Schlesinger-Typs, die während alljährlichen Migrationen durch diese geschützten Gewässer schweiften, auf dem Weg von und nach Wall Street, Washington und anderen Nahrungsgründen...

Bei unserer Ankunft in Cambridge zogen Susan, Jack und ich in eine Suite mit zwei Schlafzimmern in einem Hotel, das nur eine Straße vom Zentrum für Persönlichkeitsforschung entfernt lag. Am nächsten Tag brachte ich die beiden in die Schule und suchte den berühmten Schneider Calvin Pembroke am Harvard Square auf.

Dwight D. Eisenhowers letztes Amtsjahr neigte sich seinem Ende zu. Richard Nixon war Vize-Präsident. Der Kalte Krieg flackerte auf mit dem Sieg Castros in Kuba und dem chinesischen Einmarsch in Tibet. Der Verleger Barney Rosset appellierte erfolgreich gegen ein Verbot der Postzensur von *Lady Chatterleys Liebhaber. Naked Lunch* von William Burroughs war ein Untergrund-Bestseller, *Hiroshima mon amour, Orfeo negro* und *Manche mögen's heiß* vielgesehene Filme. Ein angstreduzierendes Mittel, Librium, wurde zum meistgebrauchten stimmungsverändernden Medikament, das der amerikanischen Öffentlichkeit zugänglich war.

Mein Start auf der akademischen Rennstrecke Harvard vollzog sich blitzschnell. Die Studenten waren total unzufrieden mit den Freudianern, deren Theorien im feuchten Klima der Provinz gediehen. Die Skinnersche Konditionierer hatten manchen mit ihren parteiischen, humorlosen Manipulationen entfremdet. Die Abteilung für Gesellschaftliche Beziehungen hatte gerade eine statistische Studie der in der Psychologie gebräuchlichen Diagnosesysteme fertiggestellt. Mein *Interpersonal Diagnosis of Personality* (Buch des Jahres 1957 auf therapeutischem Gebiet) profitierte von dieser Analyse, wobei dessen neue Einstellung zur Verhaltungsmodifikation viel Aufsehen erregte. Besonders die Doktoranden unter den Studenten waren bereit für neue Techniken. Sie hatten gehofft, in der menschlichen Psychologie das aufregendste, lebendigste und optimistischste Wissensgebiet zu finden.

Das Zentrum für Persönlichkeitsforschung befand sich in einem Gebäude im puritanischen Stil, das sich prophetischerweise an der Divinity Avenue Nr. 5 befand. Man bot mir eine Büroflucht im dritten Stock an, doch ich entschied mich für ein kleines Büro in der Nähe des Eingangs, weil ich mir davon mehr Aktion erhoffte.

Es war meine Aufgabe, das fortgeschrittene Seminar für Doktoranden der Psychologie zu leiten, doch mußte ich die Feldbedingungen erst einmal ändern und dezentralisieren. Die Doktoranden wurden meistens in an Freud orientierte Kliniken und Krankenhäuser geschickt, die das Auswendiglernen von sterilen und ineffektiven Tests wie den Rorschach propagierten. In meinen Vorlesungen sagte ich zu meinen Studenten: «Wir wollen lernen, mit Problemen im Milieu, in Ghetto-Gemeindezentren, in katholischen Waisenhäusern, Eheberatungsinstituten, Gefängnissen und anderen natürlichen menschlichen Umgebungen umzugehen. Nehmen wir uns eine heiße Krise des Dschungels der Straßenszene dort draußen vor, dort nämlich, wie sie tatsächlich auftritt.» Die konservativeren Mitglieder der Fakultät nahmen erregt Anstoß.

Ich begleitete meine Studenten zu Befragungen von Drogensüchtigen, Verkehrspolizisten und Sozialarbeitern. Ich arrangierte mehrere Treffen mit Bill Wilson, dem Begründer der erfolgreichsten Selbsthilfegruppe aller Zeiten, die *Anonymen Alkoholiker*, wie auch mit Bill Dederich, dem Begründer von Synanon.* Im Grunde genommen, stellte ich ihnen immer wieder dieselbe Frage, nämlich: «Wie verändern *Sie* menschliches Verhalten?» Es war offensichtlich, daß die dezentralisierten Selbsthilfe-Therapien der richtigen Sache auf der Spur waren, da sie Selbstvertrauen und Optimismus förderten. Doch auch diese Methoden verlangten viel Zeit, um einen Menschen zu verändern und Gewohnheiten zu rekonditionieren, die über Jahre hinweg entstanden waren.

Die Gesprächstherapie war noch immer bloß heiße Luft. Freud hatte fünfzig Jahre zuvor zugegeben, daß das Gespräch in der Praxis des Therapeuten die Macht der ursprünglichen emotionalen Fixierung der Kindheit nicht replizieren konnte. Er schlug vor, daß physiologische (d.h. chemische) Stimuli nötig seien, um neurologische Bande aufzulockern. Meines Wissens war kein solches magisches Elixier entdeckt worden. Zum Glück gab es eine Menge graduierter Studenten und Professoren, die sich auch für die neuen Methoden der Verhaltensmodifikation interessierten. Professor McClelland hatte das Zentrum mit einigen Außenseitern bestückt, die nur darauf warteten, daß etwas Aufregendes passierte.

Weiter unten im Gang zum Beispiel, in einem heißbegehrten Eckbüro, saß ein äußerst einnehmendes Fakultätsmitglied,

---

* Berühmt-berüchtigtes Drogenentzugsprogramm – A.d.Ü.

jemand, der bei den kommenden Ereignissen eine große Rolle spielen würde. Assistenz-Professor Richard Alpert war ein großer, jugendlich wirkender Psychologe, um die Dreißig, ein ehrgeiziger Politiker von einem Akademiker; freundlich, witzig, ein großes, schwanzwedelndes Elefantenbaby. Als Junggeselle war Dick das einzige andere Fakultätsmitglied, das nachts arbeitete.

Nach dem Abendessen, wenn die Kinder in unserer Hotelsuite schliefen, spazierte ich gewöhnlich die kurze Strecke entlang dem Kleinod von einer Kapelle der Swedenborgianer bis zu meinem Büro, wo ich las, schrieb, kalifornischen Weißwein aus Zweieinhalbliterflaschen trank, meine Marlboros rauchte und mit meinen Studenten schwatzte. Eine endlose Prozession von unbeholfenen jungen Männern zog an meiner Türe vorüber zu halbstündigen Gesprächen mit Dick. Oft gesellte er sich auch zur Gruppe in meinem Büro, um unseren Diskussionen zuzuhören. Später tranken wir am Harvard Square noch ein Bier und aßen ein Brötchen.

Zu jener Zeit war Dicks Vater Präsident der New York, New Havon und Hartford-Eisenbahngesellschaft, ein bankrotter, doch immer noch angesehener Laden, der voller plünderbarer Aktivposten steckte. Dick nutzte seine Verbindung zu dieser Gesellschaft auf spielerische Art aus; er ließ es sich gut gehen in der Dachwohnung, die die Firma am Park Avenue unterhielt und hatte seinen Spaß an den Limousinen und am Zutritt zum Allerheiligsten der Grand Central Station. Bei ihm, der zu jedem Schabernack bereit war, hätte man zuletzt religiöses oder spirituelles Potenial vermutet.

Besonders Kinder liebten Dick heiß. Seine Possen und seine Jungenhaftigkeit gewannen ihm die Freundschaft von Professor McClellands Zwillingssöhnen (Dick war ihr Pate) wie auch der Kinder anderer wichtiger Professoren. Ich war ihm sehr dankbar für die Anhänglichkeit, mit der er meine beiden eigenen Kinder immer wieder bedachte.

Der Possenreißer in Professor Alpert entsprach dem gegen das Establishment ausgerichteten Beigeschmack meiner Ideen. Die Partnerschaft mit ihm war etwas Natürliches für mich, wegen einer Haltung, die mir in frühester Kindheit durch ein subversives Buch erzeugt wurde, das ich nahezu auswendig kannte. Die zwei rebellischen Freunde Tom Sawyer und Huckleberry Finn waren meine Vorbilder. Für mich haben sie immer für das Amerikanische per se

20

gestanden. Wie Tom Sawyer war ich ein begeisterter Leser von historischen Romanen und Heldengeschichten. Wie Tom lebte auch ich meistens in einem mythisch-fantastischen Abenteuerland, wo ich auf meinem Fahrrad, dem Pony-Expreß, den Pfeilen der Rothäute auswich und mich vor meinen weißen Eltern in einem Tipi im Hinterhof versteckte. Ich ließ mich aus meinem Fenster gleiten, um übers Dach zu schleichen und die Regenrinne hinunterzurutschen, wobei ich heimlich die Fingerabdrücke der Nachbarn sicherte und ahnungslose Freunde mit geheimen Missionen für mein Detektivbüro beauftragte.

Ich schätzte Richard Alpert als potentiellen Huck zu meinem Tom ein. Ich erzählte ihm, daß ich plante, den Sommer in Mexiko zu verbringen. Dick, der einen Pilotenschein besaß, schlug vor, er würde ein Flugzeug kaufen, um so mit uns durch Mexiko und die Karibik zu «hüpfen».

MARK TWAIN (1835 – 1910), wurde als Samuel Clemens geboren und hielt sich während des Höhepunkts des Zugs nach Westen an der amerikanischen Siedlungsgrenze auf. Wie Huckleberry Finn, seine größte literarische Schöpfung, wandte sich Twain in jungen Jahren vom formellen Schulweg ab und «schlug sich in die Büsche», wo er ländliche Abenteuer erlebte und Weisheit erlangte aus seinen Beobachtungen von Menschen und Orten.

Seine Bohème-Tage nahmen 1870 mit seiner Eheschließung ihr Ende, da diese ihn in Kontakt mit einer bürgerlichen Gesellschaft brachte. Er zog in eine großzügige Villa in Connecticut, hatte Kinder, schrieb Bücher und reiste als Redner durchs Land. Während der nächsten fünfundzwanzig Jahre schuf er die Urinbegriffe jugendlicher Aufsässigkeit: Tom Sawyer, Huck Finn und Puddingkopf Wilson. Mark Twain machte sein Werk mehr Men-

schen zugänglich als jeder andere amerikanische Schriftsteller vor ihm. Wie Dante wandte er sich direkt an das Volk, in einer Sprache, die es verstehen konnte.

Eine persönliche Tragödie (der Verlust seiner Frau und zweier seiner Kinder), gesellschaftliche Fehltritte sowie ein akutes Gewahrsein des Materialismus und militärischen Opportunismus, die die westliche Grenze angesteckt hatten, nachdem sie besiedelt worden war, machten aus dem Autoren einen zutiefst zynischen Menschen. Seine späteren pornografischen und satirischen Werke, die den Schwarzen Humor, Existentialismus und Punk vorwegnehmen, stehen in scharfem Kontrast zum Optimismus und zur Unschuld seines früheren Schaffens. Um die Familie vor Schande zu bewahren, wurden viele von seinen gegen die Gesellschaft gerichteten Schriften von seiner überlebenden Tochter unterschlagen.

3. Das Wiedersehen mit der Witwe Douglas

Der Umzug nach Harvard hatte viele Vorteile mit sich gebracht; aber das Schönste daran war die Versöhnung mit meiner verwitweten Mutter, Abigail. Sie lebte mit ihrer Schwester, Tante Mae, in dem Haus, in dem sie zweiundsiebzig Jahre zuvor geboren worden war. Tante Mae hatte ihr ganzes Leben in diesem weißen Schindeln-Bauernhaus verbracht, das vor dem Bürgerkrieg von meinem Großvater erbaut worden war.

Diese beiden artigen Damen waren Teil einer gesetzten Gesellschaft von pensionierten Lehrerinnen, die alle irisch-katholisch und (mit Ausnahme meiner Mutter) alte Jungfern waren. Bei ihren Teeparties war das Hauptthema die Verwandtschaft. Seit Mariannes Tod hatte die arme Abigail wenig Erfreuliches über ihre einziges Kind zu berichten gehabt. Mein plötzliches Auftauchen als Mitglied der Fakultät von Harvard änderte das alles. Meine Mutter war hocherfreut. Am ersten warmen Wochenende packte ich die Kinder in ein Mietauto und fuhr auf dem Massachusetts Turnpike* in Richtung Westen, um sie aufzusuchen.

Springfield, Massachusetts, 1920–1930

Zur Zeit meiner Geburt war Springfield, die Heimatstadt meines Vaters, ein freundlicher, mittelgroßer Industrieort. Bekannt als die Stätte von Shays Rebellion, dem ersten bewaffneten Aufstand gegen die Autorität der amerikanischen Regierung, wurde Springfield später zu einer Haltestelle der Untergrund-Eisenbahn, ein Zufluchtsort für schwarze Sklaven, die in die Freiheit flohen.

Die Leary-Familie war städtisch, gebildet, vermögend und – in meinen Augen – schillernd. Der Bostoner Zweig der Familie hatte mehrere Ärzte hervorgebracht, von denen der prominenteste Professor an der Tufts Universität und während zweier Jahre Stadtarzt von Boston gewesen war. Dieser berühmte Dr. Timothy Leary,

---

* Eine der berühmtesten Autobahnstrecken der Ostküste – A.d.Ü.

nach dem mein Vater und ich benannt worden waren, veröffentlichte mehrere klassische Werke über den Blutkreislauf.

Die Learys gehörten zum ersten Kader irisch-katholischer Immi-
granten, die durch Kriminalität, harte Arbeit und Politik aufstie-
gen, um zur professionellen und wissenschaftlichen Klasse des
neuen Kontinents zu stoßen. Großvater Leary galt als reichster
Katholik irischer Abstammung von West-Massachusetts – mit
Grundbesitz an der Hauptstraße. Er sammelte die Theaterplakate
der großen Schauspieler und Schauspielerinnen des neunzehnten
Jahrhunderts, bewirtete gelehrte Gäste und versuchte, die wilden
Eskapaden seiner Familie zu ignorieren. Zu der Zeit, als ich mich
meinen genetischen Aufgaben stellte, war er pensioniert und verbrachte einen großen Teil seiner Zeit in einem riesigen, mit Büchern
vollgestopften Zimmer. Meine lebhafteste Erinnerung an meinen
Großvater geht auf einen winterlichen Abend zurück, als er mich
auf dem Fußboden seines Studierzimmers sitzend vorfand, während
ich *Leben auf dem Mississippi* las. Er befragte mich über meine Lektüre. Als ich ihm gestand, daß ich acht bis zehn Bücher in einer Woche las, fragte er mich, was ich dabei gelernt hätte. Dann bedeutete
er mir, ihm in sein Schlafzimmer zu folgen, einem verbotenen Heiligtum, zu dem nur das Zimmermädchen Zutritt hatte. Er entklei-
dete sich mit solch prüder Geschicklichkeit, daß ich nie etwas von
seinem Körper sah, während er sein langes Nachthemd überzog.

«Neun Kinder, sechs Enkel», murmelte er. «Alles ungebildete
Rabauken. Du bist der einzige, der liest.»

Er hob seinen zerbrechlichen Körper auf das Bett und winkte mir,
näher zu kommen. «Wie alt bist du?»

«Zehn.»

«Du bist der jüngste und der letzte, deshalb werde ich dir den
besten Rat geben, den ich weiß.» Er richtete sich auf. «Tu nie etwas
so, wie es die anderen tun, Bub. Verstehst du das?»

«Ich bin nicht sicher, Sir.»

«Geh deinen eigenen Weg. Sei der einzige deiner Art. Verstehst
du mich jetzt?»

Ich war mir immer noch nicht sicher, aber ich sagte, ich hätte es
verstanden. «Gut. Jetzt leg ich mich schlafen. Mach das Licht aus,
wenn du gehst.»

Das waren die einzigen bedeutungsvollen Worte, die er je zu mir
sprach.

24

Meine Großeltern mütterlicherseits, die Ferris, habe ich nie gekannt. Sie starben während der Grippeepedemie von 1918 und hinterließen ihre reduzierten Ländereien meiner Tante Dudu – ein scheuer, fanatisch gläubiger Gnom –, der erfolglos versuchte, die Angelegenheiten der Familie mit der Pietät eines irischen Dorfpfarrers zu leiten, und die den ganzen Tag auf einer Couch saß, mit ihrem falschen Gebiß klapperte, Gebete murmelte und ihre katholischen Traktate las. Wie es sich für ihre ehrwürdige Rolle als Familienoberhaupt ziemte, schlief Tante Dudu im Elternschlafzimmer, «Großvaters Zimmer» genannt, dem zähen alten Bauern zuliebe, der es gebaut hatte.

Tante Dudu war daran gewöhnt, früh schlafen zu gehen. Einmal im Bett, brachte man ihr ihren Schlaftrunk: ein Glas Whiskey mit dampfend heißer Milch. Während der Zeit, als meine Mutter vor meinem alkoholkranken Vater ins Haus der Ferris' geflüchtet war, war es meine Aufgabe, Dudus Gutenachtdroge zu überbringen. Manchmal, wenn ich die Treppe hochstieg, atmete ich diesen eigenartigen ›Eutergeruch‹ mit erstauntem Ekel ein.

Tante Maes Adlerauge bemerkte diese nasale Verirrung. Sie verkündete, daß jene Mission mir nicht länger gestattet sei. Die Überlegung war, daß der Geruch des Alkohols meine Leary-Natur zum Durchbruch bringen könnte. Diese Einsicht trug ihre Früchte. Ich habe heiße Milch seither immer mit freudloser, ungesunder Tugend in Verbindung gebracht.

Keiner der auf dem Bauernhof aufgewachsenen Ferris hatte es in der Industriekultur weit gebracht. Der Star ihres Genpools war ein Onkel, Vater Michael Cavanaugh, der in Rom erzogen und aus dem ein Monsignore und ein Mitglied der Elite des Vatikans geworden war. Als Pfarrherr einer reichen Kirche lebte Vater Michael wie ein Baron, reiste viel und ließ sich dabei von einem Chauffeur umherfahren. Groß in seinen schwarzen Gehröcken, umgeben von italienischer Kunst, verbreitete er einen beeindruckenden Hauch feudaler Arroganz.

Das Haus der Ferris, wo ich einen großen Teil meiner Kindheit verbrachte, war ein kurioses Repositorium religiöser Kunst. Während der Sommerferien fuhren meine Tanten, die ja Lehrerinnen waren, nach Europa, um Kathedralen und Museen zu besichtigen. Sie kamen zurück mit handkolorierten Drucken von flämischen Meistern. So konnte ich im Alter von fünf Jahren die Madonnen, die Krippenszenen, die Wunder und die heiligen Anbetungen Titians, Raffaels, Giottos und Leonardos auseinanderhalten.

Ich kann mich an keinen einzigen Augenblick ausgelassener Freude auf dem Bauernhof erinnern. Der Ferris-Clan war die angesehenste irisch-katholische Familie des Ortes und besetzte schon seit siebzig Jahren die Familienbank in der zweiten Reihe auf der St. Joseph geweihten Seite der Dorfkirche.

In ihrem Haus herrschte Mißtrauen Männern und Sexualität gegenüber, das sich besonders gegen Tote richtete, der die Ferris nie besuchte. Tante Mae war derart betrübt, als Vater und Mutter heirateten, daß sie drei Tage lang weinte und Abigail anflehte, die Hochzeitsreise nicht anzutreten. Ihr jansenistischer Horror vor sexuellen Dingen war obsessiv. Jede Handlung, jedes Buch, jeder Film und jede Theateraufführung wurde durchforstet nach erotisch pikanten Details.

Meine frühen Jahre waren von zwei extrem verschiedenen Modellen bestimmt. Der Ferris-Clan: konservativ, familienorientiert, mißtrauisch allem Fröhlichen, Frivolen oder Neuen gegenüber; dagegen die Learys: aufgeschlossen, vergnügt, ichbezogen. Jeder Leary legte einen anderen Stil an den Tag.

Für einen Ferris war das Dorf die Lebenseinheit. Von Kirche und Nachbarn verbreitete Doktrinen waren von äußerster Wichtigkeit. Die Ferris-Familie verurteilte die Learys als *egoistisch*. Die Learys sprachen kaum von den Ferris, weil zwischen ihnen kaum je etwas stattfand. Für einen Leary zählte der einzelne, je flotter und lebenslustiger, desto besser.

Als Kind zog es mich ganz natürlich zu den Learys hin. Mein Neffe Phil war mein Vorbild. Als Ewig-Jugendlicher, Sportsmann und ausgezeichneter Bridge-Spieler weigerte er sich, sich über die Melodramen rund um ihn herum aufzuregen. Als ich sieben war, fing er an, jener üppigen Frau den Hof zu machen, die mit der Zeit meine Tante Anita wurde. Ich überraschte sie oft in der Garderobe beim Schmusen. Die beiden hatten Temperament und waren unzertrennlich, wenn es darum ging, ihre kichernden Späße zu treiben. Phil war nie ehrgeizig. Er übernahm die Modeboutique meines Onkels Arthur (von dem ich später erfahren habe, daß er schwul war), als dieser starb, doch verbrachte er dort die meiste Zeit im Packraum, wo er Wetten auf Pferde und verschiedene Ballsportarten abschloß. Seine regelmäßige Botschaft an mich lautete:

«Sei glücklich.» Er war ziemlich avantgardistisch für einen irisch-katholischen Neuengländer des Jahres 1930.

Der polare Kontrast zwischen den Learys und den Ferris verursachte eine gewisse Verwirrung in mir. Ich liebte meine Mutter, und später verstand ich ihre Sehnsüchte nach einem geregelten Leben als angesehene Frau eines reichen Zahnarztes. Doch für Mutter stand der Clan immer an erster Stelle. Sie verbrachte mindestens eine halbe Stunde am Tag am Telefon mit Tante Mae, wobei sie den schwarzen Hörer links von ihrem Kopf hielt und immer wieder «jajaa» sagte.

Mein bleibendes Bild von ihr entstand, als ich zehn war, am Rande des Rasens hinter unserem Haus. Meine Mutter hatte Blumen gepflanzt. Eines Tages, als ich alleine Ball spielte, hörte ich sie schluchzen. Sie kauerte auf dem Boden und weinte, weil unser Deutscher Schäferhund eine Pflanze kaputtgemacht hatte. Ihr Rock war ihr über die Knie gerutscht, in einem ihrer Strümpfe war eine Laufmasche, ihr Gesicht war verzerrt, doch sogar damals empfand ich ihren Kummer als etwas Selbstgefälliges. Sie sah aus wie eine dieser Märtyrerinnen Titians, die im Garten weinte wegen der Ursünde, was immer das sein mochte.

Es muß zu jener Zeit gewesen sein, daß ich beschloß, Frauen zu wählen, die das genaue Gegenteil von Abigail waren. Seither habe ich immer die wildesten, lustigsten, weltoffensten Mädchen gehabt.

Indian Orchard, Massachusetts, Februar 1960

Ich verließ den Massachusetts Turnpike an der Ausfahrt Ludlow und gelangte über den Chicopee River in meine Heimatstadt, fuhr am Drugstore vorbei, wo ich einst «Schundhefte» wie *Der heiße Detektiv* und *Das heiße Abenteuer* gekauft hatte, vorüber an jenen Häusern, wo ich als Zwanzigjähriger die Weihnachtspost abgegeben hatte, vorbei am Indian Leap Hotel und den Feldern, die die Familie meiner Mutter Chapmas Ventilfabrik verkauft hatte. Bald lenkte ich den Wagen in die Einfahrt, die zum Bauernhof führte.

Mutter und Tante Mae kamen auf ihren alten Füßen herbeigetrippelt, um uns zu begrüßen. Sie sahen phantastisch aus. Schlank, sprühend vor Freude. Und doch war ich vorsichtig. Sogar mit Vierzig war ich auf der Hut, bereit mich und die Kinder vor Tante Maes leidenschaftlichen Moralpredigten zu schützen.

Es gab viel persönliche Geschichte nachzuholen. Dann sprachen wir angeregt über Florenz, die Uffizien und die Skulpturen von Michelangelo. Die Kinder erzählten charmante Anekdoten über europäische Schulen und schnatterten ein paar Sätze Italienisch. Mama und Mae nahmen meine Einladung zum Mittagessen in der Copley Plaza für die nächste Woche an.

Wir setzten uns an den Sonntagstisch, wo die altbekannten Leckereien auf uns warteten: gebratenes Hühnchen, Kartoffelsalat, Preiselbeeren, Soße, Salat und warme Brötchen. Als sich meine Mutter hinsetzte, sagte sie zum tausendsten Mal: «Ich habe in den besten Restaurants von New York und Paris gesessen, und doch schmeckt's nirgends so gut wie zuhause.»

Am Kopfende des Tisches sprach Tante Mae das Tischgebet: «Gesegnet, o Herr, sind die Gaben, die wir von Dir erhalten haben, durch Deine Güte, durch Jesus unseren Herrn, Amen.» Ich hatte die Kinder auf diese Prozedur vorbereitet. Sie senkten den Kopf und schlossen die Augen wie artige kleine Soldaten. Sowohl meine Mutter als auch Tante Mae beobachteten ihre guten Manieren und nickten wohlgefällig.

Das Essen war ein Riesenerfolg. Mutter strahlte, Tante Mae hätte beinahe gelächelt. Endlich, nach vierzig Jahren Sorgen und Enttäuschungen war der Traum meiner Mutter Wahrheit geworden: Ihr Sohn war Harvard-Psychologe, und die Familie war wieder vereint.

Tante Mae war positiv beeindruckt. Sie fand keine Anzeichen von Unmoral. Sie hatte die Gewohnheit, eine aufgerollte Zeitung in der rechten Hand zu halten, wie das Szepter von Königin Viktoria. Um die gesprächige Begeisterung meiner Mutter zu dämpfen, sagte Mae hin und wieder «Ach Abby, sei doch still.» und schlug ihr dabei mit der Zeitung leicht auf den Arm.

Bei Sonnenuntergang, als wir dabei waren, unsere Mäntel anzuziehen, nahm mich Tante Mae beseite.

«Du hast deine Mutter heute sehr glücklich gemacht.»

«Ich weiß. Ist es nicht wunderbar?»

«Aber in der Vergangenheit hast du sie sehr unglücklich gemacht, Timothy.»

Ich nickte.

«Nun, du wirst in Harvard doch nicht in Schwierigkeiten geraten?»

«Schwierigkeiten», rief ich aus, «was für Schwierigkeiten?»

«Du weißt, was ich meine. Aus der Mittelschule rausgeflogen, desgleichen aus der Heiligkreuz-Schule. In Westpoint zum Schweigen verurteilt. Dann Mariannes Tod und deine Flucht nach Europa. Wenn du in Harvard Schwierigkeiten bekommst, ist das der Tod deiner Mutter.»

«Harvard ist anders, Tante Mae. Ich werde ermutigt, neue Dinge auszuprobieren.»

«Zuerst sind sie immer ganz versessen auf dich. Doch dann machst du absichtlich irgend etwas Verrücktes. Versprich mir, daß du dich anpassen wirst, Timothy. Versprich es mir – um Deiner Mutter willen.»

«Du kannst dich auf mich verlassen, Tante Mae.»

Sie spielte immer die Witwe Douglas aus Hannibal, Missouri, die ihr Bestes tat, um mich zu «zivilisieren». Diesmal meinte ich, es mir gefallen lassen zu dürfen.

BIOGRAPHIE

FRANK BARRON, 1922 geboren, Psychologe und Philosoph, machte seinen Dr. phil. in Berkeley im Jahre 1950. Früh in seiner Karriere zog Barron wegen seiner brillanten Veröffentlichungen auf dem Gebiet der Kreativität die Aufmerksamkeit der Central Intelligence Agengy (CIA) auf sich.

Er wirkte über dreißig Jahre lang am Berkeley-Institut für Persönlichkeitskunde und -forschung, einer Organisation, die von früheren OSS-CIA-Psychologen organisiert und mit deren Angestellten besetzt wurde. Zweimal schlug Barron das Angebot aus, Direktor des psychologisch geschulten Personals der CIA zu werden.

Barron war einer der ersten zeitgenössischen Psychologen, der die Auswirkungen von psychedelischen Drogen untersuchte, und er war Mitbegründer des Harvard Psychedelic Drug Research-Programms (1960 – 61).

Barrons Beiträge zur Psychologie finden sich in seinen Büchern: *Creativity and Psychological Health, Creativity and Personal Freedom, Scientific Creativity, Creative Persons and Creative Process, Artists in the Making, Shaping of Personality.**

---

* Dtsch.: Kreativität und psychologische Gesundheit, Kreativität und persönliche Freiheit, Wissenschaftliche Kreativität, Kreative Personen und Prozesse, Künstler im Werden, Persönlichkeitsgestaltung – allesamt nicht übersetzt – A.d.Ü.

4. Die Heiligen Pilze Mexikos

Cuernavaca, Mexiko, im Sommer 1960

Im Jahre 1960 war Cuernavaca eine reizende Ortschaft und seit Jahrhunderten Zufluchtsort gebildeter Azteken, korrupter Politiker und wandernder Gelehrter. Charles Lindhberg, einer meiner Helden, umwarb hier Anne Morrow.

In den Tagen Montezumas war die Stadt, die man «Horn der Kuh» nannte, die Heimat der Wahrsager, Weisen und Zauberer gewesen. Cuernavaca liegt südlich einer Kette von vulkanischen Gipfeln, die Popo, Ixtacihualt und Toluca heißen. An den Hängen dieser Vulkane wachsen die heiligen Pilze Mexikos, die seherische Fähigkeiten verleihen: *Teonanacatl*, das «Fleisch der Götter».

Mein Sohn Jack und ich kundschafteten die Stadt aus und mieteten eine Villa neben dem Golfplatz an der Aveniada Acapulco. Es war ein geräumiges weißes Stuckhaus mit roten Bordüren, und von einer Steinmauer umgeben. Eine Kutscheneinfahrt führte zu einer breiten Treppe, die in einer großen Veranda mündete. Neben der oberen Terrasse war ein Schwimmbecken und eine am Hang abfallende Wiese mit dichtem Gras. Der untere Teil der Wiese wurde von *Ahuehate*-Bäumen beschattet. An den Wänden des Hauses rankten Bougainvillea rot, orange und fuchsiafarben dem wolkenlosen Blau des Himmels Morelos' entgegen.

Viele lebhafte Gäste bevölkerten diese Villa. Da war Ruth Dettering und ihr Mann Richard, ein Semantiker, der meistens betrunken war und witzige Philosophien vortrug. Sie brachten einen Freund mit, Bruce, einen bärtigen Logiker aus Michigan. Professor David McCelland und seine Familie verbrachten den Sommer zehn Meilen östlich von uns im sagenumwobenen Tal von Tepoztlan. Frank Barron und Dick Alpert waren unterwegs, Jack Leary unterhielt sich beim Ballspiel mit dem Sohn der Hausangestellten, Pepe. Meine Tochter verbrachte den Sommer bei Freunden in Berkeley.

Kristallklare Sommertage, vor dem Frühstück rund um das Schwimmbecken verstreut Badehosen, kalte Grapefruits, heiße Debatten mit gelehrten Besuchern, Handballspiele im Gras und die Schreie von Jack und Pepe, die auf der Wiese den Enten nachjagten. Das plötzliche Niedergehen des kühlen Abendregens, der Himmel, der sich über den Vulkanen dunkel färbte, und das Grollen des Donners. Margaritas. Soupers bei Kerzenlicht.

Ein häufiger Besucher war Gerhart Braun, Anthropologe, Historiker und Linguist an der Universität Mexiko. Gerhart hatte die Kulturen der Azteken studiert und in Nahuatl, der Ursprache, geschriebene Texte übersetzt. In diesen Texten wurde die Verwendung von magischen Pilzen häufig erwähnt. Die Pilze wurden von Wahrsagern benutzt, um die Zukunft vorherzusagen und bei zeremoniellen Anlässen an alle Teilnehmer ausgegeben. Gerharts Neugier war geweckt. Er fragte mich, ob ich sie versuchen wollte.

Ich erinnerte mich an Barrons vorwitzige Prophezeiung, die Pilze könnten das Werkzeug sein, wonach wir suchten, um den Menschen zu verändern.

«Warum versuchst du nicht, ob du welche finden kannst», meinte ich deshalb zu ihm.

In der darauffolgenden Woche rief Gerhart aus Mexiko-City an. er hatte eine *curandera* aus San Pedro, einem Dorf beim Toluca-Vulkan, kennengelernt. In einiger Entfernung vom Lärmen des Marktes, im Schatten einer Kirchmauer, hatte Juana ihm einen Sack Pilze gezeigt. Als er fragte, ob sie bestimmt nicht giftig seien, nahm sie gleich zwei davon in den Mund. Er kaufte die Pilze und wusch sie zuhause in kaltem Wasser. Jetzt lagen sie im Mittelfach seines Kühlschranks. «Bis Samstag», sagte ich.

Gerhart kam gegen Mittag an. Begleitet wurde er von Freundin Joan, deren Tochter Mandy und einem Mädchen namens Betty, eine Englisch-Studentin aus Berkeley, die Gedichte schrieb, Sprüche klopfte und mit den Jungen Fußball spielte.

Gerhart hatte sich mit Botanikern der Universität Mexiko unterhalten. Während er die Pilze sortierte, erzählte er uns, was er über sie erfahren hatte: Von den Azteken benutzt, wurden die magischen Pilze von der katholischen Kirche verboten, und dies so wirkungsvoll, daß zeitgenössische Botaniker bestritten haben, daß es eine solche Spezies überhaupt gibt. Bis zum letzten Jahrzehnt aus dem Blickfeld der Geschichte verdrängt, wurden sie von den Botanikern Weitlinger und Schultes und vom Amateur-Mykologenpaar Valentina und Gordon Wasson wiederentdeckt. Bis dahin hatten nur einige wenige Wissenschaftler, Dichter und Intellektuelle, die nach mystischen Erfahrungen trachteten, sie probiert. Man sagte, sie würden wundersame Trancen hervorrufen.

Gerhart verteilte die Pilze auf zwei Schalen, die er auf den Tisch unter einen riesigen Strandschirm stellte. Er meinte, wir würden je sechs davon nehmen. Die Wirkung würde nach einer Stunde einsetzen. Dann steckte er einen großen, schimmligen Pilz in den Mund, verzog das Gesicht und kaute.

Ich nahm auch einen. Er roch feucht. Der Geruch war der von morschem Holz oder wie gewisse Keller in Neuengland, und er schmeckte schlimmer, als er aussah. Bitter, streng. Ich nahm einen Schluck Carta Blanca, stopfte mir den Rest in den Mund und spülte ihn hinunter.

Jeder beobachtete seine Reaktionen, in der Erwartung, Anzeichen einer Vergiftung zu entdecken. Zu fünft saßen wir auf der sonnigen Terrasse und warteten. Und warteten. Wir fragten einander: «Wie viele hast du genommen? Spürst du etwas?»

Zwei Personen hatten sich enthalten. Die eine war Ruth Dettering; sie war schwanger. Ich war glücklich, sie als Beobachterin unter uns zu haben, denn sie war diplomierte Krankenschwester.

Der andere Abstinenzler war Bruce, der verkündete, er litte unter nervösen Störungen und würde eine ernste Reaktion befürchten. Er trug blaue Badehosen über einer geblümten Unterhose, grüne Sockenhalter, schwarze Socken und einen seidenen Morgenrock – also ernannten wir ihn zum offiziellen Beobachter. Er sollte ausführliche Notizen über unsere Reaktion machen.

Mir fing an, ‹komisch› zu werden. Wie Lachgas beim Zahnarzt. Mir war leicht übel. Ich fühlte mich entrückt und begab mich abseits von der Gruppe in Badekleidung auf eine Terrasse unter der grellen mexikanischen Sonne. Alles zitterte vor Leben, sogar die unbelebten Gegenstände.

Dettering sagte, er spüre es auch.

Bruce hob zu schreiben an, seine schmalen Schultern über den Notizblock gebeugt wie ein Wiener Psychiater. Der Wissenschaftler! Er wußte ja gar nicht, was er beobachtete. Diese professionelle Offenbarung kam mir unendlich komisch vor. Ich lachte und lachte und lachte und konnte gar nicht mehr aufhören.

Alle schauten mich erstaunt an. Ihre Verwunderung steigerte meine Belustigung. Bruce schaute auf; seine Zunge flitzte durch das Gestrüpp seines Barts.

Ich lachte über meine tägliche Pomposität, jene engstirnige Arroganz des Wissenschaftlers, die Unverschämtheit des Rationalen, die glatte Naivität von Worten im Gegensatz zu den unverfälschten, reichen, ewig-wechselnden Ponoramen, die mein Gehirn überfluteten.

Ich ging ins Haus uns ließ mich auf mein Bett fallen. Dettering folgte und beobachtete mich.

«Siehst du's Dick? Unsere kleinen Gehirne?»

Er nickte. Gut, daß er es auch sah. Er fing zu lachen an.

Ich ergab mich der Freude, wie es Mystiker seit Jahrhunderten getan haben, als sie durch den Schleier blickten und entdeckten, daß die Welt – so plastisch sie schien – eigentlich eine kleine, vom Verstand konstruierte Bühnenszene war. Es gab eine Flut von Möglichkeiten dort draußen (dort drinnen?), andere Wirklichkeiten, eine unendliche Anordnung von Programmen für andere Zukunftsszenarien.

Ich machte mich auf den Weg zurück zur Terrasse. Hallo – mein Schritt war zu einem gummibeinigen Schlenkern geworden. Der Raum schien voller unsichtbarer Flüssigkeit. Ich schwamm zur Dichterin Betty hinüber. Ihr klassisches Gesicht öffnete sich wie eine Sonnenblume. Sie befand sich an einem Ort voller Gnade. Dort bei der Tür stand Ruth Dettering. Ich schwamm zu ihr.

«Du, Ruth», sagte ich und klang dabei erstaunlich normal, «diese Pilze sind stärker, als ich dachte. Ich meine, du solltest die Kinder in die Stadt ins Kino und das Mädchen für den Rest des Nachmittags nach Hause schicken. Bleib in der Nähe und paß auf.»

Dann war ich weg, abgefahren in die Abteilung für phantastische Optik. Die Paläste des Nils, die Tempel der Hindus, babylonische Boudoirs, Lustzelte der Beduinen, glitzernde Edelsteine, fein gewobene Seidenkleider, die Farbe atmeten, vor Muzo-Smaragden gleißende Mosaike, burmesische Rubinen, Saphire aus Ceylon. Da waren edelsteinbesetzte Schlangen, maurische Reptilien, die züngelten, sich wanden und den Abfluß in der Mitte meiner Retina hinuntertaumelten.

Als nächstes folgte eine Reise durch die Evolution, die alle, die auf Gehirnreisen gehen, garantiert erleben werden. Ich glitt den Rekapitulationskanal hinunter bis in die alten Produktionsräume des Mittelhirns: Schlangenzeit, Fischzeit, Großer-Dschungel-Palme-Zeit, grüne Zeit der Farnspitzenblätter.

Ruhig beobachtete ich, wie das erste Meereswesen an Land kroch. Ich lag bei ihm, der Sand knirschte unter meinem Nacken, dann floh er zurück ins tiefgrüne Meer. Hallo, ich bin das erste Lebewesen.

ES IST JETZT ACHT UHR STOP. PILZESSEN BEGANN UM FÜNF STOP. WIRKUNG LÄSST NACH STOP. MÖCHTE HIERBLEIBEN STOP. KOMME BALD ZURÜCK STOP. HABE AUGENBLICKE VON WACHBEWUSSTSEIN OHNE TRANCE STOP. DANN KEHREN DIE VERZÜCKENDEN VISIONEN ZURÜCK OHNE STOP.

Die Reise dauerte etwas mehr als vier Stunden. Wie beinahe jeder, für den der Schleier gelüftet wurde, kam ich als veränderter Mensch zurück.

Der Heilige Johannes vom Kreuz, Aldous Huxley, dein kleiner Bruder, William Blake, John Lennon, Platon nach Eleusis, Lucy in the Sky with Diamonds und so weiter und so fort – sie alle sind sich einig, daß es außergewöhnliche Bereiche in unserem Gehirn gibt, die es zu erkunden gilt.

In den zwanzig Jahren seit ich in Mexiko in einem Garten Pilze aß, habe ich den größten Teil meiner Zeit und Energie damit verbracht, meine Gehirnschaltkreise zu erforschen und zu klassifizieren sowie mich auch mit deren Implikationen für die Evolution der Zukunft und der Vergangenheit zu beschäftigen. In vier Stunden am Schwimmbecken in Cuernavaca lernte ich mehr über den Verstand, das Gehirn und seine Strukturen, als ich es in den vergangenen fünfzehn Jahren als fleißiger Psychologe vermocht hatte.

Ich erfuhr, daß das Gehirn ein unterbenutzter Biocomputer ist, der Milliarden von unerschlossenen Neuronen enthält. Ich lernte, daß das normale Wachbewußtsein ein Tropfen in einem Ozean der Intelligenz ist. Daß Bewußtsein und Intelligenz systematisch erweitert werden können. Daß das Gehirn neu programmiert werden kann. Daß das Wissen um das Funktionieren unseres Gehirns die dringlichste wissenschaftliche Aufgabe unserer Zeit ist. Ich war außer mir vor Enthusiasmus, überzeugt, daß wir den Schlüssel, nach dem wir suchten, gefunden hatten.

Die Tage nach meinem ersten Trip benutzte ich, um mich zu beobachten und nachzudenken. Das war mein Glück. Eine psychedelische Erfahrung bedeutet für jeden ein Aufgewühltsein. In späteren Handbüchern und Vorlesungen habe ich immer vorgeschlagen, daß man mindestens einen Tag freinimmt von weltlichen Ablenkungen, so daß man das Geschehene in Ruhe verdauen kann.

Ein paar Tage später fuhr ich zum nahegelegenen Dorf Tepoztlan, um meine Entdeckung Professor McClelland mitzuteilen. Er war nicht nur ein auf galante Art kreativer Psychologe, er war auch Quaker. Diese transzendentale Religion wurde in Hinblick auf die visionären Erlebnisse eines Georg Fox gegründet, so daß ich meinte, McClelland sei empfänglich für die Idee, die Pilze selbst zu versuchen.

Er war es nicht. Er schien sich sogar vage belästigt zu fühlen von meinen begeisterten Prophezeiungen, die Bedeutung von erweiterten Bewußtseinszuständen für die psychologische Forschung betreffend.

McClelland mochte mich, glaubte an meine existentiell-transaktionalen Theorien der Verhaltensmodifikation und hegte die Hoffnung, wir würden zusammenarbeiten, um die Psychologie zu vermenschlichen.

Ich skizzierte einen Entwurf für systematische Drogenexperimente in Harvard. Als derjenige, der mich der Fakultät vorgeschlagen hatte, war er verständlicherweise bestürzt über die administrativen und politischen Probleme, die er auf uns zukommen sah.

Während dieses Treffens mit McClelland wurde mir klar, daß es praktisch unmöglich ist, die Erfahrung von erweiterten Bewußtseinszuständen jemandem mitzuteilen, der sie nicht selbst erlebt hat. (Ich erinnerte mich an meine negative Reaktion Frank Barron gegenüber, als dieser versuchte, mir seine Pilzerfahrungen zu erklären). Sogar der treueste Freund begegnete einem mit Skepsis.

Du sahst also bizarre Dinge? Du nahmst es hin, während sechs Stunden wahnsinnig zu sein? Nun, was hat denn das mit den praktischen Problemen des Alltags zu tun?

Ich versuchte es McClelland zu erklären. Die Tätigkeit eines jeden Sinnesorganes wurde intensiviert. Farben und Formen waren frisch und klar. Ich *wurde* jedes beliebige Musikinstrument. Alles lebte. Sogar tote Dinge sandten Signale, erlangten Bedeutung.

«Bruces Bart hatte 'ne Bedeutung? Versteh ich nicht», seufzte McClelland und schaute auf seine Uhr.

Frank traf ein und war sehr erfreut zu hören, daß ich die Pilze zu mir genommen hatte. Wir verbrachten lange Stunden am Schwimmbecken, wo wir einen weiteren mächtigen Zaubertrank der Eingeborenen tranken, Tequila und Tonic, und lange Diskussionen über die wissenschaftlichen Auswirkungen des Phänomens der Mehrfachwirklichkeiten führten. Als ich ihm von McClellands Widerstand erzählte, warnte er mich vor der zwanghaften Tendenz, *allen* von diesen erstaunlichen Begebenheiten erzählen zu wollen.

Bald würde ich herausfinden, daß die Welt sich in jene aufteilte, die die Erfahrung bereits gemacht hatten (oder begierig darauf waren) und jene, die sie nicht gemacht hatten (und sich bei dem bloßen Gedanken schüttelten).

In den folgenden Jahren wurde es auch klar, daß zwischen denen, die diese Erfahrung gemacht hatten, Gefühlsbande entstanden. Dieses Teilen des Geheimnisses über das Potential des Gehirns wurde später zu einem bedeutungsvollen und weitverbreiteten Phänomen. Es ist kaum ein Tag in meinem Leben vergangen, ohne daß nicht jemand – ein Fremder auf der Straße, ein Kellner in einem Restaurant, der Steward einer Fluggesellschaft oder eine neue Bekanntschaft auf einer Party – meine Hand mit diesem intensiven Blick gedrückt hätte, um eine Zusammenfassung ihrer ersten psychedelischen Erfahrungen über mich auszuschütten.

Frank und ich vereinbarten, ein Forschungsprojekt in Harvard in Angriff zu nehmen, um dem Phänomen weiter nachzugehen. Frank würde sich auf den kreativen Aspekt konzentrieren, während ich daran arbeiten wollte, Drogen einzusetzen, um Verhaltensänderungen zu beschleunigen.

Als Frank uns verlassen hatte, flog Dick mit seiner neuen Cessna zu uns, bereit, die Pilze zu versuchen. Wir konnten jedoch keine finden. Unsere Besuche in San Pedro, um jene Curandera zu finden, erwiesen sich als erfolglos. Niemand hatte je von Juana gehört.

Der Sommer endete mit einem Höhepunkt. Jack und ich flogen mit Dick zurück, wobei wir Gewittern auswichen, den Flughafen im Nebel verloren, auf einer Kuhweide in Michoacan landeten, um den Tank aufzufüllen, und ganz allgemein lernten, uns bei Tom und Huck-Abenteuern zu vertrauen.

A LDOUS HUXLEY (1894 – 1963) wurde in Eton und Oxford erzogen und entsagte einer Karriere als Botaniker wegen seiner schlechten Augen. In den zwanziger Jahren schrieb er verschiedene ironische Romane, die die Dekadenz des europäischen intellektuellen Lebens persiflierten.

Nachdem er 1935 nach Kalifornien gezogen war, widmete Huxley den Rest seines Lebens dem Studium von transzendentaler Philosophie, Futurismus und der Entwicklung von Intelligenz. *Die Pforten der Wahrnehmung, Himmel und Hölle* und der utopische Roman *Eiland* machten ihn zum einflußreichsten Befürworter von psychedelischen Drogen der ganzen Welt.

Huxley führte sein Interesse an gehirnverändernden Drogen auf eine Kindheitslektüre über Erasmus Darwin (1731 – 1802) zurück, der das Werk seines Enkels Charles vorwegnahm, indem er organisches Leben im Sinne evolutionärer Prinzipien beschrieb. Erasmus Darwin ist ebenfalls berühmt dafür, die erste Marihuanapflanze Englands gezüchtet zu haben (*Cannabis indica*), zusammen mit Sir Joseph Banks, dem Vorsitzenden der Royal Society. Die Pflanze erreichte eine Höhe von achtzehn Fuß.

5. Drogenforschung in Harvard

Cambridge, Massachusetts, im Herbst 1960

Anfang September waren die Kinder und ich nach Newton Center umgezogen, einem Vorort von Boston, etwa fünf Meilen von Cambridge entfernt. Wir wohnten in einem dreistöckigen Wohnhaus auf einem Hügel mit Bäumen, Rasenflächen, einer Garage mit Platz für vier Autos, und einhundertfünfundachtzig Steintritten bis zur Eingangstüre. Es war luxuriös eingerichtet: Holzverkleidung, dicke Teppiche, Plüschsofas, marokkanische Lampen aus ziseliertem Metall. Eine Wendeltreppe führte von der Eingangshalle in die oberen Stockwerke.

Das Haus gehörte einem Professor, der seinen Studienurlaub in der Sowjetunion verbrachte. Da ich den größten Teil meines professionellen Lebens als wandernder Forscher zugebracht hatte, fand ich es gemütlich, akzeptiertes Mitglied einer Gesellschaft voller akademischer Privilegien zu sein. Das Machtnetzwerk hatte vielerlei Vorteile zu bieten: Reisen rund um die Welt mit Regierungsstipendien, Forschungsbeiträge, bequeme Unterkünfte, die Kollegen offenstanden.

Als Frank in den östlichen Flügel einzog, packte er eine Kiste voller Bücher über visionäre Erfahrungen aus.

«Ich würde mit William James anfangen», meinte er.

James, der Begründer der psychologischen Abteilung Harvard, war zu meinem Erstaunen ein Befürworter von bewußtseinsverändernden Drogen. In *The Will to Believe* (1897) schreibt er Folgendes über seine Erfahrungen mit Lachgas:

«Ich rate anderen sehr, das Experiment zu wiederholen, das mit Gas kurz und harmlos genug ist. Die Auswirkungen werden natürlich je nach Person sehr unterschiedlich ausfallen, wie sie auch bei demselben Individuum von Zeit zu Zeit anders sind... In meinem wie im Falle eines anderen Menschen, von dem ich gehört habe, besteht der Grundton der Erfahrung in einem unwahrscheinlichen Gefühl der intensiven metaphysischen Erleuchtung. Die Wahrheit liegt offen vor unseren Augen und teilt sich Schicht um Schicht auf beinahe blendende Weise mit.»

An dem Tag, als ich mich zum Herbstsemester meldete, traf ich George Litwin, der als einer der aufgewecktesten Doktoranden der Abteilung galt. Während des vorhergehenden Sommers, als er mir von einigen Meskalin-Experimenten erzählt hatte, die er an sich selbst und anderen durchgeführt hatte, hatte ich meine Mißbilligung zum Ausdruck gebracht. Damals kam es mir wie ein chemischer Pfusch vor.

Ich zog ihn in mein Büro und ließ die Geschichte der Pilzsitzungen in Mexiko auf ihn niederprasseln. Litwin war sehr erfreut darüber, daß mein Interesse an bewußtseinsverändernden Drogen geweckt war. Er war einverstanden, an unserem Forschungspojekt mitzuwirken. Innerhalb weniger Tage kamen noch weitere graduierte Studenten, um ihre Dienste anzubieten.

... Die Samen unserer politischen Probleme mit anderen Fakultätsmitgliedern wurden während der ersten Treffen der verschiedenen Gruppen gesät, als wir beschlossen, unsere Forschung nach existentiell-transaktionellem Muster zu betreiben. Unsere Experimente würden nicht dem medizinischen Modell folgen, wo man anderen Drogen gab und dann nur äußere Resultate berücksichtigte. Zuerst würden wir uns selbst beibringen, wie man die Drogen verwendete, wie man Sitzungen abhielt. Da wir eine neue Art Mikroskop benutzten, eines, das eine außerordentliche Reihe von neuen Einsichten bloßlegte, bestand unsere erste Aufgabe darin, experimentelle Handbücher für den richtigen Einstieg zu entwikkeln. Die Wissenschaftler, die wir ausbildeten, konnten damit die Drogen genau und sicher anwenden, an sich selbst und anderen, um jeden und alle Aspekte der Psychologie, Ästhetik, Lebensphilosophie usw. zu untersuchen.

Zunächst mußten wir die Drogen beschaffen. Litwin sagte, daß die Sandoz-Laboratorien, jene Schweizer Firma, die LSD entdeckt hatte, den aktiven Bestandteil der Pilze synthetisiert hatte, und daß ihre Hauptniederlassung in New Jersey es qualifizierten Forschern zuschicken würde. Ich diktierte einen Brief mit Harvard-Briefkopf, in dem ich um eine Ration Psilocybin bat.

In der Zwischenzeit machte mich George mit Aldous Huxleys Büchern über Meskalin und LSD bekannt. Huxley faszinierte mich mit seinen unheimlichen Fähigkeiten, die manchmal chaotischen Begegenheiten in einem aktivierten Gehirn mit den bleibenden Fragen der Ästhetik und Ontologie in Verbindung zu bringen.

In unserem luxuriösen Haus gingen die Dinge gut vonstatten. Ein Fußballspieler des Harvard-Teams und seine Frau zogen zu uns als Hausmeister. Sie hatten selbst ein Baby und mochten unsere Kinder, so daß sich eine gemütliche, häusliche Atmosphäre ausbreitete. Susan und Jack waren glücklich in der Schule von Newton Center und überglücklich, Onkel Frank bei sich zu haben. Langsam verheilten die Wunden von Mariannes Tod.

Nach den ereignisreichen Sommerferien war es an der Zeit, Mutter und Tante Mae zu besuchen. Abigail geriet in Ekstase, wenn sie ihren Teeparty-Kolleginnen Erfolgsgeschichten von ihrem Sohn und Enkeln erzählen konnte. Das Einverständnis der Familie brachte mich ihnen näher, als ich es je gewesen war. Ich schickte Onkel Phil Geld, um einen Fernseher zu kaufen. Die zwei alten Damen hatten sich diese elektronische Mode mit neuenglischer Sparsamkeit und wegen ihres Mißtrauens allem Neuen gegenüber vom Leibe gehalten.

Springfield, Massachusetts, 1923–1935

Als Mitglied der arrivierten Oberschicht verachtete Abigail, die in eine Familie von reichen Städtern eingeheiratet hatte, den Handel, das Geschäft und finanzielle Schläue. Ihre Haltung und ihr Stil im täglichen Leben fußten in der Erwartung, daß sie reich sein würde, wenn Großvater Leary starb.

Mein Vater verachtete jene, die für das System arbeiteten, noch viel mehr. Er ging seinem Zahnarztberuf nur sporadisch nach, als sei er das Hobby eines Gentlemans. Er wartete ebenfalls auf sein Erbe, um in die ihm zustehende aristokratische Rolle zu schlüpfen.

In späteren Jahren, als seine Praxis in Springfield begann zu zerbröckeln, pflegte Tote Mutter und mich einzuladen, uns auf die Wohnzimmercouch zu setzen, während er trunken Shakespeare, Yeats, Poe, Swinburne oder Coleridge deklamierte. Tote hatte die Liebe zum Theater von seinem Vater geerbt, welcher Edwin Booth und John Barrymore in seinem Studierzimmer empfangen hatte. Mir vererbte Tote das keltische Flair für berauschte Dichtung, das Fieber des Barden, die Tradition des Deklamierens.

Jeder in der Leary-Familie glaubte an das wunderbare Märchen, daß wir alle reich sein würden, wenn der Alte starb. Natürlich lebte er ewig weiter. Großmutter starb, Tanten und Onkeln folgten ihr reihenweise. Großvater aber harrte aus bis 1934.

Ich stand oben an der Treppe. Unten schluchzte Mutter am Telefon. Großvater ist gestorben. Wo war Tote? Verschwunden auf einer Quartalssauftour. Onkel wurden in Country Clubs, Saloons und Bars der Innenstadt ausgeschickt, um den verlorenen Sohn zu finden und ihn für die Beerdigung auszunüchtern, die zu einem lauten Familientreffen mit den eleganten Bostoner Learys wurde.

Dann kam der große Tag: Das großväterliche Testament wurde verlesen. Ich spielte meine spezielle Art von einsamem Baseball vor dem Haus. Tote kam aus einem Taxi gestürzt, das mit laufendem Motor am Straßenrand auf ihn wartete. Er hielt an, um mir, seinem einzigen Sohn und Erben eine Hundertdollarnote zuzustecken, und ging dann ins Haus, wo er Abigail die schlechte Nachricht mitteilte. Das Familienvermögen war dahin; der Zusammenbruch der Börse, die jahrelangen Fehlinvestitionen, die Darlehen an Onkel Arthurs Boutiquen, die jetzt hinfällig waren, all das ließ nur ein paar tausend Dollar übrig. Tote gab Abigail tausend davon, verkündete seinen Plan, geschäftehalber nach New York zu fahren, und sprang ins Taxi zurück.

Als es Mitternacht schlug, war Tote, der sich in der Astor Bar fürstlich betrunken hatte, um jeden Cent seines Erbes, auf das er fünfundvierzig Jahre lang gewartet hatte, erleichtert worden.

Was für ein Stolz! Tote kehrte nie wieder in seine Heimatstadt zurück und stellte sich niemals deren Spießbürgern, auf die er immer nur mitleidig hinabgeblickt hatte. Er verschwand einfach, er fand ein neues Leben. Er arbeitete als Zahnarzt in Boston, mit Baugruppen in Südafrika, als Steward auf Transatlanik-Dampfern. Hie und da bekam Onkel Phil Anrufe. Manchmal antwortete irgendein Einwohner Springfields, der in der Ersten Klasse nach Southhampton fuhr, auf ein Klopfen an seiner Kajütentür, und da war der Ausgestoßene, in tadelloser Uniform, der mit einer Flasche Wein auf Kosten des Hauses gekommen war, um über die letzten Nachrichten aus seiner Heimatstadt zu ratschen. Während des zweiten Weltkrieges diente mein Vater als Steward auf Konvois, die die gefährliche Route über den Nordatlantik nach Murmansk fuhren.

Ich habe immer ein Gefühl der Wärme und des Respekts diesem einsamen, männlichen Mann gegenüber gehegt, der mich gezeugt und dann abgeliefert hatte. Während der dreizehn Jahre, die wir zusammenlebten, behinderte er mich nie durch Erwartungen. (Meiner Trauer darüber, daß er mich verließ, brach später, während einer Drogen-Sitzung mit Jack Kerouac, aus mir heraus.)

Vater blieb für mich der Prototyp des Einzelgängers, ein Verachter von Konventionen. Er zeigte der Gesellschaft den Rücken, um sich nach Zugvogelsitte nach dem Wind zu richten, dem von der Kirche beherrschten Dorf zu entfliehen und in die Ferne zu schweifen, wie die Wildgänse in jener irischen Legende.

Mutter und Tante Mae kehrten die Blätter zusammen, als wir angefahren kamen. Sie flatterten zu den Kindern hinüber und umarmten und küßten sie.

Auf dem Rasen tranken wir kalte (alkoholfreie) Drinks. Ich führte die Kinder über den Rasen zu dem gewaltigen Loch, wo die Scheune einst gestanden hatte. Die Grundmauern aus rotem Sandstein standen noch, was dem allen den Anschein einer archäologischen Fundstätte gab. Als ich einen Besenstiel fand, zeigte ich den Kindern, wie ich Stunden damit zugebracht hatte, die Steinchen wegzuschleudern, die Bob Feller und Dussliger Dan mir zuwarfen.

Tante Mae war ganz aus dem Häuschen, als sie hörte, wie die Kinder die Maler der Madonnas im Wohnzimmer und im Treppenhaus erkannten. Titian, Raffael und Leo...Leo...nardo!

Susan zeigte stolz das Abzeichen vor, das sie in jenem Sommer fürs Tauchen vom Einmeterbrett gewonnen hatte. Jack erzählte die Geschichte unserer Odyssee durch Mexiko in Dick Alperts Flugzeug, wobei er den Teil, der davon handelte, daß wir seinen Leguan über die Grenze geschmuggelt hatten, besonders genoß.

Mutter und Tante Mae berichteten von ihren Sommerabenteuern, die eine Reise nach New York einschlossen, wo sie Broadway-Stücke gesehen hatten. Zwei waren wunderbar, eins war unanständig. Sie hatten eine angenehme Busfahrt nach Lake Champlain unternommen, zu der der Verein Pensionierter Lehrerinnen eingeladen hatte.

Und wie war dein Sommer, Timothy?

Ich legte los mit einem dramatischen Bericht über meine Pilzoffenbarungen. Die Kinder langweilten sich. Sie hatten schon zu viel darüber gehört. Mutter versuchte, mir zu folgen. Sie nickte des öfteren und sagte: «Wie interessant.» Tante Mae hielt ihre Zeitungsrolle fest in der Hand. Als ich verkündete, daß wir in Harvard ein Forschungsprojekt starten wollten, um dieses Gemüse an Versuchspersonen abzugeben, konnte sie sich nicht länger zurückhalten.

«Timothy, du mußt aufpassen. Das alles klingt sehr ungewöhnlich. Noch nie, aber noch niemals habe ich so etwas gehört.»

Ich versuchte, sie mit Fakten und Zahlen zu beruhigen.

«So etwas habe ich in meinem Leben noch nicht gehört. Bist du sicher, daß es legal ist? Es klingt gefährlich – oder noch schlimmer.»

Ich war nicht mehr zu bremsen. Ich sagte, daß keine Droge illegal sein sollte und daß Aldous Huxley, Henry Luce und Father Murray, der Jesuiten-Philosoph, alle den experimentell-chemischen Mystizismus befürwortet hatten.

Meine Mutter versuchte, mich zu verteidigen. «Aber Mae», sagte sie, «wir wissen, daß die Wissenschaft heute weiter ist, als das, was uns früher auf dem Lehrerseminar beigebracht wurde. Die Dinge haben sich verändert seit 1906. Solange die Universität hinter dem steht, was Timothy macht...»

Tante Maes Papierzepter sauste auf den Arm meiner Mutter nieder. «Sei ruhig Abby», sagte sie. «Mit dieser Drogengeschichte wird es Ärger geben. Ich spüre es in meinen Knochen. Noch eine dieser Leary-Dummheiten.»

«Du *wirst* brav sein und aufpassen, nicht wahr, mein Sohn?»

Tante Mae war überzeugt, daß ich es nicht tun würde, und als wir allein waren, ließ sie mich das auch wissen: «Warum mußt du deiner Mutter ständig das Herz brechen? Warum kannst du nicht normal sein? Warum kannst du dich nicht anpassen? Schau nur, was mit deinem Vater geschehen ist.»

Ich versprach, vorsichtig zu sein. Ich schwor, daß ich einen wichtigen Beitrag für die Gesellschaft leisten würde.

Montagmorgen brachte eine weitere jener Synchronizitäten, die immer dann aufzutreten scheinen, wenn man für neue Informationen offen ist. Jemand erzählte mir auf einer Fakultätssitzung, Aldous Huxley würde das Semester in Cambridge verbringen, als Gastdozent des MIT.* Ich schrieb ihm einen langen Brief, in dem ich unsere Forschungspläne darlegte. Zwei Tage später rief er mich an, noch aufgeregter, als ich es schon war. Er bot mir seine Mitwirkung bei unseren Versuchen an. Wir verabredeten uns schon für den nächsten Tag zum Mittagessssen.

Huxley war in einem neuen Fakultätsgebäude untergebracht worden. Ich klingelte, und er erschien an der Türe – hochragend, zerbrechlich, freundlich. Ich fuhr ihn zum Fakultätsklub von Harvard und sprach den ganzen Weg über von meinen Pilzvisionen.

---

* MIT = Massachusetts Institute of Technology – A.d.Ü.

Durch sein Monokel studierte er die Speisekarte, als wär's eine wissenschaftliche Abhandlung. «Es scheint unsere Bestimmung zu sein, die Suppe zu bestellen», meinte er schließlich.

«Gut. Was für Suppe ist es denn?»

«Pilzsuppe.» Er brach in ein hohes Kichern aus, das ich als typisch für ihn kennenlernen sollte.

Aldous Huxley war genau der Mann, den man in einem Film einen britischen Philosophen spielen lassen würde – ein heiterer Buddha mit einem enzyklopädischen Wissen. Seine elegante Oxford-Stimme plätscherte, außer in Momenten akuter Empörung, wenn sie sich erhob gegen die Arroganz der Mächtigen, die erweiterte Bewußtseinszustände eine Krankheit nannten.

Ich war begeistert von seinem sofortigen Verständnis und Einverständnis mit unserem existentiell-transaktionellen Forschungsentwurf.

Die nächsten Wochen waren Probesitzungen mit der Droge gewidmet. Es war eine glückliche, romantische Zeit. Uns erregte der Gedanke, daß wir Menschen fliegen und die synaptischen Verbindungen lösen konnten, die uns auf niedrigen Gedankenebenen festhielten, um in unbekannte Bereiche des Gehirns zu entschweben.

Es ging zu wie bei den Gebrüder Wright, als diese damaligen Novizen durchstarteten: manchmal etwas holprig, dann jenseits des normalen Bewußtseins segelnd. «Hey Wilbur, paß auf den Baum auf!, Orville, wie geht's dir?» Einer nach dem anderen flogen wir Fluglehrlinge aus dem Bereich unseres Radars hinaus, um uns in unserem Innern zu verlieren und zurückzuschweben zu Landungen mit wundersamen Geschichten.

Wir waren allein. Die westliche psychologische Literatur kannte kaum Landkarten, keine Texte, die das Bestehen von erweiterten Bewußtseinszuständen auch nur anerkannten. Wir hatten keine Rituale, keine Traditionen oder beruhigende Routinen, auf die wir zurückfallen konnten. Entsprechend unserer existentiell-transaktionellen Theorie vermieden wir die Sterilität des Labors und die sieche Atmosphäre des Krankenhauses. Wir führten unsere Versuche in den Heimen von Fakultätsmitgliedern durch, vor gemütlichen Kaminfeuern, mit Kerzen statt elektrischem Licht und mit beschwörender Musik.

Um uns in diesen experimentellen Ritualen zu führen, brachte

Aldous Huxley eine Beschreibung von Theophile Gautier mit, worin es um die von Baudelaire und dem Club des Assasins hundert Jahren zuvor benutzte Techniken ging:

«Wir sind uns also einig, daß man, will man den vollen Zauber des Haschisch genießen, sich im voraus darauf vorbereiten und auf irgendeine Art das *Motiv* für seine extravaganten Variationen und unordentlichen Phantasien stellen muß. Es ist wichtig, daß man sich in einer ruhigen körperlichen Verfassung befindet, um an diesem Tag weder von Ängsten, Pflichten oder einer bestimmten Zeiteinschränkung gestört zu werden, in einer jener Wohnungen, wie Baudelaire und Edgar Poe sie liebten, ein mit poetischem Komfort, bizarrem Luxus und mysteriöser Eleganz eingerichteter Raum; ein privater und heimlicher Zufluchtsort...

Unter solchen Umständen ist es möglich und sogar wahrscheinlich, daß die auf natürliche Weise angenehmen Gefühle sich in entrückende Gnade, Ekstasen, unbeschreibliche Lust verwandeln, eine Lust, die viel ausgeprägter ist als die grobschlächtigen Vergnügungen, die man den Gläubigen im Paradiese Mohammeds verspricht.

Ohne diese Vorkehrungen kann die Ekstase sich leicht in einem Alptraum verwandeln. Lust wird zu Leid, Freude zu Schrecken; eine schauerliche Angst umklammert das Herz und zermalmt einen mit schier unfaßbarer Wucht... Zu anderen Zeiten spürt man Eiseskälte, die dem Opfer das Gefühl gibt, sein Unterleib sei aus Marmor...»

Nach sechs Wochen hatten wir Sitzungen mit fünfzehn Mitgliedern des Lehrkörpers durchgeführt. Wir hatten viel über die Dosierung und über die Wichtigkeit des *Setting* gelernt – die Stimmung der Umwelt, Menschen eingeschlossen, die an der Sitzung teilnahmen. Wir entdeckten bald, daß starke Bande sich entwickelten zwischen jenen, die zusammen eine Sitzung erlebt hatten. Sie schienen die Gegenwart der anderen in der Woche nach dem Versuch zu brauchen. Aus diesem Grund beschlossen wir, daß es jedem Entdecker gestattet sein sollte, Fakultätsmitglieder und nahe Freunde zur Teilnahme einzuladen.

Unsere Aufgeregtheit rief natürlich Bedenken seitens anderer Fakultätsmitglieder auf den Plan. Beinahe alle graduierten Studenten des Zentrums meldeten sich für das Gehirndrogen-Training, was zu einer absehbaren Eifersucht führte. Entsprechend einem alten Brauch wurde jeder Student einem älteren Fakultätsmitglied als Lehrling zugeordnet, um diesem bei den Untersuchungen zu helfen. Der Zulauf an Studenten für unser Drogenprojekt wurde zu einem heißen internen politischen Thema. Frank Barron und ich hatten mit unseren Fakultätskollegen darüber gesprochen und ihnen angeboten, Sitzungen mit ihnen durchzuführen, doch die meisten schlugen diese Erfahrung aus. Sie kannten keine Paradigmen, mit denen sie dieses neue Phänomen hätten verstehen können, deshalb interessierte es sie nicht. Sie wollten einfach ihren Anteil Studenten zurück.

Unweigerlich begannen wir Pilzforscher, auch privat miteinander zu verkehren und genossen die tiefen Verbindungen und jene Begeisterung, die Pioniere immer teilen, während wir gleichzeitig von unseren früheren Freunden abrückten. Das Ganze war so stark, so anders und wirkte sich derart zerschmetternd auf die Illusion eines jeden von uns aus, daß es nur eine einzige Wirklichkeit gebe, daß die Leute, die dies erfahren hatten, unweigerlich zu Insidern wurden. Die Unterschiede zwischen denen, die neues Gehirnterrain auskundschaften wollten und jenen, die diese Herausforderung reflexmäßig vermieden, warf Schatten jenes bitteren kulturellen Konflikts voraus, der im folgenden Jahrzehnt überall auflodern sollte.

Die Frage, von der wir bei unserer Arbeit jener frühen Tage besessen waren, lautete: Wie können wir die Methoden der Bewußtseinserweiterung der Gesellschaft zugänglich machen?

Als die Sonne unterging, bereitete ich ein Feuer im Kamin vor, während Aldous die Bücher, die er mitgebracht hatte, auf den Kaffeetisch schichtete, um sich's dann auf der Couch bequem zu machen. Wir nahmen beide Psilocybin. Während der nächsten drei Stunden hörten wir Musik: Bach, Mozart, afrikanische Trommeln, indische Gesänge, Ravi Shankar. Gelegentlich winkten wir einander aufmunternd zu oder murmelten unser Entzücken.

Aldous setzte sich auf, verschränkte die Beine und schaute mich spöttisch an: «Du weißt also nicht, was du mit diesem verdammten Stein der Weisen anfangen sollst, über den wir gestolpert sind? In der Vergangenheit ist dieses mächtige Wissen geheimgehalten und dem unterwürfigen, metaphorischen Obskurantismus von Gelehrten, Mystikern und Künstlern zum Opfer gefallen.»

«Aber die Gesellschaft braucht diese Information», warf ich leidenschaftlich ein. Mein anti-elitärer Knopf war gedrückt worden.

«Wir haben es hier mit evolutionären Angelegenheiten zu tun, die nicht überstürzt werden dürfen. Arbeite zuhause. Weihe Künstler, Schriftsteller, Dichter, Jazzmusiker, elegante Kurtisanen, Maler, reiche Bohemiens ein. Und sie werden die intelligenten Reichen einweihen. So ist jede Art von Kultur, Schönheit und philosophische Freiheit weitergegeben worden.»

Wir schwiegen. Das Kaminfeuer warf tanzende Farben durch das Zimmer, eine Wiese voller Heiterkeit. Huxleys Augen waren geschlossen, ein seliges Lächeln umspielte seine schmalen Lippen.

Plötzlich ließ er klatschend eine Hand auf sein knochiges Bein fallen. «Deine Rolle ist ganz einfach. Werde Anheizer für die Evolution. Genau das habe ich gemacht und mein Großvater vor mir. Diese Gehirndrogen, massenproduziert in Laboratorien, werden große gesellschaftliche Veränderungen nach sich ziehen. Dies wird auch ohne dich und ohne mich passieren. Wir können unser Wissen nur weitergeben. Das Obstakel, das Hindernis, das sich dieser Evolution entgegenstellt, Timothy, ist die Bibel.»

«Ich kann mich an keine biblische Erörterung gehirnverändernder Drogen erinnern.»

«Timothy, hast die ersten Kapitel der Schöpfungsgeschichte vergessen? Jehova sagte zu Adam und Eva: ‹Ich habe euch diesen Ferienort östlich von Eden gebaut. Ihr könnt machen, was ihr wollt, aber die Frucht des Baumes der Erkenntnis dürft ihr nicht essen›.»

«Die ersten beschränkt erhältlichen Substanzen.»

«Genau, die Bibel fängt mit Lebensmittel- und Drogengesetzen an.»

«Also bestand die Ursünde im Einnehmen von illegalen Drogen!»

Als wir soweit gekommen waren, war Aldous sehr zufrieden mit sich und kicherte vor sich hin. Ich wälzte mich auf dem Fußboden vor Lachen. «Timothy, du mußt dich auf Widerstand gefaßt machen. Es gibt Leute in dieser Gesellschaft, die alles in ihrer beträchtlichen Macht stehende unternehmen werden, um unsere Versuche zu stoppen.»

«Du willst mir zu verstehen geben, daß es nicht einfach sein wird?»

«Genau das», meinte Huxley. «Die Bewußtseinsmanager von Vatikan bis nach Harvard sind schon seit langer Zeit in diesem Geschäft und kaum bereit, ihre Monopolstellung aufzugeben. Und, was wir nicht vergessen dürfen, sie sind die Experten und wir die Amateure. Sie sind die Profis, wir die Liebhaber.»

Ich wiederholte es noch einmal: «Es wird nicht einfach werden.»

ALLEN GINSBERG (geb. 1926), einer der einflußreichsten amerikanischen Dichter der Mitte des zwanzigsten Jahrhunderts, wurde in Patterson, New Jersey, geboren und erhielt sein Diplom von der Universität Columbia im Jahre 1949. Er war Hauptwortführer der Beat-Generation, einer Bewegung, die in den fünfziger Jahren in New York und San Francisco blühte. Grundsätzlich anarchisch, verwarfen Ginsberg und die Beatniks die konventionellen kulturellen und artistischen Ausdrucksformen. Sie suchten nach veränderten und intensiveren Bewußtseinszuständen, neuen Erfahrungen und mystischen Einsichten durch Drogen und orientalische Yoga-Techniken, insbesondere Zen.

Ständig «unterwegs», meist in Begleitung von Peter Orlowsky, seinem Gefährten während dreißig Jahren, bereist Ginsberg die Welt und predigt eine buddhistisch-quietistische Philosophie, durchzogen von sozialistischem Zorn und einer heidnischen Verherrlichung des Lebens. Während dieses Zeitabschnitts war seine Haltung anti-wissenschaftlich, anti-technologisch, anti-futuristisch, nicht-evolutionär. Während der Achtziger fungiert Ginsberg als genialer und umkränzter Dichter und tritt mit seinen «oppositionellen» Nummern regelmäßig an Konferenzen in China, der Sowjetunion und der Dritten Welt auf.

6. Die Politik der Ekstase

Harvard, im Dezember 1960

Zu jener Zeit waren wir uns eines internationalen Netzwerks von Wissenschaftlern bewußt, die Versuche mit psychedelischen Drogen wie Psilocybin, LSD und Meskalin unternahmen. Sie unterschieden sich sehr voneinander, was Alter und Charakter betrifft, wie sie auch verschiedener Meinung darüber waren, wie diese Drogen eingesetzt werden sollten. Eine wichtige Prämisse teilten sie jedoch alle: Sie wußten, daß Pflanzen und Drogen, die das menschliche Bewußtsein zu verändern vermochten, die Philosophie und die Psychologie revolutionieren konnten.

Viele von diesen Männern und Frauen waren Psychiater, die persönlich eine oder mehr Drogen erfahren hatten und sie in ihr medizinisches Behandlungsmodell zu integrieren hofften. Unsere Gruppe war in Kontakt mit Humphrey Osmond, jenem witzigen und gelehrten Briten, der den Begriff «psychedelisch» prägte. Er benutzte LSD in der Psychotherapie an der Universität Saskatchewan. In Los Angeles behandelten Sidney Cohen und Keith Ditman Neurosen und Alkoholismus mit dieser Droge. Abram Hofer und Nick Chewelos setzten LSD bei Insassen einer Irrenanstalt in Kanada ein.

Die Experimentatoren, die sich mit therapeutischen Anwendungen beschäftigten, drängten uns, innerhalb des Systems zu arbeiten. Ihre Botschaft war: «Die Gesellschaft hat die Abgabe von Drogen den Ärzten zu überlassen, um damit Krankheiten zu heilen. Jeder, der nicht Arzt ist und Drogen abgibt oder nimmt, ist ein Süchtiger. Spiel das Spielchen mit der Gesellschaft. Erobere die Medizin, wie Freud es tat.» Willis Harman, ein anerkannter Professor in Stanford, später einer der Rektoren der Universität Kalifornien und selbst ein mystischer Philosoph, warnte davor, jeder nicht-medizinische Gebrauch von psychedelischen Drogen würde zu einer hysterischen Prohibition führen wie bei Marihuana, was die Forschung behindern würde.

Die Philosophen und Gelehrten in der Bewegung sahen, daß die Verheißung der Drogen über die medizinische Behandlung hinausging. Sie realisierten, daß wir Drogen benutzten, um jene platonisch-hedonistisch-gnostische Vision einer *Innen*welt in modernen psychologischen Ausdrücken neu aufleben zu lassen, die die Baupläne enthielt, die es uns ermöglichen würden, mit den physischen Gesetzen der äußeren Welt zu harmonieren, zusammenzuarbeiten und sie zu verstehen.

Gemäß den Traditionen der esoterischen Schulen des Alterums empfahlen uns diese weisen Gelehrten auch, die Bewegung wissenschaftlich, elitär, apolitisch und öffentlich zu gestalten.

Unser Projekt wurde von vielen dieses außergewöhnlichen Netzwerks von berühmten Leuten kontaktiert oder besucht, die sich alle der Macht des Namens Harvard voll bewußt waren. Die Botschaft war klar: Behalten wir dieses Wissen für uns. Geht damit nicht an die Öffentlichkeit, oder ihr werdet den Zorn der Moralwächter der Nation zu spüren bekommen. Tante Mae und Abigail waren irgendwo in meinem Kopf und nickten Beifall.

Frank und ich fanden all diese besorgte Aufmerksamkeit verwirrend. Uns war eine amerikanische Persönlichkeit eigen, und wir waren amerikanisch erzogen worden: demokratisch, mit einer Prise Abenteuergeist. Wir konnten uns nicht als Teil einer auserwählten priesterlichen Klasse sehen, die Modellen folgte, die zur Alten Welt gehörten. Uns wurde klar, daß wir uns einer Weggabelung näherten.

Dann traf ein handschriftliches Schreiben von Allen Ginsberg ein. Er schrieb, er sei ein lebenslänglicher Ergründer erweiterter Bewußtseinszustände. Er hatte von einem New Yorker Psychiater von unseren Versuchen gehört und fragte, ob er uns besuchen könne, um mehr über unsere Forschungen zu erfahren. Meine Antwort war positiv. Einige Tage später traf ich Allen am Bostoner Hauptbahnhof. In seiner Begleitung war sein Freund Peter Orlowsky, ein gutaussehender Bursche mit wirrem Haar und der schelmischen Ausstrahlung des Bohemiens.

Es war später Nachmittag, als wir das Haus in Newton Center erreichten. Ich zeigte den Dichtern ihr Schlafzimmer, dann gesellten sie sich zu Frank, den Kindern und mir in die Küche.

Allen hing über seiner Teetasse, lugte hinter schwarzumränderten Brillengläsern hervor, von denen eines zerbrochen war, erzählte von seinen Erfahrungen mit Ayahuasca, der visionären Schlingpflanze des peruanischen Urwalds. Er war in die Fußstapfen Bill Burroughs getreten, auf der Suche nach dem Elixier der Weisen, und hatte bei Medizinmännern gelernt.

Frank und ich stellten viele Fragen über diese Curanderos oder Schamanen. Wir wollten ihre Rituale kennenlernen, um herauszufinden, wie andere Kulturen mit visionären Angelegenheiten umgingen. Allen erzählte uns von der Angst und Übelkeit, die ihn jedesmal befiel, wenn er Drogen nahm, und er sprach vom Trost und der fürsorglichen Kraft des Curandero. Es war gut, jemanden in der Nähe zu haben, der ein Wissender war, der in diesen abgelegenen Regionen des Geistes gewesen war, und der dir mit einem Blick, einer Berührung oder durch Ausblasen von Rauch bedeuten konnte: «Oh geh nur weiter. Untersuche diese fremde Welt. Es geht in Ordnung, du wirst zurückkehren.» Er begleitet dich rauf, und er begleitet dich wieder runter. Er bringt dich mit den Füßen auf dem Boden zurück.

Allen erzählte uns von der Lehre der Curanderos. Der Lehrling verbringt mehrere Wochen in den Bergen mit einem Medizindoktor, der ihm die Droge Tag für Tag, Nacht um Nacht verabreicht; er durchforscht alle Ecken und Höhlen und versteckten Buchten der visionären Welt – die Gebiete von Himmel und Hölle, die Freuden, den Schrecken, die Gipfel und die verkohlten Sümpfe, die Engel und die Schlangenteufel –, bis er ganz bei den fernen Antipoden des Bewußtseins gewesen ist. Dann ist er ausgerüstet, um als Curandero zu wirken, um andere visionäre Reisende als Führer durch die Dschungel ihres eigenen Geistes zu führen.

Frank und ich hingen ihm bei diesen Worten an den Lippen, da sie unsere wachsende Intuition bestätigten, daß der intelligente Gebrauch von psychedelischen Drogen nach einem neuen Beruf verlangte, wie ihn die westliche Welt nicht kannte – den Gehirnführer. Den Mehrfachwirklichkeits-Schiedsrichter.

Über Tausende von Jahren hinweg, sagte Allen, lehrten vorindustrielle Gesellschaften, daß persönliches Wachstum visionäre Erfahrungen beinhalte. Ein Guru, ein Schamane war immer nötig gewesen, um einen durch die verwirrenden Bereiche des Inneren zu steuern. In allen östlichen Traditionen wird streng betont, daß die Freisetzung von inneren (d.h. neurologischen) Energien zu Verwirrung führen kann, wenn kein Meister zugegen ist.

Wir hatten zu dieser Zeit gelernt, daß es einfach keinen Weg gab zu wissen, was der Reisende erfuhr, wenn einer unserer Lehrlinge sich von der normalen Wirklichkeit in die Immensität des Hyperbewußtseins vorwagte. Rationale Befehle seitens des Führers waren oft irrelevant oder verwirrend. Aufgabe des Führers war, den wild gesteigerten Phantasien des Reisenden nicht zu folgen, sondern verfügbar zu bleiben als sichere Referenzbasis, eine beruhigende Präsenz, zu der der ‹Trippende› zurückkehren konnte.

An jenem Abend holte Frank ein kleines braunes Fläschchen hervor und gab Allen Ginsberg und Peter Orlowsky achtzehn magische Pilz-Pillen.

Nach einer Weile ging ich hinauf, um nach den Jungen zu sehen. Allen lag auf der Bettdecke. Er hatte seine Brille abgelegt; seine Pupillen waren stark erweitert.

Allens Augen suchten geduldig; er arbeitete mit der Droge –

aktiv, willentlich – und trieb sich selbst in Angst und Furcht, ja in Übelkeit hinein, in dem Versuch, etwas zu lernen, eine Ordnung zu entdecken. Peter lag neben ihm; er schlief oder hörte Musik. Allen fragte mich, was ich von ihm hielte. Ich beugte mich über ihn und schaute in seine schwarzen Augen, Rehaugen, Männeraugen, und sagte ihm, er sei ein bemerkenswerter Mensch, und ich sei froh, ihn zu kennen. Er hielt mir seine Hand hin.

Auf dem Weg hinunter schaute ich zu Susan rein. Sie lag auf dem Boden zusammengerollt, ihre Bücher um sich verstreut, und las im Halbdunkeln. Ich schimpfte mit ihr, sie würde sich die Augen verderben, und betätigte den Lichtschalter an der Wand.

Nach einer guten halben Stunde schaute ich nochmals nach Allen und Peter. Jack stand verschlafen, doch vergnügt oben an der Treppe. Ich wollte ihn umarmen und dachte dabei an meinen Vater.

Springfield, Massachusetts, 1932

Das Weinen meiner Mutter draußen vor meiner Tür hatte mich geweckt. Sie war im Nachthemd und rang die Hände: «Dein Vater ist betrunken und tobt unten herum.»

Ich ging bis oben an die Treppe und machte das Licht an und aus, um ihn auf mich aufmerksam zu machen. «He, wir möchten hier oben gerne schlafen.»

Das machte ihn wütend.

«Ich werde dir jetzt ein paar Dinge beibringen», meinte er. Er kam auf mich los, wobei er mit seiner rechten Hand das Treppengeländer umklammerte und mit der linken die Wand von sich schob. Sein drohendes Gesicht war jetzt auf der Höhe meiner Knie. Ich lehnte mich vor und tippte ihm ganz leicht an die Stirne. Ganz vorsichtig. Er fiel zurück und in Zeitlupentempo gegen das Geländer, dann kopfüber die Treppe hinunter, um beim Telefontischchen zu landen. Seine Brille zerbrach.

Er richtete sich mühsam auf und starrte mich an. «Das wirst du mir büßen.» Er ging schon wieder auf mich los.

Ich fühlte mich schrecklich, ihn umgestoßen zu haben. Aber ich hatte Angst. Ich riß das Gangfenster auf und flüchtete aufs Dach, wie ich es bei meinen Tom Sawyer-Eskapaden schon tausendmal gemacht gemacht hatte. Ich rannte über den Teerbelag. Es gab verschiedene Wege in die Sicherheit. Über den steilen Dacherker. Die Regenrinne hinunter. Ich versteckte mich hinter dem Kamin. Tote steckte den Kopf zum Fenster hinaus und beschimpfte mich. Dann schlug er das Fenster zu und verriegelte es.

Ich blieb auf dem Dach zurück und fühlte mich traurig und schuldig wegen Vater, obwohl ich meine Freiheit genoß, bis Mutter mir durchs Fenster zuwinkte, er sei eingeschlafen.

Newton Center, im Dezember 1960

Frank und ich waren im Studierzimmer, als Allen und Peter, die wie mittelalterliche Einsiedler aussahen, eintraten. Beide völlig nackt. Allen hatte seine Brille auf. Er hob den Zeigefinger mit einem verrückten heiligen Flackern in den Augen.

«Ich bin der Messias. Ich bin hinabgestiegen, um der Welt Liebe zu predigen. Wir werden durch die Straßen ziehen und die Menschen lehren, mit dem Hassen aufzuhören.»

«Das scheint mir ein guter Gedanken», sagte Frank. Aber er sprang nicht gleich aus seinem Stuhl, um mit dem Kreuzzug zu beginnen. «Kommt», sagte Allen, «wir gehen auf die Straße, um den Menschen Frieden und Liebe zu verkünden. Und dann werden wir einen Haufen wichtiger Staatsmänner an ein großes Telefon kriegen, um diese ganze Geschichte mit der Bombe ein für allemal zu regeln.»

«Einverstanden», sagte Frank, «aber fangen wir doch beim Telefon an.»

«Wen rufen wir an?» fragte Peter.

«Nun, wir telefonieren mit Kerouac in Long Island, mit Kennedy und Chruschtschow und Bill Burroughs in Paris und mit Norman Mailer.»

«Mit wem sprechen wir zuerst?» wollte Peter wissen.

«Nehmen wir uns erst mal Chruschtschow vor.» Das war Allen.

«Warum beginnst du nicht mit Kerouac», fragte Frank.

Allen rief das Amt an. Die zwei Gestalten beugten sich vor, glühend vor heiligem Eifer, Frieden zu verbreiten. Sie sahen aus, als wären sie gerade aus einem Gemälde des Quattrocento entlaufen – Apostel, Märtyrer, Propheten.

Allen sagte: «Hallo Fräulein, hier spricht Gott. Ich buchstabiere: GOTT. Ich möchte Kerouac sprechen. Versuchen Sie Capitol 7-0563. Northport, Long Island.»
Pause. Alle warteten wir gespannt.
«Es gibt keinen Abonnenten unter diesem Anschluß? Aber natürlich. Das ist die Nummer des Hauses in New Jersey, wo ich geboren wurde. Hören Sie Fräulein, ich werde oben nach der Nummer suchen müssen. Dann ruf ich Sie zurück.»
Allen schaute uns dümmlich an und hüpfte aus dem Zimmer, um kurze Zeit später mit seinem Adreßbuch zurückzukehren.
Die beiden hageren Heiligen standen beim Schreibtisch. Allen schrie durchs Telefon auf Jack Kerouac ein. Er wollte, daß Jack nach Cambridge kam. Seine Mutter auch. Und Jack schien scheinbar auch eine Menge zu sagen, denn Allen verhielt sich während langer Strecken still. Kerouac war einverstanden, Psilocybin zu nehmen, sobald wir eine Sitzung für ihn einrichten konnten. Frank saß hinter seinem Schreibtisch und lächelte.
Damals begannen wir, die neurologische Revolution auszuhecken, indem wir uns jenseits von wissenschaftlicher Objektivität in Richtung sozialen Aktivismus bewegten. Wir wollten keine Psychologen mehr sein, die Daten hervorbringen. Wir wollten selbst Daten sein.
Allen, als Verfechter der größtmöglichen Gleichheit, wollte, daß alle die Möglichkeit hätten, bewußtseinserweiternde Drogen zu nehmen. Es war das fünfte Grundrecht – das Recht, das eigene Nervensystem zu beherrschen. Der Große Plan schien ganz logisch. Zuerst würden wir einflußreiche Amerikaner in die Bewußtseinserweiterung einführen und schulen. Sie würden uns helfen, eine Welle der öffentlichen Meinung hervorzurufen, die massive Forschungsprogramme, Lizenzverfahren, Lehrzentren usw. für den intelligenten Drogengebrauch unterstützte. Es war in diesem Moment, daß wir Huxleys elitären Standpunkt verwarfen und den amerikanischen, egalitären, publikumsträchtigen Zugang wählten. Und das war der Haken an der Geschichte.

Neal **Cassady** (1920 – 1968) wird, obschon weniger bekannt als Allen Ginsberg und Jack Kerouac, allgemein als inspirierende Kraft hinter der Beat-Bewegung in der amerikanischen Literatur und Popkultur angesehen. In Denver geboren und Kind einer zerrütteten Familie, war Cassady seit seiner frühen Jugend «unterwegs». Man nennt ihn den «Johnny Appleseed des Marihuana», weil er während seiner ausgedehnten transkontinentalen Wanderungen Freunde und Fremde mit den Freuden des Marihuana und anderer gehirnverändernden Drogen bekannt machte.

Cassady und sein Partner Jack brausten durchs Land, wobei sie riesige Mengen Methedrin, Peyote, Gras und Alkohol zu sich nahmen und endlose Ströme anekdotischer und philosophischer Betrachtungen hervorsprudelten.

Auch sein letztes Lebensjahr verbrachte Neal mit seiner wilden Suche nach Beschleunigung – vollgetankt mit Speed, Beruhigungspillen und Alkohol. Er starb den Erfrierungstod zwischen irgendwelchen Eisenbahnschienen in Mexiko.

7. Die Geheimnisse der Beatniks

Harvard, im Dezember 1960

Wegen Allen Ginsberg wurde die Beat-Szenerie auf die Existenz unseres Drogenforschungsprojekts aufmerksam. Der erste Gesandte aus Bohemia war ein großspuriger, mittelgroßer Cowboy mit kurzem Haar und und frechen blauen Augen. In Jeans, mit einer Schnürsenkelkrawatte und Texas-Stiefeln war er gekommen, um herauszufinden, was diese Harvard-Spießer wohl so treiben mochten.

«Professor Leary!» Laute Country & Western-Stimme … «Wie affengeil, wie obersteil ihre Bekanntschaft zu machen. Ich kann gar nicht anfangen, ihnen zu schildern, welch rauher Schauer für mich, Ihre Handrücken zu drücken und in Ihre fröhlichen irischen Äuglein zu schauen, während ich mich kneife, damit ich weiß, daß ich nicht träume. Nach allem, was ich über Sie gehört habe, verstehen Sie, von Küste zu Küste quer durch dieses schöne Land, und was Sie für die kosmologische Erleuchtung Amerikas tun, verstehen Sie, von der Welt ganz zu schweigen. Erlauben Sie mir also, daß ich mich vorstelle.

Ich bin Neal Cassady. Während mich manche einen Beatnik genannt haben, verstehen Sie, ziehe ich es vor, als wandernder Dichter identifiziert zu werden, als Amateur-Philosoph, als gesetzloser Autopilot, der vom Schicksal und ein paar guten Freunden hierhergeschickt wurde, um alles, was Sie über diese wunderbaren magischen mystischen Drogen in Erfahrung gebracht zu haben, von Ihren Lippen zu lesen.»

«Ich fürchte, da sind Sie bei mir an der falschen Adresse», antwortete ich vorsichtig. «Wir hier sind Wissenschaftler und machen Versuche auf dem Gebiet der Bewußtseinsmodifikation und der selbstverursachten Gehirnveränderung.»

«Was ist es für 'ne Forschung?» fragte Cassady.

«Wir geben Freiwilligen Drogen unter Berücksichtigung einer Reihe von Sets und Settings, um den Umfang ihrer Reaktionen festzuhalten.»

«Welche Drogen», fragte mein Gast mit sich aufhellender Miene.

«Psilocybin.»

«Toll, Mann. Jetzt lassen Sie mich mal etwas sagen. Ich habe den magischen Pilz in Oaxaca gegessen, verstehen Sie, und habe gespürt, wie der Schweif des Regenbogen-Pfaus meine Augen kitzelte. Und ich habe Peyote genommen mit den Navajos in Arizona, in einem Hogan, verstehen Sie, während das Feuer gut behütet wurde durch die lange Wüstennacht voller Wolfsgeheule und gesungen und getrommelt wurde mit dem gefiederten Zepter. Doch Psilocybin ist neu für mich. Können Sie mir welches schenken?»

«Bei uns läuft das anders», sagte ich. «Wir verbringen einige Zeit vor der Drogensitzung damit, die Versuchspersonen vorzubereiten und warnen sie vor dem, was sie erwartet. Wir sind der Meinung, daß die Versuchspersonen bei adäquater Vorbereitung wenig Probleme haben und die auftretenden Ängste verkraften können.» Neal schüttelte den Kopf. «Warum stellen Sie es als so gefährlich dar?»

«Die gesellschaftliche Stimmung, sogar an einem so erleuchteten Ort wie Harvard, ist voller Angst vor dem Neuen, besonders wenn das Wort *Droge* darin vorkommt. Also müssen wir dieser Wirklichkeit Rechnung tragen. Wir haben uns mit einer Aura von Sicherheitsmaßnahmen und Führung umgeben müssen, um dieser Furcht entgegenzuwirken. Sonst würde niemand die Erfahrung machen wollen.»

Darüber heulte mein Besucher vor Lachen. «Furcht! Die Erfahrung nicht wollen! Mann, wovon sprechen Sie eigentlich? Ich stelle mir vor, sie müßten die Kandidaten mit Stöcken vertreiben.»

«Die Studenten sind begierig danach», sagte ich, «aber wir sind übereingekommen, sie nicht als Versuchspersonen zu verwenden. Leider scheint die Angst mit dem Alter der Versuchspersonen zuzunehmen. Ich habe das Gefühl, sie fürchten sich, etwas zu verlieren, woran die Jüngeren noch nicht hängen.»

«Sie müssen mit diesem pedantischen Unsinn aufhören», meinte Cassady. «Sie entheiligen und korrumpieren etwas, verstehen Sie, das schön ist und frei und wild und spontan. Mir scheint, Sie führen hier eine Entjungferungsklinik, wo Menschen ihre Keuschheit im keimfreien Milieu einer Irrenanstalt verlieren können.»

«Würden wir es nicht so machen, fände es überhaupt nicht statt. Niemand weiß irgend etwas über diese Art von experimentellem Mystizismus. Wir tun unser Bestes. Wir haben alles gelesen, was in den letzten viertausend Jahren über dieses Thema geschrieben worden ist.»

«Daß ich nicht lache! Es gibt keine von Wissenschaftlern geschriebene Bücher über Ekstase und kosmischen Orgasmus. Ist alles in der mündlichen Überlieferung und in der Dichtung. Die Geschichtsbücher handeln von bedeutungslosen öffentlichen Ereignissen wie Kriegen und Wahlen und Revolutionen. Die einzig wichtigen Dinge passieren in den Körpern und Köpfen von Individuen, verstehen Sie. Das ist das große Geheimnis des menschlichen Lebens, worüber Wissenschaftler nie sprechen.»

«Was Sie nicht sagen», meinte ich.

«Wissen Sie, daß die englische romantische Poesie des neunzehnten Jahrhunderts fast völlig von Drogen inspiriert ist? Shelley, Keats, Robert Louis Stevenson, Coleridge, Byron. Sogar Charles Darwins Inspiration kam aus der Opiumflasche. Geschweige denn unsere einheimischen Drogisten Edgar Allan Poe, Samuel Clemens, Jack London. Shit inspiriert seit zwei Jahrhunderten die Hauptströmung der französischen Literatur. Wissen Sie denn nicht, daß die großen Geister der letzten Generation – Freud, Joyce, Gurdjieff, Crowley ihre Weisheit von Drogen bezogen? Mein Gott, Mann, wissen Sie denn nicht, daß in New York City in diesem Augenblick Hunderte von weisen menschlichen Wesen nur darauf warten, Ihnen bei Ihrer Forschung beizustehen?»

«Das ist interessant», fand ich.

«Interessant», schrie er. «Möchten Sie nicht aus Ihrem Elfenbeinturm rauskommen, um zu checken, was wirklich los ist?»

Er kritzelte etwas auf ein Stück Papier. «Hier ist 'ne Adresse in New York. Wir treffen uns am nächsten Sonntag um etwa acht Uhr abends dort.»

Die Türe zu Cassadys Wohnung wurde von einer jungen Dame in engen Bluejeans und einem ebenso engen Pullover geöffnet. «Ich bin Salinas.»

«Hat Cassady Sie über den experimentellen Vertrag informiert?» fragte ich und dachte, es müsse eine weniger altmodische Art geben, dasselbe auszudrücken. «Ich verabreiche Ihnen die Droge. Sie nehmen sie und sagen mir, was Sie empfinden. Besonders interessiert mich, wie Psilocybin sich mit anderen Drogen vergleichen läßt, die Sie schon genommen haben. Die Psychopharmakologie ist noch nicht imstande gewesen, diese Art phenomenologischer Vergleichsdaten zu sammeln.»

«Du meinst, Mann, wir sollen auf deiner Droge abfahren, um sie mit dem anderen Stoff zu vergleichen, den wir versucht haben?»

«Ja, genau...»

«Schräg!»

Ich nahm den Flakon aus meiner Tasche und leerte ein paar Dutzend rosa Pillen auf den Kaffeetisch. Salinas beugte sich vor und leckte sich die Lippen. Cassady, der auch Bluejeans trug, sonst aber nackt war, kniete vor dem Kaffeetisch nieder und stubste die Pillen mit seinem Finger. Seine dunklen Augen glitzerten. Patty-Belle, seine Freundin, die eben aus dem Schlafzimmer gekommen war, saß im Schneidersitz da und stierte.

«Wie viele sind eine Dosis?» fragte Neal.

«Zwei ist, was die meisten Experimentatoren versucht haben. Sechs halten wir für eine massive Dosis. Zehn sind eine intensive Erfahrung.»

«Was ist das meiste, das jemand genommen hat?» wollte Salinas wissen.

«Zwölf.»

«Wer hat zwölf genommen?»

«Ich.»

«Dann nehme ich auch zwölf.»

«Man muß das Körpergewicht berücksichtigen», fügte ich hinzu. «Ich schätze zwölf für mich wären acht für dich.»

«Heißt das, daß du auch welche nehmen wirst?» Salinas zeigte offen, wie erstaunt sie war. Plötzlich fühlte ich mich etwas wohler.

«Ja, ich möchte, daß mein Gehirn auf derselben Geschwindigkeit und Frequenz arbeitet wie eures.»

Als die Pillen umhergereicht wurden, war ich von der ruhigen Hingabe, dem beinahe religiösen Engagement der Beatniks im Augenblick der Einnahme fasziniert. Wo ich mehr die kichernde Nervosität, die beklommenen Rationalisierungen und die kaltschnäutzige Panik gewohnt war, mit der Harvard-Leute an die Droge herangingen, fand ich Salinas, Neal und Patty-Belle ernst, hoffnungsvoll und weise. Sie waren Kenner, erfahrene Raumreisende, die sich einem vielversprechenden neuen Planeten näherten.

Während dreier Stunden blieb es ruhig im Zimmer. Salinas rollte sich in einer Ecke der Couch zusammen und überflog den Raum gelegentlich mit den Augen. Neal zwängte seinen Körper in eine orientalische Meditationsstellung und schien sich auf seinen Atem zu konzentrieren. Patty-Belle lag regungslos auf dem Teppich.

Wir schwebten mühelos in der übernatürlichen Stille, in jenem ruhigen und heiteren Kommunikationsfeld, in dem man nichts zu sagen braucht, weil alles klar ist. Meint man.

Neal sprang auf die Füße und fing an, durchs Zimmer zu rennen. Sein Gesicht war gerötet und strahlte Wohlwollen aus.

«Dieses Zeug ist unglaublich! Bist du sicher, daß es legal ist?» Ich nickte.

Salinas öffnete ihre Augen und lächelte geheimnisvoll. «Es scheint zu himmlisch, um wahr zu sein. Gib zu, Mann, es macht süchtig.»

Ich schüttelte den Kopf.

«Du wolltest einen Bericht über diese Erfahrung?» fragte Neal.

Ich nickte wiederum.

«Gut. Hier hast du die Meinung eines Experten. Dieses Zeug kombiniert die positiven Eigenschaften aller Drogen und läßt die schlechten aus. Es ist der absolute Luxus, eine makellose Mischung aus Weisheit und Lust. Sanfter und warmer als Heroin, aber du machst nicht zu. Ich fühle mich lebendiger, aufgeputschter und energischer als mit Speed, aber nicht so zappelig. Es hat die Kraft von Kokain, aber es wirkt zehnmal länger.»

«Es muß ein Vermögen kosten», warf Salinas ein.

«...es ist so räumlich wie das beste Haschisch», fuhr Cassady fort, «aber auch mild und lüpfig.»

«Ich war noch nie in meinem Leben so geil», bemerkte Patty-Belle.

«Es ist philosophisch», sagte Cassady noch. «Ich könnte ein Buch schreiben über die kosmischen Gedanken, die ich hatte. Dies ist der Rolls-Royce unter den Drogen. Das absolut Höchste.»

Wogen der Zärtlichkeit durchfluteten das Zimmer.

Im Morgengrauen wand sich Salinas aus der Couchecke. «Mann, ich habe keine Ahnung, wer du bist. Als ich dir zuerst zuhörte, dachte ich, du suchtest nach einem kleinen Mädchen, um Doktor zu spielen. Was *willst* du eigentlich?»

«Ich möchte mich bei dir dafür bedanken, daß du mich in der letzten Nacht so viel gelehrt hast.»

«Was haben wir dich gelehrt? Wie unterscheidet sich Psilocybin von anderen Drogen?»

«Siehst du denn nicht, Salinas», unterbrach Cassady. «Der Professor hatte vor gestern abend noch nie jemanden so richtig antörnen sehen. Stimmt's?»

«Es stimmt», pflichtete ich ihm bei. «Ihr habt keine Angst vor erweiterten Bewußtseinszuständen. Ihr scheint sie zu genießen. Die Erfahrung der letzten Nacht beweist, daß das geistige Set und Setting aussschlaggebend sind. Die Droge hat wenig spezifisch vorhersagbare Wirkungen. Sie befreit deinen Geist, um überall dorthin zu gehen, wozu du bereit bist.»

ARTHUR KOESTLER (1905 – 1983), europäischer Philosoph, wurde in Budapest geboren. Er verbrachte die Dreißiger Jahre in Berlin, wo er als wissenschaftlicher Schriftsteller und politischer Aktivist Aufsehen erregte. 1931 wurde er Kommunist, doch verließ er die Partei wegen der stalinistischen Säuberungsprozesse. Während des spanischen Bürgerkriegs wurde er von Franco gefangengesetzt und verbrachte Wochen in einer «Todeszelle», wo er eine lebensverändernde Vision erfuhr. Nach dem deutschen Einmarsch in Frankreich wurde er in einem Konzentrationslager gefangengehalten, aus dem er 1940 flüchtete.

Sonnenfinsternis (1941), eine eindrucksvolle Beschreibung der repressiven Natur des Kommunismus, handelt von der Vertreibung eines bolschewistischen Veteranen wegen seiner Verteidigung des Individualismus. Nach dem Zweiten Weltkrieg schrieb Koestler mehrere Romane, eine zweibändige Autobiographie und eine Reihe von philosophisch-wissenschaftlichen Texten. *Der Mensch, Irrläufer der Evolution* (1978) untersucht die Technologien und Strategien der Evolution und liefert eine gute Kritik der Darwinschen Theorie der blinden, natürlichen Selektion.

Koestler war ein intelektueller Held des zwanzigsten Jahrhunderts, der die Themen, die der menschlichen Natur essentiell sind, wie Humor, Kreativität, Erkenntnistheorie, Genetik, Telepathie, gründlich untersuchte, wie er auch ein glänzendes Modell eines «engagierten Weisen» abgab.

8. Abgefahren auf Pflicht und Leiden

Harvard, im Herbst 1960

Kurz nachdem das Psilocybin-Projekt angelaufen war, schrieb ich Arthur Koestler einen begeisterten Brief nach London, in dem ich unsere Arbeit zusammenfaßte und ihn einlud, sich zu uns zu gesellen. Seine Schriften hatten mich auf die «mystische Erfahrung» vorbereitet und ich wollte ihn dafür kompensieren, mein Leben verändert zu haben. Ich bekam sofort Anwort von ihm. Er würde anläßlich eines neurologischen Kongresses nach Amerika kommen, und es würde ihn interessieren, die Pilze zu versuchen.

Ich hatte einige Bedenken wegen Arthur als Versuchsobjekt. Er war so rational und beherrscht, mit wenig Sinn für Humor. Er schien von einem alten europäischen Pessimusmus geplagt zu sein.

Einige Tage vor seiner geplanten Ankunft rief Arthur aus Michigan an, um mir zu sagen, es sei ihm dort Psilocybin gegeben worden, und es sei die schlimmste Erfahrung seines Lebens gewesen. Er sagte seinen Besuch im Cambridge ab. Nein danke.

Nachdem ich ihm versprach, wir würden ihm nicht Stärkeres vorsetzen als guten französischen Wein, war er einverstanden, trotzdem zu kommen.

Er sah schrecklich aus, als ich ihn am Flughafen abholte. Es zeigte sich, daß ein englischer Psychiater in Ann Arbor namens Pointsman, der erfahren hatte, daß Arthur mit mir Psilocybin nehmen wollte, vorgeschlagen hatte, er selbst wolle statt dessen mit Arthur eine Sitzung durchführen.

Als wir beim Blanc de blanc angelangt waren, begann Arthur mit seinem Bericht.

«Es fing alles gut an. Ich legte mich auf die Couch und begann alsbald, die Art Phänomene zu erfahren, die von Meskalin-Mystikern beschrieben worden sind. Leuchtende Muster von großer Schönheit. Wenn ich es zugelassen hätte, hätte ich wahrscheinlich die Vision des Propheten Elias teilen können, als dieser zum Himmel emporgetragen wurde. Doch fand ich, dies sei eine billige Art, sich Visionen zu verschaffen, und so zwang ich mich, die Augen zu öffnen.

Das Ganze war mir zu einfach. Ich gratulierte mir zu meiner nüchternen Selbstbeherrschung. Ich besaß einen rationalen Verstand, der sich nicht von kleinen Pillen beirren ließ.»

«So läßt man sich auf eine Katastrophe ein», erklärte ich ihm, «wenn man nämlich versucht, das Gehirn zu beherrschen.»

«Jetzt sah sogar das Zimmer mit offenen Augen anders aus», fuhr er fort. «Die Farben waren nicht nur leuchtender und irisierend; sie unterschieden sich qualitativ von jeder bisher gesehenen Farbe. Um sie zu beschreiben, müßte ich neue Begriffe erfinden –

die Vorhänge waren brün, die Wände munkel, der Himmel draußen smaragden. Doch mein Verstand ließ sich nicht einlullen von diesen flimsigen Halluzinationen. Plötzlich nahm die periodische Wahrnehmung der Bandspule Bedeutung an, wurde ominös. Als Dr. Pointsman ins Zimmer kam, hatte er eine unglaubliche Wandlung durchgemacht. Sein Gesicht hatte eine ungesunde gelbe Farbe. Er war in zwei Teile gespalten, wie eine sich vermehrende Zelle. Eine kleine Narbe am Hals des Doktors, die ich zuvor nicht bemerkt hatte, klaffte weit auseinander und versuchte, sich das Fleisch seines beuligen Kinns einzuverleiben. Ein Ohr war zusammengeschrumpft. Das andere war mehrere Zentimeter gewachsen. Er sah wie ein grinsender, gemeiner Teufel aus.

Ich nehme an, ich habe die Pilze in einer falschen Geistesauffassung genommen, und sie erweckten in mir Erinnerungen an frühere Erlebnisse als politischer Gefangener, Erinnerungen an Folterungen, Gehirnwäsche und erzwungene Geständnisse.»

«Wie schade», bedauerte ich. «Lassen Sie mich, während Sie hier sind, eine Sitzung mit einem positiven Umfeld für Sie arrangieren, bei der Sie als Beobachter anwesend sein können. Ich kann Ihnen versichern, daß das ganz etwas anderes ist.»

«Einverstanden, wenn ich nur nicht daran teilnehmen muß.»

Am nächsten Tag begleitete er mich zum Harvard-Gelände, wo seine Anwesenheit einen regelrechten Auflauf verursachte. Wir aßen zusammen mit B. F. Skinner und berieten uns mit Jerome Bruner, dem berühmten kognitiven Psychologen.

Am zweiten Tag telefonierte ich mit dem Massachusetts Mental Health Institute, um ein Treffen zwischen Koestler und Dr. Max Rinkel, einer bekannten Autorität auf dem Gebiet der Drogen, zu arrangieren. Rinkel hatte nie von Koestler gehört, und ich nahm ihn wegen seiner Unbelesenheit hoch. Wir kamen überein, uns zum Cocktail in der Ritz-Bar zu treffen.

Rinkel erwartete uns an seinem Stammtisch. Innerhalb von Minuten verfingen sich die zwei in Europa erzogenen Männer in einem heiteren Streit. Rinkel schien irritiert, daß Koestler ohne medizinischen Abschluß behauptete, etwas vom menschlichen Nervensystem zu verstehen; er war beleidigt, obschon oder gerade weil Arthur eben von einer wissenschaftlichen Tagung über das Gehirn gekommen war, wo er eine programmatische Rede gehalten hatte. Von Koestlers Logik in die Enge getrieben, verfing sich Rinkel in einem Dickicht von Quirlstäben. Hinter einem Berg Kartoffelchips hervor verneinte er, daß es so etwas wie das Mittelhirn gäbe. Koestler schluckte triumphierend eine Olive runter und warf mir einen resignierten Blick zu.

Plötzlich verfinsterte sich seine Miene.

«Max», murmelte er nachdenklich, «haben Sie je an der Reichsklinik in München Psychotherapie praktiziert? Erinnern Sie sich daran, einen Psychiater aus Berlin namens Dr. Moses behandelt zu haben?»

Rinkel konnte sich an keinen Dr. Moses erinnern.

Wie bei einem Kreuzverhör umriß Koestler eine Reihe von Einzelheiten über seinen Freund. «Er hatte mit Meskalin experimentiert.»

Die Erinnerung erwachte: «Ach ja, jetzt, wo Sie meinem Gedächtnis nachhelfen, scheine ich mich daran zu erinnern, diesen Fall behandelt zu haben. Es ist alles so lange her.»

«Wissen Sie, was aus ihm geworden ist?»

«Nein, ich wollte Sie gerade fragen, wo er sich aufhält.»

Arthur seufzte und schüttelte den Kopf: «Um genau zu sein, nahm er sich, einige Wochen, nachdem Sie ihn entlassen hatten, in Berlin das Leben.«

Schweigen breitete sich über dem Tisch aus, Rinkel, nicht gerade glücklich über den unterschwelligen Vorwurf, paffte an seiner Zigarre und winkte der Bedienung, sie möge die Rechnung bringen. Arthur und ich standen auf, verbeugten uns förmlich und verließen das Lokal.

Draußen war die vom Bostoner Common herüberwehende Luft frisch und klar. Wir waren glücklich, dem unangenehmen Treffen entronnen zu sein. Wir fuhren fröhlich zum North End, um Frank Barron und die neue Frau in seinem Leben, die schöne Nancy, zu treffen. Unser Plan war, etwas zu Abend zu essen und dann nach Hause zurückzufahren, wo Arthur eine Pilzsitzung mit Charles Olson, dem legendären Barden von Gloucester, beobachten sollte.

Unser Abendessen mit Frank und Nancy im Steel Helmet war festlich. Als wir zuhause ankamen, war Charles Olson in der Küche, wo er sich mit dem jungen Jack unterhielt. Die Gruppe versammelte sich im Studierzimmer. Aus einer Wandnische nahm ich eine niedliche orientalische Schachtel, die mit verschiedenen Hölzern eingelegt war. Die Pillen für jeden ‹Reisenden› wurden abgezählt. Zu meinem großen Erstaunen nahm sich Arthur auch welche: «Ich möchte auch mitmachen.» Er nahm zehn Tabletten, eine kräftige Dosis, und spülte sie mit einem Highball hinunter.

Wir hörten Bach. Die Konversation verlief kichernd und sporadisch. Der ruhige Frieden der Pilze kam über uns. Unser kreischender und rasender Verstand schnurrte sanft. Wir wurden leichter und heiterer. Eine Kerzenflamme auf dem Tisch flackerte. Nancy und Frank schauten sich in die Augen. Nancy lachte keß, vollführte einen kreisenden Tanz, und weg waren sie.

Arthurs Gesicht war wie verwandelt.

«Welche Perfektion», murmelte er. «Jeder, alles ist so schön. Ich habe nie zuvor Musik wie diese gehört.» Er schloß die Augen und behielt nur sein Cheshire-Katzenlächeln auf. Der Frieden währte Stunden. Dann, als Mozart durch den Raum schillerte, blickte ich auf, um Arthurs Gesicht rot und verzerrt zu sehen; seine Augen drückte den Schmerz von Jahrtausenden aus.

Seine Stimme erhob sich im jämmerlichen Kontrapunkt zum Concerto. «Das hier ist sicher wunderbar», meinte er, «aber es ist falsch, bloßer Ersatz. Sofort-Mystizismus. Es gibt keinen schnellen und leichten Pfad zur Weisheit. Schweiß und Mühe sind der Preis des Wissens.

Ich erinnere mich an die geliebten Österreichischen Alpen meiner Kindheit, und wie ich dort sechs Stunden brauchte, um einen Zweitausender zu erklimmen. Heute werden diese Gipfel mit dem Auto oder dem Lift in wenigen Minuten erreicht.»

«Was hat er gesagt?» fragte Olson aus einer Million Meilen Entfernung.

«Etwas über Schweiß und Mühe», bemerkte ich.

«Doch auch heute noch», fuhr Arthur fort, «sieht man Tausende von Schulkindern, Paare mittleren Alters und sogar ältere Männer den steilen Pfad hinaufkeuchen und schwitzen, seufzend unter der Last ihrer Rucksäcke.»

«Sagte er ‹seufzen›?» fragte Olson.

«Wenn sie bei der Alphütte in der Nähe des Gipfels ankommen, schreien sie nach ihrer Belohnung – ein Glas Schnaps. Dann schauen sie sich die Aussicht an.

Mir geht es nicht um den Wert von Schweiß und Mühe. Ich

meine, daß, auch wenn die Aussicht dieselbe bleibt, ihr Blick dafür anders ist, als wenn sie mit dem Auto hochfahren.» Darüber brach er in fröhliches Glucksen aus.

«Nimm 'nen Schnaps Arthur», rief Olson herzlich.

«Rationaler Verstand und nüchterne Selbstbeherrschung», schrie Arthur, der über das ganze Gesicht grinste. «Dieser Dampfkochtopf-Mystizismus ist die absolute Profanation.» Damit brach Arthur in Lachen aus, winkte uns fröhlich zu und wanderte aus dem Zimmer.

Da ich einen Anfall von Michiganer Paranoia befürchtete, klopfte ich an seiner Türe. Barrons lustige Stimme rief, ich solle reinkommen. Er und Nancy lagen aneinandergekuschelt unter der Bettdecke. «Wo ist Arthur?»

«Wir wußten nicht, daß das hier sein Zimmer ist. Wir sind einfach ins erste Bett gefallen, das wir gefunden haben. Vor 'ner Minute kam er rein. Er war voller Entschuldigungen.»

Ich schaute in den Gästezimmern weiter unten im Gang nach.

«Arthur, Arthur?»

«Tim, bist du's?»

Arthur lag gemütlich im Bett. Er hielt ein Kissen an seine Brust gepreßt und grinste irr, abgefahren wie 'ne Rakete. Erleichtert, mein Mündel sicher versorgt zu wissen, ging ich nach unten. Ich schaute ins Feuer und rauchte Zigaretten bis spät in die Nacht.

Springfield, Massachusetts, 1932

Meine Schlafzimmertür schlug zu. Wie ein gelernter Privatdetektiv hatte ich eine Schnur durch eine Rolle oben an der Tür gezogen, so daß ich sie öffnen oder schließen konnte, wenn ich im Bett lag. Daran zog ich, um sie wieder zu öffnen. Da stand ein angeheiterter Tote, der sich über etwas zu wundern schien. »Ich möchte mit deiner Mutter ins Bett, mein Lieber, und ich wünsche, daß diese Tür geschlossen bleibt.» Er schlug sie nochmals zu.

Ich stellte mich schlafend, und die Tür schwang auf.

«Verdammt nochmal, was ist denn mit dieser Türe los?» murmelte Tote. Er schlug sie wieder zu, sie ging wieder auf. Ein paar Minuten später kam Tote mit einem Hammer zurück und nagelte sie zu. Mir war das schnuppe. Ich kannte viele Fluchtwege.

Am nächsten Morgen, als ich zu einer neuen Runde von Harvard-Verabredungen aufwachte, saß Arthur in seinem Bett und grinste noch immer. «Diese Pillen von gestern abend hatten überhaupt keine Wirkung auf mich. Ich habe einen starken Geist.»
«Das kann man wohl sagen», meinte ich.
Auf dem Heimweg nach unserem Tag an der Uni kaufte Arthur zwei Flaschen Pouilly Fousse und eine Flasche Scotch. Im Arbeitszimmer öffneten wir den Whiskey. Arthur hielt sein Glas hoch und schüttelte es mit einem eisigen Klirren.
«Ich bleib meiner Droge treu. Alkohol ist ein gesellschaftliches Stimulans. Er wärmt dich und bringt dich den Menschen näher. Die Pilze schleudern dich nach innen, zu nahe an dich selbst ran. Sie bringen eine vorübergehende therapeutische Psychose hervor. Ich habe mich nie besser gefühlt. Doch liegt keine Weisheit darin. Ich habe gestern abend das Geheimnis des Universums gefunden, aber heute morgen weiß ich nicht mehr, was es war.»
Am nächsten Morgen schaute ich bei Frank im Büro herein. Wie ein besorgter Vater fragte ich ihn: «Was haben wir bei Arthur falsch gemacht? Er sagt, er habe das Geheimnis des Universums entdeckt, aber es wieder vergessen.»
«Vielleicht ist das ganz gut so», meinte Frank. «Aber vielleicht läßt sich daraus etwas lernen. William James war nicht darüber erhaben, Notizen über seine eigenen Erfahrungen zu machen, wie sie sich ihm unter dem Einfluß von Lachgas offenbarten. Nach einer Sitzung fand er, daß er geschrieben hatte: ‹Das Geheimnis des Universums ist der Geruch von gebrannten Mandeln.› Das Universum kann seine Geheimnisse meinetwegen behalten, doch würde ich gerne Buch darüber führen, was Menschen unter außergewöhnlichen Umständen erfahren.»
«Also besteht die Lösung darin, daß wir eine Menge Notizen machen und die äußeren Umstände zum gegebenen Zeitpunkt festhalten. Der Geruch von gebrannten Mandeln ist für den Anfang nicht schlecht. Es scheint verständlich, daß mit einer Lachgasmaske auf der Nase die Pforten zu den Toren des Geheimen nasaler Art sind.»
«Sehr einleuchtend.»
«Doch warum», wollte ich wissen, «verwirft Koestler die Ek-

stase, wenn kein Schweiß, keine Mühe und kein Leiden involviert sind? Klingt mir wie die Luddsche Ablehnung der Technologie.»

«Was ist das?»

«Ned Ludd war ein Arbeiter aus Leicestershire, der im neunzehnten Jahrhundert englische Weber dazu überredete, zeitsparende Webstühle zu zerstören. Frei nach dem Motto: Wenn es neu und angenehm ist und Zeit spart, muß es etwas Schlechtes sein. Arthur geißelt sich mit biblischen Schuldgefühlen.»

Frank schüttelte den Kopf. «Ich bin nicht sicher, daß es so einfach ist. Der Gedanke der Offenbarung nach Versuchung und Leiden ist einer der ältesten der Philosophie. Harte Arbeit gegen technologische Abkürzungen. Drogen sind Abkürzungen. Aber sie geben uns auch Optionen. Skilifte und Motorfahrzeuge sind Alternativen zum Gehen. Ich halte mich da an Aldous. Es ist kein Fall von entweder/oder, sondern von sowohl/als auch. Wenn du willst, kannst du heute bei deiner Wanderung schwitzen und leiden, *und* du kannst morgen wählen, unter Einsatz der Technologie hinaufzusausen.»

«Arthur sagt, daß diejenigen, die hinaufwandern, eine andere Sicht erleben als jene, die dazu die Technologie benutzen.»

«Wer möchte daran zweifeln», antwortete Frank. «Wohlverdiente, schmerzende Füße verbessern die Aussicht immer ungeheuer. Und wenn sie nicht zu lange dauert, ist Selbstaufopferung der Frömmigkeit dienlich. Aber es ist nicht korrekt anzunehmen, Abkürzungen seien leichter. Es ist eine Menge disziplinierter, erfinderischer und riskanter Arbeit vonnöten, um einen Skilift zu bauen oder eine unserer Sitzungen zu organisieren.»

«Wenn ich mir's so überlege», fügte ich hinzu, «sind alle Lebensgeheimnisse Abkürzungen. Ich bin Wissenschaftler. Drogen als Werkzeuge abzulehnen wäre so, als würde man das Mikroskop ablehnen, weil es das Sehen so leicht macht. Ich bin der Meinung, die Menschen verdienten jede Offenbarung, die sie kriegen können.»

«Ich möchte nur eins wissen», sagte Frank trocken. «Ist Arthur schnaufend und schwitzend nach New York zurückgelaufen?»

«Nein. Er nahm die Abkürzung mit der Eastern Airline und einer Flasche Schnaps im Gepäck.»

70

BIOGRAPHIE

JACK KEROUAC (1922 – 1969), amerikanischer Schriftsteller, wurde in Lowell, Massachusetts geboren und besuchte die Universität Columbia. 1957 schrieb er *Unterwegs*, einen Schelmenroman über seine Abenteuer mit Neal Cassady. Dieser Roman wurde zur Bibel der Beat-Bewegung. Kerouacs Stil machte sich die freien Rhythmen und improvisierten Ausschmückungen des Jazz zunutze.

Obwohl ihm die öffentliche Meinung mit den Beatniks in Verbindung brachte, hielt sich Kerouac in seinen späteren Jahren fern vom Lebensstil der Drogenkultur, den er kritisierte. Wahrscheinlich durch seinen Drogenmißbrauch stimuliert, wurden seine Meinungen äußerst konservativ.

Weiter erschienen sind von Jack Kerouac unter anderem *Die Schrift der Goldenen Ewigkeit; Engel, Kiff und neue Länder; Be-Bop. Bars und weißes Pulver; Gammler, Zen und hohe Berge* und das *Traumtagebuch*.

9. Literarische Eliten und schwarze Hoffnungen

New York City, im Herbst 1960

Allen Ginsberg rief aus New York an, begierig mit unserer Kampagne für eine Politik der Ekstase zu beginnen. Er hatte Pilz-Sitzungen vereinbart mit Jack Kerouac, Robert Lowell und Barey Rossett, dem bekannten Avantgarde-Verleger.

Allen und Peter lebten in einer Wohnung im Endstadium der Schäbigkeit an der Lower East Side. Ich hatte noch nie einen derartigen häuslichen Verfall erlebt, doch Allen, der wie eine fröhliche Äbtissin hilfreich war, sorgte dafür, daß ich mich bald wie zuhause fühlte.

Jack Kerouac saß am Küchentisch, trank Rotwein und ließ im Bewußtseinsstrom einen endlosen Monolog auf uns los über das

Gelenk in der Mitte von Allens Penis und über Baracuda-Buddhas usw. usw. Zwischen Wortspielen, Späßen, angeberischen Neckereien und schrägen Witzen fingen wir an, von Sport zu reden. Es stellte sich heraus, daß Kerouac, genau wie ich, eine Art Baseball-Solitaire erfunden hatte, mit Listen von erfundenen Spielern, deren Statistiken – Tore, Runden und Fehler – er aufschrieb.

Indian Orchard, Massachusetts, 1926–1930

Ich wuchs einsam auf, vertieft in Heldengeschichten, historische Romane, Liebesabenteuer und Entdeckungsreisen. Höchstleistungen waren mein Gebiet. Nicht wie meine katholischen Schulfreunde, die dazu angehalten wurden, kummervollen Heiligen, tugendhaften Jungfrauen und masochistischen Märtyrern nachzueifern, nahm ich mir legendäre Helden und Liebhaber zum Vorbild. Jede Woche schleppte ich zehn Anleitungen zu persönlichem Ruhm aus der Bibliothek nach Hause, und versenkte mich in die Welten König Arthurs, Robin Hoods, Odysseus', Sokrates' und Horatius' an der Brücke.

Nachdem ich über das Indianerleben gelesen hatte, baute und – zum großen Kummer meiner Mutter – bewohnte ich ein kleines Tipi im Hinterhof. Später wurde ich von den Bleichgesichtern mit der gespaltenen Zunge verhaftet, weil ich aus den Holzpfosten der Wäscheleine Totempfähle geschnitzt hatte.

Als man mir zu Weihnachten einen Chemiekasten schenkte, wurde ich zum Forscher, der an einer Medizin mit Namen «Idikton» arbeitete, die die Menschheit retten würde. Während meiner Sherlock-Holmes-Phase bastelte ich an selbstgemachtem Einbrecherwerkzeug mit einer Maske und Handschuhen.

Ich pirschte wie ein Jäger auf Safari durch die Wälder in der Nähe der Ferris-Farm, wo ich mit meiner Kapselpistole Kaninchen verfolgte. An Sommertagen fuhr ich mit meinem Fahrzeug über die Brücke am Chicopee, vorüber an rauschenden Jute-Mühlen, frischen Bauerwiesen und Waldwegen, hinab zu einem kleinen Tümpel.

Ich verfügte nicht über die erforderlichen Muskeln, um an Wettkämpfen teilzunehmen, aber ich hatte eine gute Koordination. Ich übte mein athletisches Können mit Spielen, die ich selbst erfand.

72

Als ich vierzehn war, hatte ich Einzelversionen von verschiedenen Sportarten erfunden.

Mein hungriges Lesen der Sportseite machte mich mit den wichtigsten amerikanischen Binsenweisheiten vertraut: Prozente zählen. Einmal gewinnt man, einmal verliert man. Jeder kennt Pech- und Glückssträhnen. Sei galant und sportlich, ob du gewinnst oder verlierst. Nehme jedes Spiel, wie es kommt. Spiel es sauber, denn die Rivalen von heute können in der nächsten Saison von deiner Mannschaft eingekauft werden.

Diese Mischung aus Fleiß und Unvoreingenommenheit – die Haltung des Profis – und die Tatsache, daß ich jenen Hitzköpfen aus dem Weg ging, die sich dermaßen engagieren, daß sie vergessen, daß es nur ein Spiel ist, haben dazu geführt, daß manche Menschen mich für kalt und gleichgültig halten, wohingegen ich einfach ruhig und leicht schwitzend an der Abschußlinie stehe und an meinen nächsten Schuß denke.

New York City, im Herbst 1960

Da ich den größten Teil meines frühen Lebens in den Gefilden der romantischen Phantasie verbrachte, fühlte ich mich mit dem introvertierten, betrunkenen Schriftsteller verwandt. Doch Jack Kerouac war beängstigend. Hinter dem gutaussehenden, dunklen und starken Holzfällertyp steckte die ganze Widerspenstigkeit eines neuenglischen Industriekleinstädters, ein kanadisch-katholisches, allseitiges Mißtrauen. Da haben wir einen unglücklichen Kleinen, dachte ich.

«Nun, Dr. Leary, was treiben Sie denn so, wenn Sie mit dieser kommunistischen Schwuchtel Ginsberg und Ihrem Beutel voll Pillen durch die Gegend rennen? Können Ihre Drogen die läßlichen und die Todessünden sühnen, um deretwillen unser geliebter Heiland Jesus Christus auf Erden kam, wo er sein Leben am Kreuz opferte, um sie alle reinzuwaschen?» Er wollte mich frotzeln, oder auch nicht.

«Warum stellen wir das nicht einfach fest?» meinte Allen leise.

Ich nahm die Flasche hervor, zählte die Pillen ab, und wir legten los.

Kerouac fuhr fort zu trinken und wie ein Seemann in einer Hafenkneipe zu grölen; er rannte durchs Zimmer, sprang auf die Stühle, redete lustigen, poetischen Unsinn. Er sprang auf die Couch: «Ich bin der König der Beatniks. Ich bin François Villon, vagabundierender Dichtergeselle der offenen Landstraße. Hört, während ich euch heißläufige, spiralförmige Inspiritation auf meiner Tenor-Schreibmaschine spiele.» Es war charmant, witzig und liebenswürdig, aber als die Droge meine zarteren Gewebe freilegte, wurde der Lärm nervtötend. Ich sehnte mich nach dem vertrauten ‹Pilzschweigen›.

Zu jener Zeit hatten wir bereits mit über hundert Personen Trips geteilt, doch keiner hatte versucht, diese Erfahrung so zu beherrschen, zu dominieren und zu überwältigen wie Jack Kerouac. Er zwang ihr seinen Kneipenstil auf, und das war mir einfach zu viel.

Ich ging ins dunkle Schlafzimmer und ließ mich auf das Bett fallen. Kerouac schrie und lachte schallend weiter in seinem alkoholischen Übermut. Ich war deprimiert. Kerouac hatte mich auf meinen ersten negativen Trip geschickt. Vielleicht war es die Eintönigkeit der Slums, so verschieden von unseren vorsichtig vorbereiteten Sitzungsräumen. Vielleicht war es das nervöse New York selbst, nie eine Stadt für heitere Philosophen. Oder war es Kerouacs französisch-kanadische Schwermut? Jedenfalls ging es abwärts mit mir.

Spaß beiseite, die Welt war ein trostloser und trüber Ort. Tante Mae und Kerouac hatten recht. Es *war* verrückt zu versuchen, die Menschen zu verändern. Wer war ich schon, um das Leiden ausrotten zu wollen, wenn jetzt aus meiner eigenen Seele der Eiter der Verzweiflung floß. Ja, die katholischen Nonnen hatten recht. Diese Welt war ein Tränental. Mein Leben war eine Farce. Hinter meiner fröhlichen Fassade war ich ein unglückliches, von seinem Vater verlassenes Kind, das seiner Mutter das Herz brach, seine Frau zum Selbstmord getrieben hatte und der wahren Liebe und Konsequenz unfähig war. Einsam und allein.

Mein Vater hatte sich nie viel um mich gekümmert. Ich erinnerte mich an jenen schrecklichen Tag, als ich von der Schule kam und meine Mutter mir erzählte, er habe vorgehabt, mich mitzunehmen zum Congamond-See, um dort den Nachmittag zu verbringen. Da ich nicht zuhause gewesen war, wäre er gerade ohne mich fortgefahren. Ich rannte die drei Treppen runter bis auf den Parkplatz des Hauses. Vaters Wagen kam gerade aus der Ausfahrt gefahren. Ich rannte und rief: «Vater, warte auf mich.» Er hörte mich nicht und fuhr davon.

War es möglich, daß er oder ich je jemanden wirklich lieben würden?

Mutter und Tante Mae warteten Jahr für Jahr ängstlich darauf, daß ich ihren Herzen wieder Kummer bereiten würde.

Ich lief immer davon und überließ andere ihrem Schicksal. Marianne, meine süße verlorene Braut. Meine verlassenen Kinder Jack und Susan.

Ich fuhr ins Krankenhaus mit Mariannes reglosem Körper. Sie rollten sie in die Notfallstation. Ein junger Arzt mit schwarzem Haar beugte sich einen Moment lang über sie. Dann warf er ihr das Leintuch über das Gesicht.

Allen fand mich, wie ich zum fötalen Ball zusammengerollt auf dem Bett lag.

«O nein», rief er aus, «dieses Mal machst *du* dir kosmische Sorgen. Bist du in Ordnung? Wir vermissen dich.»

Er erinnerte mich an seinen ersten Pilz-Trip, als er mit meiner Hilfe sicher durch einen schmerzlichen Moment gesteuert war: Er hatte genau das Richtige gesagt. Ich fühlte mich besser, getröstet von Allens liebevollen Augen.

Mit Hilfe dieser Droge exponierte ich mich den intensivsten Gefühlen, die dem menschlichen Nervensystem zugänglich waren. Da ich jetzt von beiden Seiten mit Sitzungskrisen umgegangen war, begann ich zu lernen, daß es möglich war, Gefühle zu kontrollieren und zu modulieren. Das Bewußtsein konnte sich in jede nur denkbare Horror-/Glückskammer ein- und ausschalten. Der Trick war, sich nicht erwischen zu lassen, den Wirklichkeitsfluß nicht einzufrieren. Dann konnte man wahrhaftig sagen: Kein Gefühl ist mir fremd, und kein Gefühl kann mich wirklich gefangennehmen.

Kerouac befand sich immer noch in seiner Kneipen-Realität, also gesellte ich mich zu ihm und trank Rotwein, rauchte Zigaretten und tauschte Geschichten aus. Bei einer Gelegenheit versuchten Allen und ich über den kulturellen Wert von Drogensitzungen und der philosophischen Bedeutung von erweiterten Bewußtseinszuständen zu diskutieren. Er dämpfte unsere heidnische Begeisterung mit dem düsteren katholischen Koan: «Man kann nicht an einem Tag lernen, über das Wasser zu gehen.»

Im Morgengrauen waren uns die Zigaretten ausgegangen. Kerouac und ich boten an, bis zur Ecke zu gehen, um welche zu holen. Uns stockte der Atem vor Vergnügen – eine sanfte Decke aus weißem Schnee bedeckte die von Mietskasernen gesäumte Straße. Kerouacs Reaktion war instinktiv; er rollte in den Schnee und warf mir einen Schneeball zu; knapp an meinem Kopf vorbei. Ich duckte mich und schoß zurück. Wir preschten die Lower East Side hinunter wie Schuljungen. Die Kneipe an der Ecke öffnete gerade, also setzten wir uns an den hölzernen Tresen, leerten ein paar Bier und bedienten den Musikautomaten. Im Laden kauften wir einen ovalen Laib italienisches Brot und rannten zu Allens zurück, wobei wir uns einander das Brot wie einen Rugbyball zuspielten.

Nach dem Frühstück mit dampfendem Milchkaffee mit Zucker, Toast und Konfitüre gab Allen bekannt, daß es an der Zeit für uns sei, in die Stadt fahren, um Robert Lowell anzutörnen. Vor der Wohnung trennten wir uns von Kerouac. Jack umarmte mich und ging mit gebeugten Schultern alleine weiter. Bevor er die Ecke erreichte, rief ich: «Jack!» und warf ihm einen Schneeball zu. Kerouac sprang hoch, fing ihn, und wir alle klatschten Beifall.

Als Kerouac aus unserem Blickfeld verschwunden war, über dachte ich unsere Sitzung. Sie war lustig und lehrreich gewesen, doch hatte sie die philosophische Tiefe unserer Trips in Harvard nicht erreicht. Die ganze Nacht hindurch blieb Kerouac unveränderlich der katholische Zecher, ein Bohemien der alten Schule, ohne einen Hippie-Knochen im Leib. Jack Kerouac öffnete die neurologischen Türen zur Zukunft, schaute voraus und sah für sich keinen Platz dort. Der utopische, pluralistische Optimismus der sechziger Jahre war nichts für ihn.

Allen, Peter und ich nahmen die Untergrundbahn in die Stadt. Peter stellte mir mit typischer Beatnik-Direktheit Fragen über meine sexuellen Gewohnheiten. Bumse ich gerne Mädchen? Ja. Was für welche? Gescheit und sexy müssen sie sein. Hatte ich zur Zeit 'ne Freundin? Nein, im Moment nicht. Leckte ich gerne Muschis? Ich brauchte mehr Übung. Und Schwänze? Nie versucht.

Inzwischen beschrieb Allen, was uns bevorstand. «Robert Lowell ist dieser Brahmane der alten Tradition. Seine Poesie ist intensiv, persönlich, düster. Das Problem ist, daß er ab und zu ausflippt und ins Krankenhaus eingeliefert werden muß. Wir haben es hier nicht mit einem dionysischen Gemütsmenschen zu tun. Er ist ein lieber Typ mit einem kleinen Knacks. Wir sollten vorsichtig sein mit der Dosis.»

«Warum *geben* wir ihm denn überhaupt Psilocybin?» fragte Peter.

«Wir hoffen, ihn ein bißchen aufzulockern, glücklicher zu machen. Und an der politischen Front wird die Unterstützung des Produkts durch den Gewinner des Pulitzer Preises, Robert Lowell, wenn dieser eine gute Sitzung hat, sehr viele Intellektuelle beeinflussen.»

Lowell und seine Frau, Elizabeth Hardwick, lebten in einer geräumigen Wohnung mit Ausblick auf den Hudson River. Ich hielt einen kleinen Vortrag über die psychedelische Erfahrung, wobei mich Allen mit einfallsreichen Bemerkungen unterstützte. Wir gaben Lowell etwa die halbe Dosis, die ich Salinas verabreicht hatte.

Peter und ich unterhielten uns leise mit Elisabeth in der Küche. Drei Stunden später sagte Allen, alles sei cool, und wir könnten gehen. Lowell, immer ein Gentleman, nahm mich beiseite und schüttelte meine Hand in Dankbarkeit.

«Jetzt weiß ich, wovon Blake und der Heilige Johannes vom Kreuz sprachen», sagte er. «Dies ist die Erfahrung, nach der ich suchte, als ich zum Katholizismus übertrat.»

Ich war nicht sicher, ob ich ihm glauben sollte oder nicht. Für die meisten Menschen wäre die Dosis zu niedrig gewesen, um transzendentale Auswirkungen zu erleben.

Unterwegs sagte ich zu Allen: «Nun, das ging ja alles sehr ruhig. Doch was beweist das?»

«Daß ein brillantes, doch labiles Genie, das einige Nervenzusammenbrüche hinter sich hat, sicher Psychedelika nehmen kann, wenn das Setting ihm Geborgenheit bietet.»

«Ja, aber ich glaube nicht, daß wir sein Leben verändert haben», wandte ich ein. «Vielleicht hätten wir ihn wählen lassen sollen, eine hochdosierte Erfahrung zu machen und aufs Ganze zu gehen.»

«Das hätte für uns sehr riskant sein können», meinte Allen. «Ich möchte nicht als der Typ bekannt sein, der den wichtigsten Dichter Amerikas zum Ausklinken brachte.»

«Schon, aber ich bin ein bißchen enttäuscht. Bei Kerouac und Lowell habe ich das Gefühl, beim Lebensveränderungs- und Offenbarungsspiel zwei zu null verloren zu haben.»

«Jetzt steht uns eine viel gepfefferte Herausforderung bevor», lachte Allen. «Barney Rossett hat einige Psychiater hinter sich. Er ist der Micky Mantle der introspektiven Intellektuellen.»

«Warum törnen wir Rossett überhaupt an?» warf Peter ein. «Warum holen wir uns nicht einfach 'ne Pizza und machen 'ne Party?»

«Rossett ist einer der einflußreichsten Verleger Amerikas. Wenn wir ihn antörnen können, können wir New York und London erleuchten.»

Wir kamen in Rossetts elegantem Haus an, als dieser gerade mit dem Abendessen fertig geworden war. Bei ihm war Zelda, ein lässiges Mädchen mit schokoladenfarbiger Haut. Wir begaben uns nach oben ins luxuriöse Wohnzimmer, um dort einen Trip zu nehmen. Vom Psilocybin war nur genug übrig für zwei Dosen. Ich schlug vor, Allen und Barney sollten die Pilze nehmen, während Zelda, Peter und ich Meskalin nehmen würden, daß damals bei verschiedenen pharmazeutischen Firmen in New York frei bestellt werden konnte. Sobald die Pilze zu wirken begannen, winkte Barney Allen zu sich und beide verschwanden im Arbeitszimmer, um Nabelschau zu halten.

Wir drei Meskaleros lagen auf den Teppich, der zu pulsieren und wachsen begann, wie ein Feld mit grünem Heu. Die Auswirkungen auf mein Sehvermögen waren spektakulär. Die Farben der Wände leuchteten mit juwelenartigem Glanz. Die Pigmentierung ragte mindestens dreißig Zentimeter aus den Gemälden heraus und bildeten Täler und Berge von rauher, zerfurchter, glänzender Farbe. Es hat keinen Sinn, sich hier in weiteren, atemlosen Beschreibungen zu verlieren, in *Die Pforten der Wahrnehmung* und *Himmel und Hölle* gibt uns Aldous Huxley, selbst beinahe blind, die klassische Beschreibung und Analyse dieser archetypischen inneren Visionen.

Im tiefen grünen Gras grinsten Zelda, Peter und ich einander schwärmerisch an, verbunden durch eine besondere Gemeinschaft.

Zelda hob den Kopf: «Wißt ihr, diese Art Sache kann das Problem lösen.»

Ich wußte, von welchem Problem sie sprach.

«Hier gibt es kein Schwarz und Weiß mehr», murmelte sie.

Allen kam mit einem gequälten Gesichtsausdruck ins Zimmer

hinein. Als er uns sah, hellte sich seine Miene auf: »Ich sehe schon, daß ihr drei keine kosmischen Ängste auszustehen habt.»

«Wie geht es Barney?»

«Er scheint in der Abteilung für düstere Gedanken zu weilen. Er ist damit beschäftigt, Nachrufe zu verfassen auf sein Leben, seine Karriere, seine Familie, die Politik und die Religion und beklagt sich, daß er seinem Analytiker fünfundsiebzig Dollar die Stunde bezahlt, damit genau dieses ihm nicht passiert.»

Zurück in Allens Wohnung, zählten wir die Resultate der Versuche des Wochenendes zusammen. Wir hatten drei Intellektuellen mittleren Alters sowie einer jungen schwarzen Frau psychedelische Drogen verabreicht. Die drei Männer kämpften, um die Erfahrung zu beherrschen, hielten an ihrer persönlichen Wirklichkeit fest und kamen (unseren Beobachtungen nach) ziemlich unverändert hervor. Rechnen wir ihnen ihre Neugier an. Wenn man ihr Wissen um ihre Neurosen in Betracht zieht, muß man ihnen auch ihren Mut anrechnen. Doch kannten sie keinen wilden Hunger nach Sinn, keine Leidenschaft nach Transformation.

Ihre Zurückhaltung stellte uns vor ein moralisches Paradoxon. Wo lag unsere Verantwortung bezüglich der Dosis? In diesem neurologischen Neuland war noch kein ethischer Code formuliert worden. Nirgends in den Geschichtsbüchern gab es einen Bericht über Philosophen, die sich unseren Dilemmas gegenübersahen – nirgends die freie Verfügbarkeit von chemischen Substanzen, imstande, die Menschen insofern zu verändern, wie sie dazu bereit waren.

Robert Lowell war ein intelligenter aber geplagter Mensch, dessen kreativer Höhepunkt hinter ihm lag. Hätte ich ihn zur Veränderung herausfordern und ihm die riskante Möglichkeit dazu bieten sollen? «Schau, wenn du eine genügend große Dosis von diesen Pilzen nimmst, wirst du eine tiefe mystische Erfahrung erleben. Du könntest sogar in den tiefsten Teil jener Hölle geschleudert werden, der du immer zu entfliehen gesucht hast. Die Chancen sind, daß du wiedergeboren, erfrischt und bereit für einen neuen Anfang zurückkehren wirst.»

Mit der Zeit erkannten wir, daß sich manche Menschen mehr zur persönlichen Mutation hingezogen fühlten als andere. Wir besaßen zahllose Berichte, die beschreiben, wie Reisende fühlten, daß ihr Leben sich zum Besseren verändert habe. Die meisten unserer Harvard-Versuchspersonen kamen von ihrer Erfahrung mit der Bereitschaft zurück, erweitertes Bewußtsein zu einem Teil ihrer Karriere, ihes Lebens zu machen – begierig zu lernen, wie man Sitzungen für andere durchführte.

Warum wandten sich manche Menschen von der Erfahrung ab, während andere, wie Zelda, ihren Zweck sofort erkannten? War es, weil sie jung war? Zu unserem Kummer sah es so aus, als sei Jugend ein regelmäßiger Indikator in unseren Untersuchungen. Je älter die Person, je größer die Furcht vor visionärer Erfahrung. Rasse, Religion und Gesellschaftsklasse waren ebenfalls wichtige Anhaltspunkte. Je mehr die Person zu verlieren hatte, um so geringer war die Bereitschaft, freudig über lineare, jüdisch-christliche Geistesstrukturen hinauszugehen.

Zeldas positive Reaktion auf die Droge ließ vermuten, daß Frauen empfänglicher für Mehrfachwirklichkeiten und toleranter gegenüber dem Pluralismus und der Relativität der Natur sein könnten. Die Möglichkeit geschlechtsspezifischer Unterschiede wurde zur zukünftigen Untersuchung vorgemerkt.

RICHARD ALPERT, 1931 geboren, amerikanischer Psychologe und Philosoph, promovierte an der Universität Standford. Ab 1953 war er Assistenz-Professor in Harvard, um drei Jahre später Frank Barron als Co-Direktor des Harvard-Drogenforschungsprojekts zu folgen.

Während einer Pilgerfahrt nach Indien im Jahre 1967 wurde Alpert zum Anhänger von Neem Karoli Baba, einem Hindu-Guru, der Alpert den Namen Baba Ram Dass gab. Seine Vortragsreisen und seine Bücher, insbesondere *Sei jetzt hier*, machten das amerikanische und europäische Publikum mit östlichen Meditationspraktiken und innerer Entwicklung bekannt.

Alperts Erfolg als geistiger Lehrer ist seinem persönlichen Charisma sowie seiner Fähigkeit zu verdanken, östliche philosophische Konzepte in eine einfache und humorvolle Sprache zu übersetzen. Seine Bescheidenheit, seine Offenheit und seine Fähigkeit, sich zu entwickeln, inspirieren Millionen, die an seiner Entdeckungsreise teilnahmen.

10. Partner in der Zeit

Harvard, Winter-Sommer 1961

Nach vier Monaten hatte unser Forschungsprojekt über hundert Versuchspersonen mit Psilocybin bekanntgemacht. Abgesehen von gelegentlichen Momenten von Angst und Verwirrung waren die Sitzungen positiv, stimulierend und gedankenanregend verlaufen. In unserer Aufregung fingen wir an zu glauben, daß wir den lang gesuchten Stein der Weisen, Schlüssel zur Intelligenzsteigerung, gefunden hatten.

Ausbildungszentren wie unseres, so meinten wir, könnten in jeder medizinischen Schule eingerichtet werden, in den Psychologie-, Anthropologie- und Soziologieabteilungen jeder Universität des Landes. In ein oder zwei Jahren würde jeder mit genügend philosophischem Ehrgeiz und einem überlegten Wunsch nach Intelligenzsteigerung lernen, wie man Drogen effektiv einsetzte. Der Kontext wäre ein edukativer. Feste Kurse könnten angehende Studenten lehren, ihr eigenes Nervensystem entsprechend den Gebrauchsanweisungen des Herstellers zu aktivieren.

Springfield, Massachusetts, 1936–38

Mein Wunsch, neue Lehrmethoden zu entwerfen, die auf den Prägungsfähigkeiten des Gehirns fußten, war zweifelsohne aus meinen eigenen, unglücklichen Schulerfahrungen in der Mittelschule und an meinen ersten zwei Universitäten entstanden.

Im Jahre 1935 war das Klassische Lyzeum eine eindrucksvolle Institution, die den Ruf genoß, eine der besten «Vorbereitungen auf die Universität» Neuenglands zu sein. Wenn man sich der breiten Treppe näherte, erwartete man Platon, Aristoteles, Andrew Carnegie und Herbert Hoover dort stehen zu sehen, alle angetan mit langen Togas, die Tafeln der Weisheit in der Hand. Für mich war diese protestantische Fabrik des Geistes ein verwirrender Ort, bevölkert von überlegenen Wesen. Mädchen in kurzen Socken, patentledernen College-Schuhen und weichen Pullovern voller Rundungen blendeten mich mit ihrem episkopalischen Glanz, die älteren Jungen waren alles riesige, großspurige Athleten, die für Harvard, Princeton und Darthmouth dressiert wurden. Ich war eingeschüchtert.

Zwei Jahre lang lebte ich ein gesellschaftlich zurückgezogenes und akademisch verwirrtes Leben. Ich pendelte zwischen dem entlegenen Indian Archard und der Schule hin und her und brachte immer mein eigenes, bäuerliches Mittagessen mit. Ich lernte fleißig, doch ohne Verständnis, besonders im Lateinunterricht, wo ich abwechslungsweise erregt und irritiert wurde von eingebildeten, strebsam-braven Mädchen, die jedes Hauptwort mit Genauigkeit zu deklinieren wußten. Ich versuchte, im Athletik-Team aufgenommen zu werden, doch mein magerer Körper und meine Bohnenstangenglieder waren dem nicht gewachsen. In meiner Begierigkeit zu glänzen, wurde ich Mitglied des Debattier-Klubs, der Verkehrshelfer, des Theaterklubs und der Schulzeitung. Aber es war alles nicht das Wahre.

Dann kam ich mit einem Genpool in Berührung, der eine zentrale Rolle in meinem zukünftigen Leben spielen sollte. Ich begann, mit einer Gruppe jüdischer Studenten zu verkehren. Vor der Mittelschule hatte ich nie einen Juden gekannt. Im Neuengland der Dreißiger hatte man Freunde aus seinen eigenen religiösen und wirtschaftlichen Kreisen.

Ich war hocherfreut, diese fremdartigen Jungen kennenzulernen, die so anders als die WASPs* und Katholen waren: intelligent, frech, lustig, weltoffen, erdverbunden, spielerisch. Weil ich sie wahrscheinlich aus den richtigen Gründen mochte, adoptierten sie mich als einzigen Christen ihrer Gruppe. Wir spielten Poker und Tennis und diskutierten über Sport und Mädchen. Sie zeigten mir, daß die Welt größer, wilder und lustiger war, als meine abgeschiedene Herkunft es mich hatte ahnen lassen. Von ihnen lernte ich, über das Konventionelle hinauszuschauen.

Meine sexuelle Unreife stach meinen neuen Freunden überdeutlich ins Auge. Ich hörte ihren Geschichten über die weibliche Anatomie bewundernd zu. Wir waren alle besessen von flüchtig gesehenen Brüsten und blanken Oberschenkeln. Ihr Kleid war ihr unters Kinn gerutscht, ich konnte sehen, was sie zum Frühstück gegessen hatte, war ein stehender Begriff, der mindestens dreimal täglich zur Anwendung kam.

Meine neuen Freunde trugen weiter zu meiner Erziehung bei, indem sie mir schmutzige Comics liehen, in welchen Jiggs mit seinem überdimensionalen Glied Maggie von einer nörgelnden Ehefrau in eine verzückte Konkubine verwandelte, und Olive Oyl ihre seidenen Höschen in den Wind warf, wobei sie vor Vergnügen quietschte, wegen der Dienste, die ihr ein ebenso ausgestatteter Popeye leistete.

Mit sechzehn lernte ich Auto fahren. So kam ich zu einem Job als Lieferbursche für Onkel Arthurs Laden. Ich war mobil, ich hatte Geld – und vor mir, am Pult genau vor meinem, saß Rosalind, das wildeste und anziehendste Mädchen der Schule. Nach dem Unterricht ging ich in den Laden, um die auszuliefernden Pakete entgegenzunehmen, dann holte ich Rosalind zuhause ab, und wir sausten durch die exklusiven Gegenden der Stadt, wo ich

* WASP = White Anglo-Saxon Protestant (weißer anglosächsischer Protestant), die herrschende Klasse Amerikas – A.d.Ü.

in den ausgestorbenen Straßen anhielt, um mit meiner Freundin zu schmusen.

Eines Nachts führte sie mich in den Wintergarten ihrer Eltern, legte sich auf die Couch und streckte mir ihre Arme entgegen. Ich legte mich auf sie. Wir küßten uns wie wahnsinnig. Rosalind war nicht unerfahren und verführte mich zu meinem ersten Fick.

Mit aktivierenden Hormonen verwandelte ich mich von einem scheuen, reservierten Jungen in einen frechen, selbstsicheren Draufgänger. Rosalind und ich gingen fest miteinander und wurden zu populären Stars des jugendlichen Gesellschaftslebens. Innerhalb von sechs Monaten wurde ich Vorsitzender des Schulsenats und Redakteur der Schulzeitung.

Rosalinds Welterfahrenheit eröffnete mir eine Perspektive, die die Aktivitäten der Mittelschule lächerlich einfach scheinen ließ. Wir teilten jenes herrliche Gefühl von sexuellem Einverständnis, das uns Mut zu Neuem gab. Rosalind verlieh der Schulzeitung ihren spielerischen Stil und trug zu einer rassigen, witzigen Klatschspalte bei, die die Schüler liebten und dem Lehrkörper zu denken gab. Zum alljährlichen großen Fußballspiel gegen die Technische Mittelschule brachten wir eine Sondernummer heraus. Ende des Jahres gewannen wir bei den Ausscheidungen für die beste Schülerzeitung von Westmassachusetts den ersten Preis.

Aber trotz unseres Erfolgs geriet ich in große Schwierigkeiten mit Rektor Hill, dem Vorsteher des Katholischen Lyzeums. Ich wurde in sein Büro zitiert, nachdem ich ein besonders feuriges Editorial geschrieben hatte, das besagte, der kategorische Imperativ sei totalitär und unamerikanisch, weil er das Wohl des Staates verherrliche und über die Rechte des Individuums stelle.

Rektor Hill stand steif hinter seinem Pult, das Absenzenblatt in der Hand als unwiderlegbarer Beweis dafür, daß ich mit den Schulregeln Katz und Maus gespielt hatte. «Bist du dir bewußt, daß du die Schule öfters geschwänzt hast als irgendein anderer Schüler deiner Klasse? Ich nehme an, deine Abwesenheiten sind deinen editorialen Pflichten zu verdanken.»

«Bei dem Job hat man viel um die Ohren, Sir.»

Hill kehrte mir den Rücken zu und schaute zum Fenster hinaus auf die State Street und die St. Michaels-Kathedrale.

«Ich könnte und sollte dich rausschmeißen», sagte er, «aber ich werde es nicht tun. Ich kenne deine Familie schon seit vielen Jahren und weiß, wie sehr sie das treffen würde.»

«Danke Sir», antwortete ich.

«Eine letzte Sache noch. Trägst du dich mit der Absicht, mich zu bitten, dir einen Empfehlungsbrief für die Universität zu schreiben?»

Ich nickte.

«Mein Rat an dich lautet: Tu's nicht. Verstehst du?»

«Ja, Sir.»

Während der Sommerferien arrangierte Abigail, daß ich zu den vom örtlichen Kongreßmitglied gesponsorten Aufnahmeprüfungen für die Heeresakademien zugelassen wurde. Ich schloß am besten ab und hatte die Wahl zwischen Annapolis und West Point. Ich wollte zur Marine, doch die Familientradition setzte sich durch, und ich meldete mich bei der Militärakademie. Für die zehn Monate bis zu meinem Eintritt wollte ich mir einen Job in New York suchen, doch Abigail, die eine Flucht roch, schickte mich auf die Heiligkreuzschule zurück. Das war nicht so eine gute Idee. Da die dümmliche Schularbeit nun auf zweifache Art irrelevant war, verbrachte ich die meiste Zeit mit klassischen Lausbubereien.

Weder die Jesuiten noch ich weinten, als ich meine Bücher zusammenpackte und in Richtung West Point entschwand.

Newton Center, Massachusetts, im Januar 1961

Während des Hauptsemesters war Richard Alpert in Berkeley als Gastdozent der Universität Kalifornien. Ich hielt ihn auf dem laufenden über unsere Fortschritte.

Seine Rückkehr traf mit dem schlimmsten Schneesturm des Winters zusammen. Es schneite achtzehn Stunden lang; die Schneewehen vor dem Haus türmten sich über einen Meter hoch. Jack und ich schleppten Silberbirkenstämme an, für die Kamine im Wohn- und Arbeitszimmer. Nach dem Essen, als ich arbeitete, kam Jack ins Zimmer gerannt und rief: «Rate mal, wer das ist!»

Ich konnte Susan vor Vergnügen quietschen hören. Da stand Richard in einem arktischen Mantel und mit Schnee bedeckten Stiefeln, hielt die Kinder im Arm und füllte das Haus mit guter

Laune. Als professioneller Wanderer und Dauergast waren warmherzige Ankünfte eine von Dicks liebenswürdigsten Spezialitäten.
Wir trotteten in die Küche und stellten ihn auf einen Stuhl. Sue bürstete seine Hose ab. Dick schrie: «Nein Jack, nicht mit der Klobürste.»
Wir lachten wie die Wahnsinnigen. Später saßen Dick und ich am Tisch und sprachen über die Heiligen Pilze. Dick war von der psychedelischen Forschung fasziniert und begierig, mitzumachen. Der erste Schritt bestand natürlich darin, mit seiner Ausbildung zu beginnen. «Wann?»
«Hier und jetzt. Bist du bereit?»
Es war eine gemütliche Sitzung mit viel Witzeleien. Die Geschichten, die ich über unsere Forschungsabenteuer erzählte, prägten seinem empfänglichen Gehirn die ihm bevorstehende Romantik, das Abenteuer, den Idealismus und die Aufregung ein, die er erleben würde, wenn er bei uns einstieg.
Frage: Fanden hinter dieser Ausgelassenheit tiefe Veränderungen im Versuchsobjekt statt?
Antwort: Richard Alpert hat diese erste Erfahrung mit Psilocybin mit extravaganter Beredsamkeit in Wort und Schrift beschrieben: «Wendepunkt meines Lebens. Sah über meine gesellschaftliche Identität hinaus. Entdeckte, daß ein ‹Ich› unabhängig vom gesellschaftlichen Ego da war. Realisierte die Existenz von Mehrfachwirklichkeiten. Lernte, daß alles hier und jetzt sein kann. Gänzlich neue Möglichkeitsbereiche öffneten sich mir.»
Frage: Wie endete die Sitzung?
Antwort: Im Morgengrauen. Dick zog seine Stiefel an, aber er schwatzte und lachte noch eine ganze Stunde. An der Vordertür bestaunten wir den schneebedeckten Rasen, kristallsauber und glitzernd, und die Bäume, die schwer mit Weiß beladen waren wie Weihnachtskarten. Dick ließ einen lauten Schrei los und rannte die Böschung hinunter. Als er bei der Straße ankam, winkte er mir zu und ich zurück. Er fuhr in sein Elternhaus, wo er den Schnee vor der Auffahrt wegschaufelte und Feuerholz spaltete.
Dicks Ankunft fiel mit einer weiteren Veränderung zusammen. Im Januar heiratete Frank Barron seine Nancy und beschloß, seine Energien den Freuden der Ehe zu widmen. Franks Teilnahme am Projekt wurde beschnitten. Er übergab den größten Teil seiner Funktionen Richard.

Dick und ich flogen mit dessen Cessna nach Long Island, um eine Sitzung mit Dorothy Norman, einer prominenten Orientalistin und Vertrauten Nehrus, durchzuführen. Sie schrieb dem Premierminister von unserer Arbeit, der mit einer Einladung antwortete, ein Forschungszentrum in Indien einzurichten. Zwei Wochen später flogen wir nach Durham in Nordkarolina, um die Belegschaft von J. B. Rhines parapsychologischem Projekt zu aktivieren. Nach dieser Sitzung flogen wir, Gewitterböen ausweichend, nach La Guardia zurück und telegrafierten in die Suite der New-Haven-Eisenbahngesellschaft in der Park Avenue. Beim Zimmerdienst bestellten wir Champagner, um auf unseren Sieg anzustoßen. Wir hatten acht wichtige Psychologen in einem zwischenstaatlichen Hausbesuch zuverlässig mit Psilocybin bekanntgemacht.

Ermutigt durch unseren Erfolg, fuhren Dick und ich mit unserem Erziehungsprogramm fort. Wir hielten Vorträge, gaben Workshops und Seminare. Wir schleusten uns durch Dutzende Cocktailparties und Diners, und drängten bekannten Intellektuellen und Künstlern die Bewußtseinserweiterung durch chemische Mittel auf. Wir fuhren zu den Sandoz-Laboratorien in New Jersey, um den Leuten dort von unseren Vorstellungen über die Verbreitung von Psilocybin zu erzählen. Wir fuhren bis nach Washington, mit dem Gedanken, den Vorsteher des Bundes-Gefängnissystems zu überzeugen, Psilocybin in seinen Strafanstalten einzuführen.

Wir waren ein effektives Team – zwei attraktive, wohlerzogene Harvard-Psychologen, ruhig, fröhlich, sauber – und benutzten unsere typisch amerikanische Begeisterung munter dazu, Unterstützung für das Drogenforschungsprojekt zu erhalten.

Zwischen uns bestanden das Vertrauen und die Sicherheit, die aus einem völligen Zusammenspiel entsteht. Ich, der zehn Jahre älter war, war der ideologische Führer, der die Drehbücher schrieb. Dick, ein außergewöhnlich talentierter Verkäufer und Diplomat, betete seine Verse mit einer wunderbaren Ernsthaftigkeit herunter, die auf mich fast schon kitschig wirkte. Er ermutigte meine gälischen Blödeleien, meine wild berauschten Blitzausflüge in die Zukunft, und behielt sich die Rolle eines Beschützers und Bodenkontrolleurs vor. In den späteren Tagen unseres Zusammenlebens war es Dick, der sich Gedanken darüber machte, was die Nachbarn wohl sagen würden, der sich um die Kinder kümmerte,

Einzahlungen erledigte und die Küche unter sich hatte – in einer häuslichen Partnerschaft, die während vier bewegter Jahre hielt.

Wir teilten die Arbeit redlich auf. Ich war weiterhin damit beschäftigt, die vielen Drogenversuche zu leiten, die von unserem Team von fünfundzwanzig Wissenschaftlern durchgeführt wurden. Dick konzentrierte sich aufs Diplomatische. Er war wunderbar zu den Frauen und Kindern der Fakultätsmitglieder. Als der Sohn eines prominenten Professors bei einem Autounfall ums Leben kam, war es Dick, der einen Erinnerungsfond organisierte. Als der Sohn eines Dekans vor lauter Auflehnung nicht mehr zu halten war, war es Onkel Dick, der mit ihm sprach und die Krise auf den Boden der Realität zurückwitzelte.

Psychedelische Drogen gaben Dick die Macht und Sicherheit, sich zu verändern und zu finden, später auch, um das System offen in Frage zu stellen. Dick war dazu geboren worden, sich abzusetzen. Er war ein grundsätzlicher Außenseiter, ein sehr geheimer Geheimagent innerhalb des Systems. Sein Judentum und seine Homosexualität schenkten ihm diese wertvolle fremde Perspektive.

Im Jahre 1961, in seliger Unkenntnis der bunten Zukunft, die vor uns lag, genossen Dick und ich den wunderbarsten aller Bunde: eine liebende Bruderschaft, eine Verbindung à la Butch Cassidy und Sundance Kid, als psychologische Vogelfreie, die daran arbeiteten, erweitertes Bewußtsein zu vermarkten und zu verkaufen.

R ALPH METZNER wurde 1935 in Deutschland geboren. Sein Vater war Deutscher, seine Mutter Engländerin. 1958 schloß er sein Psychologiestudium summa cum laude ab und promovierte 1962 in Harvard in Klinischer Psychologie und Persönlichkeitsforschung. 1963 wurde er Mitglied des Pharmakologiekollegiums der Medizinischen Fakultät Harvard.

Metzner wurde 1960 Mitglied des Psychedelischen Drogenforschungsprogramms dieser Universität und der daraus hervorgehenden Forschungen der Theologischen Fakultät. Im Jahre 1963 wurde er Herausgeber der *Psychedelic Review*, eine wichtige Quelle für wissenschaftliche und geisteswissenschaftliche Informationen über Drogen und Bewußtsein.

In den Jahren 1963 bis 1967 war er einer der Direktoren der International Foundation for International Freedom (IFIF) und der Castalia Foundation sowie maßgeblich daran beteiligt, programmierte Settings für bewußtseinserweiternde Sitzungen zu entwickeln.

Metzners profunde Schriften zum Thema Bewußtsein wurden zu Klassikern dieses sich schnell entwickelnden neuen Gebiets. Seine Fähigkeit, gängige wissenschaftliche Befunde mit klassischen philosophischen Theorien zu verbinden, half die Lücke zwischen östlicher Metaphysik und westlicher Psychologie schließen.

Unter den Büchern von Ralph Metzner findet man u.a. *The Psychedelic Experience, The Ecstatic Adventure* (1968), *Maps of Consciousness* (1971) und *Know Your Type: Maps of Identity* (1979).

11. Von Gefangenen und Propheten

Harvard, im März 1961

Als es Frühling wurde, hatten wir an über zweihundert Versuchspersonen psychedelische Drogen abgegeben, und wir hatten viel darüber gelernt, wie man Sitzungen abhält. Fünfundachtzig Prozent unserer Versuchspersonen berichteten, daß diese Erfahrung die lehrreichste ihres Lebens gewesen sei. Diese Bezeugungen waren erfreulich, weil die meisten Therapien, Psychoanalysen einbegriffen, traditionsgemäß etwa nur fünfunddreißig Prozent positiver Veränderung auswiesen.

Als Wissenschaftler waren wir weiterhin unbefriedigt. Wir sahen uns dem unvermeidlichen Problem auf dem Gebiet der Psychiatrie gegenüber: Wie beweist man, daß es jemandem besser geht? Selbsteinschätzungen liefern wichtige Hinweise, sind jedoch ohne Beweiskraft: Heroinsüchtige und Wiedergeborene Christen behaupten, sich besser zu fühlen, doch mögen andere damit vielleicht nicht einverstanden sein. Es schien keine objektiven Maßstäbe für Lebensveränderung zu geben. Die Personen, die wir trainiert hatten, waren vielleicht lockerer geworden, ein Teil hatte ihren Lebensstil vielleicht etwas straffer organisiert, und für jeden oder für alle von ihnen stellten diese Veränderungen eventuell eine wirkliche Verbesserung dar. Die Hälfte erlebte mehr Intimität und Nähe in ihrer Ehe, die andere mochte ihren Ehepartner verlassen haben. Manche mochten profitiert haben, indem sie mehr Geld verdienten; wiederum andere waren zufrieden, weniger zu verdienen. Wir brauchten exakte statistische Angaben, wie Tore beim Spiel des Lebens.

Etwa zu jener Zeit kam ein Anruf von zwei Beamten der Gefängnisverwaltung des Staates Massachusetts, die anfragten, ob Harvard-Assistenten für Forschung und Therapie innerhalb des Gefängnisses zur Verfügung ständen. Sie erwarteten ein rasches Nein. So wie Gefängniswärter auf der niedrigsten Stufe der exekutiven Hierarchie stehen, galt Gefängnisarbeit damals als der Abgrund der Psychologie. Kriminelle veränderten sich einfach nicht.

Zu ihrer großen Überraschung luden wir die Gefängnisbeamten in den Fakultätsklub ein. Ich hieß die Gelegenheit willkommen, ins Gefängnis hineinzugehen, um ein freiwilliges Rehabilitationsprogramm zu beginnen. Ich hatte dabei zwei Ziele vor Augen: Erstens bewiesen wir, daß unsere Methoden und Theorien dort funktionierten, wo nichts anderes half, wenn wir mit unseren Drogen das Verhalten von gewalttätigen Kriminellen verändern konnten. Zweitens würde uns die Gefangenen-Rehabilitation zum Traum eines jeden Behavioristen verhelfen, denn wir würden über einen unbestreitbaren objektiven Besserungsindex verfügen – die Rückfälligkeitsrate.

Diese betrug in den Gefängnissen von Massachusetts siebzig Prozent. Ich glaubte, wir könnten diesen Prozentsatz wesentlich verringern. Welch ein Segen für die Gesellschaft – gewalttätige Kriminelle in gesetzestreue Bürger zu verwandeln! Wenn wir die Unverbesserlichsten lehren konnten, ihr eigenes Gehirn zu ‹waschen›, wäre es eine Kleinigkeit, Nichtkriminellen beizubringen, ihr Leben zum Besseren zu verändern.

Beim Mittagessen trafen wir eine Vereinbarung. Ich erklärte mich einverstanden, Harvard-Assistenten in die Gefängnisse zu entsenden; die Beamten versprachen, Freigabe seitens der Wächter und Anstalts-Psychiater zu bewirken, damit wir den Gefangenen Drogen verabreichen konnten.

Eine Woche später fuhr ich zur Strafanstalt hinaus. Ich trug die Tweed-Uniform der Ivy-League-Universitäten. Statt meiner üblichen Tennisschuhe hatte ich für diese Gelegenheit sogar Lederschuhe angezogen. Oberwärter Tom Grennan, auch ein Ire, war beeindruckt und erfreut. Dort war noch nie ein Harvard-Psychologe aufgekreuzt.

Als nächstes brauchte ich die Erlaubnis des Anstalts-Psychiaters. Da konnte es Schwierigkeiten geben. Anstalts-Psychiater mochten Programme zur Erweiterung des Bewußtseins meistens nicht, genauso wie Mediziner über ihr Monopol auf Drogen wachen.

Nervös ging ich den Gang entlang zu dem Metallkäfig, der zu einem der Zellenblocks führte. Ich drückte die Klingel. Ein Schlitz ging auf. Ein Wärter schaute hindurch, nickte und öffnete eine zweite Metalltür. Ich marschierte durch das Gefängnis mit einem Gefühl der Vorahnung. Und der Prekapitulation. Hier war ich schon gewesen, hier würde ich wieder hinkommen.

West Point, New York, im August 1940

«REKRUT HALT. KOFFER RRRUNTERRR!» Es näherten sich drei Rekruten einer höheren Klasse.

«Hallo», sagte ich und ließ ein fröhliches ziviles Lächeln aufblitzen. Ich stellte den Koffer ab. Nicht schnell genug. Die drei Kadetten waren wütend.

«KERZENGERADE STEHEN? ZURÜCK MIT DIESEN MAGEREN SCHULTERN.»

Ich gehorchte unsicher und heischte bei meinen Peinigern Beifall. Das war ein Fehler.

«AUGEN GERADEAUS, DER HERR. DU SPRICHST NUR, WENN ANGESPROCHEN, VERSTANDEN, DU DUMMES AAS?»

«OK», antwortete ich und blickte stur nach vorne.

«UND DU SAGST JEDESMAL ‹SIR›, WENN DU MIT EINEM OBERSTUFLER REDEST, KAPIERT.»

«Ja, Sir.»

«KREMPLE DEINE HOSENBEINE HOCH, MISTER.»

Ich rollte meine Sporthose bis zu den Knien hoch.

«NIMM DEINE TASCHE.»

Ich tat's, wobei ich meine Schultern nach hinten geschraubt und meine Augen auf idiotische Weise geradeaus gerichtet hielt.

«TASCHE RUNTER!»

Ich stellte sie hin. Sie führten mich zusammen mit den restlichen Neuankömmlingen in einen gotischen Granitinnenhof, wobei die anderen ebenso geplagt wie ich mit geschürzten Hosen dastanden. Die Dienstgradhöheren blitzten in ihrem uniformierten Glanz: gestärkte weiße Hosen, blaugraue Jacken, graue Käppis mit spiegelähnlichen, patentledernen Augenschirmen und glänzenden schwarzen Schuhen. Wir Anwärter der untersten Klasse waren ein zerlumpter Haufen mit behaarten Unterschenkeln und farbigen Socken. Unsere zivile Individuation war offensichtlich unerlaubt und lächerlich.

Jeder Schritt ging der Reihe nach. Anstehen. Matratze fassen. In die Baracken wanken. Mit verkrampften Muskeln, triefenden Augen und klopfenden Herzen. Verwirrt, desorientiert, waren wir umgeben von kühlen und eleganten Oberstuflern, die Befehle bellten. Ein erbarumungsloser Friseur rasierte mir den Kopf. Neue Uniformen: keine frischen weißen, sondern schwere, zerknitterte Drillichsachen, die nach Fabrik stanken.

Der Aufenthalt in den «Tierbaracken» in West Point dauerte sechs Wochen, ein totaler Angriff auf das jugendliche Nervensystem. Die gewohnte Art, wie man sich zuhause kleidete, pflegte, ging und sprach, wurde raus-, militärisches Gehabe reingedrillt. Weit davon entfernt, den Verlust meiner Identität zu bereuen, war ich entzückt, zu dieser männlichen Elite Zulaß zu finden. Ich bemerkte, daß ich in meinen Briefen nach Hause Kadettenjargon benutzte. Ich staunte, daß mein Sexualtrieb durch die militärische Disziplin versiegt war.

Die Tierbaracke endete mit unserer Überführung zum Sommerexerzierlager, wo die Truppe ihre Residenz hatte. Unsere Aufnahmezeremonie war eine Parade, die uns der Truppe vorstellte. Man gab uns weiße Hosen, die so steif waren, daß ihre Beine mit einem Bajonett aufgepellt werden mußten. Wir standen in Achtung-Stellung, während unsere Meister uns wie graue Haie umkreisten. Wir waren dabei, Kadetten zu werden, verdammt nochmal, und man erwartete von uns, daß wir so aussahen und handelten.

Die warme Sommerluft krachte vor Befehlen. Die Musik spielte Militärisches. Stellen Sie sich diese Technicolor-Romantik vor; dafür war ich eingerückt! Zweihundert Beine schnitten im Takt durch die Luft. Fahnen wehten. Offizierssäbel blitzten, und unsere Kompanie bewegte sich mit maßvoller Exaktheit entlang der Ulmenallee zum Paradeplatz, geheiligt von den Fußstapfen Lees, Grants und MacArthurs. Etwa tausend Zuschauer standen rund um das Feld.

«PRÄSENTIERT DAS GEWEHR!»

Eine gedämpfte Stille fiel über die schicksalsschwangere Ebene. Die Kapelle spielte die Retraite. Und mitten in der dramatischen Pause...

Bumm!

Die Kanone auf der Westseite brüllte über den Aussichtspunkt, mit einem Schuß, der durch das Hudsontal dröhnte.

Dies war keine Pfadfinderangelegenheit, auch kein bloßer Drill. Es war die wahre Chose: die Armee, ein exklusiver Klub innerhalb und doch außerhalb Amerikas, mit seinen eigenen speziellen Ritualen, Rollen, Zielen, Regeln, Territorien sowie einem kabbalistischen Überlegenheitsgefühl. Diese Elite war Herr über jedes Land auf der Welt durch seine offene oder indirekte Waffenmacht, und nun gehörte ich auch dazu.

Die Ernüchterung ließ nicht lange auf sich warten. Innerhalb weniger Wochen merkte ich, daß man uns Kadetten nicht für die Strategien des Schlachtfelds heranzog, nicht für innovatives Denken noch für wissenschaftliche Logik, sondern dazu, ohne Fragen zu stellen in eine graue Bürokratie hineinzupassen.

Die Kadettenhierarchie bereitete uns auf das reglementierte Leben der Zukunft vor. Neulinge waren in der vierten Klasse; Einjährige waren in der dritten Klasse; Junioren waren in der zweiten und wurden Kühe genannt; Senioren, die erste Klasse, waren überlegene Geschöpfe, die als Kadettenoffiziere dienten.

Ich hatte gerade zwei Jahre unter den Jesuiten und ihrer mittelalterlichen Viererherrschaft verbracht. Wie altmodisch der Lehrplan auch sein mochte, wenigstens widmeten sich die Väter einem Leben des Lernens und Lehrens. In West Point im Jahre 1940 vermittelten die Lehrer – Karriereoffiziere, die vier herrliche Jahre genossen – keinerlei Interesse an Wissen. Es wurde auswendiggelernt. Nach vierzig Jahren kann ich immer noch die Definition von «Leder» aufsagen:

«Sir, wenn man die frische Haut eines gereinigten und von allem Haar, Fett und anderen äußeren Materialien befreiten Tiers in eine verdünnte Gerbsäurelösung legt, findet eine chemische Verbindung statt. Die gallertartigen... usw., usw.... das ist Leder, Sir.»

Mein Aufenthalt in West Point fand während einer der kreativsten Perioden der militärischen Geschichte statt. Die Deutschen waren dabei, die Theorie der Kriegsführung im Graben und mit stehenden Armeen über den Haufen zu werfen. Die Luftwaffe und die RAF entwickelten neue Taktiken der Kriegsführung aus der Luft. Diese radikalen Entwicklungen wurden jedoch von unseren lethargischen Offizieren nie erwähnt. Ich erinnere mich an einen Matheprofessor, der im Frühjahr 1941, als Rommel Afrika überrannte, die Klasse wegen schlechter Noten maßregelte. «Herhören!» sagte er. «Es ist mir wursch, ob ihr es lernt oder nicht. In zwanzig Jahren gehe ich als Oberst in Pension, also kann's mir wirklich egal sein.»

Das Turnen war jedoch die große Ausnahme, und für die dort geübte körperliche Ertüchtigung stehe ich auf ewig in der Schuld von Oberst Thayer. Jeden Morgen verbrachten wir zwei Stunden in der Turnhalle, wo wir in neuromuskulären Fertigkeiten trainiert wurden, wie sie einem Kavallerieoffizier des neunzehnten Jahrhunderts gebührten. Von einem abgeklärten französischen Aristrokraten lernten wir fechten, sowohl mit dem Säbel als auch mit dem Degen. Ein ergrauter, einäugiger Ringkämpfer und ehemaliger Weltmeister bereitete uns bärenhaft auf Keilereien in jedem xbeliebigen Hafenbordell vor. Wir lernten Boxen, Gymnastik und die Eskapaderien, die ich mich zu meistern gemeldet hatte: Seilklimmen, irrwitzige Mehrfachsaltos und Turnen an den hohen Ringen. Dann natürlich Laufen, eine Fertigkeit, über die jeder Soldat offensichtlich verfügen muß. Die Trainer waren übrigens die einzigen Stabsmitglieder, die den Krieg je erwähnten.

Die Atmosphäre war düster. Die Disziplin war kleinlich und nörgelnd. Lachen und Grinsen waren tabu. Die übelste Anschuldigung, die gegen einen Kadetten erhoben werden konnte, war, daß er diesen Nonsens nicht ernst nahm. Wir hatten mit jeder Geste und jeder Reaktion zu zeigen, daß wir ‹Schiß› hatten. Wir hatten begierig, immer-am-Ball zu sein und den Eindruck zu erwecken, wir würden uns anstrengen, uns anzupassen. Ein zweigradiges Hängen der angespannten Schultern, einen halben Zentimeter Weichheit beim Anwinkeln des Kinns, ein leichter Anflug eines Lächelns brachte die grimmige, ins Ohr gebellte Anschuldigung: «DEN HERREN IST ES WOHL EGAL?» Gleichgültigkeit war schlimmer als der Tod.

Die Malaise, die über der Akademie hing, war wahrscheinlich nicht bloß altmodischer sexueller Frust. Während der ersten zwei Jahre hatten die Kadetten weniger Kontakt mit Mädchen als die Insassen eines Hochsicherheitsgefängnisses. Den weltlichen Kadetten erster Klasse war es nur gelegentlich an Wochenenden gestattet, ihren Posten zu verlassen, und dies war eine neue und riskante Innovation. Sogar die bescheidensten unter ihnen beklagten sich. Wir freuten uns so auf die Sommerferien und unseren

Abschluß, wie Gefangene die Tage bis zum Ende ihrer Strafe zählen. Ich machte das Beste aus den Umständen, glitt nach dem Zapfenstreich den Blitzableiter runter, um in Newburg oder Highland Falls Mädchen aufzureißen. Tagsüber, während der Freistunden, las ich die Lebensgeschichten der Philosophen und durchstöberte die dürftigen Bibliotheksregale nach intellektueller Kost.

Im grauen Herbst waren die einzigen Lichtstreifen im akademischen Leben die Fußballausflüge. Dann begab sich das Korps zu speziellen Truppenzügen, rollte nach New York oder Princeton, marschierte zum Stadion und schrie mit ohrenbetäubender Einstimmigkeit Beifall. Nach dem Spiel zerstreuten sich die Kadetten für ein paar freie Stunden, um sich dann um Mitternacht am Bahnhof wieder zu versammeln.

Im Staatsgefängnis von Concord, März 1961

Ich ging durch den ersten hohen Zellenblock, dann durch den Gefängnishof zur Krankenstation. Klingel, Guckloch, krachende Metallscharniere. Eintritt in die Krankenstation. Klopfen an der Tür des Anstalts-Psychiaters. Dieser war schwarz und eindeutig avantgardistisch. Hurra! Der Philosoph Thomas Kuhn hat bemerkt, daß man die besten Verbündeten unter den Außenseitern finden wird, will man eine Kultur mit Veränderungstechniken bekannt machen, weil deren Entfremdung vom Establishment sie offener macht für Neuerungen.

Neben der Tatsache, daß er ein schwarzer Psychiater war, tat sich Dr. Jefferson Monroe in der anspruchslosen Zeit von 1961 durch eine weitere Rarität hervor – er war anspruchsvoll.

Makellos, graziös, weise. Er hatte ein Zwinkern in den Augen und eine wissende, ruhige Art, einen anzuschauen. Er war eindeutig für etwas Neues parat.

Einige Tage später machte Dr. Monroe einen Gegenbesuch im Fakultätsklub. Wir setzten ihn als Berater auf die Lohnliste Harvards. Am folgenden Sonntag brachte er seine Frau zum Cocktail mit.

«Ihr Plan, Gefangenen beizubringen, ihr eigenes Gehirn zu waschen, ist einfach köstlich. Es besteht sogar eine kleine Chance, daß Sie damit durchkommen werden. Wissen Sie, was das bedeuten könnte?»

«Ein großer Segen für die Gesellschaft», schlug ich vor. Dr. Monroe schlug die Beine grazil übereinander und lachte. «Mein Lieber, Sie scheinen wirklich nicht zu verstehen, was Sie sich da aufladen. Früher oder später werden Sie entdecken, daß unsere Gesetzeshüter und Gefängnisbeamte das Verbrechen nicht einzuschränken wünschen. Sie wollen mehr Verbrechen und mehr Geld, sie zu bekämpfen. Ich werde sie von der medizinischen und psychiatrischen Seite her decken, aber früher oder später werden sie auf Sie losgehen, wenn Ihre Methode funktioniert. Reporter, Bürokraten, Beamte. ‹Harvard gibt Gefangenen Drogen!› Und Sie werden das Unmögliche tun müssen: Mit der linken Hand Gefangene retten, während Sie mit der rechten versuchen, sich die gesamte Bürokratie vom Hals zu halten.»

«Na und? Wenn's funktioniert...»

«Da Sie ein Mensch sind, werden Sie früher oder später einen winzig kleinen Fehler machen. Eine Ihrer Versuchspersonen wird rückfällig werden: ‹Harvard-Drogenentlassener raubt Bank aus!›»

«Solange wir es offen machen, keine Geheimnisse haben», wandte ich ein, «können wir uns ein paar ehrliche Fehler erlauben.»

«Vielleicht», meinte Monroe. «Hier ist mein Vorschlag. Ich stelle mich voll hinter Sie, bis Sie ausrutschen. Wenn sie anfangen, auf Sie loszugehen, genau dann werde ich meinen eigenen hübschen schwarzen Arsch retten müssen. Denn ich bin nicht Sie, ich bin nicht der neue Freud. Also werde ich mit Ihnen gewinnen, aber ich kann es mir nicht leisten, mit Ihnen zu verlieren.»

Auf dieser Basis erklärten wir uns mit folgendem Plan einverstanden: Monroe würde die Freiwilligen unter den Gefängnisinsassen aufbieten, ich graduierte Harvard-Studenten, die willens waren, ihr Nervensystem zu riskieren und mit Schwerverbrechern Drogen zu nehmen.

Einige Tage später besuchte mich ein Doktorand namens Ralph Metzner. Er stand im Ruf, einer der rigorosesten experimentellen Studenten der Abteilung zu sein. Er wollte am Gefängnisobjekt mitarbeiten.

Meine erste Reaktion war, daß Metzner zu akademisch, zu britisch-fein war, zu sehr im Elfenbeinturm saß, als daß er in ein Gefängnis gehen könnte, um dort mit Ganoven anzutörnen. Doch Metzner sagte, er wolle lernen, wie man's macht. Also arrangierte ich eine Übungssitzung für Metzner, seine Freundin, Dr. Monroe und dessen Frau, und für den graduierten Studenten Gunther Weil und Frau. Es war das zweiundfünfzigste Mal, daß ich Psilocybin nahm. Ort dieses Versuchs war mein Büro. Da es sich um eine explorative Übungssitzung handelte, hieß ich die Teilnehmer, sich zu entspannen, es zu genießen und daraus zu lernen, was sie konnten. Nach ein paar Stunden der ruhigen Heiterkeit, übernahm Jefferson spontan die Führung. Seine Witze und seine warme Erdverbundenheit schufen eine milde Stimmung. Ralph erwies sich als natürlicher Erforscher innerer Räume. Da wir als Resultat der Sitzung ein Gefühl der Kameradschaft spürten, fuhren Ralph, Gunther und ich einige Tage später zusammen zum Concord-Gefängnis, wo wir die sechs Kandidaten treffen sollten, die Jefferson aus dem Freiwilligenpotenial ausgewählt hatte. Zwei Mörder. Zwei Räuber. Ein Veruntreuer. Ein schwarzer Heroindealer.

In einem trostlosen Krankenzimmer – graue Wände, schwarzer Asphaltboden, vergitterte Fenster – erzählten wir den mißtrauischen Männern von der Erfahrung, die ihr Leben verändern würde. Wir brachten ihnen Bücher zum Lesen, Berichte von anderen Versuchspersonen, Artikel, die sowohl die Ekstasen als auch den möglichen Horror schilderten. Wir verbrachten den größten Teil unserer Zeit damit, unsere eigenen Erfahrungen zu beschreiben und Fragen zu beantworten. Wir machten den Gefangenen klar, daß es sich hier nicht um etwas handle, was *wir* mit ihnen machten. Hier gab es kein Doktor-Patienten-Spielchen. Wir würden die Drogen zusammen mit ihnen nehmen. Wir machten nichts mit ihnen, was wir nicht auch freudig mit uns selbst anstellten.

Wir schlossen ebenfalls einen transaktionellen Forschungsvertrag mit den Gefangenen. Wir sagten ihnen in etwa: «Wir möchten herausfinden, wie und wieviel ihr euch während dieser Erfahrung verändern könnt. Aus diesem Grund möchten wir, daß ihr euch einer Reihe von psychologischen Tests unterzieht, bevor ihr die Pilz-Pillen nehmt. Nach drei oder vier Sitzungen werden wir euch diese Tests wieder vorlegen. Nachdem ihr die zweite Testreihe hinter euch habt, werden wir die Resultate mit euch besprechen. Nichts in diesem Projekt wird geheimgehalten.» Die gelangweilten Knackies fanden diese Abmachung gut, also wurde ihnen in der darauf folgenden Woche eine ganze Serie von psychologischen Tests serviert.

Das Gefängnisprojekt dehnte unsere Forschung auf eine Reihe von neuen Gebieten aus. Wir hatten es mit einer anderen Bevölkerung zu tun als die der professionellen und gut situierten Versuchspersonen unserer bisherigen Forschung. Zweitens gingen wir in diesem Fall von Fragebogen und subjektiven Berichten zu objektiven Maßstäben der Persönlichkeitsveränderung über. Und drittens bewegten wir uns von einer naturalistischen Umgebung zum kontrolliertesten und uninspirierendsten Umfeld, das man sich vorstellen kann – der Krankenstation eines Hochsicherheitsgefängnisses.

Sechs Gefangene und drei Harvard-Psychologen trafen sich zur ersten Drogensitzung. Am Morgen sollte ich mit drei Sträflingen antörnen. Die drei anderen Gefangenen und die zwei graduierten Studenten sollten als Beobachter fungieren. Am Nachmittag würden Gunther, Ralph und die drei zu beobachtenden Gefangenen die Droge nehmen, und wir würden die Führer sein. Wir kauften einen Plattenspieler, ein Tonbandgerät und mehrere Kunstbücher. Sonst war das Zimmer kalt: vier Betten, ein großer Tisch und ein paar Stühle. Die Schale mit den Pillen wurde mitten auf den Tisch gestellt. Um Vertrauen zu schaffen, war ich der erste, der davon nahm. Dann wurde sie den drei Gefangenen gereicht, die je zwanzig Milligramm zu sich nahmen. Nach einer halben Stunde begann die Wirkung sich zu zeigen: ein Auflockern der Gedanken, ein summender Druck in meinem Kopf, die scharfe, helle und dann brutale Intensivierung meiner Sinneswahrnehmungen.

Ich fühlte mich scheußlich.

Wie konnte man sich nur an so einem Ort aufhalten – eingeschlossen in einer Strafanstalt, weg vom Fenster und vergessen. Ich wandte mein Gehirn dem Mann neben mir zu, ein polnischer Bankräuber aus Worcester. Ich sah viel zu deutlich, sah jede Pore in seinem Gesicht, jeder Pickel, die Haare in seiner Nase, den scheußlichen, gelbgrünlichen Belag auf seinen schlechten Zähnen, das Flackern seiner ängstlichen Augen. Jedes Haar auf seinem Kopf sah so groß wie ein Baumast aus. Was machte ich bloß hier?

«Wie geht's dir, John?» fragte ich mit einem matten Lächeln.

«Mir geht's gut», antwortete er, aber ich glaubte ihm nicht. «Wie geht's denn *dir*, Doc?»

Ich wollte ihm in einem beruhigenden, professionellen Ton antworten, aber ich konnte es nicht. Es ist schwer zu lügen, wenn man unter der Macht der Pilze steht. «Ich fühle mich lausig.»

John gab seinen violett-rosa Lippen einen Ruck. «Wo fehlt's denn, Doc?»

In seinen Augen konnte ich ein gelbliches Spinnennetz von Retinafasern sehen, glänzende und pulsierende optische Venen. «Ich habe Angst vor dir», sagte ich.

Seine Augen wurden größer, dann lachte er los. Ich konnte in seinen Rachen hineinsehen, sah geschwollenes, rotes Gewebe, Zahnfleisch, Zunge, Hals. Ich wartete darauf, geschluckt zu werden.

«Das ist wirklich komisch, Doc, denn ich habe auch Angst vor dir.»

Jetzt lächelten wir beide und lehnten uns vor.

«Warum hast du Angst vor mir?»

«Weil du ein Verbrecher bist. Und du?»

«Ich habe Angst vor dir, weil du einer dieser total verrückten Wissenschaftler bist.»

Dann trafen sich unsere Blicke, und wir mußten lachen.

Voilà, das war's. Wir hatten eine Verbindung geschaffen. Die Sonne drang ins Zimmer, wenigstens für ein Weilchen.

Einer der Gefangenen, der Heroindealer, stöhnte und wälzte sich auf seiner Pritsche.

«Bist du o.k., Willy», fragte ich, besorgt wegen einer potentiellen Bedrohung unseres neugefundenen Sicherheitsgefühls. Alle im Zimmer schauten auf und fragten sich bange, ob diese Gefängnisumgebung nicht einfach unwiderruflich verkehrt war, ob dies einer von jenen gefürchteten «schlechten Trips» werden würde.

Willy hob den Kopf und setzte ein breites Grinsen auf. «Ob's mir gut geht, Mann? Ich bin im Himmel und schaue auf diesen komischen kleinen Planeten herab, und ich bin eine Million Jahre alt, und es gibt eine Million Dinge zu genießen – und alles findet im Gefängnis statt. Und du fragst mich, ob es mir gut geht, Mann?»

Als Willy lachte, waren wir alle *high* und glücklich.

Jefferson kam ab und zu ins Zimmer, wo er wie eine grazile Katze Runden drehte. Er sagte nie viel, doch er nahm alles auf.

Um sechs Uhr, als die Nachmittagssitzung zu Ende ging, dröhnte ein lautes Klopfen von der Tür, und die Wärter kamen rein. «Es ist Zeit Männer, zurück auf eure Abteilungen.» Ralph,

Gunther und ich begleiteten die Gefangenen zurück zur geschlossenen Abteilung der Krankenstation, wo wir rauchten und lachten und unsere Erfahrungen über das austauschten, was wir gesehen hatten und wo wir gewesen waren.

Dann war es Zeit für uns zu gehen. Wir schüttelten die Hände unserer neuen Freunde und versprachen, am nächsten Tag weiterzumachen. Ralph, Gunther und ich verließen die Krankenstation und überquerten den dunklen Gefängnishof, betätigten die Klingel und warteten, bis die Eisentüre zum Pförtnerhaus geöffnet wurde. Wir durchschritten noch zwei Metalltüren, gingen eine metallene Treppe hinunter, an den klopfenden, dampfenden Heizkörpern vorbei zum Gefängnis hinaus.

Wir lachten triumphierend. Wir alle, Harvard-Leute und Gefangene, hatten einen wichtigen Test bestanden. Wir hatten unser Vertrauen in die menschliche Natur und in die Drogenerfahrung gesetzt und dabei gewonnen. Etwas Heidnisches, Magisches war geschehen, und keiner von uns würde jenen kurzen Tag der Gnade je vergessen. Es war ein heroischer Augenblick in unserem Leben.

Diese erste Sitzung veränderte unseren Status im Gefängnis. Nachdem die Mundpropaganda das ihre getan hatte, kamen Gefangene im Hof auf uns zu und fragten, ob sie sich auch für das Projekt eintragen könnten. Wärter und Betreuer baten uns, diesen oder jenen ihrer Protegés in unsere Gruppe aufzunehmen.

Wir verbrachten die nächsten beiden Wochen damit, die Reaktionen der Gefangenen zu diskutieren. Dann führten wir eine zweite Sitzung durch. Dieses Mal verhielt sich die Gruppe viel gewandter, kein nervöses und erwartungsvolles Gespanntsein. Sobald die Energie durch ihre Körper zu fließen begann, begaben sie sich zu den Doppelstockbetten und schlossen die Augen. Während der folgenden zwei oder drei Stunden lagen sie da, überwältigt von ihren Visionen, und setzten sich nur gelegentlich auf, um zu lächeln oder irgendeine ruhige Bemerkung zu machen.

Nach der dritten Sitzung wiederholten die Sträflinge den Persönlichkeitstest. Wir brachten die Resultate mit in die Krankenstation und übergaben sie den Gefangenen. Keine Geheimnisse. Wir erklärten, was die Tests untersuchten und was die Resultate bedeuteten.

Sie hatten sich verändert bezüglich jener objektiven Indikatoren, die den Psychologen so am Herzen liegen. Sie zeigten weniger Depression, Feindseligkeit und asoziale Tendenzen, mehr Energie, Verantwortlichkeit, Kooperation. Die Resultate ihres Persönlichkeitstests waren dramatisch und signifikant in Richtung verbesserter geistiger Gesundheit gerutscht.

Indem wir ihnen die Tests veröffentlichten und deren Resultate erklärten, bildeten wir die Gefangenen zu Psychodiagnostikern aus. Sie wurden zu ihren eigenen Psychologen. Das fanden sie ganz toll. Es gab heftige Diskussionen über Persönlichkeitsmerkmale, als die Knackies lernten, das Psychiaterie-Spielchen zu spielen.

Wir planten die nächste Phase unserer Untersuchungen. Die Gefangenen sollten selbst neue Mitglieder für die Gruppe selektieren. Sie würden selbst lernen, neue Mitglieder für die Gruppe auszuwählen und psychologische Tests durchzuführen. Sie würden die Einführungsvorträge halten und das Projekt übernehmen.

Das Gefängnis wurde zu einem Ausbildungszentrum. Neue graduierte Studenten wurden erfahrenen Gefangenen zugewiesen, die sie orientierten und anleiteten. Sitzung über Sitzung führten die Sträflinge die Harvard-Leute, die Harvard-Leute die Gefangenen.

Die Energie, die durch die Sitzungen freigesetzt wurde, war auch außerhalb der Gefängnismauer spürbar. Das Sitzungszimmer der Strafanstalt wurde zu einem Vorzeigeobjekt. Wann immer Besucher nach Cambridge kamen und sich nach psychedelischen Drogen erkundigten, nahmen wir sie mit ins Gefängnis. Die Gefangenen sprachen über ihre mystischen Erfahrungen mit Gerald Heard, Alan Watts, William Burroughs, Aldous Huxley und dem Ex-König von Sarawak, wie auch mit ganzen Trupps von Psychiatern.

Es war unsere Strategie, alles mögliche zu unternehmen, um ihren Stolz und das Gefühl, etwas erreicht zu haben, zu festigen. Jede Befugnis, die wir den Gefangenen übergeben konnten, wurde zu einer Faser im Gewebe ihres Selbstwertgefühls.

Als es Herbst wurde, hatten wir fünfunddreißig Gefangene und fünfzehn Harvards in unserer Gruppe. Jetzt wurden zwei bis drei Männer pro Monat auf Bewährung entlassen, also starteten wir das Projekt KONTAKT. Die Gefangenen und die Harvards wurden entsprechend dem Freundschaftssystem in Zweierteams aufgeteilt, wobei die Harvards die Ehemaligen zuhause besuchten. Eine Telefonleitung stand vierundzwanzig Stunden am Tag zur Verfügung, um Hilfe anzubieten, falls Not am Mann war.

Wir nüchterten sie aus, lobten sie gegenüber ihren Bewährungshelfern, beruhigten vergraulte Vorgesetzte. Kurz gesagt: Wir taten nichts anderes als das, was eine Familie für ihre verwirrten Angehörigen tut. Wir hielten sie aus dem Kittchen.

Bald war unser kleines Experiment zu einer großangelegten Sache mit drei Ebenen ausgewachsen. Es gab die Gruppe im Gefängnis; draußen lief KONTAKT, und dann die ebenso wichtige Aufgabe, die staatliche Verwaltung und die Beamtenschaft bei Laune zu halten. Wir sandten einen regelmäßigen Fluß von Memoranden und Forschrittsberichten an die zahllosen Abteilungen, die ein eifersüchtiges Interesse an der Arbeit der Rehabilitierung von Straffälligen hatten. Jeffersons weisem Rat folgend, ließen wir nie eine Woche verstreichen, ohne die Bürokraten zu kontaktieren und sie am Geschehen teilhaben zu lassen.

Eines Morgens im zweiten Jahre des Projekts ging ich ins Büro von Oberwärter Grennan, um über die neuesten Statistiken zu berichten. Wir hatten neunzig Prozent unserer Straffälligen vor einem Rückfall bewahrt.

Er hörte mich höflich an, schaute aber immer hinter mich. Als ich geendet hatte, schlug er mir auf die Schulter und führte mich in die Ecke hinter mir. «Schau dir das an, Timmy», sagte er stolz.

Es war der farbige Bauplan für ein Supergefängnis.

«Schau mal, zwei Fußballfelder. Dieser Teil ist für die Aufnahme und Orientierung. Noch zwei Zellenblöcke. Die Verpflegungseinheit ist doppelt so groß. Wir werden für doppelt so viele Gefangene Platz haben, und wir können die Mannschaft bis hinunter zum letzten Mann verdoppeln.»

Sein Gesicht strahlte. Das hier war sein Traum, der wahr wurde. Ein riesiges Gefängnis samt einem doppelt so großen Schreibtisch. Der bürokratische Himmel!

«Das ist super, Bill», sagte ich, «aber hast du's denn vergessen? Du wirst dieses große Gefängnis gar nicht brauchen.»

Sein Gesicht drückte Erstaunen aus.

«Warum nicht?»

«Weil wir die Rückfälligkeitsrate von siebzig auf zehn Prozent drosseln werden. Wenn du uns mit diesem Projekt weitermachen läßt, wirst du nicht die halbe Zeit brauchen, die du jetzt aufwendest.»

Der Wärter mußte lachen. «Ich kann dir nicht widersprechen, Timmy. Du hast diese Männer sauber gehalten, auch wenn ich verdammt sein will, wenn ich weiß, wie du's gemacht hast.»

Genau, das wollten wir selbst auch gerne wissen. Es sah so aus, als wären es hauptsächlich zwei Faktoren, die in unseren Gefangenen Veränderungen bewirkten: Erstens half ihnen die Wahrnehmung neuer Wirklichkeiten erkennen, daß sie neben dem Räuber-und-Gendarm-Spiel noch andere Möglichkeiten hatten; dann half ihnen die Beziehung zu anderen Gruppenmitgliedern den Versuch eines neuen Lebens aufrechtzuerhalten.

Ähnliche Arten der plötzlichen Verhaltensveränderung waren bei anderen Spezies festgestellt worden. Der deutsche Etrologe Konrad Lorenz und der holländische Naturforscher Nico Tinbergen waren die ersten, die das Phänomen der *Prägung* beschrieben haben, eine Art permanentes Lernen, daß in einem einzigen Mal assimiliert wird, im Gegensatz zu einer schrittweisen, minuziösen und oft schmerzhaften Konditionierung durch Strafe und Belohnung, von dem traditionelle Psychologen und Erzieher glaubten, es sei die Grundlage der Veränderung. Lorenz entdeckte das Prägungs-Phänomen eines Tages, als Gänseeier in einem Brutkasten ausgebrütet wurden. In Abwesenheit einer Mutter liefen die Gänschen ihm nach, scheinbar weil er der einzige, verfügbare Gegenstand war. Die Vögelchen konzentrierten sich weiterhin auf ihn und ignorierten ihre Mutter, als sie zu ihr gebracht wurden.

Hunderte Experimente von Lorenz und anderen haben bewiesen, daß dieses unmittelbare Lernen, das keinerlei Belohnung oder Strafe bedarf, nur während einer kritischen Zeitspanne stattfindet, kurz nach der Geburt oder einer Metamorphose. Anstatt ein Verhalten *von* der Umwelt zu beziehen, verbindet sich der Organismus während dieser kritischen Zeit *mit* der Umwelt. Das Nervensystem von Säugern und Vögeln reagiert auf den ersten verfügbaren Stimulus, meistens die Mutter, und aktiviert und assimiliert instinktives Verhalten. Man weiß zum Beispiel von Vögeln, die Bemutterung bei einem Pingpongball suchten. Giraffenbabys wurden durch den Jeep des Jägers geprägt, der ihre Mutter erschoß.

104

Die Psychologie hat sich anfänglich gescheut, das Prägungs-Prinzip auf menschliches Verhalten anzuwenden, vermutlich weil es eine Herausforderung sondergleichen an unsere Idee eines freien Willens darstellt, doch scheinen sich die dramatischen Verhaltensänderungen, die unsere Gefängnisversuche nach sich zogen, am besten durch diese Konzepte erklären zu lassen.

Die Leute hatten die Tendenz, starke positive Bindungen mit jenen einzugehen, die während eines Trips zugegen waren, und liefen einander manchmal nach wie Lorenz' Gänschen. Es war auch so, daß ich an den Menschen zu hängen begann, die während *meiner* Sitzungen anwesend waren.

Sogar noch viel wichtiger als das Bonding war das Neuprägen von Wertsystemen und Haltungen anderer und der Gesellschaft gegenüber, was während der Sitzungen stattfand. In einem positiven, unterstützenden Umfeld wurden neue, nichtkriminelle Wirklichkeiten geprägt. (Und auf ominöse Weise mag ich die Neuprägung einer Gefängnis-Mentalität vorgenommen haben, eine Wirklichkeit, die ich zwischen 1970 und 1976 bewohnen mußte.) Alles, was ich in den folgenden zwanzig Jahren Drogenforschung gelernt habe, hat mich in meiner Überzeugung bestärkt, daß die psychedelische Neuprägung neben der Dechiffrierung der DNA als eine der wichtigsten Entdeckungen des Jahrhunderts gelten muß.

Leider hat die spätere Drogenkontroverse die wissenschaftlichen Implikationen dieses Experiments überschattet. Obschon wir die Rückfälligkeitsrate auf dramatische Weise reduziert hatten, indem wir die Gefangenen lehrten, ihr eigenes Gehirn von alten Programmen zu befreien und neue zu erschaffen, wurde das Gefängnisprojekt unterbunden, nachdem Alpert und ich aus Harvard rausgeflogen waren. Unsere Ex-Sträflinge bildeten mit Hilfe unseres Kollegen Professor Walter Houston Clark eine eigene Gruppe. Sie betrieben dieses Selbsthilfeprogramm während fünfzehn Jahren. Die wissenschaftliche Tradition verlangt, daß wichtige Befunde repliziert werden: bestätigt oder verworfen. Es gab und gibt immer noch Hunderte von Psychologen, die begierig darauf sind, Versuche dieser Art durchzuführen. Die Regierung bleibt hart in ihrer Einschränkung einer bedeutungsvollen psychedelischen Forschung, auch wenn alle anderen Formen der Resozialisierung von Kriminellen gescheitert sind und Tausende jährlich in den Teufelskreis der Rückfälligkeit hineingezogen werden.

BIOGRAPHIE

ROBERT GORDON WASSON, 1903 im Bundesstaat Montana geboren, verbrachte seine Jugend in Newark, New Jersey. Von Beruf Bankier, erklomm Wasson die Konzernleiter, um Vize-Präsident von J. P. Morgan & Co. zu werden. In Zusammenarbeit mit seiner Frau Valentina erlangte er große Anerkennung als Ethnobotaniker, der sich auf die Rolle halluzinogener Pilze in der Kulturgeschichte spezialisierte.

Im Jahre 1955 war Wasson der erste Weiße gewesen, von dem bekannt ist, daß er die «Heiligen Pilze» aß, die ihm von Maria Sabína, der berühmten Kräuterfrau aus Oaxa, gegeben wurden. Sein Bericht über diese Erfahrung ist wahrscheinlich der poetisch bewegendste und philosophisch überzeugendste aller durch Drogen inspirierten Erfahrungen überhaupt. *Mushrooms, Russia and History* (1957) war das erste mehrerer Bücher Wassons, das die Ursprünge vieler Weltreligionen auf psychedelische Pilz- oder Lysergsäurekulte zurückführte.

Wassons Untersuchungen bewußtseinserweiternder Pflanzen führten ihn nach Mexiko, Japan, Indien, Neu-Guinea und Afghanistan. Er ist Ehrenforschungsmitglied des Botanischen Museums der Universität Harvard und Direktor auf Lebzeiten des Botanischen Gartens der Stadt New York.

12. Drogen als Ursprung von Religion und Philosophie

Harvard, im Frühling 1961

Um die Ecke unseres Zentrums für Persönlichkeitsforschung lag das Botanische Museum der Universität Harvard, Heimat des weltberühmten Ethonobotanikers Richard Evans Schultes. Seine Spezialität: Psychoaktive Pflanzen. Professor Schultes hatte während und nach dem Zweiten Weltkrieg einige Jahre im Amazonasgebiet verbracht, wo er sich für die amerikanische Regierung nach

Gummivorkommen umsah. Um die langen Nächte im Feld angenehmer zu gestalten, unternahm der fleißige Botaniker Versuche mit den verschiedensten bewußtseinserweiternden Kräutern, Wurzeln und Schlingpflanzen, die von den Eingeborenen verwendet wurden. Er berichtet, daß er, um die Energie und Euphorie zu erhalten, acht Jahre lang täglich Cocablätter kaute.

In Anbetracht seiner offen zum Ausdruck gebrachten, rechtsgerichteten politischen Ansichten, und der steten staatlichen Unterstützung seiner Arbeit erstaunt es wenig zu erfahren, (in *The C.I.A. and the Acid Generation* von Lee und Schlaen), daß diese Berichte bei den Gehirnwäscheversuchen der C.I.A. der fünfziger und sechziger Jahre Anwendung fanden.

Als Neulinge auf dem Gebiet der Psychobotanik brachten wir vom Drogenprojekt Professor Schultes den Respekt entgegen, den man einem mutigen Forscher zollt. Wir pflegten das Museum aufzusuchen, um die Exemplare zu bestaunen, die dort in Glasvitrinen diskret ausgestellt waren. Schultes verhielt sich uns gegenüber immer herzlich, aber distanziert. Wir kamen uns wie Eingeborene vor, deren Drogenbräuche er studierte.

Eines Tages erhielten wir einen Anruf von Schultes Büro im Museum. Am Apparat war R. Gordon Wasson, berühmt wegen eines langen Artikels in der Zeitschrift *Life*, der seine Untersuchungen in Mexiko und seine Entdeckung der psychedelischen Pilze beschreibt. Vor Wasson hatten die meisten Mykologen das Bestehen der magischen Pilze geleugnet. Wasson widerlegte das. Der vornehme Bankier aus Manhatten hatte von den Pilzen gegessen, sich auf den Lehmboden einer Hütte in Oaxa gelegt und war tiefgreifender philosophischer Gesichter zuteil geworden.

Später unternahm Wasson weitere Reisen nach Mexiko zusammen mit Roger Heim, einem bedeutenden französischen Mykologen. Die beiden sandten Exemplare der Pilze an die chemischen Laboratorien der Firma Sandoz, wo Albert Hofmann deren aktiven Wirkstoff synthetisierte. Also verdankten wir unseren Vorrat an Psilocybin dem Fleiß eines Bankiers aus New York und dem Können eines Chemikers aus Basel.

Wasson wollte wissen, ob er uns besuchen könne. Wir luden ihn zu einem Nachmittagstee im Konferenzzimmer des Zentrums ein.

Der Bankier erwies sich als gutaussehender Mann von höchst seriöser Art.

Wir hörten ihm zu, als er uns von seiner ersten psychedelischen Erfahrung und der Hypothese erzählte, die ihn dazu geführt hatte, diese zu suchen.

«Ich kann mich nicht erinnern», sagte Wasson, «wer von uns – meine Frau oder ich – es in den vierziger Jahren zuerst wagte zu vermuten, daß unsere Vorfahren vor vielleicht viertausend Jahren einen Pilz anbeteten. Im Herbst des Jahres 1952 erfuhren wir, daß Schriftsteller des sechzehnten Jahrhunderts, die die indianischen Kulturen Mexikos beschrieben, festgehalten hatten, daß gewisse Pilze eine heilige Rolle in der Religion der Eingeborenen spielten. Sie waren das Symbol einer Religion, wie das Kreuz der Christen, der Judenstern oder der Halbmond der Mohammedaner. So finden wir einen Pilz im Mittelpunkt des Kults mit der vielleicht längsten ununterbrochenen Überlieferung der Welt.»

Fröhliche Blicke gingen durch die Runde, als wir hörten, wie unsere psychologische Forschung mit einem eindrucksvollen Präzedenzfall in Verbindung gebracht wurde. Dies war die Art Ermutigung, nach der wir lechzten.

«Der Vorteil des Pilzes ist, daß es viele, wenn nicht alle in den Bereich eines visionären Zustands führt, ohne die Entsagungen eines Blake oder des Heiligen Johannes auf sich nehmen zu müssen. Es erlaubt uns, jenseits der Horizonte dieses Lebens zu schauen. In der Zeit vor- und zurückzugehen. Andere Wirklichkeitsebenen zu erfahren, und gar, wie die Indianer sagen, Gott zu kennen.

Alles, was man während dieser Nacht sieht, hat etwas Frisches: die Landschaften, die Gebäude, die Tiere – alles sieht so aus, als komme es direkt aus der Werkstatt des Schöpfers. Das Neue an allem – als ob die Welt soeben angefangen hätte sich zu gestalten – überwältigt dich und läßt dich vor Schönheit vergehen.»

Wasson vermutete, daß jede große Weltreligion aus den botanischen Halluzinationen eines frühen Visionärs entstanden sei. Er rezitierte und übersetzte dann die alte Namen für «Pilz» in verschiedene mittelöstliche und orientalische Sprachen, wobei er die Meinung vertrat, diese implizierten alle eine religiöse Erfahrung – Nahrung der Götter, Fleisch der Götter. Sogar der Name Jesu Christi auf Aramäisch, behauptete er, stamme vom Ausdruck für einen psychedelischen Pilz.

Doch war Wasson gegen einen zeitgenössischen Gebrauch der

Pilze eingestellt. Auch wenn diese Schwämme alle großen philosophischen Visionen des Altertums hervorgebracht hatten, belehrte er uns, hatten sie keinerlei Relevanz für die moderne Welt. Während unseres Gesprächs machte Wasson uns klar, daß er der einzige war, der die Pilze erklären konnte, und er war stolz darauf, daß er seine Befunde in respektablen Zeitschriften wie *Life* veröffentlicht hatte. Er war besonders aufgebracht darüber, daß die Pilzvisionen in «vulgären» Publikationen erschienen waren. Er drückte seine Befriedigung über Polizeirazzien aus, die irgendwelche «Spinner» betrafen – junge Leute, die die psychedelischen Pilze für persönliches Wachstum und spirituelle Entdeckungsfahrten benutzten.

Ironischerweise waren es gerade seine Schriften, die eine Reihe junger Leute dazu verführten, in Dörfer wie Juatla hinunterzufahren, um jener Erfahrung habhaft zu werden, die er so eloquent beschrieben hat. Wassons Hartnäckigkeit machte mir zu schaffen. Er war einverstanden mit den Razzien der Federales, die diese jungen Sucher einsperrten, und er protestierte nicht, als Maria Sabína kurz darauf verhaftet wurde.

Er insistierte, daß die Schamanen über ihre Arbeit schweigen sollten und drückte dann sein Schuldgefühl darüber aus, daß er den geheimen Kreis durchbrochen und die Zeremonien bekannt gemacht hatte. Er sagte, das Lüften der kultischen Geheimnisse breche ihre Macht.

Bald sollten wir das Gegenteil beweisen.

WILLIAM SEWARD BURROUGHS wurde 1914 in St. Louis geboren, als Nachkomme jener Familie, die durch die Herstellung von Rechenmaschinen reich und berühmt wurde. 1936 schloß er sein Studium in Harvard ab. Im Jahre 1944 begann er ein Leben voller Drogenerfahrungen, einschließlich einer langjährigen Heroinsucht. Er unternahm ausgedehnte Reisen in zivilisierte und primitive Länder, um die dortigen Muster des Drogengebrauchs zu studieren, und experimentierte mit einer breiten Auswahl psychoaktiver Botanika, von denen viele noch nie von Nichteingeborenen eingenommen worden waren.

1953 veröffentlichte er unter dem Namen William Lee den Roman *Junkie* (dtsch. 1972), ein schonungsloser Bericht über das Leben in der Gosse. Mit *Naked Lunch* etablierte sich Burroughs als wichtiger amerikanischer Autor und als Kultfigur.

Weiter sind von Burroughs u.a. erschienen: *Speed* (1975), *Die alten Filme* (1983), *Die elektronische Revolution* (1982), *Nova Express* (1973) *Zwischen Mitternacht und Morgen* (1980) und *Cities of the Red Night* (1981), das allgemein als Burroughs Hauptwerk gilt.

13. Feindesland

Harvard, im Sommer 1961

«Du mußt Burroughs einen langen, begeisterten Brief schreiben», meinte Allen Ginsberg, «und ihn dazu bringen, Psilocybin zu versuchen. Er weiß mehr über Drogen als irgendwer auf dieser Welt.»

Ich schrieb Burrouhgs und fragte ihn, ob er im September an einer Tagung der Amerikanischen Psychologischen Vereinigung über psychedelische Drogen teilnehmen würde, um anschließend einige Zeit mit uns in Cambridge zu verbringen. Er sagte zu und lud mich gleichzeitig ein, ihn während des Sommers in Tanger zu besuchen, was ich im August tat.

In Tanger kletterte das Taxi die gewundene Straße zu dem Hotel hinauf, wo Allen für mich ein Zimmer reserviert hatte, das pro Nacht zwei Dollar kostete. Allen war ausgegangen. In die Hotellobby kam ein hagerer, gebückter Mann geschlendert, der eine Brille und einen grauen Filzhut trug. Ich erkannte Burrouhgs von den Umschlagfotos seiner Bücher. Zwei etwa neunzehnjährige, hübsche britische Jungen begleiteten ihn.

»Laß uns einen Drink genehmigen, während wir auf Allen warten«, schlug ich vor.

Wir saßen im Garten eines Restaurants und genehmigten uns mehrere Gin, während wir die Pläne der Psychologischen Vereinigung und Harvards diskutierten. Zurück im Hotel, aßen wir mit Allen, Gregory Corso und einem anderen Beat-Poeten, Allen Ansen, zu Abend und gingen dann auf Burroughs Zimmer.

Dunkelheit. Ein großes Bett. Ein mit Papieren übersäter Schreibtisch. Drei schlecht eingestellte Radios, die Störungen plärrten.

Wir alle nahmen Psilocybin. Burroughs lag auf dem Bett. Die englischen Jungen beobachteten ihn. Der Rest von uns ging hinaus bis an die Gartenmauer und schaute auf den Hafen von Tanger hinab. Allen war traurig, weil sein Gefährte Peter abgereist war.

Die königliche Kirmes fand in der Stadt statt. Bilder des Königs waren an jeder Kreuzung über die elektrischen Leitungen drapiert worden. Wir konnten den Kirmesplatz von weitem leuchten sehen, und wir hörten Pfeifen und Trommeln. Die Nacht war lau und klar, als wir im Garten über dem nordafrikanischen Hafen standen, wo maurische Musik zu uns emporklang. Wir schauten einander an und atmeten tief ein. Allen und Gregory lächelten.

Burrouhgs wollte etwas Ruhe haben, also verließen wir ihn und gingen die Stufen zu Allens Hotel hinunter und dann zum Innenhof vor seinem Zimmer hinauf. Die Stadt unter uns war ein glitzernder Teppich. Laternen schienen von den Schifftakelungen im Hafen, und der Karneval rollte am Ufer vorüber.

Wir waren alle drei bester Laune. Ansen konnte es einfach nicht glauben. Er lachte immerzu und schüttelte den Kopf. Es war seine erste Pilzerfahrung, und er platzte heraus mit dem üblichen: «Das kann ja nicht wahr sein. Es ist alles so schön. Der Himmel! Doch wo ist der Teufelslohn? Alles, was so gut ist wie dies hier, muß einen schrecklichen Nachteil haben, es ist zu gut, um wahr zu sein.»

Später beschlossen wir, Burroughs auf einen Besuch der Kirmes abzuholen. Allen klettere die Mauer von Bills Hotel ein Stück hoch und rief: «Bill Bör-ros, Bill Bör-ros...»

Wir warteten neben der Tür. Sie ging auf, und da stand Bill, zusammengesackt gegen den Türrahmen. Sein Gesicht war fahl und schweißnaß. Er starrte uns an wie einer, der seinem Henker ausgeliefert werden soll.

«Wie hast du's?» fragte ich ihn.

«Mir geht's nicht allzugut. Ich wurde von einer Mischung aus violettem Feuer verzehrt, das von der Schmerzensbank gepilzt worden war. Dringende Warnung. Es gibt viel Feindesland in den Gehirnhälften. Ich glaube, ich werde hierbleiben, in diesem schrumpfligen Haufen larvalen Fleisches. Ich werde mir etwa Apomorphin gönnen.»

Er atmete tief ein, aber es kam nichts hoch.

«Einer der bösartigsten Fälle, die je von dieser Abteilung prozessiert wurden«, bemerkte ich zu Ginsberg und zitierte dabei Dr. Bensway aus *Naked Lunch*.

Westpoint, New York, im November 1940

«Kompanie, Ach-tung!» kommandierte der Hauptmann. «Meldung.»

«Erster Zug vollzählig angetreten, Sir.»

«Zweiter Zug vollzählig angetreten, Sir.»

«Dritter Zug. Kadett Leary fehlt, Sir.» Wortloses Staunen raunt durch die Reihen.

Baynes schüttelte mich.

«Du hast den Weckruf verschlafen», sagte er. Die Erwähnung eines derart unerhörten Vergehens ließ seine Stimme ernst klingen. »Und heute ist der erste Tag, an dem Minuspunkte vom Urlaub abgezogen werden.»

«Ich werde nie mehr aufstehen.» Ich fiel in mein Kissen zurück und stöhnte.

Ein Offizier erster Klasse kam hinein und schlug dabei die Türe beinahe aus den Angeln. «Leary.»

Ich öffnete zwei krabbenrote Augen.

«Du wirst dich in fünf Minuten beim Hauptmann melden.»

Baynes und Barnes, meine Zimmergenossen, halfen mir beim Anziehen. Ich hoppelte hinunter zum Kadetten-Offiziersraum. Er war voller grimmig blickender Erstklässler.

«NOCH FÜNF MINUTEN BIS ZUM FRÜHSTÜCK, SAMMELN!» schrie draußen ein Plebejer.

«Leary, hast du dich gestern auf dem Truppenzug betrunken?»

«Ja, Sir.»

«Wo?»

«Auf der Toilette, Sir.»

«Mit Robbins und Hawkins?»

«Ja, Sir.»

«Haben sie dir befohlen, dich zu ihnen zu gesellen?»

«Nein, Sir. Ich würde sagen, sie hätten mich eingeladen.»

Spürbares Mißfallen ging durch den Raum. Fraternisieren mit unberührbaren Plebejern verletzte die oberkastigen Brahmanen.

In der folgenden Woche wurde ich während der Zimmerstunde aus meinem Zimmer gerufen, um mich dem Ehrenkomitee zu stellen, eine offiziell beglaubigte Clique, selbstgewählt auf der Basis von Frömmigkeit. Meine Zimmerkameraden schauten mich erschreckt an. Ein Ehrvergehen war für einen West-Pointler tödlich. Das Komitee konnte einen zwingen zurückzutreten.

Ich wurde beschuldigt, den Kompanie-Kommandanten angelogen zu haben sowie ich auch die beiden Erstklässler angelogen hatte, die mich am Morgen nach dem Spiel zwischen Armee und Marine befragt hatten.

«Kadett Leary, haben Sie Alkohol mit auf den Truppenzug gebracht und ihn den Erstklässlern gegeben?»

«Ja, Sir.»

«Das ist nicht das, was Sie während des Verhörs gesagt haben.»

«Nein, Sir.»

«Dann haben Sie also gelogen?»

«Nein, Sir.»

«Warum sagen Sie, Sie hätten nicht gelogen?»

«Weil man mich nicht gefragt hat, wo der Alkohol herkam.»

Schweigen. Es war meinen früheren Befragern nicht eingefallen, daß ein niedriger Plebäer die Droge zugänglich gemacht haben könnte. Nun war es eine Tatsache. Ob ich gelogen hatte, stand nicht länger zur Debatte. Der Kompanie-Kommandant durfte das Gesicht nicht verlieren.

«Sie wußten, daß Sie über das Trinken im Zug befragt wurden, und Sie haben die Information zurückgehalten, um die es den Kadetten-Offizieren ging.»

«Ja, Sir. Wenn das ein Vergehen gegen den Ehrenkodex darstellt, dann bin ich schuldig.»

«Gut, dann müssen wir Sie bitten, aus dem Kadettenkorps auszuscheiden. Werden Sie das tun?»

«Ich möchte es mir überlegen.»

Am nächsten Tag weigerte ich mich zurückzutreten. Es hätte mir nichts ausgemacht, West Point zu verlassen, doch wußte ich, daß mein Ausscheiden meine Mutter bitter enttäuscht hätte. Und es war eine Frage des Stolzes, den Druck zu ertragen. Jetzt waren sie dran.

Einige Tage später wurden die Disziplinarstrafen für den Alkoholkonsum in der Messehalle verlesen. Alle vier Saufkumpane des Truppenzugs mußten während sechs Monaten Strafrunden drehen. Eine Woche später kündete der Kadettenadjudant ein Spezialtreffen für jede Kompanie in den Kellerräumen an, direkt nach dem Abendbrot. Eine Welle des Staunens ging durch den Raum. Als ich nach dem Essen in die Baracken kam, rief mich der Kommandant zu sich. «Leary, Sie sind von diesem Treffen beurlaubt.»

Ich saß allein in meinem Zimmer und zog nervös an einer Chesterfield nach der anderen. Eine halbe Stunde später polterten die Schritte der Kompanie die Treppe hoch. Niemand schwatzte. Meine Zimmergenossen hatten Tränen in den Augen.

«Man hat dich zum Schweigen verurteilt», sagte Baynes.

«Wir dürfen nicht mehr mit dir reden und müssen noch heute aus diesem Zimmer ausziehen.»

«Sei froh», meinte Barnes. «In einem Monat stellten sie dich vors Kriegsgericht. Dann wirst du diese Hölle verlassen können und in einem gemischten College weitermachen. Du bist sowieso kein Armeetyp.»

Am nächsten Morgen war ich nichtexistent geworden. Ich wurde völlig ignoriert. In der Messehalle waren die zwei Sitze zu meinen beiden Seiten leer. Man gab mir einen Notizblock und einen Bleistift, um meine Essenswünsche aufzuschreiben. Ich weigerte mich, dies zu tun. Es entwickelte sich ein stilles Protokoll des Hinstellens in meiner Reichweite von Krügen und Tabletts.

Ein Teil von mir beobachtete erstaunt und genoß diese unerwartete Entwicklung, realisierend, daß etwas Wichtiges vor sich ging. Doch ich schlief unruhig, hatte Alpträume und bekam einen Schnupfen, der nicht besser wurde.

Dann folgte das Kriegsgericht. Man gab mir einen Richter-Rechtsanwalt, einen netten, rundlichen Hauptmann, der Turnipseed hieß. Er mochte mich, doch nahm er von Anfang an an, daß keine Verteidigung dem Kadetten-Komitee und der Reihe von Zeugen standhalten konnte, die sie gegen mich hatten.

Harvard, im September 1961

Burroughs Flugzeug machte sich zur Landung in Logan Airport bereit. Er kam sauber durch den Zoll, ohne irgendein Risiko auf sich zu nehmen.

In Newton herrschte Altweibersommer. Burroughs arbeitete an seinem Vortrag für die Tagung der APV: «Points of Distinction between Psychoactive Drugs». Er wollte von einem wissenschaftlichen Standpunkt aus sprechen.

Wir begaben uns nach Manhattan für das Symposium über bewußtseinserweiternde Drogen. Weitere Vorträge, die dort präsentiert wurden, umfaßten «Ununsual Realizations and Alterations in Conciousness» von Frank Barron, «Ecstatogenic Comments» vom Philosophen Gerald Heard und «Set ans Setting» von Timothy Leary. Alles am Symposium war historisches Neuland.

Die Tagung war unerwartet gut besucht. Der Saal war nicht groß genug. Hunderte pferchten sich in den Raum und standen bis weit hinten in der Halle, saßen rund um das Vortragspult und kauerten am Boden. Burroughs las sein Manuskript trocken runter, mit einer leisen und unverbindlichen Stimme.

Nach der Tagung zog er bei uns ein. Unter seinem grauen Filzhut saß er zynisch und allein in seinem Zimmer im zweiten Stock, umgeben von ausgeschnittenen Fotografien. Am Abend saß er ohne ein Lächeln am Küchentisch und trank Gin Tonic zwischen Monologen à la Hassan-i-Sabbah. Er war immer bitter und paranoid, wenn auch nach wie vor brillant.

Eines Abends lieferten sich Bill und Jefferson Monroe, zwei Meister des Unanständigen, ein Wortgefecht am Küchentisch, wobei sie sich gegenseitig zu Extremismen der lässigen Dekadenz trieben.

Bill fauchte mit seinem leisen, nasalen Murmeln: «Jeder, der es nicht genießt, einen zwölfjährigen Araberjungen zu ficken ist entweder verrückt oder er lügt.» Er hatte natürlich recht. Er war uns sehr weit voraus.

Monroe schrie in einer hohen Falsettostimme: «Du bist ja so bürgerlich, mein Lieber. Hast du je gefickt mit...» Dabei flatterte er mit gespielter Verachtung mit den Händen.

Wir Harvard-Leute hörten uns das alles mit offenem Mund an. Wir waren einfach zu bürgerlich, zu sauber. Burroughs war zu viel für uns. In beinahe zwanzig Jahren Drogenerfahrung war er in den Anden gewesen und hatte in jeder lausigen Absteige einer jeden nordafrikanischen Großstadt den poetischen und berauschten Ergüssen von Kokainfreaks, Opiumträumern, Amphetamin-Steptänzern und Hashischinen zugehört. Er hatte Süchtige schwärmen hören über jedes neue Morphiumderivat, erfunden von einem «teuflischen deutschen Chemiker» und Brigaden von weitäugigen Peyotisten das Lob der magischen Knospen singen hören. Erzähle Burroughs nichts von dem Gott mit dem Hundekopf, der dich von deinen halluzinatorischen Windeln befreit, Mann – er kennt das alles schon.

Burroughs war enttäuscht, uns nicht wissenschaftlich genug zu finden. Er war nicht nach Harvard gekommen, um psychedelische Selbsterfahrungssitzungen abzuhalten oder unserem Gerede von Liebe und kosmischer Einheit zuzuhören. Er sah mich als National-Ligatrainer in Sachen Bewußtsein, der seinen Spielern im Umkleideraum gut zuredete über innere Freiheit.

«Computer, Mann. Genaues Definieren der freundlichen und feindlichen Bereiche des Gehirns. Neurologische Implantationen. Gehirnwellen-Generatoren. Biofeedback.»

Der 1902 geborene **WAL-TER H. CLARK**, Professor im Ruhestand für Religionsphilosophie an der Andover-Newton Theological School, promovierte am Williams College der Universität Harvard. In *The Oxford Group* und *The Psychology of Religion* geht Clark das Thema der religiösen Erfahrung in der Tradition von William James an.

1962 schloß sich Clark dem Drogenprojekt Harvards an. Später arbeitete er bei der Worchester Foundation for Experimental Biology und am Maryland Psychiatric Research Center im Spring Grove Hospital, wo er die Auswirkungen von Psychedelika in einer Krankenhausumgebung studierte. Seine Befunde wurden veröffentlicht in vielen wissenschaftlichen Artikeln, Journalen und Forschungsberichten auf den Gebieten der Psychologie, Erziehung und Religion, wie zum Beispiel in der *Encyclopedia Brittanica* («Pharmacological Cults»).

Clark war Mitbegründer und zweimaliger Vorsitzender der Society for the Scientific Study of Religion. Im Jahre 1961 erhielt er für seine Beiträge zur Religionsphilosophie den William James Memorial Award der Amerikanischen Psychologischen Vereinigung (APV).

14. Wunder am Karfreitag

Harvard, im Frühjahr 1962

Während des Sommers und im Herbst des Jahres 1961 entwickelte die religiöse Gemeinschaft von Cambridge ein beachtliches Interesse an psychedelischen Drogen. Es begann damit, daß Frank und ich eine einführende Sitzung mit Professor Houston Smith durchführten, dem Vorsitzenden der Philosophischen Fakultät des Massachusetts Institue of Technology. In den folgenden Monaten unternahm Smith Psilocybin-Sitzungen mit Studenten als Labor-Übung für seine Seminare über Mystizismus. Wie elegant und zivilisiert! Genauso hatten wir uns eine Drogenerziehung vorgestellt.

Walter Clark, ein zweiundsechszigjähriger Professor am Andover-Newton-Seminar und Gastprofessor in Harvard, schaute mehrmals bei uns vorbei und wollte die Pilz-Erfahrung machen. Er war eine respektable Figur, beängstigend respektabel. Weder rauchte noch trank er, doch er war begierig, unsere starken Drogen zu versuchen. Um die Wahrheit zu sagen, hatte ich das Gefühl, Professor Clark könnte zu akademisch und konservativ sein. Wie meistens waren meine Befürchtungen unbegründet. Clark hatte den größten Teil seines Lebens nach einer mystischen Erfahrung gesucht. Nach seiner Sitzung wurde er zu einem engagierten Projektmitglied.

Ein weiterer religiöser Besucher, der zu uns kam, war Walter Pahnke, ein Mann mit einem frischen Gesicht und einer unbefangenen Begeisterung, der hochkarätige Referenzen vorzuweisen hatte – er war Pfarrer, Arzt und jetzt Kandidat an der Theologischen Fakultät Harvard. Dr. Pahnke wollte die psychedelische Erfahrung zum Inhalt seiner Doktor-These machen: ein medizinisch überwachtes, doppelblindes, vor- und nachkontrolliertes, wissenschaftliches, dem aktuellen Stand entsprechendes Experiment über das Hervorbringen von religiöser Ekstase, wie beschrieben von christlichen Visionären, ausgewertet durch Fragebogen, Vergleichslisten und Befragungen. Genau darauf hatten wir gewartet.

«Wie viele Versuchspersonen, Pahnke?» fragte ich ihn.

«Dreißig in der Kontrollgruppe und dreißig in der Versuchsgruppe. Sie werden die Droge – oder ein Plazebo – am Karfreitag einnehmen, mit Orgelmusik und einer Predigt und dem ganzen Ritual in voller Lautstärke.» Mit der Aufrichtigkeit eines Pfadfinders fügte er hinzu: «Ich habe Ihre Kommentare über Set und Setting gelesen.»

«Sie möchten die Droge dreißig Menschen gleichzeitig geben, an einem öffentlichen Ort?»

«Klar. In der Kathedrale der Universität Boston. Ich habe bereits mit Dekan Thurmond gesprochen, und er ist einverstanden, uns die kleine Kapelle zur Verfügung zu stellen.»

«Pahnke, das ist der unvorsichtigste Vorschlag, den ich seit Wochen gehört habe. Dreißig Leute auf einen Schlag! Sie wissen nicht, worauf Sie sich einlassen. Eine psychedelische Erfahrung ist etwas Intimes. Sie ist intensiv. Sie lachen über kosmische Witze, stöhnen vor kosmischem Terror. Es kann sein, daß Sie auf dem

Fußboden enden, wo Sie mit Gott und dem Teufel kämpfen. Die erste Sitzung muß in einer ruhigen, geschützten Umgebung stattfinden.»

«Sie wird sicher sein», sagte Pahnke. «Ich bin Arzt. Ich werde Beruhigungsmittel bei mir haben und psychiatrische Befragungen unternehmen, um die Präpsychotiker herauszufiltern.»

«Sie verstehen mich nicht. Was Sie vorschlagen, mag psychiatrisch sicher sein, aber es ist unanständig. Sie selbst haben nie eine Sitzung gehabt, nicht wahr? Mir gefällt Ihre Idee einer systematischen Untersuchung der mystischen Erfahrung, doch müssen Sie selbst einige Sitzungen durchmachen, ehe Sie nur an eine Versuchsstudie denken. Sie müssen wissen, worum es geht.»

Nein, das konnte er nicht. Er erwartete Widerstand gegen seine Studie, von Harvard, von der Theologischen Fakultät, von den Medizinern. Er wollte nicht, daß man ihn der Befangenheit bezichtigen könnte. Deshalb mußte er sich seine psychedelische Keuschheit erhalten. Er mußte in der Lage sein zu sagen, daß er die Droge nie genommen hatte, bis nach der Annahme seiner These.

Je mehr Zeit ich mit dem unermüdlichen Pahnke verbrachte, um so beeindruckter war ich. Hinter seiner Fassade steckte ein inneres Engagement, ein untrüblicher Optimismus, ein tiefer Glaube an die religiöse Erfahrung und an die Macht von Psychedelika, diese hervorzubringen. Deshalb überzeugte er mich.

Bei uns im Zentrum entwickelte sich ein informelles religiöses Seminar. Unser Ziel war, die Unterstützung der Fakultät für Pahnkes Projekt zu gewinnen. Wir begannen, uns sonntagabends im Haus von Professor Houston Smith zu treffen: Walter C. Clark und Dr. Pahnke, Professoren und Studenten der Theologischen Fakultät und Gasttheologen. Ich beschrieb die religiösen Aspekte der psychedelischen Sitzungen, die wir durchgeführt hatten, und beantwortete Fragen. Smith, Clark und Pahnke diskutierten die geschichtliche Rolle von heiligen Drogen.

Ein lebhaftes Interesse machte sich breit. Wir unternahmen Übungssitzungen mit Mitgliedern dieser Gruppe und bauten schließlich einen Stab von Sitzungsführern für Pahnkes Untersuchung auf.

Die Szene im Gerichtssaal, meine erste, war beeindruckend. Um zehn Uhr morgens beriefen sieben elegante Offiziere mein Kriegsgericht ein, in einem mit Eichenholz ausgekleideten Konferenzzimmer. Ihre Säbel lagen vor ihnen auf dem Tisch. Ein Hauch Dreyfus. Das Belastungsmaterial wog eine Tonne. Ich wurde des Besitzes gefährlicher Drogen angeklagt. Zwei Mitglieder des Ehrenkomitees bezeugten, daß ich meine Schuld zugegeben hatte.

Ich ging in den Zeugenstand und leugnete die Anklagepunkte. Ich schwor, daß die Frage, wessen Schnaps es gewesen war, nie gestellt worden war. Dann ging mein Trinkgefährte in den Zeugenstand. Fitzgerald erzählte dümmlich, wie er mich im Truppenzug um die Flasche angegangen war, und wie die Erstklässler mich «eingeladen» hatten, mich zu ihnen zu gesellen.

Dann verteidigte mich Baynes.

«Was war am besagten Sonntagmorgen Ihr erster Kontakt mit Kadett Leary?» fragte Hauptmann Turnipseed.

«Er ist zum Wecken nicht aufgestanden, Sir. Also schüttelte ich ihn, um ihn wach zu kriegen.»

«Was sagte Kadett Leary?»

«Er sagte, er liege im Sterben und würde es nie in seinem ganzen Leben mehr schaffen aufzustehen.»

«Machte er einen kranken Eindruck auf Sie, Kadett Baynes?»

«Nun, er schien an dem zu leiden, was mein Vater ‹ein Katzenjammer, der sich gewaschen hat› nennt.»

Darüber mußten die strengen Offiziere lachen. Das Gericht brauchte ganze zwei Minuten, um mich freizusprechen.

Mein Sieg währte nicht sehr lange. An jenem Abend wurde das Korps wieder in den Kellerraum gerufen, und es wurde erklärt, daß ich zwar von der rechtlichen Seite her unschuldig sei, mich jedoch immer noch des Trotzes schuldig gemacht hatte. Es war weiterhin verboten, mit mir zu sprechen. Da es keinen Grund für meine Entlassung aus der Armee gab, erfand das Ehrenkomitee einen neuen Plan. Man würde mich mit Minuspunkten hinausekeln.

Bei jeder Versammlung schwärmten Kadettenoffiziere um mich herum und inspektierten meine Aufmachung mit mikroskopischer Umsicht. Ich wurde notiert wegen «ungeschnittenen Nasenhaaren». Ein Schnitt beim Rasieren wurde taxiert als «fahrlässige Beschädigung von Regierungseigentum». Mein Platz in der Aufstellung wurde geändert, ohne daß ich es wußte, und weil ich mich am alten Platz einstellte, bestrafte man mich wegen «inkorrekten Antretens».

Ich beschloß, es durchzustehen. Auf eine komische Art meinte ich, daß ich es tun müßte, um die Feuerprobe der Ausbildung zu bestehen. Der junge Held, alleine gegen das unterdrückerische System. Ich sah das alles als wertvolle Vorbereitung auf die wichtigeren Erfahrungen, die da kommen würden. Ironischerweise behielt ich recht.

Ich wurde zu einem gewissen Maße von Minderheitsfraktionen und Außenseitern gedeckt, die sich innerhalb des Systems versteckten. Der katholische Pfarrer rief mich in die Kapelle, um mir seine Unterstützung kundzutun.

Die schwarzen Kadetten waren auf meiner Seite, ganze zwei Stück. Die «Neger», die in den frühen Jahren des New Deal von Kongreßmitgliedern ernannt worden waren, wurden vom ersten Tag ihrer Aufnahme an zum Schweigen gebracht. Wenn wir uns beim Überqueren des Hofes trafen, blinzelten sie und gingen weiter. Beim Anstehen in der Kantine oder in der Turnhalle flüsterten sie «Hol sie dir, Baby» und fuhren mit ihren Geschäften fort, ohne auch nur eine Miene zu verziehen. So wurde ich zum «weißen Neger» des Korps.

Es gab noch einen weiteren Unterstützungsfaktor, General Eichelberger, der Oberbefehlshaber der Basis, war gegen die Schweigestrafe. Er rief mich einmal die Woche auf einen freundschaftlichen Schwatz in sein Büro. Er sagte, die Armee sollte nicht von frommen Predigertypen geleitet werden und daß er empfehlen würde, daß man die Schweigestrafe abschaffte. Trotz dieser Ermutigung war meine Lage sehr eintönig. Tage vergingen, ohne daß ich mit einer Menschenseele ein Wort sprach. Lesen, schreiben, das Abmarschieren von Strafmärschen. Trotz der dramatischen Auswirkung meiner Handlungsweise war ich gelangweilt. Die Schulstunden brachten keine Herausforderung, die Routine war endlos. Ich sehnte mich nach den Freuden des Studentenlebens.

Die zwei Beschäftigungen, die mich während dieser Periode der Entfremdung am Leben erhielten, waren die Philosophie und der

Sport. Ich las *The Story of Philosophy* von Will Durant, eine populärwissenschaftliche Übersicht der großen Weisen der Geschichte, die ihr Leben mit ihrem Denken verbindet. Als nächstes las ich die Werke von Plato, Aristoteles, Kant und Schopenhauer, und in jenem Frühjahr schrieb ich mein erstes Buch – ein pedantisches, pubertäres Essay nach Schopenhauer, in dem ich zu beweisen versuchte, daß alles auf der Welt, Tiere, Pflanzen, Mineralien als Ausdruck intelligenter Energie existierte.

Die einzigen Betätigungen, die bestraften Kadetten zugänglich war, war athletischer Art, und so verbrachte ich jede freie Minute in der Turnhalle. Während der obligatorischen Sportstunden mußten meine Kameraden mich als Teamgenosse akzeptieren, auch wenn sie nie ein Wort zu mir sagten. Es war mir ein perverses Vergnügen, in der vordersten Linie unseres Baseballteams zu spielen, wobei ich diejenigen, die mich zum Schweigen verurteilt hatten, gegen ihren Willen jubeln sah, wenn ich Punkte brachte. Es bereitete mir besonders viel Spaß, den Hundertmeterlauf zu gewinnen, (auch wenn ich bei meiner Nervosität zum Kettenraucher geworden war).

Eines Nachts, nachdem der Zapfenstreich einen traurigen, von Heimweh erfüllten Soldatenblues gespielt hatte, sah ich das Licht einer Taschenlampe durch die Kompaniestraße hüpfen, das sich auf mein Zelt zubewegte. Zwei Top-Kadetten-Offiziere, die nicht Mitglieder des Ehrenkomitees waren, riefen meinen Namen. Ich zog das Moskitonetz zur Seite und bat sie, sich zu setzen. Der Batallionskommandant sprach zuerst.

«Der Oberbefehlshaber und die meisten Fakultätsmitglieder finden deine Situation unerträglich. Wir erhalten Briefe von graduierten Studenten, die uns und das Ehrenkomitee angreifen. Die meisten Oberstufler sind jetzt der Meinung, daß das Ehrenkomitee letztes Jahr einen gravierenden Fehler gemacht hat. Wir stehen hinter dir, wenn dir das recht ist. Wir sind mächtig genug, um das neue Ehrenkomitee zu zwingen, dir zu verzeihen.

Dann sind da die neuen Plebäer. Sie fragen die ganze Zeit, warum man dich zum Schweigen verurteilt hat. Verdammt noch mal, du weißt, daß wenn sie das System schon während der ersten Wochen in Frage stellen, sie unter den denkbar schlechtesten Voraussetzungen anfangen und den Geist der Sache nie packen werden.»

«Man hat dich zu neun Monaten Schweigen verdonnert», ergänzte der Regimentshauptmann. «Du kannst nicht einfach vier Jahre schweigen, oder du wirst sieben Kadettenklassen anstecken. Das können wir uns nicht leisten.»

Die zwei adretten Herren starrten mir ins Gesicht.

«Wirst du dich mit uns arrangieren und dann gehen?»

«Vielleicht», sagte ich.

«Mach einen Vorschlag. Was müssen wir tun, damit du gehst?»

Ich spürte einen Schauer der Erleichterung.

«Ich möchte eine schriftliche Bestätigung des Ehrenkomitees, daß ich unschuldig bin und ich will, daß es in der Messehalle vorgelesen wird.»

Die zwei Kadettenoffiziere standen auf und nickten.

«Einverstanden. Der nächste Schritt wird sein zu sehen, ob unsere Tugendhüter dafür zu haben sind. Wir werden in ein oder zwei Tagen wiederkommen.»

Wir schüttelten uns ernst die Hände.

Sie kamen in der folgenden Nacht zurück. Die Sache war abgemacht. Der Oberbefehlshaber rief mich zu sich, um sicher zu sein, daß kein Zwang im Spiel war. Er versprach, daß kein Kadett je wieder zum Schweigen verurteilt werden würde, solange er die Verantwortung habe.

Die Kapitulation des Ehrenkomitees wurde beim Mittagessen verkündet. Der Kadettenadjutant bellte die Messehalle zum Schweigen, las einige Routineangelegenheiten vor, machte eine Pause und las meine Bedingungen vor: «IM FALL VON KADETT LEARY IST DAS EHRENKOMITEE DAMIT EINVERSTANDEN, DEM URTEIL DES KRIEGSGERICHTS FOLGE ZU LEISTEN: NICHT SCHULDIG.»

Belämmertes Schweigen und vereinzelter Applaus. Die tapfersten meiner Tischgenossen schüttelten mir die Hand. Von benachbarten Tischen erreichten mich Wellen der Gratulation.

Nach dem Mittagessen holte ich einen Jeep aus der Garage des Postens, fuhr ins Sommercamp und parkte vor meinem Zelt. Als ich meine Feldkiste und Armeesäcke auflud, umringte mich ein freundlicher Haufen. Viele entschuldigten sich, weil sie sich nicht für mich eingesetzt hatten. Es war unmöglich wegzukommen. Die enge Kompaniestraße quoll über von Gratulanten, die mir die Hand schütteln wollten.

Ich fuhr den Jeep an der Reithalle vorbei, hinunter zur Bahnstation am Fluß, wo ich meine Habseligkeiten auf den Bahnsteig umlud. Ich schaute auf zu den Gefechtsposten und den mit Wasserwerfern versehenen Türen der Garnison der Militärakademie der Vereinigten Staaten. Sie schien veraltet, feudal. Nichts Gutes für Amerika konnte von diesen grauen, gotischen Gebäudekomplexen ausgehen.

Harvard, im Frühjahr 1962

Dr. Walter Pahnke und Professor Walter Clark kamen gut voran mit ihren Plänen für den Versuch am Karfreitag. Pahnke war durch nichts aufzuhalten – ein Meisterpolitiker der Kunst des Möglichen. Professor Clarks weise, würdevolle Unterstützung überzeugte die Verwaltung des Andover-Newton-Seminars, den Studenten die Teilnahme zu bewilligen. Um diesen diplomatischen Schachzug durchzuführen, arrangierte ich Sitzungen für zwei Dekane, beides ehemalige Vorsitzende der Nördlichen Baptisten-Gemeinschaft.

Pahnke war damit einverstanden, seinen Forschungsentwurf zu revidieren. Er würde nicht mit einer Horde berauschter Versuchspersonen durch die Gegend ziehen. Der neue Plan sah vor, die Versuchsgruppe in fünf kleinere Gruppen aufzuteilen. In jeder Gruppe würden vier Theologiestudenten sein: zweien davon würde Psilocybin, den anderen zwei ein Plazebo verabreicht. Jede Gruppe würde von zwei gelernten Führern betreut werden.

Niemand, nicht einmal Pahnke oder Clark, würde wissen, wer das ‹Sakrament› erhielt, wer nüchtern blieb, und wer angetörnt wurde. Die Führer würden nach derselben Erfahrung trachten wie die Versuchspersonen – ein tiefes, spirituelles Erlebnis am Karfreitag. Während der Fastenwoche teilten wir uns in Gruppen auf, die Führer trafen sich zur Orientierung mit den vier Studenten in ihrer Gruppe und lernten gegenseitig die Sorgen, Erwartungen und Ungewißheiten kennen.

Wir trafen uns am Karfreitag um zehn Uhr morgens. Im Keller der Kapelle der Universität Boston waren fünf Räume für uns reserviert worden. Pahnke kam mit versiegelten Briefumschlägen an. Nach einem Eröffnungsgebet öffneten wir unsere Kuverts und nahmen unsere Pille.

124

Wir warteten, um zu entdecken, was wir genommen hatten. Die Studenten lasen in ihrer Bibel, doch war ich mir sicher, daß sie sich kaum auf den Inhalt konzentrierten. Nach einer Weile spürte ich, wie sich etwas veränderte. Gut! Ich hatte vom Psilocybin erwischt. Ich wartete. Meine Haut verfärbte sich rosa, dann rot. Hallo! Das ist aber eigenartig. Noch nie hatte ich mich von den Pilzen so gefühlt. Bald strahlte mein Körper Wärme ab, doch mein Bewußtsein blieb unbeeinträchtigt. Ich begriff, daß Pahnke uns ein Plazebo mit einem somatischen Kick gegeben hatte. (Es war eine Form des Vitamins Niazin).

Ich bemerkte, daß zwei Studenten ein gerötetes Gesicht hatten. Sie räkelten sich mit freudigem Gesichtsausdruck. Der eine blinzelte dem anderen zu. Dieser stand auf und sagte, er gehe auf die Toilette. Der zweite folgte ihm. Weil ich ihr Führer war, lief ich ihnen nach. In der Toilette jauchzten sie wie fröhliche Verschwörer.

Während wir so dort standen, schlug die Türe auf. Ein dritter Student kam herein. Er schaute weder links noch rechts. Seine Augen glänzten, und er lächelte. Er ging zum Fenster und schaute hinaus.

«Gott ist überall», schrie er. «Diese Pracht!»

Die zwei rot angelaufenen Studenten zuckten mit den Schultern – ihre Hoffnungen waren dahin.

Die Lächerlichkeit, eine doppelblinde Studie mit psychedelischen Drogen zu unternehmen war offensichtlich. Nach einer halben Stunde wußte jeder, wer was genommen hatte.

Zehn Studenten saßen gutgläubig vor dem Altar. Sie waren still. Die visionären Zehn benahmen sich weniger konventionell. Manche lagen auf den Bänken. Einer lag am Boden. Wiederum andere wanderten in der Kapelle umher und murmelten verwunderte Gebete. Einer sang eine Hymne. Ein anderer ging zum Altar und hielt seine Hände vor sich hoch. Einer spielte eigenartige, aufregende Akkorde auf der Orgel.

Als es fünf Uhr wurde, hatte die Gruppe das visionäre Terrain so gut wie verlassen. Pahnke und Clark nahmen gewissenhaft Befragungen auf.

Der Plan war, nach der Sitzung zu mir zu fahren, um ein Kommunionsmahl zu uns zu nehmen. Dort war die Szene sanft und strahlend. Die Reisenden waren immer noch zu high, um mehr unternehmen zu können als den Kopf zu schütteln und «wow!» zu sagen.

Ich war in der Küche und trank zur Feier des Tages ein Bier. Pahnke und Clark kamen hereingeplatzt. Wir grinsten und schüttelten uns die Hände. Es war wie nach der ersten Sitzung im Gefängnis. Wir hatten wieder einmal bestätigt gesehen, daß guter Wille, Vertrauen und Mut die grundlegenden Werkzeuge der Drogenforschung waren.

Während den nächsten Wochen beschäftigte Pahnke Psychologen, die nichts von der Studie wußten, um die Beschreibungen der Studenten nach einem Maßstab der religiösen Erfahrung auszuwerten. Die Fragebogen und Interviews zeigten, daß die Teilnehmer, die die Pilze gegessen hatten, religiöse Erlebnisse hatten, und die der Kontrollgruppe nicht. Die statistischen Resultate hätten nicht klarer sein können. Unsere Abgabe der heiligen Pilze in einer religiösen Umgebung, an Leute, die religiös motiviert waren, lieferte einen wissenschaftlichen Beweis dafür, daß spirituelle Ekstase, religiöse Offenbarung und Einheit mit Gott nun direkt zugänglich waren. Die mystische Erfahrung konnte von und für diejenigen hervorgebracht werden, die nach ihr trachteten.

Die Zeitschrift *Time* veröffentlichte einen langen und sehr positiven Bericht über Pahnkes Untersuchungen, unterstützt durch Zitate von führenden Theologen. So gelangte die Nachricht von unserem Versuch am Karfreitag an die Nation. Wir erwarteten, daß jeder Priester, Pfarrer, Rabbi, Theologe, Philosoph, Wissenschaftler oder gewöhnliche, gottesfürchtige Mann, jede Frau und jedes Kind im Land den Folgerungen der Studie nachkommen würde. Doch dies sollte nicht geschehen. Eine Welle der Entrüstung begrüßte die gute Nachricht.

Die Verwalter der Theologischen Fakultät übten Druck auf Walter Clark aus, damit er sich von unseren Forschungen distanzierte. Seine späteren Bemühungen um öffentliche Mittel, mit denen er seine Studien fortsetzen wollte, blieben erfolglos. Ein Mann namens Goddard, leitender medizinischer Verwalter im Gesundheitsministerium, machte sich lustig über den Gedanken, Psychedelika könnten psychologische Vorteile bringen und nannte unsere Resultate «puren Blödsinn».

Wir erinnerten uns an Huxleys Bemerkung, daß die Ursünde in der Einnahme von gehirnverändernden Früchten im Garten Eden bestanden hatte. Es gab keine große Chance, daß die Bürokraten des christlichen Amerikas unsere Forschungsresultate akzeptieren würden, so objektiv sie auch sein mochten.

Wir hatten uns mit der judeo-christlichen Verpflichtung einem Gott gegenüber angelegt, einer Wirklichkeit, die seit Jahrhunderten wie ein Fluch auf Europa und Amerika seit unseren Gründerjahren lastete. Drogen, die den Geist für vielfältige Wirklichkeiten öffnen, führen unweigerlich zu einem polytheistischen Weltbild. Wir spürten, daß die Zeit gekommen war für eine humanistische Religion, die auf intelligentem und freundlichem Pluralismus und wissenschaftlichem Heidentum basierte.

MAYNARD FERGUSON wurde 1928 in Montreal geboren und war schon als Kind als musikalisches Genie bekannt. In den fünfziger Jahren trat er als Solotrompeter bei Stan Kenton auf und gründete später seine eigene Big Band. Allgemein anerkannt als einer der besten Trompeter der Welt, hat Fergusons technische Virtuosität in der Geschichte dieses Instruments nie ihresgleichen gefunden.

In den Sechzigern führten Maynard und seine Frau Flora Lu Salons in New York und Millbrook, wo berühmte Künstler, Musiker und Wissenschaftler sich ein Stelldichein gaben, um über philosophische Fragen zu diskutieren. Ein Großteil des gehobenen Stils der frühen Drogenkultur wurde inspiriert von Flora Lu Fergusons Experimenten mit der Kombination von asiatischen Mustern mit moderner Mode.

15. Das stärkste Aphrodisiakum

Newton Center, Massachusetts, Frühjahr 1962

Über dem Charles River in Richtung Boston hing die Mondsichel tief am wolkenlosen Himmel. Ich kam gerade rechtzeitig in Logan Airport an, um den Pendelflug aus New York abzufangen.

Zwei Minuten später hatte ich meine Besucher erblickt: Salinas, in Jeans, die eine elegant gekleidete Dame von um die Dreißig bei sich hatte, mit zarter Haut, einem vollen Mund und tief dunkelblauen Augen. Sie war nicht geschminkt, und ihr Gesicht strahlte Weltgewandtheit und Gelassenheit aus. Flora Lu betrachtete mich mit vor Intelligenz blitzenden Augen. «Nun», sagte sie, «Sie sehen wie ein Erdling aus. Nach dem, was Salinas mir erzählt hatte, war ich auf irgendeinen Außerirdischen gefaßt.»

Am Straßenrand stand ein Mann mittleren Alters mit unheimlich tief hängenden Schultern.

«Armer Kerl», murmelte Flora. «Er sieht nicht gerade glücklich aus.»

Beim zweiten Hinsehen erkannte ich einen Freund. «Abraham!» Abraham Maslow lächelte zurück.

«Laß nur, ich warte auf ein Taxi.»

«Komm mit. Wir fahren nach Newton Center. Wir nehmen dich wirklich gerne mit.»

Mit Flora und Salinas hinter und Abe neben mir, fuhr ich durch den Tunnel vorüber an den Docks von Boston und den Charles River entlang. Abe und ich gaben für unsere Gäste laufend Kommentare über historische Schauplätze ab.

«Was machen Sie so, Abe», fragte Flora Lu.

«Abe ist einer der wichtigsten Psychologen unserer Zeit», erklärte ich. «Er hat beinahe im Alleingang die Freudsche Theorie widerlegt, laut der das menschliche Bewußtsein ein primitiver, homozider Sumpf ist. Abe hat den Begriff der Gipfelerfahrung geprägt, und er ist davon überzeugt, daß die menschliche Psyche voll ist von wunderbaren Potentialen, die darauf warten, erweckt und genutzt zu werden.»

«Was ist eine Gipfelerfahrung?» fragte Flora Lu.

«Das, was wir heute nacht haben werden», antwortete Salinas in ihrem schleppenden Tonfall, «wenn der Professor uns gut gesinnt ist. Möchten Sie an unserer Sitzung teilnehmen, Dr. Maslow?»

«Sehr gerne», erwiderte Maslow, «aber ich fürchte, ich bin nicht allzugut aufgelegt.»

«Wäre das nicht genau der Moment für eine Gipfelerfahrung?»

«Ich weiß es leider nicht», sagte Abe leise, «denn ich habe noch nie eine gehabt. Es ist das alte philosophische Paradox. Diejenigen, die darüber theoretisieren, sind oft die letzten, die es tun. Freud hat uns das gelehrt.»

An jenem Abend bestand unsere Gruppe aus einem Psychiater und seiner Frau, zwei graduierten Studenten und den zwei eleganten Damen aus Manhattan. Salinas dominierte die Sitzung mit ihrem schnellen, rasiermesserscharfen, angetörnten *Mind*.

Am nächsten Morgen war ich früh auf den Beinen. Ich machte Rührei mit Speck für mich, Jack und Susan. Salinas und Flora Lu schliefen noch. Ich fuhr Susan zum Haus einer Freundin, wo sie den Tag verbringen wollte, und Jack zu einem Baseballfeld in der Nachbarschaft, wo ich als Hilfsmanager des Baseballteams der Jungliga fungierte. Jack war der einzige, der jedes Spiel mitmachte, denn er war der Fänger, und es gab keinen anderen Knaben mit seinem Durchhaltevermögen für diese schwierige Position. Der Trainer sagte oft über ihn: «Dieser Jack Leary ist wie ein Fels.»

Als ich nach Hause zurückkehrte, saßen Flora Lu und Salinas am Küchentisch und plauderten.

«Wo warst du?» begrüßte mich Salinas.

«Unterwegs. Habt ihr schon gefrühstückt?»

«Ja, aber es war ziemlich eigenartig aufzuwachen und das Haus leer zu finden. Wir dachten, wir hätten alles nur halluziniert.» Ich schenkte mir eine Tasse Kaffee ein.

«Wir sprachen gerade von dir», sagte Flora Lu mit einem Lächeln.

«Wir haben beschlossen, daß du ein heißer Psychologe sein magst, doch bei den kleinen Dingen des Lebens etwas Hilfe brauchst. Zum Beispiel wie man sich anzieht und welcher Haarschnitt...»

«...und was für Musik du hören sollst, und wie du diese Sitzungen ästhetischer gestalten kannst als in dieser Fakultätsklub-Atmosphäre, die du hier drauf hast. Also wäre es mir eine Ehre», fuhr Flora fort, «wenn du mich am kommenden Wochende bei mir zuhause besuchen würdest. Ich könnte Versuche mit interessanten Versuchsobjekten arrangieren und dir zeigen, wie das Leben in der ersten Klasse aussieht.»

An Flora Lus Tisch saß eine dunkelhaarige Schönheit. Wir hörten der Musik ein Weilchen zu und schwatzten mit den Musikern, die an unseren Tisch kamen. Der Name der Schönen war Malaca, aus Marokko. Heute ein Fotomodell – ihr Bild zierte den Umschlag von *Holiday* –, war sie mit einem Mitglied der iranischen Kaiserfamilie verheiratet gewesen. Ein Mann mit einem riesigen Vermögen, der sie aber schlecht behandelte. Sie suchte nach einer neuen Bedeutung für ihr verändertes Leben. Flora Lu hatte ihr von unseren Drogen erzählt. Doch hatte Flora Lu ihr ebenfalls gesagt, ich sei vielleicht ein Außerirdischer, so daß sie mich genau beobachtete, mit halboffenem Mund. Ich fand sie überwältigend anziehend und war Flora Lu dankbar, daß sie für das bevorstehende neurologische Experiment solch interessante Gesellschaft angeheuert hatte.

Dann kam Maynard auf die Bühne, der Mann mit der Trompete,

der mit gespreizten Beinen und gebeugtem Oberkörper dastand und blies, scharrte und immer heißere Töne von sich gab.

Gegen Mitternacht quetschten wir uns in eine schwarze Limousine, die vor dem Kabarett stand, und rollten die West Side Highway entlang, um dreißig Minuten später durch ein kleines Wäldchen und über einen Kiesweg bei einem großen Haus im Tudor-Stil anzukommen. Zwei Jaguars standen vor der Tür.

«Laß mich dir dein neues Labor zeigen», meinte Flora.

Das Wohnzimmer war riesig und mit weichen Teppichen ausgelegt. Ein großes, u-förmiges Sofa umringte den überdimensionalen Kamin. Täfelungen aus poliertem Holz und Bücherregale brachten die farbigen, abstrakten Gemälde zur Geltung. Eine Wand war ausgefüllt mit Elektronik und einer riesigen Plattensammlung.

Was mich am Luxus dieses Zimmers beeindruckte, war die sichere erotische Intelligenz, mit der jedes Detail eingerichtet worden war.

«Komm, ich zeig dir dein Zimmer.»

Flora Lu öffnete eine Tür oben im langen Gang: «Ich hoffe, du fühlst dich wohl bei uns.» Der Fußboden und das große Bett waren mit Pelzen bedeckt, auf denen viele rosarote Seidenkissen verstreut lagen. Holz und Samt. Spiegel.

«Möchtest du unser Zimmer sehen?» fragte sie.

Das Schlafzimmer war eine weiche Höhle voller Spitzen, Kordeln, Drapierungen und Pelzen, Rubens-artigen Gemälden und tantrischen Yantras. Es war eine herrliche Einführung ins hedonistische Bewußtsein. Tatsächlich war mir auch nur das Bestehen der Lust als Lebensart unbekannt gewesen.

Ich hatte den Großteil meines erwachsenen Lebens in dem üblichen großbürgerlichen Komfort verbracht, den wohnlich-funktionellen Maschinen, die von den Akademikern dieser Gegend benutzt wurden.

Hier ging es um mehr als nur konventionelle Räumlichkeiten. Flora Lu hatte einen Tempel entworfen, um jeden Sinn zu verführen und den Körper in die Arme eines Harems zu locken. In diesem bordell-ähnlichen, barocken Allerheiligsten begann meine hedonistische Erziehung.

Zu jener Zeit war ich ein erfolgreicher Roboter – respektiert in Harvard, sauber, witzig und, in dieser verinnerlichten Kultur, ungewöhnlich kreativ. Auch wenn ich die höchsten Ambitionen des jungen amerikanischen Intellektuellen erreicht hatte, war ich von meinem Körper und meinen Sinnen völlig abgeschnitten. Meine Kleider waren folgsam ausgewählt worden, um zum Image des jungen Professors zu passen. Sogar nach Hunderten von Drogensitzungen hörte ich routinemäßig Pop-Musik, trank Martinis und aß, was man mir vorsetzte.

Ich hatte Kunst «geschätzt», indem ich meinen Körper durch irgendwelche «Heiligen Hallen» schob, doch hatte dieser Tourismus nichts mit direktem ästhetischem Empfinden zu tun. Mein Nervensystem war in Symbolen eingebettet; das Erlebnis war immer aus zweiter Hand. Die Kunst war ein akademisches Konzept, eine Institution. Der Gedanke, daß jemand sein Leben wie ein Kunstwerk leben könnte, war mir nie gekommen.

Nachdem wir Psilocybin genommen hatten, saß ich auf der Couch in Flora Lus elysischer Kammer und erlaubte meiner rechten Hirnhälfte, sich langsam dem direkten sinnlichen Empfang zu öffnen. Flora Lu und Maynard begannen, mich in Erotik zu unterweisen – dem Yoga der Aufmerksamkeit. Jeder Moment wurde nach sinnlichen Möglichkeiten untersucht. Die köstliche Grazie einer Handbewegung, nicht als Teil einer erlernten Überlebensfolge, sondern zum kinästhetischen Vergnügen.

Ich trug das Seidenhemd und die Samthose, die Flora Lu mir gemäß ihren Versprechen, als Modeberaterin zu dienen, während ich duschte aufs Bett gelegt hatte. Maynard war ein florentinischer Adliger, gekleidet in enge Samthosen. Malaca, angetan mit einem marokkanischen Kaftan, war weich, berührbar.

Ein Feuer brannte im Kamin. Die Luft war voller Räucherwerk. Mit sensibilisierten Ohren so groß wie der Strahlentrichter von Arecibo räkelte sich Maynard vor Vergnügen. Flora Lu schwebte durchs Zimmer mit vor Freude verklärtem Gesicht. Malaca erblühte zu einer Blume von großer Schönheit; ihre klassischen Züge wiesen die Würde eines ägyptischen Freskos auf.

Meine Augen trafen die ihren. Beide standen wir auf und gingen auf die Terrasse. Sie drehte sich um, kam zu mir und legte die Arme um meinen Hals.

Wir waren zwei Meereswesen. Der Begattungsprozeß in diesem Universum begann mit dem Verschmelzen feuchter Lippen, die eine sanft-elektrische Verzückung hervorriefen, die den gesamten

Körper durchströmte. Wir fanden es kein Problem, mit unseren Gliedern, Fangarmen und köstlichen Höckern fertig zu werden, mit denen wir auf wunderbare Weise ausgestattet waren in der durchsichtigen, honigflüssigen, schwerelosen Atmosphäre, die uns umgab, badete und trug.

Es war meine erste sexuelle Erfahrung unter dem Einfluß von Psychedelika. Ich begann zu lernen, daß psychedelische Drogen nicht nur ein Instrument der philosophischen Offenbarung, der mystischen Einheit und der evolutionären Einsicht waren, sondern auch mächtige Aphrodisiaka.

Malaca war oben und nahm ein Schaumbad. Maynard döste auf dem Sofa. Ich stand im Morgengrauen bei der Glastür und war mir bewußt, daß mein Index für die Betrachtung von Sonnenaufgängen dramatisch angestiegen war, seit ich mit der Erforschung von bewußtseinserweiternden Substanzen angefangen hatte.

Ein paar Tage nach dieser Sitzung fragte ich Aldous Huxley, was er von der erotogenen Natur psychedelischer Drogen hielt. Seine sofortige Reaktion war Aufregung. «Natürlich stimmt das, Timothy, aber wir haben schon genug Probleme mit dem Vorschlag, Drogen könnten religiös und ästhetische Erfahrungen stimulieren. Ich rate dir dringend, die sexuelle Katze nicht aus dem Sack zu lassen.»

Meine erste Reaktion auf die aphrodisische Offenbarung war erst einmal, so richtig über mich zu lachen. Wir waren durchs Land gerannt und hatten Mystikern Visionen und Priestern, Professoren und Gefangenen eine sofortige Persönlichkeitsveränderung angeboten, und die ganze Zeit über hatten wir ihnen unbewußt den Schlüssel zu besserem Sex geliefert (wenn man ihn unter den richtigen Bedingungen benutzte). Was für ein verklemmter Spießer war ich doch gewesen. Warum hatte ich so lange gebraucht, um über diese Tatsache zu stolpern? Wir hatten seit langem erkannt, daß diese Drogen Körpergefühle immens steigern – Geschmack, Geruch, Farbe, Klänge, Bewegung, Atem. Und wir wußten, daß sich in der richtigen Umgebung starke Sympathiebande zwischen den Menschen bildeten. Indem wir Set und Setting aufs Philosophische ausrichteten oder auf spirituelle oder wissenschaftliche Dinge, hatten wir uns auf perverse Weise fortbewegt von einer sonst unvermeidlichen Zunahme an Sensualität und Zärtlichkeit.

Huxley war in dieser einen Sache unrealistisch. Es war einfach nicht möglich, jedermanns Erfahrung so zu zensieren, wie wir es mit unserer eigenen gemacht hatten. Zu unserem Entsetzen erfuhren wir zu jener Zeit, daß angetörnte Genießer in Las Vegas, Beverly Hills und Aspen herumerzählten, daß LSD (eine psychedelische Droge, die keiner von uns bislang versucht hatte) «Let's Strip Down» bedeutete. Diese Entdeckungen waren ein herrlicher Schock für unsere prüden, akademischen Hirne.

Es war uns nie eingefallen, daß diese Erfahrung, die wir mit so viel Ehrfurcht und Respekt behandelten, zum beliebten Party-Spielchen werden könnte. (Außer diesem Bengel von einem Dick, der diesen Bereich bereits mit Hilfe einiger williger Harvard-Studenten untersuchte). Es war die Erfahrung jener Nacht, die mich zur Gewißheit zurückführte, daß unsere harmlosen philosophischen Drogen mit der Zeit der Entspannung dienen würden.

Seit diesem sexuellen Erwachen im Hause der Fergusons habe ich mich als Wissenschaftler und als Philosoph dazu verpflichtet gefühlt, die Information weiterzugeben, daß psychedelische Drogen bei angemessenem Set und Setting sehr sinnesanregend wirken können. Diese Aussage – vielleicht mehr als jede andere – macht Drogengegner fuchsteufelswild.

Es schien irgendwie natürlich, daß Malaca und ich zusammenbleiben würden. Als ich Sonntagabend nach Newton zurückfuhr, gingen wir bei ihrer Wohnung vorbei, um einige ihrer Sachen abzuholen, und sie zog bei mir ein.

Es war schwer für sie, sich an meine häusliche Szene zu gewöhnen – zwei lärmende Kinder, Studenten und Forscher, die immer nur von ihrer Arbeit sprachen. Nach einer Woche sah ich Malaca immer noch als Tempeltänzerin-Gottheit aus der dreiunddreißigsten Dynastie. Doch bald wurde offensichtlich, daß sie hier im bürgerlichen zwanzigsten Jahrhundert nichts zu suchen hatte, und sie verwandelte sich zusehends in eine aufsässige, verwöhnte, arabische Göre. Die Vision der Drogensitzung ließ rapide nach.

RALPH WALDO EMERSON

RALPH WALDO EMERSON (1803 – 1882), wurde in Boston geboren und am Harvard College und an der Theologischen Fakultät Harvard erzogen. Im Jahre 1832 führte seine Weigerung, den Dogmatismus zu unterrichten dazu, daß er aus der Zweiten Unitarischen Kirche von Boston austrat, seiner einzigen Kanzel.

Während eines Besuchs in Europa wurde Emerson zum Vertrauten der englischen Transzendentalisten Carlyle, Wordsworth und Coleridge, welche Lachgas, Haschisch und Opium als Quellen der Inspiration und Offenbarung benutzten. Sein gewecktes Interesse an einer inneren Suche und persönlichen Entwicklung führten zu Studien von Yoga, Neo-Platonismus und Agnostizismus.

1838 führte Emersons Vortrag an der Theologischen Fakultät Harvard, in dem er sein Publikum dazu aufforderte, Gott in ihrem Innern zu suchen, inneres Potential zu entwickeln und aus dem organisierten Christentum auszuscheiden dazu, daß er von dort verbannt wurde, ein Ostrazismus, der achtundzwanzig Jahre währen sollte. Erst 1886 verlieh ihm Harvard mit einiger Verspätung die Doktorwürden der Theologie.

Emerson veröffentlichte mehrere Bände mit Gedichten und schrieb über Philosophie, doch erreichte er seinen größten Ruhm als Vortragsredner. Obschon er vom akademischen Establishment abgelehnt wurde, war Emerson Befürworter eines ideologischen Systems – Individualität, inneres Wachstum, Selbstbewußtsein, Ablehnung der Autorität –, das ihn zu einem der einflußreichsten Philosophen Amerikas werden ließ.

16. Überfall aus dem Hinterhalt

Harvard, im Frühjahr 1962

Jetzt betrat die Szene ein höchst enigmatischer Agent, der das Leben unserer ganzen Crew verändern sollte, Michael Hollingshead.

Versehen mit einem professorialen Oxford-Akzent, rief er mich an, um mir Grüße seines angeblichen Mentors, des distinguierten britischen Philosophen G. E. Moore, zu bestellen. Ich fiel darauf rein und lud Hollingshead zum Lunch im Fakultätsklub ein. Er war Mitte Dreißig, mittelgroß mit einer beginnenden Glatze, und er hatte einen schrulligen Stil, der vor Erzählungen über Mehrfachwelten nur so triefte. Auf der Basis seines Anspruchs, mehr LSD genommen zu haben als irgendwer auf der Welt, lud ich ihn ein, bei uns zu wohnen und als Projektberater zu fungieren.

Anscheinend hatten er und sein Arzt zehntausend Dosen Lysergsäure von der Firma Sandoz bezogen, um deren Auswirkungen auf das Netzgewebe von Spinnen zu studieren. Sie hatten das Zeug mit feuchtem Puderzucker vermischt, das sie in eine Laborflasche füllten, mit der Idee, daß Spinnen Süßes gerne mögen. Nur als Nachgedanke leckten sie den Löffel ab. Da sie nichts von menschlicher Dosierung wußten, waren sie sich der Tatsache nicht bewußt, daß sie etwa hundertmal mehr genommen hatten als irgendwer in der Geschichte der Pharmakologie.

Laut Hollingshead saßen die beiden eifrigen Wissenschaftler stundenlang reglos im Labor, verklärt von dem, was in ihrem Gehirn stattfand. Sie wurden auf der Stelle zu Mystikern, engagierte Kreuzritter für die Sache der Bewußtseinserweiterung. Hollingshead packte die Hälfte der Zuckerpaste in ein Mayonnaiseglas, sagte den Spinnen Adieu und machte sich daran, die Welt anzutörnen. Der erste Halt auf seiner Mission war unser Projekt.

Michael ging durch mein Haus mit seinem venusischen Ausdruck, Mayonnaiseglas in der Hand, und bot allen und jedem den intergalaktischen Trip an. Ursprünglich gab es keine Abnehmer, weil wir beschlossen hatten, unsere Forschung auf Psilocybin zu beschränken. Ich hatte sogar eine Prohibition gegen das harmlose Marihuana verhängt, weil ich unser Projekt frei von jeder Verbindung mit berüchtigten Drogen halten wollte. Weil es in der chemischen Kriegsforschung benutzt worden war und von Psychologen, die versuchten, damit Psychosen hervorzurufen, hatte LSD einen zweifelhaften Namen.

Hollingshead versuchte unser gemütliches, selbstoffenbarendes Psilocybin und tat es abschätzig als hübsche Farben ab, verglichen mit den philosophischen Explosionen der Lysergsäure.

Dann erschienen Maynard und Flo Ferguson, die mich als wackere Ontologen zum Wochenende besuchten. Sie waren bald überredet, Hollingshead dorthin zu folgen, wo kein Mensch zuvor gewesen war. Folgsam schluckten sie einen gehäuften Teelöffel aus dem berühmten Glas. Dreißig Minuten nach Abschluß: Flora Lus Gesicht leuchtete mit einem Glanz, wie man ihn auf den Gemälden eines Giottos findet.

«Das mußt du versuchen», flüsterte sie mir zu.

Was sollte ich schon machen? Ich tat's.

Es dauerte etwa eine halbe Stunde, bis ich eine Wirkung verspürte. Dann kam sie plötzlich und unwiderstehlich. Ich drehte und wand mich sanfte, faserige Lichtalleen hinunter, die mich zu einem zentralen Punkt führten. Eins mit diesem pulsierenden Strahl, konnte ich nach außen schauen und das gesamte kosmische Drama überblicken. Vergangenheit und Zukunft. Alle Formen, alle Strukturen, alle Organismen, alle Begebenheiten waren Fernsehproduktionen, die von dem einen Auge ausgingen. Alles, was ich je erlebt und worüber ich gelesen hatte, tanzte in einer großen Blase um mich herum wie die Darbietungen in einer Tanzhalle des neunzehnten Jahrhunderts. Meine Illusionen, die kosmischen Kostüme, die eigenartigen, laufend wechselnden Kulissen von Bäumen und Körpern und Theaterstühlen.

Nach mehreren Milliarden Jahren fand ich mich auf meinen Füßen wieder und bewegte mich im Marionetten-Theater der Wirklichkeit. Der Gedanke an meine Kinder führte mich nach oben ins Zimmer meiner Tochter. Susan saß in ihrem Bett und sah genau wie die Dreizehnjährige aus, die sie war, wie sie so mit ihren Lokkenwicklern und gerunzelter Stirn auf das Schulbuch in ihrem Schoß starrte, während Rock'n Roll-Musik durch ihr Zimmer schmetterte. «Hallo Paps.» Sie kaute an einem Bleistift. Ich lehnte mich an die Wand, erstaunt über diese fremde, amerikanische Fließbandmarionette. Sie schaute zu mir auf. «Pappi, was wünscht du dir zu Weihnachten?» Sie kaute weiter an ihrem Bleistift und kehrte zu ihrem Buch zurück, wobei sie sich leicht bewegte im Rhythmus der Musik. Nach einer Minute schaute sie erneut auf. «Pappi, ich liebe dich.»

Eine Welle des Schreckens übermannte mich. Dies war meine Tochter, und dies war das Vater-Tochter-Spiel. Ein seichter, oberflächlicher, bedeutungsloser Austausch im Sinne von: Hallo Pappa. Hallo Sue. Wie geht es dir? Wie geht's in der Schule? Was möchtest du zu Weihnachten? Hast du deine Aufgaben gemacht? Ein Plastikpuppenvater und eine Plastikpuppentochter rollten auf kleinen Rädchen aneinander vorbei, immer im Kreis auf festen Schienen. Eine völlige Vulgarisierung der wirklichen Situation: zwei komplexe Trauben, bestehend aus Abermilliarden Zellen, verwurzelt in einer Ewigkeit Evolution, die während eines Augenblicks diese einmalige Zusammensetzung von Raumzeit teilten. Im Angesicht dieser Chancen, unsere Seelen zu verschmelzen und jeder das Göttliche im anderen hervorzubringen, tauschten wir alberne Begrüßungsfloskeln aus.

Ich sah sie flehend an, mich um wirklichen Kontakt bemühend. Ich fühlte mich wie vor den Kopf geschlagen vor Schuldgefühl.

Langsam ging ich nach unten und hinaus in den Garten. Schnee, Bäume, Sternenlicht. Alles war klar, scharf, überdeutlich. Ich stand dort und lauschte auf eine Antwort. Wo ist die Mitte? Was können wir tun? Dann rekapitulierte ich schnell jede Lösung, die vom Menschen versucht worden ist. Die Gesellschaft, Auswanderungen, Gruppen, Stammeswanderungen, Invasionen, das Anpflanzen von Saatgut, das Bauen von Städten, die rastlose Suche nach Möglichkeiten und Bedeutungen, den Moralkodex, die Tabus und Verwandtschaften. Was tun und wohin gehen?

Ich konnte die Konsequenzen einer jeden Handlung voraussehen, die ich unternehmen mochte. Dann, wie eine Schnur, die man aufrollt, verfolgte ich meine Schritte zurück bis zu jenem zentralen Platz vor dem Kamin, wo die Sitzung begonnen hatte.

Meine früheren psychedelischen Sitzungen hatten mein sinnliches Gewahrsein geöffnet und mein Bewußtsein bis zu den Membranen hin erweitert. Psilocybin hatte mich in die Nervennetze hineingesogen, in meine Körperorgane, meinen Herzschlag und in die Luft hinein, die ich atmete, hatte mich spiralförmig die DNA-Leiter der Evolution hinuntersausen lassen bis zum Anfang allen Lebens auf diesem Planeten.

Doch LSD war anders. Michaels gehäufter Teelöffel hatte mein Bewußtsein an einen Energietanz angeschlossen, wo nichts existierte außer wirbelnden Schwingungen, und jede illusorische Form nicht weiteres als eine andere Frequenz war.

Es war die erschütterndste Erfahrung meines Lebens. Und durch das Ganze hindurch, den Kopf auf die Knie gestützt, saß der Architekt dieser Erleuchtung, der Zauberer, der den Schalter für diese psychedelische Show betätigt hatte, Michael, der Trickser.

Die Wirkungen der Droge ließen im Morgengrauen nach. Ich war immer noch higher, als ich es je gewesen war, doch gab es langsam wieder eine Struktur. Der Fluß der elektronischen Schwingungen verlangsamte sich, und ich fühlte, wie ich in einem Plastikgehäuse eingefroren wurde. Mich beschlich ein schreckliches Gefühl des Verlusts, von Heimweh nach dem leuchtenden Kern an Bedeutung.

Ich ging hinauf in das Zimmer der Fergusons. Sie fühlten dieselbe Verzweiflung, hinausgeworfen aus dem Paradies. Ich kniete vor Flo nieder und legte meinen Kopf in ihren Schoß. Tränen rannen aus ihren Augen, und ich merkte, wie heftige Schluchzer mich schüttelten. Warum hatten wir es verloren? Warum wurden wir wiedergeboren in diesen dummen Lederkörpern mit diesem trivialen Schachbrett-Geist?

Den Rest des Morgens befand ich mich in einem Nebel, verwirrt von dem, was geschehen war. Ich versuchte mir klar zu werden, was ich mit diesen Offenbarungen tun sollte, was zu tun mit Lebensroutinen, die absolut künstlich waren.

Ich erinnerte mich, am nächsten Tag in mein Büro nach Cambridge gefahren zu sein und immer noch einen eigenartigen elektrischen Lärm in meinem Gehirn gehört zu haben. Warum war ich zurückgekehrt? Wo hatte ich den Fluß verloren? War es das Resultat von Angst, Gier, vergangener Dummheiten? Und würde ich je wieder zu jener anderen Illusion durchbrechen und im Mittelpunkt des großen Schwingungstanzes tanzen? Dann realisierte ich, was ich tat. Ich war dabei, ein früheres geistiges Spiel auf das offenbarte Lebensmysterium anzuwenden. Es hatte alles mit Vertrauen und Akzeptieren zu tun.

Es sind seit diesem Trip mit Michael Hollingshead zwanzig Jahre vergangen. Ich habe ihn nie vergessen; noch ist es mir möglich gewesen, zu dem Leben zurückzukehren, das ich vor jener Sitzung führte. Ich habe mich nie von dieser ontologischen Konfrontation erholt. Es ist mir nie wieder möglich gewesen, mich, mein Gehirn oder die gesellschaftliche Welt ganz so ernst zu nehmen. Seit jener Zeit ist es mir peinlich bewußt gewesen, daß alles, was ich sehe, alles in und um mich, eine Schöpfung meines eigenen Bewußtseins ist, und daß jeder in einem neuralen Kokon von privater Wirklichkeit lebt. Von jenem Tag an habe ich nie das Gefühl verloren, daß ich ein Schauspieler bin, umgeben von Darstellern, Requisiten und Kulissen für das kosmische Drama, das in meinem Gehirn geschrieben wird.

Nach der Sitzung entwickelte ich eine neue Beziehung zu Michael. Mein LSD-geladenes Gehirn hatte ihn als Agenten für ein höheres Bewußtsein gesehen, ein weiser Außerirdischer, der durch eine Million Wirklichkeiten in der Minute flitzen konnte. Er war eine Art Gott. Ein liederlicher, trauriger Clown von einem Gott, doch zweifelsohne göttlich.

Ich beobachtete eine jede seiner Bewegungen, weil ich nach Hinweisen zu den Raumzeit-Szenarios suchte, mit denen er so wissend jonglierte. Ich fühlte mich wie ein Schaf, weil ich Michaels außerordentliche Talente vor der Sitzung nicht erkannt hatte und versuchte, meine Nachlässigkeit wieder gutzumachen.

Dieses Bild von Michael als überlegener Fremder nahm langsam ab. Die Wirkung der Sitzung schien etwa eine Woche anzudauern.

Diejenigen von uns, die an der Lysergsitzung teilgenommen hatten, fühlten sich eng miteinander verbunden. Da Dick der mächtigen LSD-Prägung nicht ausgesetzt worden war, teilte er meine Ehrfurcht vor dem exzentrischen, charmanten Michael nicht.

Jeder in unserem Netzwerk war verwundert und etwas verängstigt über meine Reaktionen nach dem LSD-Trip. Ich hatte den leeren Blick von jemandem, der zuviel sieht. Dick war aufgebracht, und das mit Recht. Er war bereit, mit Psilocybin umzugehen, einer freundlichen Liebesdroge, doch spürte er, daß LSD das Ende unserer Pläne bedeutete, Nobelpreise zu gewinnen und akkredierte Harvard-Professoren zu werden. Gerade als wir die ontologische Komplexität beinahe unter Kontrolle hatten, trieb uns LSD in ein dissipatives Chaos. Neue Gehirnschaltkreise wurden geöffnet, und es gab keine Rückkehr. Jeder im Forschungsprogramm seufzte tief, sagte dem malerischen Psilocybin «Auf Wiedersehen» und meldete sich mutig zur nächsten Entdeckungsebene.

Die Einführung von LSD hätte nicht zu einer schwierigeren Zeit in unserem Ballett mit der Verwaltung Harvards erfolgen können.

Das Gefängnisprojekt und die Sitzung am Karfreitag hatten harte experimentelle Beweise erbracht, daß Psilocybin, eingesetzt entsprechend unseren Methoden, ungefährlich und lebensverlängernd wirkte; wir hofften, daß unsere wissenschaftlichen Kollegen und die Bürokratie die Macht von Drogen in der Verhaltensmodifikation anerkennen und unsere Arbeit unterstützen würden. Es entwickelte sich eine entgegengesetzte Reaktion. Der Semmelweiß-Effekt. Je erfolgreicher unsere Forschung, desto mehr Murren seitens den Bürokraten der Wissenschaft.

Dieser Widerstand basierte auf einem von vielen Psychologen und Psychiatern bewahrten Glauben, daß die Persönlichkeit durch jahrelange Konditionierung aufgebaut wird, und daß diese Veränderungen langsam und schmerzlich sind. Dies waren tiefsitzende, philosophisch-religiöse Überzeugungen – christlich, darwinistisch, konservativ. Dann kamen wir. Wenn wir Sträflinge, Theologie-Studenten *und uns selbst* verändern konnten, so folgte daraus, daß die Psychologen ihre Annahmen und Methoden ändern mußten. Die Vorstellung, Drogen könnten das bewirken, was keine konventionelle Therapie vermochte, war unerträglich.

Die Tatsache, daß die Psychoanalyse den meisten Patienten nicht helfen konnte, war irrelevant. Soziale Systeme, das Establishment für geistige Gesundheit inbegriffen, sind dazu entworfen worden, jenen zu dienen, die sie kontrollieren. Wie Kommunismus und Christentum war die Psychiatrie eine hochverehrte Orthodoxie, die einer Elite Respekt und Vermögen erbrachte.

Wir erhielten Unterstützung von anderer Seite. In Akademia können radikale Revisionen einer benachbarten Disziplin toleriert werden. Die Professoren der Theologischen Fakultät, verwundert, weil wir säkuläre Wissenschaftler waren, die religiös-philosophische Erfahrungen in ihren Studenten hervorbrachten, fühlten sich von uns nicht bedroht.

Eine Reihe von Physikern und Astronomen am MIT benutzten unsere Drogen, um Mehrfachwelten und relativistische Perspektiven zu erfahren, wie auch Hermann Kahn und viele seiner Mitarbeiter am Hudson Institute. Wir hörten ebenfalls von Physiologen im ganzen Land, die mit eigener Drogenforschung beschäftigt waren. Unter den interessantesten Resultaten war Karl Pribrams holografische Theorie des Gehirns.

Studenten mit Abschluß, die sich noch nicht einem bestimmten System verschrieben hatten, rannten uns die Türe ein, um neurologische Feldarbeit zu unternehmen. Entsprechend unserer Abmachung mit der Universität schlossen wir die unteren Jahrgänge aus, die die interessanteste Gruppe überhaupt bildeten. Drogen waren auf dem besten Wege, zur großen Mode zu werden. An jedem Wochenende verwandelten sich die Häuser der Harvard-Bewohner in Raumschiffe, die hoch über dem Pflaster segelten.

An diesem Punkt angelangt, machte die Opposition ihren ersten Zug.

Professor Herbert Kelman stürmte ins Büro von Direktor McClelland und brachte ernsthafte Klagen über unser Projekt vor. McClelland beschloß, ein Stabstreffen einzuberufen, um die Beschwerden aufs Tapet zu bringen. Diplomierte Studenten sollten dazu eingeladen sein – höchst ungewöhnlich.

Der Grund für Kelmans Irritation war offensichtlich. Weniger Studenten kamen in sein Büro, um ihm bei seinen zahmen Fragebogen-Projekten zu helfen. Wir hatten versucht, ihn dazu zu veranlassen, die Droge zu nehmen oder wenigstens zu beobachten, was wir im Gefängnis machten, doch er schlug es ab.

Kelman war ein ernst zu nehmender Rivale. Er hatte zweifellos einflußreiche Freunde in Washington, was durch die unheimliche Leichtigkeit bewiesen wurde, mit der er jährliche Stipendien, Forschungsbeiträge und Gastprofessuren im Ausland erhielt. Niemand konnte sich eigentlich erklären, warum er am Zentrum für Persönlichkeitsforschung beschäftigt war, da sein Gebiet die soziale und politische Psychologie war.

Richard und ich wußten, daß Kelman einen Anschlag auf uns vorhatte. Wir debattierten die Möglichkeit, einflußreiche Freunde von anderen Fakultäten zu unserer Verteidigung einzuladen, doch beschlossen wir, erst einmal abzuwarten und eine Konfrontation zu vermeiden. Wir hatten kein Bedürfnis, irgendwen von irgendwas zu überzeugen.

Eine derart große Menschenmenge kam, daß das Treffen in einen Hörsaal im Keller verlegt werden mußte. Professor Kelman verlas eine Liste mit Anschuldigungen: Mit unserem egalitären Ansatz verdarben wir die traditionelle Lehrlingsbeziehung zwischen Professoren und Studenten; wir korrumpierten die Studenten, indem wir ihre Begeisterung honorierten; wir hielten uns in unserer Forschung nicht an die Regeln der Objektivität; andere Fakultäten der Universität sprachen abschätzig über unser Zentrum; wir gefährdeten das Einvernehmen der Fakultät, indem wir das Zentrum in zwei rivalisierende Gruppen aufspalteten.

Als Kelman geendet hatte, stand ein weiterer ehrgeiziger Professor auf, um den Angriff fortzuführen, Brendan Maher, ein zäher Ratten-Laborforscher, der für die sture Beharrlichkeit bekannt war, mit der er seine Studenten genauso unterrichtete, wie er selbst an mittelalterlichen britischen Universitäten unterwiesen worden war. Maher zitierte aus psychiatrischen Journalen, daß Psilocybin und LSD gefährliche Drogen seine, die durch Mediziner in einer klinischen Umgebung verabreicht werden sollten.

Ich saß in der vordersten Reihe, umgeben von meinen Mitarbeitern und genoß die Show so recht. Es war eine typische Gefühlsbezeugung seitens aufgebrachter Autoritäten, ähnlich den Vorträgen, die ich von Schulrektoren und West Point-Moralisten gehört hatte. Doch dann wurden sie unhöflich. Vor mir stand wie ein Staatsanwalt, Artikel in der Hand, Maher, der verlangte, daß ich ihm Rede und Antwort stand: «Haben Sie sich Zeit genommen, die Literatur Ihres Gebietes zu lesen?»

«Ja», sagte ich. «Ich habe diese Artikel gelesen.»

«Wie kommt es also dann, daß Sie diese Drogen weiterhin außerhalb des Irrenhauses abgeben?»

«Ich glaube nicht an diese Resultate», antwortete ich. «Es sind oppressionistische, subjektive Urteile von Psychiatern, die nichts von Set und Setting verstehen und den Nimbus eines Arztdiploms mit experimenteller Methodologie verwechseln. Wir bereiten ihre

Versuchspersonen nicht vor. Sie wenden keine objektiven Methoden an, nicht einmal Patientenberichte, um auszuwerten, was stattfindet. Im Lichte unserer eigenen Resultate, erwarten Sie wirklich, daß wir diesem psychiatrischen Tratsch Glauben schenken?»

«Mit anderen Worten: Sie lehnen die Berichte anerkannter Autoritäten auf diesem Gebiet ab?»

«Gewiß tue ich das», entgegnete ich. «Ich nehme alles, was ein Psychiater von sich gibt mit einem Körnchen Salz. Das ist das erste, was wir hier in Amerika unseren klinischen Studenten beibringen.»

An diesem Punkt angelangt, stand Dick auf und begab sich nach vorne. Er strahlte freundliche Zuversicht aus und imitierte dabei seinen Vater, den Anwalt. Als Verteidiger wies Richard die Anklagen leidenschaftlich zurück und pries unsere Forschung als mutige und produktive Demonstration neuer Methoden der Verhaltensmodifikation. Nachdem beide Seiten ihre Meinung kundgetan hatten, wurde ein Komitee gebildet, um die Sache zu untersuchen, und das Meeting endete auf einer Note der zivilisierten Koexistenz. Wir waren zufrieden.

Zu unserem Schrecken brachte *The Harvard Crimson*, die Studentenzeitung, am nächsten Tag einen triefenden Bericht über Skandale und Unstimmigkeiten im Zentrum für Persönlichkeitsforschung. Drogenprofessoren von Kollegen angegriffen!

Das Meeting hatte sich ursprünglich auf Stabsmiglieder beschränken sollen, doch jemand hatte es so eingerichtet, daß ein unfreundlicher Journalist anwesend war. Am nächsten Tag wurde die Geschichte von den Bostoner Zeitungen aufgegriffen. Drogenskandal in Harvard! Es gab natürlich keine offiziellen Anklagen oder Delikte. Eine große Mehrheit der Fakultät und Studentenschaft stand hinter uns. Aber in der Presse klang es abfällig. Befreundete Fakultätsmitglieder, die vorbeischauten, berichteten, die Konfrontation sei ein politischer Schachzug seitens Maher und Kelman, um McClelland zu schaden, der jetzt wie ein dummer Junge dastand. Diese neuen Entwicklungen hinterließen ein ungutes Gefühl. Hatte ich wieder einmal Probleme mit dem Ehrenkomitee, weil ich schon wieder gefährliche Drogen benutzt hatte? Ich hoffte, Abigail und Tante Mae würden die Zeitungen aus Boston nicht lesen.

Indian Orchard, im August 1941

Meine Heimkehr aus West Point wurde als Enttäuschung aufgenommen, aber nicht als völlige Schande. Während der Schweigestrafe hatten Abigail und Tante Mae regelmäßigen Kontakt mit meinem Freund, Vater Murdoch, unterhalten, dem Seelsorger der Kadetten. Trotz ihrer Traurigkeit darüber, hatten sie sich durch die hohe Meinung, die der Pfarrer von meinem Potential als Zivilist hegte, beschwichtigen lassen.

Am zweiten Tag nach meiner Ankunft lieh ich mir Maes alten Chevi aus (ihre Autos waren immer schwarz) und fuhr in die Leihbibliothek von Springfield, einem aufdringlichen Granit-Marmor-Tempel, der mit Carnegie-Geldern gebaut worden war. Ich suchte nach einem Buch, das in der Bibliothek von West Point nicht erhältlich war und von dem ich hoffte, es würde mein Leben verändern. Ich konsultierte den Index der Autoren. Auf der betreffenden Karte hieß es in knallroten Buchstaben: Zugang beschränkt. Konsultieren Sie unsere Angestellten. Die Bibliothekarin, eine süße, grauhaarige Dame, schien aus der Fassung gebracht durch meine Bitte nach diesem gefährlichen Text. Nachdem ich erklärt hatte, ich sei Student und schriebe an einer Arbeit, öffnete sie eine Schublade und nahm einen Schlüssel hervor, mit dem sie umständlich einen Raum hinter sich aufschloß, um dann mit dem gewünschten Band zurückzukommen.

Ich raste nach Hause zurück, öffnete das Buch, überflog das Vorwort von Morris Ernst und den Gerichtsentscheid von Richter Woolsley, der erlaubte, daß dieses gefährliche Buch in Amerika gedruckt werden durfte. Dann schlug ich die erste Seite auf:
«Gravitätisch kam der dicke Mulligan...»

Nach einer Woche, in der ich mich völlig in *Ulysses* vergrub, kam ich Abigails Bitten nach und sandte achtundvierzig Briefe in alphabetischer Reihenfolge an alle staatlichen Universitäten. Abigail und Tante Mae hatten für mich ein vornehmes Männercollege im Auge, aber ich nicht. Etwas hatte ich bei den Jesuiten und an der Militärakademie gelernt – ich war entschlossen, mich an einer gemütlichen, gemischten Lehranstalt einzuschreiben.

Die Universität Alabama, die gerade im Ausdehnen begriffen war, war als erste bereit, mich aufzunehmen.

Tante Mae war betrübt. Alles, was sie über die Unversität Alabama wußte, war, daß Huey Long, nonkonformistischer Gouverneur, dort irgendeinen Skandal verursacht hatte. Als andere Verwandte meine neue Alma mater als «Sportschule» bezeichneten, lachte ich vor freudiger Erwartung. Nach vier Jahren in Klosterzellen konnte es mir gar nicht bunt genug sein.

Meine Migration sonnenwärts beinhaltete eine staubige, rußige Zugfahrt nach Birmingham – in jenen Tagen eine dunkle, rauchige Stadt mit dem vulkanischen Duft von Kohlenstaub und Rassenunruhen. Danach nahm ich den Bus nach Tuscaloosa.

Die Turnhalle der Universität war Ort der Aufnahme. Ich gesellte mich zu einer langen Reihe Studenten, die als Hauptfach Philosophie gewählt hatten. Der Tisch neben PHIL und PSYCH. Hinter dem PSYCH-Tisch stand ein freundlich aussehender, kahlköpfiger Mann, der mich zu sich hinüberwinkte. Er stellte sich als Dr. Dee vor, Vorsitzender der Abteilung Psychologie. Er schien sehr erfreut darüber, daß ich aus Massachusetts kam. Er hatte in Harvard studiert.

«Warum nur», fragte Dr. Dee, «haben Sie sich in der Reihe Philosophie angestellt? Es gibt an dieser Universität keine Philosophische Fakultät. Professor Lang ist der protestantische Pfarrer hier. Seine Vorlesungen werden ‹Absahnkurse› genannt. Dumme Mädchen und Fußballer sind die einzigen, die sich dafür melden. Wenn Sie nach intellektueller Stimulans suchen, sollten Sie als Hauptfach Psychologie wählen. Ich bin gerade dabei, die Abteilung hier aufzubauen und brauche kluge Studenten.»

Ich war beeindruckt von Dr. Dee. Er sprach mit einem geschliffenen, selbstsicheren neuenglischen Tonfall, und die Art, wie er «klug» sagte, klang äußerst professinell. Es war das erste Mal in meinem Leben, daß ich jemanden andeuten hörte, Intelligenz sei ein wünschenswerter Charakterzug. Bis zu diesem Augenblick hatte mich aufgeweckt zu sein immer in Schwierigkeiten gebracht. Konformität war die Tugend, von der ich zu hören pflegte.

Aufgrund dieses unverbindlichen Gesprächs nahm ich die Studie des menschlichen Verhaltens auf.

Es war ebenfalls meine erste Erfahrung mit dem «Schwulennetzwerk», das schon seit jeher eine solch zentrale Rolle in der menschlichen Geschichte gespielt hat. Dr. Dee versuchte anfangs, mich zu verführen, dann adoptierte er mich als Ersatzsohn. Als das Semester zu Ende ging, war ich der erstaunte Empfänger von Dees intimen, schwülstigen Eingeständnissen. Unsere Beziehung war keine sexuelle. Dr. Dee war die Vaterfigur, die ich immer vermißt hatte, und mit den Jahren wurde ich zu dem Sohn/Freund, den er sich wünschte.

Ich war ein hervorragender Student. Die Freiheit, Wahlfächer wie Biologie, Physik und Psychologie zu belegen, Kurse, in denen das Ziel nicht darin bestand, einen Glauben zu verteidigen oder einen Jargon zu meistern, begeisterte mich so, wie es später psychedelische Drogen taten.

Meine Lieblingsvorlesungen waren in Biologie, gehalten von Professor Waldheim, einem weiteren schwulen Akademiker aus Neu England, der in den Süden gezogen war. (Ich vernahm später, daß viele der besten Professoren auf dem Gelände akademische Stars waren, die der schwulen Infrastruktur wegen nach Alabama gekommen waren.) Professor Waldheim war ein schelmischer, plumper Junggeselle mittleren Alters, der eine wunderbare Shakespearsche Aussprache besaß. Er brachte die Evolutionsgeschichte zum Leben, denn er hatte ein unheimliches Talent, auf die Tafel zu zeichnen: organische Formen, winzige, knochenlose Wesen und die inneren Organe von Tier und Vogel. Professor Waldheims Liebe zu dieser schwabbeligen Materie, seine Freude darüber, die skandalös intelligenten Muster, die von den niedrigen Spezies entwickelt werden, aufzeigen zu können, die sie einsetzen, um die Probleme des Essens, Trinkens, Transports ihrer selbst, des Angriffs, der Verteidigung und der Fortpflanzung zu meistern, war heftig ansteckend. Biologie wurde zu meinem obersten Interesse. Dementsprechend wechselte ich das Hauptfach und studierte... Mädchen.

Harvard, im Frühjahr 1962

Die Presseberichte über die Debatte mit Kelman führten dazu, daß das State Narcotic Bureau, die Drogenbehörde Massachusetts, auf uns aufmerksam wurde. Der Inspektor, der hinübergesandt wurde, um der Sache nachzugehen, war ein Ire namens O'Connell, ein drahtiger Bursche, der meine Familie kannte. Er erinnerte sich, daß mein Großonkel, Timothy Leary also, Professor an der Tufts Medical School, Zahnarzt der Stadt Boston und der erste irische Katholik gewesen war, der sich auf wissenschaftlichem Gebiet einen Namen geschaffen hatte. Inspektor O'Connell war stolz, daß ein weiterer Timothy Leary es bis Harvard geschafft hatte. Er vermutete natürlich ein protestantisches Komplott gegen die seit jeher unterdrückte irische Rasse. Ich nahm ihn mit zum Lunch im Fakultätsklub, und er verließ mich mit dem Versprechen, uns über alle weiteren Entwicklungen auf dem laufenden zu halten.

Mit der Harvard-Gemeinschaft war es jedoch nicht so einfach. Es wurde ein Komitee gegründet, um unsere Arbeit zu überwachen. Es war eine heikle Situation. Jeder wußte, daß unsere Versuche in Ordnung waren. Über dreihundert Experimente waren durchgeführt worden, und es hatte keinen einzigen schlechten Trip gegeben. Darum ging es aber nicht. Unser Stab umfaßte die aufgewecktesten Assistenten der Universität. Wir verfügten über eine solide Phalanx der Unterstützung seitens der Fakultät.

Ich spürte eine gewisse Sympathie für die Uni. Der sensationelle Charakter unserer Arbeit und unser ansteckender Erfolg brachte die Administration in eine schwierige Lage. Nach vielen internen Diskussionen beschlossen wir, eine weitere Konfrontation zu vermeiden.

Wir sagten McClelland, daß wir im nächsten akademischen Jahr versuchen würden, von außen Unterstützung für unser Projekt zu finden, um so Harvard aus dem Spiel zu lassen. Und dann würden wir das Projekt den Sommer über nach Mexiko verlegen.

In diesem günstigen Augenblick tauchte die Unterstützung «von außen» für die nächste Stufe unseres Projekts in der schillernden Person einer achtundzwanzigjährigen, blonden Millionenerbin auf. Die hübsche Peggy Hitchcock war eine internationale Jetsetterin, berühmt als farbenfrohe Mäzenin der lebendigeren Kunstformen und Vertraute von Jazzmusikern, Autorennsportlern, Schriftstellern und Filmschauspielern. Modisch, mit einem trockenen Sinn für Humor, wurde Peggy als innovatives und artistisches Mitglied der Andrew Mellon-Familie angesehen, einem dickschädligen, prüden irischen Clan, der in seiner Großzügigkeit die Bollingen Foundation unterstützt hat, Verlegerin von wissenschaftlicher und esoterischer Literatur wie zum Beispiel die Werke

C. G. Jungs und jener Bibel der Lysergfreaks, das *I Ging*. Peggy war leicht gelangweilt, hatte intellektuelle Ambitionen und suchte nach einem Projekt, das ihre überschwenglichen Energien absorbieren würde. Und das waren wir. So führte Peggy das Mellon-Mäzenat in visionärer Forschung fort.

Ich fühlte mich sehr stark zu Peggy hingezogen, aber als Richard verkündete, sie sei die erste Frau in seinem Leben, die ihn romantisch anmachte, zügelte ich meine Glut und spielte den guten Freund. Seinen verängstigten Beschreibungen eines jeden ihrer Schritte zufolge, geschah zunächst einmal überhaupt nichts, und bald verbrachten wir unsere Zeit als Trio. Dick und ich hatten unsere Becky Thatcher gefunden.

Wir flogen nach Mexiko, um nach einem ruhigen Strand für unser Sommerzentrum zu suchen. Es war wie in einer spanischen Sexkommödie. In Mexiko City, Taxco und Acapulco endeten Peggy und Dick jeweils in demselben Schlafzimmer, wo sie unruhig schliefen, während ich im Nebenzimmer vor Begierde nach Peggy schmorte. Zu unser aller Belustigung stieg die Spannung täglich.

Auf der Karte fanden wir ein Fischerdorf, das etwa hundert Meilen nördlich von Acapulco lag, Zijuatanejo. Es erwies sich als idyllisch. Die verlotterte Landebahn und die ungeteerten Straßen hatten alle, die wagemutigsten Reisenden ausgenommen, ferngehalten. Da Zijuatanejo nicht vor den Achtzigern erschlossen werden sollte, schleuste die mexikanische Regierung die Touristen zu den bekannten Ferienorten.

Das Dorf war klein und verschlafen. Eine holprige Naturstraße wand sich den Meeresklippen entlang und endete beim Hotel Catalina, einem Komplex von terrassierten Häuschen, von denen man einen Ausblick auf die wunderschöne, verlassene Bucht mit ihrem kilometerlangen Privatstrand hatte. Die steinernen Treppen, die zum Ufer führten, waren umrankt von prächtigen farbigen tropischen Blumen. Bunte Vögel tschirpten schamlos von üppigen Bäumen herunter. In der Nacht wurden die Treppen, die Häuschen und die Freiluftbar und Restaurationsecke von Reihen von Lämpchen in allen Farben des Regenbogens beleuchtet.

Es war eine Phantasielandschaft, wie sie sich nur ein Peter Max hätte ausdenken können. Der Besitzer, ein Deutscher namens

Oskar, gelangweilt und am Rande der Pleite, war sehr glücklich darüber, daß ein Teil der Fakultät Harvard sein Hotel für die ruhige Sommersaison mieten wollte. Ich nahm ihm die Illusion nicht, daß ich Tom Lehrer sei, jener Harvard-Mathematiker, der wegen seiner satyrischen Lieder sehr geschätzt wird. Von Drogen war nie die Rede.

Alle in Cambridge schienen zufrieden. Im Mai, nachdem meine Vorlesungen beendet waren, sollte ich zuerst an die Westküste fahren, um mich dort mit einigen bekannten LSD-Forschern in Hollywood zu unterhalten und dann nach Mexiko reisen, um alles für das Sommer-Trainingscamp vorzubereiten. Susan, Jack, Peggy und eine Gruppe unserer Mitarbeiter würden sich dort zu mir gesellen.

Etwa eine Woche vor meinem Abflug an die Pazifikküste, erhielt ich einen dringenden Anruf von meinem Freund O'Connell, dem staatlichen Drogenagenten. Er schien nervös, wie er so in mein Büro gelaufen kam. Er blickte sich im Zimmer um und schlug vor, wir sollten einen Spaziergang machen. Wir schlenderten über den Hof und überquerten den Charles River bei der Brücke neben der Business School. O'Connell deutete aufs Fußballstadion. Er erzählte mir, wie er einmal einigen Jugendlichen aufgelauert hatte, die er im Verdacht hatte, Marihuana zu rauchen, indem er sich auf die Wiese neben dem Stadion legte und sich mit seinem schwarzen Mantel zudeckte. Ich fand es nicht so lustig wie er.

«Ich hatte die Gelegenheit, mir einige deiner Dossiers anzuschauen, Timmy, und ich habe mit einigen meiner Freunde beim FBI gesprochen. Mir sind da ein paar Dinge begegnet. Ich fürchte, daß du dich da ein bißchen übernimmst. Es wäre mir nicht recht, wenn ein netter katholischer Junge wie du in Schwierigkeiten geraten würde.»

«Erzähl mir davon.»

O'Connell schaute mich ernst an. «Ich bin nicht hier als Polizist», meinte er, «sondern als Freund, der dir helfen will. Darf ich dir ein paar Fragen stellen?»

«Schieß los.»

«Also sag mir zuerst einmal, warum du meinst, Professor Kelman hätte dich an diesem von ihm einberufenen Meeting angegriffen?»

150

Ich zuckte mit den Schultern. «Eine normale, konservative Professorenreaktion. Er ist aufgebracht, weil wir etwas Neues versuchen. Er ist eifersüchtig, weil die diplomierten Studenten sich mehr für unsere Arbeit als für die seine interessieren.»

«Ich sehe schon», sagte O'Connell und klang nicht überzeugt. «Aber sag mal, wieviel Geld hast du denn von der Regierung bekommen für dieses Forschungsprojekt, das du betreibst?»

«Keinen Pfennig. Unsere erste Eingabe beim National Institute for Mental Health wurde abgelehnt, was irgendwie überraschend kam, da wir glühende Empfehlungsschreiben vom Gefängnisdirektor, dem Vorsitzenden des Bewährungskomitees und Aufseher Grennan aufzuweisen hatten. Und eine Menge Unterstützung von wichtigen Harvard-Leuten.»

«Wie ist es dir also gelungen, ein Projekt mit über fünfundzwanzig Leuten zu finanzieren.»

«Außer fünftausend Dollar von der Uris Foundation für eine Bürohilfe arbeiten alle unsere Mitglieder auf einer freiwilligen Basis.»

«O.k. Noch eine letzte Frage: Was motiviert dich dazu?»

«Ich möchte das Wissen über die menschliche Natur erweitern und herausfinden, wie man das Gehirn durch Drogen verändern kann, um den Leuten zu helfen, ein besseres Leben zu führen.»

O'Connell bedachte mich mit einem väterlichen Blick, geduldig, herablassend, beschützend. «Timothy, ich weiß nicht, was ich mit dir machen soll. Vielleicht hast du zuviel von diesem komischen Zeugs geraucht. Du lebst in einen Traum.»

«Wie meinst du das?»

«Ich werde dir jetzt einmal sagen, was da draußen in der wirklichen Welt vor sich geht. Stell dir vor, ich würde dir erzählen, daß es Leute in der Regierung gibt, die fünfundzwanzig Millionen Dollar für die Erforschung deiner Drogen ausgegeben haben. Im geheimen. Viel davon hier an der medizinischen Fakultät Harvard.»

O'Connell fegte meine Einwende beiseite. «Das hier bleibt zwischen dir, mir und dem Papst, verstehst du, aber eine Reihe von mächtigen Leuten in Washington hat diese ganze Drogenforschung finanziert, und sie sind es, die hinter deinen kürzlichen Problemen hier stecken. Sie wollen dich stoppen.»

«Warum?»

«Zuerst einmal ist dieser Typ Kelman, der dir die Presse auf den Hals gejagt hat, nicht einfach nur aus persönlichen Gründen eifersüchtig auf dich. Er wird von einem Scheinunternehmen der CIA finanziert, dem Ecology Fund.»

Mir kamen Kelmans internationale Vergnügungsreisen und Regierungsstipendien in den Sinn.

«So ist es», meinte O'Connell nüchtern. «Diese Typen in Washington sind gute Patrioten, doch müssen sie manchmal gewisse Dinge unter dem Tisch erledigen, wie alle anderen auch. Sie sind unser Team gegen den Iwan, Timmy, und was sie mal haben, behalten sie. Es ist nichts Falsches daran, gescheite Burschen wie Kelman an ausländische Universitäten zu schicken, um dort unsere Interessen zu wahren. Also hoffe ich, daß dieser kleine Wink mit dem Zaunpfahl dir genügt. Warum gibst du diese Drogenarbeit nicht einfach auf? Soll die CIA mit Drogen spielen. Du hast hier in Harvard die Möglichkeit einer schönen Karriere. Du könntest Bundesbeauftragter des Gesundheitsministeriums werden – solange du nicht auf Zehen stehst, auf die du nicht treten solltest, wenn du verstehst, was ich meine.»

Ich dankte O'Connell und beruhigte ihn.

«Viel Glück Timmy», sagte er zum Abschied. «Bleib sauber und vergiß nicht, was ich dir gesagt habe. Es gibt ein paar wichtige Leute in Washington, die sich für deine Arbeit interessieren. Und sie werden deine nächsten Schritte genau beobachten.»

Es war kaum eine Woche vergangen, bis die Komplikationen, die mir Inspektor O'Connell angedroht hatte, ihren eigenartigen Anfang nahmen. Ich saß an meinem Schreibtisch, und als ich aufschaute, stand dort, eine reizende Hüfte gegen den Türrahmen gelehnt, eine Frau, die mich mit frechem Blick musterte. Sie schien Ende Dreißig zu sein und sah gut aus. Auffallende Augenbrauen, durchdringender Blick aus grünen Augen, ein feingeschnittenes Gesicht. Amüsiert, arrogant, aristokratisch: «Dr. Leary», begrüßte sie mich kühl, «ich habe mit Ihnen zu reden.»

Sie kam ein paar Schritte auf mich zu und reichte mir die Hand. «Ich bin Mary Pinchot. Ich möchte lernen, wie man eine LSD-Sitzung durchführt.»

«Darauf sind wir hier spezialisiert. Würden Sie mir bitte sagen, was Sie sich vorgestellt haben?»

«Ich habe einen Freund, einen sehr wichtigen Mann. Er ist beeindruckt von dem, was ich ihm über meine eigenen Erfahrungen mit LSD erzählt habe, wie auch davon, was ihm andere Leute darüber berichtet haben. Er möchte es selbst versuchen, und so bin ich hier, um zu lernen, wie man's macht. Ich möchte keinen Fehler machen oder sowas.»

«Warum bringen Sie Ihren wichtigen Freund nicht gleich für ein paar Tage mit, damit er sich das Projekt mal ansehen kann? Wenn es dann allen paßt, werden wir eine Sitzung mit ihm machen.»

«Das kommt leider nicht in Frage. Mein Freund ist eine Person des öffentlichen Lebens. Es ist einfach nicht möglich.»

«Leute, die mit Macht umgehen, sind oft nicht die besten Versuchsobjekte.»

«Schauen Sie», meinte Mary Pinchot, «ich habe Allen Ginsberg im Radio und im Fernsehen sagen hören, daß, wenn Chruschtschow und Kennedy zusammen LSD nehmen würden, sie die Konflikte dieser Welt beenden würden. Ist es nicht so, daß wir mächtige Männer antörnen sollten?»

«Das meint Allen, aber ich war da nie einverstanden. Chruschtschow sollte mit seiner Frau antörnen, im Komfort und der Sicherheit seines eigenen Schlafzimmers im Kreml. Das gleiche gilt für Kennedy.»

«Sie meinen also nicht, daß es gut für die Welt wäre, wenn ein mächtiger Mann und seine Frau oder Freundin zusammen LSD nehmen würden?»

«Nichts, was mit Bewußtseinserweiterung zu tun hat, ist sicher. Doch glauben wir im allgemeinen, daß jeder, der einigermaßen redlich, gesund und glücklich ist, die Erfahrung der ihm oder ihr zur Verfügung stehenden Mehrfachwelt intelligent einsetzen sollte.»

«Meinen Sie, die Welt wäre ein besserer Ort, wenn unsere Politiker LSD-Erfahrungen machen würden?»

«Schauen Sie sich die Welt an», sagte ich. «Überall Atombomben. Immer mehr Länder, die von Militärdiktaturen regiert werden. Keine politische Kreativität. Es ist Zeit, etwas zu unternehmen, wenn es nur neu und vielversprechend ist.»

Ich bot ihr einen kalifornischen Sherry an, doch sie verzog niedlich das Gesicht und lud mich zu einem Glas Champagner ein. Als wir in der Bar saßen, löcherte sie mich weiter, und als ich aufstand, um in mein Büro zurückzugehen, lud sie mich zum Abendessen ein. Ich bat sie, statt dessen nach Newton Center mitzukommen, um bei mir daheim zu essen, wo die Kinder warteten. Als wir hineinkamen, schaute Malaca Mary giftig an und begrüßte sie dann mit aufgesetztem französischen Charme.

Zum Essen sind wir nie gekommen. Michael Hollingshead mischte uns ein paar Drinks, wurde ein bißchen betrunken und fing an, uns einen Vortrag über Gehirndrogen zu halten. Mary half Malaca und mir, das Essen für die Kinder anzurichten, und später nahmen wir zu viert eine niedrige Dosis Pilze und saßen am Kamin. Michael war in bester Form und mimte Höhepunkte früherer Sitzungen. Hinter dieser wilden Komödie lehrte er Mary die Probleme der inneren Navigation: wie man mit ihnen umgeht, wie man sich zentriert, wie man Panik vermeidet, wie man Berührungspunkte mit der tröstlichen Wirklichkeit findet.

Dann sah ich, wie ihr Gesicht sich verspannte.

«Ihr armen Kerle», murmelte sie. «Ihr habt ja keine Ahnung, wo ihr da hineingeraten seid. Ihr versteht wohl gar nicht, was die in Washington mit Drogen machen?»

«Wir haben einige Gerüchte über die Armee gehört», erwiderte ich.

«Es ist Zeit, daß ihr mehr erfahrt. Die Typen, die die Dinge in der Hand haben – ich meine die, die die Dinge in Washington *wirklich* kontrollieren – interessieren sich sehr für Psychologie und ganz besonders für Drogen. Es sind harte Burschen, Timothy. Sie wollen die Drogen für Kriegszwecke einsetzen, um zu spionieren, zur Gehirnwäsche, zur Kontrolle.»

«Ja», sagte ich, «das haben wir gehört.»

«Doch gibt es auch Leute wie mich, die diese Droge für den Frieden und nicht für den Krieg einsetzen wollen, damit es den Menschen besser geht. Wirst du uns helfen?»

«Wie?»

«Ich hab's dir gesagt. Lehre uns, wie man Sitzungen abhält, wie man Drogen zum Guten verwendet.»

Auch wenn wir innerlich strahlten wegen des angenehmen, verschwörerischen Gefühls, das man hat, wenn man zusammen eine psychedelische Sitzung erlebt und sich gegenseitig mit positiven Gefühlen prägt, war ich unruhig. Es gab etwas Berechnendes an

154

Mary, jenes unerbittliche Gefühl, das Leute umgibt, die in einer harten politischen Welt leben.

Ich fragte sie nochmals: «Wer sind diese Freunde von dir, die Drogen für den Frieden brauchen wollen?»

«Es sind Frauen», sagte sie lachend. «Wie jene andere Hauptstadt der Welt, wird Washington von Männern regiert. Diese nach Macht strebenden Männer können nur von Frauen verändert werden. Und du wirst uns dabei helfen.»

Am nächsten Tag fuhr ich Mary zum Flughafen, nachdem ich sie mit Büchern und Artikeln über unsere Forschung eingedeckt hatte.

«Ich glaube nicht, daß du schon soweit bist, daß du mit den Sitzungen anfangen kannst», erklärte ich ihr.

«Das weiß ich. Ich werde bald zurückkommen, um weiterzuüben. Und vergiß bitte nicht, die einzige Hoffnung für die Welt sind intelligente Frauen.»

BIOGRAPHIE

O SKAR JANIGER, 1918 geboren, promovierte in Zellphysiologie an der Universität Columbia und beendete sein Medizinstudium an der University of California School of Medicine in Irvine, wo er heute außerordentlicher Klinischer Professor für Psychologie ist.

Während der Jahre 1954 – 1970 war Janiger die Schlüsselfigur einer Gruppe von Psychiatern, Psychologen und Philosophen aus der Gegend von Los Angeles, die Drogenerfahrungen untersuchten. Im Verlauf ihrer Studien des persönlichen und spirituellen Wachstums gaben sie eine Reihe von einflußreichen und berühmten Leuten LSD, darunter auch einigen Filmstars.

Ironischerweise gelangte von der Gruppe um Janiger nie etwas in die Schlagzeilen, als die Zeitungen der Ostküste voll von Berichten über Dogenaktivitäten in San Francisco waren. Der ruhige und präzise Janiger folgte der Tradition «mystischer» Sekten, die den transzendentalen Geist durch die menschliche Geschichte hindurch am Blühen erhalten hat.

17. Die Hollywood-Connection

Hollywood, im Mai 1962

Als ich in Los Angeles aus dem Flugzeug stieg, warteten meine Gastgeber schon auf mich: Max, ein untersetzter, tiefbrauner Vierziger, und seine Frau Veronika, eine stämmige Blondine. Als wir auf mein Gepäck warteten, erzählte Veronika mir ein paar Einzelheiten. Mehr als ein Dutzend prominenter Psychiater verwendeten bei ihren Patienten LSD, wobei Oskar Janiger der einflußreichste war. Janiger hatte einer Reihe von Leuten LSD gegeben, von denen manche im Showbuisness tätig waren. Cary Grant, Jimmy Coburn, Jack Nicholson. «Sie sind alle auf dem Weg, zu Mystikern zu werden», erzählte Veronika. «Kubrick ist kurz vorm Ausrasten.»

«Wie interessant», war alles, was ich sagte. Ich wollte lieber abwarten.

Max und Veronika wohnten in einem Haus aus Chromstahl und Glas, das über die majestätische Weite von Los Angeles Ausblick bot. Die Bar, die Bibliothek, das Wohnzimmer, alle Räume führten durch Glastüren zu weiten, gepflegten Rasenflächen und zum blaugekachelten Swimmingpool, der von Gasfackeln beleuchtet wurde: Südkalifornien.

Meine Gastgeber führten mich an der Terrasse neben dem Schwimmbecken entlang zu der Gästewohnung, einer Miniausgabe des Haupthauses, mit einem Schlafzimmer, viel Glas, Büchern und einem Kamin.

«Sie finden uns beim Becken, wenn Sie sich eingerichtet haben», sagte Veronika. Frisches, anmutiges Kalifornien, so verschieden von der Weltgewandtheit östlicher Hedonisten wie die Fergusons.

Am nächsten Morgen kurvte Veronika, die Hände mit den rotlackierten Fingernägeln leicht ums Lenkrad ihres Mercedes gelegt, eine enge Straße hinunter, die sich um Häuser wand, die von blühenden Reben umrankt waren, und fuhr durch Tunnels von Palmen und italienischen Zypressen. Ich konzentrierte mich darauf, meinen Café au lait nicht auszuschütten, den ich mitgenommen hatte. Veronika bog in einen Parkplatz neben einem Gebäude ein, das in eine medizinische Praxis umfunktioniert worden war. Als wir eintraten, sprang Dr. Janiger auf, um uns zu begrüßen. Veronika hatte recht, er *war* überwältigend. Athletischer Körperbau, graues Haar, dunkelbraunes Gesicht, lustige Augen.

Wir gingen den langen, mit psychedelischen Aquarellen geschmückten Gang hinunter bis zu Janigers Büro, das eine bemerkenswerte Privatsammlung Erstausgaben von Büchern über bewußtseinserweiternde Drogen enthielt: Forschungsberichte über Opium, klassische deutsche Texte über verändertes Bewußtsein und eine umfangreiche Bibliographie wissenschaftlicher Arbeiten. Sie rief in mir dieselben Gefühle wach, wie ich sie empfand, als Frank Barron meine psychedelische Schulung begann: Es gab eine lange und hervorragende Tradition der Bewußtseinsforschung, nur wußten nur sehr wenige Leute davon. Ich fragte Janiger, wie er mit der LSD-Forschung angefangen hatte.

Er gab mir gerne Auskunft.

«Es war der Philosoph Gerald Heard, der mich mit Psychedelika bekannt machte. Er meinte, das Auftauchen von LSD im zwanzigsten Jahrhundert sei nichts anderes als Gottes Art, uns die Gabe des Bewußtseins zu geben. Er glaubte, LSD sei das Mittel, die Menschheit vor Armageddon zu bewahren.

Meinen ersten Trip unternahm ich 1954. Ich möchte Sie nicht mit den Details langweilen. Es war keine einheitliche gute Erfahrung. Es gab Elemente darin, die völlig und auffallend transformativ waren, aber auch solche, die etwas von einem Alptraum hatten. Also bekam ich die volle Behandlung, den Himmel und die Hölle. Es gab Momente, die so schlimm waren, daß ich nur noch raus wollte. Und es gab Teile, die so erstaunlich wunderbar waren, daß ich *nie* mehr raus wollte.

Als der Morgen kam, war ich völlig verwirrt. Und dann begann ich, über meine Erfahrung nachzudenken, und seither hat mein Geist keine Minute still gestanden. Ich hörte, daß es im Untergrund noch andere Experimentatoren gab. Nichts wäre schöner gewesen, als sofort mit ihnen Kontakt aufzunehmen.

Wenn du in jenen Tagen zusammenkamst, war es als ob zwei Leute einander quer durchs Zimmer ansehen und mit einer Art Nicken erkennen, daß «du auch» dazugehörtest – Es war so anders damals, du hast Eingang zu den Mysterien gefunden. Das war deine Eintrittskarte. Nichts weiter. Dieser wissende Blick, und von dem Augenblick an warst du Teil einer eigenartigen Bruderschaft. Wir sahen uns als aktive Mitglieder eines Bewußtseinsclans, der in die Geschichte zurückreicht bis nach Eleusis und zu den Sufis und den verdischen Hindus. Willkommen.»

Janiger zeigte uns seine Klinik. Es war eine Offenbarungsfabrik. Die Sitzungszimmer waren naturalistisch, bequem, attraktiv. Mehrere Versuchspersonen nahmen die Droge an einem Sitzungstag und tripten acht Stunden lang, begleitet von einem «Babysitter» – einer Person mit LSD-Erfahrung, die von Janiger unterwiesen worden war, eine bejahende Haltung einzunehmen.

Der Zweck der Forschung war, zu untersuchen, wie LSD für persönliches Wachstum eingesetzt werden konnte. Im Verlauf von sechs Jahren hatte Janiger Berichte über Testresultate von großen Gruppen von Leuten aus allen Lebensbereichen gesammelt, von denen viele eine lebensverändernde Erleuchtung erfuhren. In einem Versuch machten Künstler vor und nach der Sitzung Zeichnungen und lieferten so wertvolle Daten dazu, wie LSD unsere Wahrnehmung verändert. Janiger hatte studiert, wie LSD als Narkosemittel wirkte. Er arbeitete ebenfalls mit Patienten, die an Depressionen litten, denen er jeden Morgen minimale Dosen verabreichte, um sie dann in ihr gewohntes Leben zu entlassen, wo es ihnen merklich besser ging.

Janiger führte mich in sein Aktenzimmer, das voller Ablageschränke mit Berichten und Fragebogen war. Aus ausgetüftelten psychologischen Tests und Stapeln von Notizen hatten seine Assistenten eine Liste der typischen Reaktionen auf LSD abstrahiert. Das interessierte mich ganz besonders.

Die häufigste Reaktion, die fast von allen LSD-Versuchern erfahren wurde, war «Alles lebt». Die zweithäufigste: «Alles bewegt sich wellenartig.»

Ich mußte lachen. «Wellen! Diese Tests bestätigen eine Beobachtung, die wir in Harvard gemacht haben – daß das menschliche Gehirn die Welt so erfährt, wie sie in den Gleichungen Einsteins und von der Quantenmechanik beschrieben wird.»

Janiger lud mich ein, seine Ergebnisse zu teilen, mit ihm zusammenzuarbeiten. Er strahlte Vertrauen und Kameradschaft aus, etwas Seltenes in der Welt der Wissenschaft. Ich hatte seit über fünfzehn Jahren mit Psychologen und Psychiatern zusammengearbeitet, und diese Begeisterung, der pfeilgerade, wissenschaftliche Eifer, diese Hingabe an eine utopische Vision stand in scharfem Kontrast zu der üblichen Konkurrenz und Geheimnistuerei.

Janiger sprach von der Psychologie der Auswanderung und der Entwicklung der Kultur – Neurogeografie. «Es ist kein Zufall», sagte er, «daß veränderte Bewußtseinszustände gerade in Kalifornien so gerne akzeptiert werden. In den letzten zwanzig Jahren hat es in Los Angeles eine Bewegung von brillanten Denkern gegeben: Thomas Mann, Schönberg, Huxley, Isherwood. Beachten Sie, wie ihr Denken sich verändert hat. Es ist philosophischer, visionärer geworden. Veränderung liegt hier in der Luft. Am Cal-Tech scheint sich eine neue Physik zu entwickeln wie auch weiter oben, in Standford und Berkeley. Die Leute hier ermutigen einander, etwas Neues zu versuchen. Wir werden von der hiesigen Gemeinschaft unterstützt, weil sie auf das Neue ausgerichtet ist. Wir haben gesehen, wie Harvard und das Establishment der Ostküste auf euch reagiert und wir wissen warum. Der Osten ist nicht der Ort, wo die Dinge sich verändern werden. Die Federal Drug Administration droht bereits damit, sämtliche LSD-Versuche zu verbieten. Zu viel Begeisterung. Vielleicht ist es Zeit für eine Bestandsaufnahme.»

Janiger und ich kamen überein, in Kontakt zu bleiben, im Hinblick auf die komplexen und konfliktreichen Zeiten, die uns bevorstanden.

Veronika meinte, es sei Zeit, uns auf den Weg zu machen zu unserem Mittagessen mit Cary Grant. Wir flitzten durch die Ebene, La Cienega hinaus und am Melrose-, Santa Monica-, am Sunset- und am Hollywood-Boulevard vorüber. Magische Namen zogen an mir vorüber wie Juwelen an einer Schnur aus Träumen. Wie jeder Tourist von der Ostküste war ich fürchterlich aufgeregt darüber, in ein Filmstudio zu fahren und einem berühmten Filmstar vorgestellt zu werden.

Doch für mich war Cary Grant mehr als nur ein gutaussehendes Gesicht. Er war legendär unter LSD-Fans wegen seiner beredten Unterstützung des Produkts. Viele Amerikaner hörten von LSD durch seine Interviews in den Massenmedien.

Die Sicherheitsbeamten am Studioeingang winkten uns durch. Wir kamen zu einem hübschen kleinen Haus, umgeben von Rasen und Blumen. Dort wartete auf uns der blendend aussehende Mann mit dem berühmten Charisma und dem entspannten Charme. Cary Grant küßt Veronika auf die Wange und schüttelte mir warmherzig die Hand.

«Wie schön! Ich habe mich sehr darauf gefreut, Sie kennenzulernen.»

Ich war überwältigt und brachte kein Wort heraus. Er winkte uns zum Sofa. «Hübsch haben Sie es hier», platzte ich schließlich heraus.

Cary Grant lächelte zufrieden. «Es ist wirklich nett hier, nicht wahr. Meinen Sie, es wäre ein guter Ort, um LSD zu nehmen?»

«Es fehlt ein offenes Kamin», erwiderte ich.

«Sie haben natürlich ganz recht», meinte Grant. «Da müssen wir etwas unternehmen.»

Er ging zum Telefon und benachrichtigte einen Angestellten des Studios, daß er sofort einen Kamin in seiner Wohnung eingebaut zu haben wünsche.

Seine Fragen über unsere Forschung in Harvard ließen durchblicken, daß dieser Mann seine Hausaufgaben gemacht hatte. Ich

160

war beeindruckt von seinem Verständnis der einmaligen Problematik der LSD-Forschung. Er zeigte sich fasziniert vom Gefängnisprojekt und brüllte vor Lachen, als ich einige Szenen aus dem Karfreitag-Experiment schilderte.

«Das gäbe einen tollen Film», sagte er. «Professoren und Gefangene, Heilige und Sünder, Gefängnisse und Kapellen. Es schreit danach, verfilmt zu werden.»

Ich erzählte Cary, daß alle diejenigen von uns im ganzen Land, die LSD-Forschung betrieben, ihm sehr dankbar waren für seine mutigen und genauen Beschreibungen dessen, was LSD für ihn vollbracht hatte.

«Keine Ursache», wehrte Grant ab. «Ich bin ewig dankbar für diese Erfahrung. LSD hat mein Leben verändert. Ich habe mehr gelebt, mehr gespürt, das Leben in den letzten Jahren mehr genossen, als ich es je für möglich gehalten hätte. Meine Beziehung zu meiner Mutter, meine Liebe zu ihr ist das größte Geschenk, das LSD mir gemacht hat. Ich sprach nie von ihr, dachte nicht gerne an sie. Sie lebte in einem Altersheim in England. Seit meinen LSD-Offenbarungen habe ich sie regelmäßig besucht. Sie ist jetzt über achtzig und immer noch eine lebhafte, intelligente, wunderbar Frau. LSD hat mir diesen Schatz geschenkt.»

«Wie könnte das denn mit einem solchen Film aussehen?« wollte Veronika wissen.

Cary meinte, es gäbe nichts, was er lieber machen würde als einen Film über LSD. Er konnte sich selbst in der Rolle eines Harvard-Professors sehen, der den Schlüssel zum Universum entdeckt. Das einzige Problem war das Drehbuch.

«In Hollywood gilt immer noch Shakespeares Rat: ‹Das Stück ist alles.› Wenn man es schafft, die Größe, den Glanz und die Romantik, die Offenbarung von LSD aufs Papier zu bannen, werde ich um eine Rolle in diesem Film betteln.»

Während der Rückfahrt zum Haus Veronikas glühte ich immer noch vor Begeisterung. «Wie aufregend, daß er einen Film über LSD machen möchte.»

«Er hat jedenfalls viel Erfahrung im Umgang mit Film-Ideen», antwortete Veronika kryptisch.

Ich habe zwanzig Jahre gebraucht, um dieses Drehbuch zu schreiben.

Die Party bei Max und Veronika erwies sich als eine weitere angenehme Einführung in die Kultur Südkaliforniens und die psychedelische Avantgarde. Es waren eine Menge junger Filmleute da, wie Peter Fonda und Dennis Hopper sowie einige Ärzte aus Los Angeles, die wie Filmproduzenten aussahen – elegant, angetörnt, nonchalant, reich. Ein Dermatologe meinte, Gras sei gut für Musik und Sex, doch nur Lyserg und Peyote könnten einen weiter durchverbinden als bis zur Empfangsdame, um mit Gott direkt zu telefonieren. Es waren ebenfalls mehrere orange-gekleidete Swamis dort, die von ihren Anhängern umschwärmt wurden.

Dann waren da noch die erfolgreichen Dealer, selbstsicher neben ihren Anwälten und, was der Sache einen ominösen Touch gab, mit ihren Gewährsmännern.

Jennifer Jones saß draußen im Patio. Sie machte sich Sorgen wegen ihres Sohnes, Bobby Walker, der einer der auffälligsten Hippies Hollywoods war. Sie stellte mir einige Fragen über LSD und seine Wirkung.

Ich begegnete einer Abordnung von blonden Athleten, Surfer aus Laguna Beach. Ihr Anführer, ein intensiver, vibrierender Bursche namens John Grigg, nahm mich beiseite, um mir eine Geschichte zu erzählen.

Er und vier seiner Freunde, Kids aus Orange County, die die Schule satt hatten, bildeten eine Gang und finanzierten ihr Leben mit Surfen, Diebstahl und Dealen. Eines Tages las Johns Frau in einer Zeitschrift einen Artikel über eine Gruppe von Harvard-Professoren, die offen Drogen anwandten, die Ekstase hervorriefen. Sie zeigte das Heft John, der erstaunt war. Wie war es möglich, daß diese berühmten Professoren auf legale Weise antörnen und sich vor der Presse damit brüsten konnten, wenn seine Kollegen fünf Jahre brummen mußten, weil man bei ihnen ein bißchen harmloses Gras gefunden hatte? John und seine Bande beschlossen, diese Szene zu untersuchen. Als sie sich im Drogenuntergrund nach LSD erkundigten, hörten sie, daß man es nicht kaufen konnte. Die Droge war nur einigen wenigen Ärzten zugänglich.

John bekam eine Adresse, und eines Samstagsabends fuhr die Gang in ein Haus in die Hügel Hollywoods. Dort lief gerade eine Party. Mit gezogenen Pistolen zwangen John und seine Bande allen Anwesenden, sich flach auf den Boden zu legen. Der Gastgeber bot ihnen Geld an.

«Ich will dein Geld nicht, Mann. Wir wollen LSD.»

«LSD! Sie wollen LSD stehlen!» Der Hausbesitzer lachte sich halbkaputt. «Da sehe ich kein Problem. Bedient euch, es ist in der weißen Schachtel im obersten Fach des Eisschranks.»

Die Bande schluckte eine doppelte Ration und ging an den Strand. An diesem Punkt angelangt, fing ich vor Horror und Erstaunen an zu lachen.

«Ich brauche Ihnen nicht zu sagen, was geschah», fuhr John fort. «Als wir am Wasser ankamen, waren wir wirklich drauf. Das erste, was wir taten, war, unsere Waffen ins Meer zu schleudern. Wir wurden sofort zu religiösen Mystikern. Am nächsten Tag riefen wir in Ihrem Büro an und verlangten Exemplare Ihrer Bücher und Unterlagen über die Programmierung von Drogentrips. Seither haben wir einmal die Woche eine Gruppensitzung durchgeführt.»

«Gruppensitzung?» Ich war überrascht und dachte dabei an unseren Versuch am Karfreitag. «Das ist eine kitzlige Geschichte, wenn deine Leute nicht gut vorbereitet sind. Wie viele Leute sind in einer Gruppe?»

«Zwischen fünfzig und zweihundert. Jede Woche gehen wir an einen anderen Ort, draußen in der Natur. Mount Palomar. Ein ruhiger Strand. Die Wüste rund um Joshua Tree. Die heißen Quellen bei Warner.»

«Sagtest du zweihundert?»

«Das war am Ostersonntag. Normalerweise kommen etwa hundert Leute.»

«Für wie viele von ihnen ist es das erste Mal?»

«Etwa die Hälfte. Jeder, der's einmal nimmt, möchte seine Familie und Freunde beim nächsten Mal mitbringen. Es kommen viele Eltern und sogar manche Großeltern. Sie legen sich auf die Wiese und lieben Gott. Ab und zu schreit jemand: ‹Danke Gott!› oder ‹Gott, ich liebe dich!›.»

«Was ist, wenn's jemandem schlecht geht?»

«Manchmal gibt's schlechte Trips, aber es ist schwierig, da drauf zu bleiben, wenn du von allen diesen schönen Menschen umgeben bist.»

«Habt ihr Ärzte oder professionale Führer dabei?»

«Es kommen manchmal Ärzte. Mein Zahnarzt kommt regelmäßig. Die Führer sind hauptsächlich wir. Wir werden eine Religion starten, die Brotherhood of Eternal Love. Wir werden einen Laden in Laguna Beach aufmachen und Bücher, Bilder, Reformkost und handgemachte Kleider verkaufen. Sie müssen uns unbedingt mal besuchen kommen.»

Ich versprach's.

Als die Party vorbei war, fiel ich in mein Bett. Ich war dabei, jenen sanften Hang zwischen Tag und Traum hinunterzugleiten, als ich hörte, wie die Tür leise aufging.

Durch schwere Lider sah ich eine kurvenreiche Blondine in einem ärmellosen Kleid.

«Hallo», flüsterte sie. «Ich muß Sie sprechen.»

«Keine Hausbesuche», murmelte ich.

Ich zog das Kopfkissen über meinen Kopf. Ich hatte an diesem Tag genug Aufregung erlebt.

Tuscaloosa, Alabama, im Herbst 1942

Das wildeste, aufregendste Mädchen der Uni Alabama war Betty Harlow, die Tochter eines Generals. Sie visierte mich mit unfehlbarer Zielsicherheit an, und ich ergab mich sofort. Sie bumste unheimlich gern.

Mein Partner war Don, ein Partygänger aus Illinois, der einen Einundvierziger-Buick fuhr. Don war klein, was genau richtig war, denn Bettys jüngere Schwester, Anne, war ein winziges, lebhaftes Ding, die genausogerne ihren Spaß hatte wie ihre Schwester. Am Samstagnachmittag fuhren wir vier jeweils in den nächsten Bezirk, wo wir in den Bars herumhingen, Bier tranken und zu den Klängen der Jukebox tanzten, im Wald spazierengingen und uns auf Decken wälzten.

An einem warmen Samstagabend war ich in ein Gespräch mit Betty vertieft, sie auf der einen Seite des Fliegengitters vor ihrem Schlafzimmerfenster, ich auf der anderen. Sie durfte nicht ausgehen, weil sie zu spät nach Hause gekommen war. Wir flirteten durch das zerbrechliche Gitternetz. Als ich spielerisch an einer Ecke des Gitters zog, trafen Bettys Augen meine, und wir lachten. Ich zog noch ein bißchen, und das Netz fiel aus den Angeln. Ich kletterte in Bettys Honigblütenkammer. Don, der am nächsten Fenster mit Anne turtelte, folgte mir.

Im Morgengrauen kamen Don und ich ins Studentenhaus zurück. Man weckte mich gegen Mittag und sagte mir, daß der Dekan der Männer mich zu sehen wünsche. Sofort. Don, der den Besuch im Allerheiligsten des Dekans schon hinter sich hatte, kam heraus wie ein geschlagener Hund. Der Dekan winkte mich mit einem kalten Finger herein. «Es ist mir zu Ohren gekommen, daß Sie die Nacht im Wohnhaus der Studentinnen verbracht haben.»

Ich gab es zu. Der Dekan wollte Einzelheiten wissen. Hatte ich noch mit weiteren Studentinnen geschlafen? Benutzte ich ein Verhütungsmittel? Ja. Machte ich oralen Sex? Noch nicht.

Der Dekan schrie, daß dieses skandalöse Benehmen in der langen Geschichte der Universität ihresgleichen suchte. Ich hatte die Ehre der Südstaatlerin in den Schmutz gezogen.

Ich erwähnte meine guten Noten.

O ja, der Dekan wußte Bescheid. Er war bereits von den Professoren Dee und Waldheim angerufen worden. (Die Schwulenszene kam mir amüsiert zu Hilfe.) Der Dekan war zwar beeindruckt von meinen guten akademischen Leistungen, auch beeindruckte ihn meine Offenheit, die in krassem Gegensatz zu Dons Lügereien stand, doch war nichts zu machen. Ich wurde rausgeschmissen, Betty und ihre Schwester waren bereits unterwegs nach Washington, D. C., wo sie hergekommen waren.

Der Rausschmiß war mehr als nur ein akademisches Hindernis. Ich verlor meinen Dienstaufschub.

Meine Rückkehr nach Indian Orchard war nicht gerade triumphal. Tante Mae sprach kein Wort mit mir. Sie schüttelte bloß den Kopf über diesen Beweis von Leary-Wildheit. Meine Mutter weinte ein bißchen, versuchte dann aber, das Gute an der Sache zu sehen. Sie las Tante Mae den Brief vom Dekan vor. Er schrieb, ich sei im Grunde genommen ein feiner junger Mensch mit einer wahrhaft christlichen Einstellung! Tante Mae war unbeeindruckt. Jesus hätte nie die Nacht in einem Mädchenschlafsaal verbracht.

Hollywood, Kalifornien, im Mai 1962

Der sinnliche Eindringling, der mich geweckt hatte, fuhr mit ihrer Hand unter mein Kissen und zersauste mein Haar.

«Kommen Sie schon», flüsterte sie. «Lassen Sie sich wenigstens anschauen.»

Ich setzte mich auf, mein Gesicht etwa zehn Zentimeter von ihrem entfernt.

«Sie sind also Timothy Leary.»

«Und Sie sind Marilyn Monroe, nehme ich an?»

Sie nahm meine Hand. «Sie müssen mich unbedingt antörnen. Ich habe noch nie jemanden an mein Gehirn rangelassen.»

«Warum?» fragte ich. «Es gibt hier eine Menge großer Lysergdoktoren. Oder fragen Sie Cary Grant.»

«Ich möchte es mit niemand anderem nehmen», sagte sie.

Ich ging zur kleinen Bar und öffnete eine Flasche Moët. Sie folgte mir ins Wohnzimmer und machte sich's auf der Couch bequem.

«Es laufen Ihnen wohl dauernd Leute nach, die angetörnt werden möchten?»

Ich nickte.

«Also wissen Sie nie, ob die Leute Sie um Ihrer Selbst willen mögen. Fühlen Sie sich mißbraucht?»

«Mit der Zeit gewöhnt man sich daran», gab ich zu. Es schien eine zu wichtige Frage, um jetzt erörtert zu werden.

Ich setzte mich auf einen Stuhl ihr gegenüber. Sie musterte mich eingehend.

«Sie aber gehen tatsächlich umher und törnen die Leute an, nicht wahr? Aber jetzt, wo ich Sie kennengelernt habe, scheint mir, Sie seien derjenige, der angetörnt werden müßte. Ist das nicht komisch?»

«Okay», sagte ich, «Sie haben mein Problem erkannt. Und jetzt?»

«Nun, ich habe eigene magische Pillen. Haben Sie je Mandys* versucht?»

«Was ist das?»

«Wir nennen sie Randy Mandies. Sie stellen dein Hirn ab und deinen Körper an.»

«Woher kommen sie?»

«Ich weiß nicht. London. Frankreich. Ich bekomme sie von

---

* Mandrax: ein hypnotisches Beruhigungsmittel, das in der Psychiatrie zur Anwendung kommt. (A.d.Ü.)

einem mexikanischen Freund. Hier, nimm eins. Oder, noch besser, nimm zwei.»

«Danke», sagte ich und spülte die Pillen mit Champagner runter. Wie hätte man da Nein sagen können?

«Spürst du was?»

«Was sollte ich denn spüren?»

«Du sollst dich warm und freundlich fühlen.»

Ich öffnete meine Augen und schaute in die ihren. Mein Körper fühlte sich an wie ein mit Honig gefüllter Ballon.

«Du hast dich wohl noch nie zuvor so gefühlt, was?»

«Nein. Es ist phantastisch. Wo kriegen wir mehr von dieser Droge her?»

Sie küßte mich auf die Wange.

«Aber ich habe noch nie... Mein Körper hat sich noch nie...»

«Du hast gerade zwei Aspirin geschluckt.»

Darüber mußte sie so sehr lachen, daß ich auch einstimmte. Sie legte ihren Kopf an meine Schultern. «Okay?»

«Ausgezeichnet, außer, daß ich Durst habe. Ich hole den Champagner.»

«Bist du sicher, daß du Durst hast?»

Ich stand auf, machte zwei Schritte und sah neugierig zu, wie meine Gummibeine mir den Dienst versagten, und wie ich auf den weichen Teppich sank. Ich lächelte. Ich versuchte aufzustehen, doch meine Tentakel bogen und wanden sich. Ich versuchte zu kriechen, aber das war noch schwieriger. Ich konnte sie vom Bett aus kichern hören. Ich ließ mich auf den weichen Teppich zurückfallen und fiel in einen wollüstigen Schlaf, schlaff, Schaf...

Die nächste Haltestelle war das Sommerlager.

HASSAN-I-SABBAH (gest. 1124), auch bekannt als Der «Alte vom Berge», kommt in einer eigenartigen Legende über Drogen, Sex und politische Intrige vor, die von Marco Polo in den Westen gebracht wurde.

Dieser Sage zufolge führte Hassan-i-Sabbah auf seinem dreitausend Meter hohen Berghorst Alamout (auch «Lehre des Adlers» oder «Adlerhorst» genannt) Drogensitzungen durch, in denen er Polizeispitzel dahingehend ausbildete, ein «bestimmtes Gebräu» (wahrscheinlich eine Mischung aus Opium und Haschisch) zur Gehirnwäsche einzusetzen. Diese Sitzungen sollen in einem wundersamen Garten stattgefunden haben, wo die Versuchspersonen umgeben waren von «den schönsten Jungfrauen der Welt, die sich aufs Spielen von mancherlei Instrumenten verstanden, höchst lieblich zu singen wußten und auf sinnesberauschende Weise tanzten». Hassans «Garten der Lüste» war jenem Garten der Lüste nachempfunden worden, den Mohammed im Koran als Abbild des Paradieses beschreibt, wo «mandeläugige Huris» jeden Wunsch erfüllen.

Laut Polo waren diese hochmotivierten, sowohl männlichen als auch weiblichen Agenten bereit, den Tod zu riskieren, um für den Kult politische Morde auszuführen. Die Legenden sind sich einig, daß die meisten von Hassans Ausbildern Frauen waren, die sich mit Gehirnmanipulation auskannten.

18. Ein psychedelisches Sommerlager

Zihuatanejo, Mexiko, im Sommer 1962

Die zwei Ziele unseres Sommerlagers bestanden darin, Daten aus erster Hand in Form von Beobachtungen, Checklisten und schriftlichen Berichten zu sammeln und mit Methoden der Führung von Drogensitzungen zu experimentieren. Insbesondere ging es darum, die Setting-Theorie zu testen. Wir waren überzeugt, daß Drogenauswirkungen beinahe vollständig dadurch bestimmt werden, was die Menschen rund um den «Reisenden» tun. Wenn die Umgebung Sicherheit, Schönheit und Weisheit ausstrahlte, machten sogar neurotische Versuchspersonen Erfahrungen, die sicher, ästhetisch und erleuchtend waren. Die Theorie wollte, daß alle «schlechten Trips» in «gute Trips» verwandelt werden konnten, wenn die Umgebung intelligent manipuliert wurde und sich unterstützend verhielt.

Ich kam eine Woche vorher an, um die Hotelangestellten vorzubereiten. Ich verbrachte meine Zeit damit, entweder am goldenen Strand zu liegen oder das *Tibetanische Totenbuch* vom Anglobuddhistischen ins Psychedelisch-Amerikanische zu übersetzen. Dieses bemerkenswerte Werk beschreibt die Bewußtseinsstufen, die in den ersten neunundvierzig Tagen nach dem Tode auftreten sollen. Es beschäftigt sich mit archetypischen Visionen und Geisteszuständen, von denen manche beängstigend, manche angenehm sind. Es liefert ebenfalls Techniken, an die sich der Reisende erinnern soll oder die zur Erinnerung von einem Führer ausgesprochen werden, wenn die Seele sich durch die verschiedenen Ebenen bewegt, die man Bardos nennt. Die psychedelischen Implikationen dieses orientalischen Textes hatten dank Salinas meine Aufmerksamkeit erregt.

Unsere Gruppe bestand aus rund dreißig Personen: diverse diplomierte Studenten, einige Akademiker, darunter Metzner, Weil und Alpert, zwei Psychiater und ihre Familien und ein paar Hippies aus Cambridge. Peggy Hitchcock, ihr Bruder Tommy und einige Jetsetter gingen ein und aus.

Das tägliche Programm des Sommerlagers verlangte, daß ein Drittel der Belegschaft Psychedelika nahm, während ein weiteres Drittel die Tripper führte und das verbleibende Drittel sich von der Reise des vorhergehenden Tages erholte, Berichte schrieb und sich mit dem Forschungsteam beriet.

Da es immer schwieriger wurde, große Mengen Psilocybin zu bekommen, benutzten wir LSD, das wir «Morgenröte» oder «Himmlisches Blau» nannten (wegen des LSDs, das in den Trichterwindesamen enthalten ist, die unter dieser Bezeichnung verkauft werden). Wenn diese Ausdrücke auch in späteren Jahren beibehalten worden wären anstatt des Worts «Lyserg» oder eben

«Acid», hätte vielleicht ein harmonisches und pastorales Set die Überhand behalten.

Jeden Tag gab es Reisende, die den Strand entlangspazierten, Wellen ritten, meditierten oder in den Hängematten vor sich hin faulenzten, die wir entlang der Terrasse aufgehängt hatten. In der Nacht war das Gelände voller Farben. Feuer brannten am Strand, Gitarren- und Flötenklänge füllten die Luft. Kleine Gruppen saßen zusammen und diskutierten ihre Reisen.

Wir hatten das Gefühl, Teil eines faszinierenden historischen Ereignisses zu sein – das erste Forschungsprojekt, in dem experimentell hervorgerufene mystische Erfahrungen in den Stoff von täglicher Arbeit und Spiel eingewoben wurden. Wir sahen uns als Pioniere, die moderne Versionen der traditionellen Techniken zur philosophischen Betrachtung und zum persönlichen Wachstum entwickelten.

Manchmal stand ich auf der oberen Terrasse und schaute stolz auf den Zauber, den wir vollbracht hatten. Ich fühlte mich wie Ignazius Loyola, ein Reformist, Führer einer engagierten Gruppe, Erfinder eines neuen Lebensstils, bestehend aus Meditation und innerer Entdeckung. Ich war ein Wissenschaftler der größten Universität des größten Landes, der die abenteuerliche Suche nach menschlichem Wissen vorantrieb. Ich folgte dem Rat meines Großvaters Leary, das zu tun, was kein anderer getan hatte. Der Mond ging auf, und die Luft war geschwängert von Blumenduft und Gelächter. In diesem Moment war ich glücklich, Mitglied jener langen Reihe von Visionären zu sein, die durch die gesamte Geschichte hindurch friedliche Naturaltäre dazu benutzten, die Suche nach Selbsterkenntnis voranzutreiben.

Das erste Zihuatanejo-Experiment war ein Erfolg. Hunderte von Morgenrot-Sitzungen. Keine Probleme außer einigen Schrekkensmomenten, die leicht zur Klarheit zurück geredet und von den Führern eingelenkt wurden. Wir entwickelten mehr Selbstvertrauen in unsere Fähigkeiten, uns und andere auf diesen Ehrfurcht gebietenden Expeditionen anzuleiten.

Wir waren auf dem Wege, uns erneut zu beweisen, daß Selbstentdeckung angenehm sein kann, daß Philosophie etwas Fröhliches ist, daß Wissenschaft gleichbedeutend sein kann mit heidnischer Lebenslust, daß die Offenbarung etwas Frohes ist. Wir säten die positive geistige Saat der Sechziger.

Fort Eustis, Virginia, im Januar 1943

Mein Dienstaufschub war hinfällig geworden, und so wurde ich sofort nach Weihnachten eingezogen. Ich sollte mich zur Grundausbildung in die Kaserne der Küstenartillerie begeben.

Ich verbrachte drei katarrhreiche Monate als unsichtbare Gegenwart in der eisigen Grundausbildung. Mein einziges Ziel war zu überleben. In den Baracken klang es wie auf einer TB-Station (Dies waren die Tage vor den Antibiotika, also gab es nichts als Weiterhusten und -leiden, wie der gemeine Soldat es seit einigen tausend Jahren getan hatte.) Die Kombination von chronischer Bronchitis und die Nähe der Artillerie-Detonationen hinterließ viele Rekruten halb taub, eine Behinderung, die in meinem Fall erst viele Jahre später behoben wurde.

Meine Armeeabteilung war die Flugzeugabwehr. Unsere Kompanie war bewaffnet mit mehreren riesigen Neunzigmillimeter-Kanonen, die ich auseinandernehmen, montieren, laden und abfeuern lernte gegen glücklichere oder intelligentere Leute, die hoch über mir flogen. Die Kugeln waren meterlange Dinger. Die Radarwaffe wurde von einem hochgeheimen, schwarzen Zauberkasten aus gesteuert. Später begriff ich, daß wir eine frühe Version des Analog-Computers benutzten.

Dann, im Sommer des Jahres 1944, wurde ich als psychologischer Berater an die Truppenschiffszentrale beordert, die für den Südpazifik bereitlag. Das Truppenschiffskommando war mit Personal von Passagierlinien bemannt worden. Die Flugzeuge waren Transporter, völlig unbewaffnet. Ihre Aufgabe: Fallschirmtruppen zu transportieren und Segelflieger zu ziehen, die man über japanischen Inseln loslassen würde, wo unsere Jungens still und billig notlandeten. Es war also ein Selbstmordkommando, dessen wichtigste Mission, soweit ich sehen konnte, darin bestand, die gesamte zivile Seite des amerikanischen Luftwesens aus den Rivalitäten der Nachkriegszeit herauszuhalten.

Inzwischen war es Dr. Dee gelungen, eine Stelle als Chefpsychologe an einem Armeekrankenhaus in Pennsylvania zu ergattern. Wir trafen uns in Buffalo, wo ich seinen packenden Geschichten von Liebesaffären mit brillanten jungen Harvard-Psychologen und Stabsmedizinern lauschte. Es ging ihm blendend beim Militär.

Er versprach, daß «Freunde» im Kriegsministerium für meine Versetzung unter sein Kommando sorgen würden.

Ich war pessimistisch, weil ein Stop auf Versetzungen aus dem für den Krieg bestimmten Truppenschiff verhängt worden war. Aber doch innerhalb einer Woche kam ein Telegramm, das mich in das Armeekrankenhaus von Butler, Pennsylvania, abberief.

Der Zug kam im Morgengrauen in Butler an. Hoffnungsvoll nahm ich ein Taxi zum Armeekrankenhaus. Ich war zum Gefreiten befördert worden und begierig, meine Ausbildung als klinischer Psychologe in der Klinik für Akustik zu beginnen. Der erste Mensch, der mir begegnete, war Marianne, ein Audio-Techniker mit pechschwarzem Haar, sanften braunen Augen und milchiger Haut. Ich war sofort verliebt.

Sie fragte mich, ob ich für einen Hörtest gekommen sei. Natürlich sagte ich Ja. Was auch immer.

Sie brachte mich in ein lärmsicheres Zimmer mit Kopfhörern. Mein Herz klopfte wie wild. Sie schloß die Tür hinter sich, und dann erfüllte mich ihre Stimme mit sanft-süß gemurmelten Nichtigkeiten. Sonnenschein. Mondenschein. Schneefall. Zimmerkollegin. Liebeskummer. Da sie einen leichten Hörschaden feststellte, hatte sie mir mit ihrer sanften Art ein Hörgerät verpaßt, bevor ich ihr sagen konnte, daß ich ein neues Mitglied des Personals sei.

Während der Mittagspause gingen die jüngeren Stabsleute ins Musikzimmer der Hörklinik. Dort hörte ich Marianne zu, die Klavier spielte und mit ihrem jazzigen, reichen Koloratursopran Musical-Songs sang. Sie hatte ein Diplom der Northwestern-Universität und stammte aus einer reichen katholischen Familie aus Oregon. Ich stellte ihr eine Menge Fragen. Sie strahlte Auserlesenheit, Intelligenz und viel Hitze aus.

An jenem Abend lud sie mich zum Essen ein. Wir genehmigten uns mehrere Drinks und fingen an uns zu küssen. Nichts war besser geeignet als Alkohol, um Schuljungen-Hemmungen wegzuwaschen.

«Ich habe mich noch nie so gefühlt», sagte sie.

Wir fielen ins Bett, als ob es immer schon so gewesen wäre.

Bald darauf mieteten wir ein kleines, lustiges Appartement im Mühlenviertel von Butler und richteten uns häuslich ein. Jede Einzelheit der haushälterischen Angelegenheiten war aufregend. Wir kauften Teller und Kissenbezüge und Handtücher, und wir füllten den Eisschrank. Es war schmerzhaft angenehm, sein Leben mit einer Frau zu teilen. Wir teilten das Badezimmer. Die Nistlingsschaltkreise unseres Gehirns wurden aktiv. Es war das erste Mal für uns beide, diesem wundersamsten aller menschlichen Vergnügungen nachzugehen: Sich lieben in totaler Hingabe, sicher und bequem im eigenen Bett.

Meine Mutter, Tante Mae und Mariannes Eltern waren allesamt hartgesottene Papisten, also heirateten wir in der katholischen Kirche, am 12. April 1944. Ich war dreiundzwanzig, sie zweiundzwanzig. Wir verbrachten unsere Flitterwochen im Hotel St. Moritz in Manhattan, wo etwas Eigenartiges geschah. Als wir uns einmal zum Essen umzogen, tranken wir eine Flasche Champagner, die Marianne in jene geheime Alkoholkammer in ihrem Kopf beförderte. Sie war gekleidet in ein schönes Stadtkostüm und trug einen kleinen, runden Hut. Nachdem sie durch das Foyer des Hotels geschwankt war, glitt sie in die Drehtür und fiel hin, kichernd über meine vergeblichen Versuche, sie aus ihrer Lage zu befreien. Gefangen außerhalb der Glastüren, konnte ich sie weder durch Ziehen noch durch Stoßen befreien.

Jeden Morgen holte Dr. Dee Marianne und mich ab, um uns zum Posten zu fahren. Eines Tages, als wir ins Auto stiegen, bemerkten wir, daß er nur so dasaß und in die Luft starrte, die Hände am Steuerrad.

«Was ist los?» fragte ich erschrocken.

Dr. Dee deutete auf eine Zeitung, die neben ihm auf dem Vordersitz lag. Eine Schlagzeile schrie, daß Amerika gerade eine neue Superbombe gezündet hatte, über einer japanischen Stadt namens Hiroschima.

Meine erste Reaktion war Erleichterung. Dieser neue Machtbeweis könnte den Krieg verkürzen.

Doch Dr. Dee empfand keinerlei Erleichterung. «Achtzigtausend Menschen mit einer einzigen Explosion getötet. Das ist das Schlimmste, was wir je getan haben.»

Innerhalb weniger Tage war der Krieg zu Ende. Einige Tage später wurde ich befördert. Meine ehrbaren fünf Jahre in der Armee gaben mir das Recht auf eine vorzeitige Entlassung.

Im Demobilisierungslager Indiana Gap, Pennsylvania, bestiegen Marianne und ich einen Pullman für eine viertägige Reise nach Portland. Mariannes Familie wohnte in Oregon City, einige Meilen vom Willamette-Fluß entfernt.

Ihre Eltern waren deutsche Katholiken, harte Arbeiter, sparsam, zäh. Ihre Mutter war ständig bedrückt. Ihr Vater war die Karrikatur eines kleinstädtischen Geschäftsmanns: Sein Möbelgeschäft machte wegen der Verknappungen des Krieges ein Vermögen. Am Tag nach unserer Ankunft nahm ihr Vater mich mit in die Stadt, zeigte auf seine Häuser an der Hauptstraße und führte mir seinen Laden vor. Dann vertraute er mir die Sorge seines Lebens an: Er habe keinen Erben, der sein Reich übernehmen könnte. Er erkundigte sich abschätzig nach dem Gehalt eines Psychologen. Mit rührender Ernsthaftigkeit schlug er vor, daß all dies in einigen Jahren mein sein könnte, wenn ich bereit sei, bei ihm in die Lehre zu gehen. Ich schlug sein Angebot höflich, aber bestimmt aus.

Marianne und ich verbrachten Frühjahr und Sommer des Jahres 1946 an der Washington State University, wo ich mein Diplom in Psychologie machte. Meine Arbeit war eine statistische Studie der Ausmaße der Intelligenz.

Im September wurde ich als Doktorand in Psychologie an der Universität Berkeley akzeptiert.

Als Marianne und ich von Oregon her die Grenze passierten, fing plötzlich die Sonne an zu scheinen. Turmhohe Rottannen winkten uns zu. Werbetafeln luden jeden Touristen ein, die Weinkellereien der Gegend zu besuchen, um gratis zu trinken und Käse zu essen. Willkommen in Kalifornien! Wir rollten in Richtung Süden durch Marin County, eilten durch den Tunnel von Sausalito und sahen – die Bay. Die Golden Gate-Brücke. Und am anderen Ufer die weißen Türme von San Francisco. Seit jenem Tag bin ich Kalifornier gewesen.

Wir bezogen eine kleine Wohnung in den Hügeln von Berkeley, unweit der Universität. Marianne fand eine Anstellung als Lehrerin in der Sprachabteilung, und ich schrieb mich als Doktorkandidat in der Psychologieabteilung ein, von der es hieß, sie sei die beste der Welt.

In den ersten Wochen trafen Marianne und ich uns mit den neuen diplomierten Studenten. Unseres war ein Nachkriegssemester, ein ausgesuchter Haufen Kriegsveteranen, einige Jahre älter und weltgewandter als die üblichen Diplomanden. Wie planten diese jungen Elite-Studenten ihre Ausbildung einzusetzen, um eine bessere Welt zu schaffen?

Nun, nichts hätte sie gleichgültiger lassen können als die Krisen unseres menschlichen Daseins. Sie hatten die Grundkurse in Psychologie, Philosophie und wissenschaftlicher Methodik besucht. Man hatte sie Sokrates und Voltaire und William James gelehrt. Doch sie identifizierten sich nicht mit den Helden. Sie wollten lernen, wie man Professor wird. Auch waren die Professoren nicht sehr interessiert an den gesellschaftlichen Folgen der Psychologie. Sie waren umgängliche, kultivierte Menschen, die in aller Ruhe kleine Experimente mit tierischem Lernverhalten durchführten und das leichte Leben im Kalifornien der Nachkriegsjahre genossen.

Ich fand mich wieder einmal in einer grauen Bürokratie gefangen. Hätte ich mir eine bequeme Karriere gewünscht, hätte ich in West Point bleiben oder Jura oder Verwaltungswissenschaft studieren können. Ich spürte die Rückkehr jener alten keltischen Unzufriedenheit, ein Sehnen nach Verwandlung, nach etwas Neuem, Aufregendem. Ein weiterer diplomierter Student, selbst ein halbverrückter Ire, Frank Barron, schien meine Ruhelosigkeit zu teilen. Wir hingen zusammen herum, spielten Tennis und tranken und redeten über die Poesie der Psychologie.

ALAN WATTS (1915 – 1973) kam 1938 aus England in die Vereinigten Staaten. Während des Verlaufs seines Berufslebens war er anglikanischer Pfarrer, Lehrer, Redakteur und Autor von vielen Büchern über orientalische Religion und die Psychologie des Bewußtseins. Angefangen mit seinem ersten Buch, *Vom Geist des Zen*, das er mit knapp zwanzig schrieb, hat Watts den Buddhismus dem westlichen Publikum auf beredte Weise nähergebracht und erreichte ein großes Publikum durch seine Radiosendungen und öffentlichen Vorträge.

Sein tiefes Verständnis östlicher philosophischer Konzepte, sein Witz und seine Aufrichtigkeit machten aus ihm eine fruchtbare Kraft in der humanistischen Psychologie und in der Bewußtseinsbewegung. Während der späten Fünfziger und frühen Sechziger Jahren wurde Watts zu einem begeisterten Adepten in der spirituellen Anwendung von psychedelischen Drogen. In *Die freudige Kosmologie* schreibt er brillant über den durch Drogen herbeigeführten Mystizismus.

Unter den späteren Werken von Alan Watts sind: *Dies ist es. Die Illusion des Ich. Im Einklang mit der Natur. Der Lauf des Wassers* u.v.a.m.

19. Harvard Adieu...

Harvard, Herbst 1962, Winter 1963

In Harvard bezogen wir ein dreistöckiges Haus, das Richard Alpert eines Nachmittags kaufte. Es lag in Newton Center, einige Straßen entfernt von dem Haus, das uns im Vorjahr als Hauptquartier gedient hatte. In der Tradition der Brook Farm versuchten wir etwas, was uns ganz natürlich schien, sich jedoch als Ausdruck kultureller Verachtung herausstellte. Wir waren eine Wohngemeinschaft und unserer zwölf: Dick, ich und meine zwei Kinder, Ralph Metzner und seine neue Verlobte, Susan, Frazier, ein gutaussehender Student, in den sich Richard verliebt hatte, und seine dreiköpfige Familie und Lowel, der schwarze ehemalige Dealer, der mit uns in Zihuatenejo gewesen war. Peggy Hitchcock pendelte von New York hin und her. Unsere Romanze des Sommerlagers hatte sich zu einer Liebesgeschichte entwickelt und wurde mit der Zeit zu einer lebenslangen Freundschaft.

Es tauchten sofort Probleme auf. Einige unserer Nachbarn verklagten uns bei der Stadt, mit der Behauptung, wir würden die entsprechenden Gesetze verletzen, die pro Haus nur eine einzige Familie vorsahen. Wir wurden eingeladen, vor dem Stadtrat zu erscheinen, wo man uns formell unseres Wohnrechts entheben wollte. «Keine Bange», sagte Dick und griff zum Telefon. Unser Fall wurde vor den Ausschuß von niemand anderem vertreten als Georg Alpert, Vorsitzender der New York, New Haven und Hartford-Eisenbahngesellschaft, umgeben von diversen Anwälten der Firma. Dicks Vater lieferte eine meisterhafte Zusammenfassung, worin er die Bibel, den Mayflower Compact und mehrere Verfassungszusätze zitierte. Es gab Schlagzeilen in der Zeitung, als unsere erweiterte Familie offiziell als einziger Haushalt anerkannt wurde.

Eine absichtlich gegründete Mehrfamilien-Gemeinschaft war ein mächtiges *Psychlotron*, ein Ort, wo passive Prägungen und unbewußte gesellschaftliche Konditionierungen aufgelöst werden können. Wir waren frei zu experimentieren, zu überlegen und zu bedenken, wie wir in jedem Lebensabschnitt zu leben wünschten.

Wenn Ihre Philosophie eine der Veränderung, des Wachstums, der Metamorphose, Mutation, Migration ist; wenn Ihre Auffassung von Besitz mehr neurologisch denn säugerisch ist, wird Ihre natürliche Umgebung Ihren Ausgangspunkt definieren. Ihr «Daheim» stellt ein Larvenstadium dar, durch das Sie sich hindurchbewegen. Die absichtlich gegründete Gemeinschaft kann ein Rettungsboot sein, in dem ein paar scharfsichtige, abenteuerliche Seelen das Schiff früherer Generationen verlassen und abstoßen, um die nächste Grenze zu suchen.

Unsere Küche wurde zu einer verkehrsreichen Kreuzung philosophischen und wissenschaftlichen Verkehrs. Alan Watts und Jano, seine Frau, lebten in jenem Herbst in Cambridge und kamen abends vorbei. Der Zauberer hielt Hof, trank schwer und spann Geschichten über legendäre Bewußtseinserweiterer der Vergangenheit. Es war die mündliche Überlieferung des Lehrens in Aktion.

Alan erzählte Geschichten über die großen Mystiker der Vergangenheit wie die russische Okkultistin Madame Helena Blavatsky, die bei spirituellen Meistern in Tibet studiert hatte und im späten neunzehnten Jahrhundert die theosophische Bewegung gründete. Über Annie Besant, Lehrerin von hinduistischem Mystizismus und der sogenannten «Geheimlehre», über Krishnamurti, einen gutaussehenden jungen Brahmanen, der von Besant ausersehen worden war, der nächste Messias zu sein und der, auf der Höhe seiner Beliebtheit die Vernunft besaß, dieser zweifelhaften Ehre zu entsagen. Ich war fasziniert doch skeptisch, was diese Okkultisten anbetraf, die Zauberei und Wunder für sich in Anspruch nahmen, Geheimnisse liebten, sich auf die Gutgläubigkeit anderer verließen und um die Wissenschaft einen Bogen zu machen schienen.

Alan sprach nicht viel von hinduistischen Gurus und Swamis. Er fand sie humorlos, autoritär. Er imitierte das pompöse anglo-indische Papageien-Geschwätz mancher Swamis, indem er seinen Kopf mit einer selbstgefälligen Bewegung zur Seite neigte und sagte: «Ashram ohne Guru ist wie Schiff ohne Ruder.»

Am meisten faszinierten mich die Geschichten, die Alan über G. I. Gurdjieff, den russisch-armenischen Sufi-Mystiker erzählte, der eine sinnliche, humorvolle Geisteswissenschaft lehrte. Gurdjieff ermutigte Sucher, den Weg des Meditativen, des Yogi und des Fakirs zu gehen, doch er lehrte, daß die wirksamste Art, Intelligenz zu steigern und das Gehirn zu beherrschen der Vierte Weg sei: Drogen.

Alan war auch auf andere Weise höchst lehrreich. Er lieferte uns ein Modell des Gentleman-Philosophen, der keiner Bürokratie oder akademischen Institution angehörte. Er hatte mehr einflußreiche Bücher veröffentlicht als irgendein Orientalist unserer Zeit. Auch wenn er um jeden beliebigen anerkannten Professoren herum größere Gedankengebäude aufbauen konnte, war er einer Professur aus dem Wege gegangen, um ein unabhängiger, wandernder Weiser zu bleiben, der sich von den spontanen Früchten seines blühenden Geistes ernährte. Er war mit Leib und Seele jederzeit Philosoph in Wort und Tat.

Watts lehrte uns, Mystiker in zwei Gruppen aufzuteilen – die düsteren und die witzigen. Seit jener Zeit habe ich keinerlei Begeisterung aufbringen können für fromme Lehrer, die Schulen, Hierarchien und besondere Rituale aufbauen, die organisierten Religionen nachempfunden sind. Der westliche, wissenschaftliche Yoga, den wir erschaffen helfen würden, würde Geheimnisse, Bürokratie, Lehrer, Schüler, Dogmen und starre Rituale vermeiden, und er würde sich der experimentellen Methode bedienen, um das, was während Jahrhunderten vom Okkultismus verborgen worden war, allen zugänglich zu machen.

Berkeley, Kalifornien, 1947

Unser erstes Baby wurde am 25. September 1947 geboren. Ich war bei Marianne im Krankenhaus, um sie zu trösten, da sie eine wilde Periode von Trauer und Verlorenheit durchmachte, die letztlich durch Medikamente gedämpft wurde. Sie wurde ins Entbindungszimmer gerollt.

Eine halbe Stunde später kam der Arzt mit einem breiten Lachen auf mich zu. Gratuliere! Sie haben eine wunderschöne Tochter.

Er nahm mich mit ins Krankenzimmer. Hinter einer Glasscheibe lag in den Armen einer Schwester dieses kleine neue Wesen, das mich *mit meinen eigenen Augen* ansah.

Als Marianne und Susan nach Hause kamen, hatten wir ein schreckliches Problem. Wenn Mutter die Brust anbot, nahm Baby einen Schluck und brüllte los.

Nach einer Woche dieser Tortur zog ich los und kaufte sterile Flaschen und das ganze «Zeugs». Susan akzeptierte die Flasche gierig. Marianne war nie wieder dieselbe. Die lebenslustige, kompetente junge Frau verwandelte sich mit der Mutterschafts-Prägung in das Abbild ihrer Mutter, besorgt, introvertiert, zunehmend abhängig. Ich wurde zu einem fleißigen Vaterroboter, der pflichtbewußt saftige Würmchen für das Nest herbeischaffte.

Zwei Jahre nach Susan kam unser kräftiger, hübscher Sohn. Wir nannten ihn John Bush Leary, in einem vergeblichen Versuch, Mariannes Vater eine Freude zu machen.

Dieses Mal waren wir uns des Stillproblems bewußt. Als Jack die Brust verweigert, geben wir ihm sofort die Flasche.

Susan war auf ihren neuen Bruder eifersüchtig, und es entwikkelte sich von Anfang an eine Spannung zwischen den beiden Kindern, die mir über die Jahre oft Sorgen gemacht hat.

Nach Hiroschima herrschte viel Angst vor Atomwaffen. Marianne machte sich ständig Sorgen, daß der nukleare Angriff kommen würde, während ich bei der Arbeit war, und daß wir im Augenblick des Todes nicht beisammen sein würden. Manchmal meldete sie sich bei mir in der Klinik und flehte mich an, heimzukommen.

Mariannes Rückzug von der Außenwelt nahm allmählich zu, wir waren nicht länger unzertrennlich. Zwei oder drei Abende in der Woche war ich mit Meetings beschäftigt. Marianne blieb zuhause. An den Wochenenden standen schwere Saufgelage mit unseren Freunden auf dem Programm.

Harvard, im Winter 1962–63

Während unser Privatleben in der Wohngemeinschaft harmonierte, waren die Dinge im Büro nicht so lustig. Die meisten unserer Kollegen in der Psychologie-Abteilung konnten die Arbeiten der positiven Gehirnveränderung immer noch nicht ernst nehmen. Es war nicht eine Frage der beruflichen Glaubwürdigkeit. Unsere Gruppe, allesamt Akademiker, hatten die puritanische Tradition der amerikanischen Erziehung überwunden. Wir hatten das Spielchen um akademische Diplome gespielt und hatten uns dabei an die traditionellen Regeln gehalten. Persönlich mochten und respektierten sie uns, doch konnten sie nicht zugeben, daß unser neues Gebiet überhaupt existierte. Hinzu kam, daß die Berufssprache, die wir gemeinsam benutzten, keine Konzepte kannte für die Art von Daten, die unsere Versuche hervorbrachten. Erweiterte Bewußtseinszustände gab es nicht als Kategorie der Psychologie jener Zeit. Es regierte die bekannte Tunnelschicht, die das akademische Gehirn immer schon behindert hat.

Es war wahrscheinlich keine Hilfe für unser Image, daß unser Projekt begann, Adepten und Lehrer aus dem esoterischen Bereich anzuziehen. Einer unserer Gäste, Swami Vishudananda, zeigte eine phantastische Vorführung von Hatha Yoga und psychomotorischer Effezienz im Seminarzentrum des Zentrums für Persönlichkeitsforschung, indem er auf dem Konferenztisch kopfstand – nur mit einem Lendenschurz bekleidet. Wahrscheinlich eine Premiere für Harvard. Gayatri Deva, weiblicher Vedanta-Guru, kam von Zeit zu Zeit vorbei, um *Darshan* zu bringen, und brachte manchmal einige ihrer sehr reichen Schüler aus der hinteren Bay mit, die von unserer frischen Art von experimentellem Yoga genauso begeistert wie unsere konservativen Kollegen empört waren.

Während der Großteil der Fakultät sein Bestes tat, uns zu übersehen, gab es eine Gruppe von regierungsgeförderten Psychiatern, die sich für uns interessierten. Stanley Krippner, Student erweiterten Bewußtseins, nahm seine ersten Drogen bei uns. Später wurde er Amerikas Experte auf dem Gebiet psychischer Phänomene hinter dem Eisernen Vorhang. Martin Orne, ein brillanter Bewußtseinsforscher, der von der CIA finanziert wurde, konnte man manchmal in unserer Küche antreffen, wo er Kaffee trank und intelligente Fragen über die Beziehung zwischen Drogenzuständen und Hypnose stellte.

Eines Nachmittags im Herbst bekamen wir einen Anruf von Mary Pinchot, meinem mysteriösen Besucher aus Washington. «Kannst du mich sofort im Hotel Ritz, Zimmer 717 treffen?» Bezaubernd wie eh und je führte sie mich zu einem silbernen Eiskessel, aus dem eine Flasche Dom Perignon hervorschaute. «Ich bin gekommen, um zu feiern», erklärte sie.

Ich öffnete behutsam die Flasche. «Geht's deiner verschwiegenen Liebesaffäre gut?»

«O ja. Alles läuft wunderbar. An allen Fronten sogar. Ich kann dir natürlich keine Einzelheiten verraten. Aber *Top*leute in Washington törnen an. Du wirst überwältigt sein von der Weltgewandtheit, die manche von unseren Führern an den Tag legen. Und ihre Frauen. Wir sind dabei, eine kleine Gruppe zu bilden von Leuten, die lernen möchten, wie man antörnt.»

«Wirklich. Ich dachte, Politiker wären zu machtorientiert.»

«So unwahrscheinlich es klingt, so mußt du doch verstehen, daß es in Washington viele intelligente Leute gibt. Besonders jetzt, in dieser Verwaltung. Macht *ist* ihnen wichtig. Und diese Drogen verleihen eine gewisse Macht. Das ist der Kern der Sache. Die Befreiung des Gehirns.»

Sie hielt mir ihr Glas entgegen. Ich schenkte ein. «Bis vor kurzem war die Beherrschung des amerikanischen Bewußtseins etwas sehr Einfaches für die Verantwortlichen. Die Schulen flößten Folgsamkeit ein. Die Radio- und Fernsehnetze übergossen uns mit Konformität.»

«Daran besteht kein Zweifel», gab ich zu.

«Du weißt vielleicht nicht, daß die dissidenten Organisationen in Adademia ebenfalls gesteuert werden. Die CIA kreiert die radikalen Zeitungen und Studenten-Organisationen und beherrscht sie durch äußerst geheime Geheimagenten.»

«Komm jetzt, Mary», wandte ich ein. «Das klingt mir ziemlich paranoid.»

Mary nippte an ihrem Glas und schüttelte den Kopf: «Es tut mir leid, wenn ausgerechnet ich dir das sagen muß. Erinnerst du dich an das American Veteran Committee, jene liberale GI-Gruppe, der du nach dem Krieg angehörtest? Dahinter steckte die CIA. Genau wie Teddy Roosevelt nach dem ersten Weltkrieg die Amerikanische Legion gründete. Erinnerst du dich an deinen liberalen Freund Gilbert Harrison? Er vertrieb die Radikalen aus den Rängen des AVC. Und später kaufte er die *New Republic* – dieses sogenannt progressive Magazin – von Michael Straight, deinem Helden. Weißt du warum Michael Straight bei den Präsidentschaftswahlen 1948 für Harry Wallace stimmte? Um liberale Stimmen von Truman abzuziehen?»

«Woher weißt du das alles? Warum weißt du, daß ich Michael Straight kannte?»

«Ich habe dich mit diesen Facts konfrontiert, um deine Aufmerksamkeit zu erlangen. Das ist ein üblicher Trick der Geheimpolizei. Ich könnte Hunderte von diesen kleinen Geschichten erzählen.» Sie hielt mir ihr Glas wieder hin. Ich füllte es, leerte und füllte es erneut. In meinem Kopf drehte sich alles.

«Und rate mal, woran diese Jungens im Augenblick am meisten interessiert sind?»

«Drogen, nehme ich an.»

«Bravo! Vor einigen Jahren gelangten sie zu der obsessiven Schlußfolgerung, daß die Russen und die Chinesen unsere Kriegsgefangenen dazu *überredeten*, nach Korea abzuspringen, indem sie ihnen LSD und Meskalin gaben.»

«Das ist sicher möglich. Seit dem, was wir über Set und Setting entdeckt haben, wissen wir, daß beinahe jedes Gehirn auf jede beliebige Art verändert werden kann.»

«In jede Richtung?»

«Mit einem Minimum an Information über das Privatleben der Versuchsperson und zwei oder drei LSD-Sitzungen könnte man den angepaßten Menschen dazu bringen, die verrücktesten Dinge zu tun.»

«Und wenn dieser Mensch in eine bestimmte Richtung gehen wollte, sich verändern möchte?»

«Noch einfacher. Unsere Befunde auf diesem Gebiet sind eindeutig. Dein Gehirn zu verändern, eine neue Wirklichkeit zu entwickeln, ist eine einfache und direkte Angelegenheit. Natürlich ist die geistige Veränderung nur die eine Seite. Das größere Problem bleibt für uns, wie man die Außenwelt verändert, damit sie sich der neuen Weltsicht anpaßt...» Ich suchte nach einem passenden Begriff: «‹Utopiate›.»

Mary klatschte in die Hände wie ein kleines Mädchen, das Geburtstag hat. »Utopiate! Ausgezeichnet. Darum geht es wirklich, nicht wahr? Wir wollen eine bessere Welt schaffen.» Sie setzte sich neben mich und nahm meine Hand.

«Machen wir 'nen Deal, von einem Utopiaten zum anderen. Ich werde dir einige Dinge über dich selbst erzählen, die sehr wichtig sind, und dann machst du dasselbe, ok?»

«Was möchtest du wissen?»

Sie lachte. «Laß mich anfangen. Da die Drogenforschung von äußerster Wichtigkeit ist für die Geheimdienste dieses Landes, wird man es dir erlauben, mit deinen Versuchen fortzufahren, solange du dich dabei ruhig verhältst. Du unternimmst explorative Forschungen, wie sie die CIA bereits in den fünfziger Jahren versuchte. Also sind die mehr als nur glücklich, daß du ihnen diese Arbeit abnimmst. Solange es keine unerwünschten Dimensionen annimmt.»

«Was heißt das ‹unerwünschte Dimensionen›?»

«Timothy, denk nach. Du hast es hier mit dem ganz großen Spiel zu tun. Gehirnveränderung ist der Schlüssel zur Macht. Sie stehen zu dir etwa so wie die Sowjets zu einem Atomphysiker mit liberalen, libertarischen Idealen. Sie werden dir deine utopischen Phantasien nachsehen. Sie wissen, daß kreative Wissenschaftler dazu tendieren, Freidenker zu sein. Sie werden dich an einem seidenen, langen Gängelband halten, solange du die Massen nicht aufhetzt.»

«Ok, ich werde versuchen, die Massen nicht aufzuwiegeln. Und was kann ich für dich tun?»

«Ich sagte dir schon, als wir uns der erste Mal trafen, daß ich lernen möchte, wie man gehirnwäscht.»

«Klingt nicht sehr damenhaft.»

Darüber mußte sie lachen. «Wenn ich den Gebrauch von Utopiaten den Frauen und Geliebten von wichtigen Leuten unserer Regierung beibringen kann, dann können wir... Verdammt, Timothy, siehst du denn nicht, was wir machen können?»

«Was?»

«Wir können auf einer größeren Skala unternehmen, was du bereits mit deinen Studenten machst – Drogen verwenden, um Menschen zu befreien. Für den Frieden – nicht für den Krieg. Wir können die Regierung der Vereinigten Staaten antörnen, den Senat, den Obersten Gerichtshof. Muß ich noch weitergehen?»

Ihre Vorstellungen waren beängstigend, aber wenn man darüber nachdachte: Es kam dem nahe, was wir Harvard-Leute in unseren Sitzungszimmern, so wir gemütlich hoffnungsvolle Zukunftsszenarien entwarfen, als Ziel der psychedelischen Forschung definiert hatten.

Ich sah mich im Fenster reflektiert: ein zweiundvierzigjähriger Mann, der in ein feministisches Komplott hineingezogen wurde, die Regierenden der USA anzutörnen und auf den Gedanken des Weltfriedens einzustimmen. Sie lag selbstzufrieden auf dem Bett und wartete auf meine Reaktion, wissend, daß ich einverstanden sein würde.

«Ok. Was möchtest du von mir? Die Drogen?»

«Nur ein bißchen für den Anfang. Mit unseren Verbindungen werden wir in der Lage sein, uns alle Vorräte zu beschaffen, die wir brauchen. Und alles, was du brauchst, auch. Vor allem aber möchte ich deinen Rat, wie man Sitzungen durchführt und wie man mit auftretenden Problemen fertig wird.»

Wir verbrachten die nächsten vier Stunden mit einem Schnellkurs über psychedelische Sitzungen. Set und Setting. Zentrieren. Der Zimmerdienst brachte noch mehr Champagner und dann das Abendessen. Am nächsten Tag schickte ich ihr einen Stapel Sitzungsberichte. Da sie mich gebeten hatte, ihr Geheimnis zu bewahren, erzählte ich außer Michael Hollingshead niemandem davon.

184

In diesem Winter bestanden die Hauptaufgaben unserer Forschung im Analysieren der Berichte über unsere Sommerversuche, im Weiterführen des Gefängnisprojekts, im Ausbilden neuer Doktoranden, die lernten, Sitzungen durchzuführen, und in den Vorbereitungen für die Inbetriebnahme der Experimentellen Schreibmaschine. Zweck der E.S. war, mit den «unbeschreibbaren» Aspekten der beschleunigten Gehirnerfahrung fertig zu werden. Die Versuchspersonen konnten jeden Bewußtseinszustand, den sie nicht augenblicklich beschreiben konnten, angeben, indem sie die entsprechenden Tasten auf der Schreibmaschine drückten. Diese Signale wurden auf einer drehenden Trommel gespeichert, ähnlich wie man in Wetterstationen Temperaturen registriert. Nach der Sitzung, wenn das Bewußtsein auf kleineren Touren arbeitete, hatten die Versuchspersonen Zeit, diese Daten einzusehen, um den Verlauf ihrer Sitzung detailliert und genau beschreiben zu können.

Um die Stufen des Bewußtseins zu identifizieren (d.h., um neue Software zu entwickeln), mußten wir uns einer Reihe von Fragen über das Gehirn als Biocomputer widmen: Wie wird es programmiert? Welches sind die Schaltkreise, die angezapft werden können? Wie setzen diese Schaltkreise die Wirklichkeiten zusammen, in denen wir leben? Seit meiner ersten Pilzsitzung hat meine ständige philosophische Aufgabe darin bestanden, eine Antwort auf diese Fragen zu finden.

Wir identifizierten acht Bewußtseinsstufen: Benommen, emotional, symbolisch, somatisch, sinnlich, zellular, molekular, außerkörperlich. Jede Stufe brachte ein Vokabular, das sich zur verbalen Beschreibung eignete, und es erwies sich als möglich, die Variablen zu verwenden, die ich während meiner Forschung in Berkeley entwickelt hatte. Die sinnlichen, zellularen und molekularen Visionen verlangten eine nonverbale Sprache. Also sammelten wir Dias und Filme, die wir übereinanderlegten, um Mehrfachbilder zu kreieren. Wir beauftragten Fotografen, Vergrößerungen der Zelltätigkeit anzufertigen. Die Wände unseres Büros und unseres Wohnzimmers trieften und tropften vor bakteriellen Pulsierungen und protozoischen Begegnungen in Technicolor.

Die auditiven Vokabulare waren die innovativsten. Wir stellten eine Audiothek von Herzschlägen, in Klänge umgesetzte Gehirnwellen, elektronische Musik, Kapillarflüsse, Lawinen, schweres

Atmen, erotisches Stöhnen, beifällige und aufgeregte Zurufe, feindselige Menschenmengen (in vierundzwanzig Sprachen), Registrierkassen, Feuerwerk, Fußballscharmützel, hoher Seegang und von Walgesängen zusammen. So unausgefeilt sie war, wir brachten eine Sprache hervor, um die auralen Panoramen zu veräußerlichen, die während Augenblicken der Transzendenz erfahren werden.

Diese neuen linguistischen Geräte hatten eine intensive Wirkung auf unsere Besucher. Beinahe alle reagierten ein bißchen angetörnt auf die eine oder andere Art, wenn man sie mit dem Feedback von Körperbildern konfrontierte. Viele nüchterne Typen, die mit unbekannten, doch sehr persönlich sinnlichen und neuralen Daten konfrontiert wurden, mußte man schwankend und röchelnd aus dem Zimmer führen.

Ich widmete viel Zeit dem Schöpfen von Umgebungen, die das Bewußtsein wegführten vom Mondän-Lokalen in neue Dimensionen. Mit diesem Gedanken bauten wir die Zeitkammer.

Neben einem unserer Wohnzimmer gab es ein mittelgroßes Studierzimmer. Wir versiegelten die Tür und tapezierten sie zu, damit die Existenz des anderen Zimmers verborgen blieb. Ich kletterte durch ein Fenster in das versteckte Studierzimmer und benutzte eine Säge, um ein dreißig Quadratzentimeter großes Loch in den Parkettboden zu sägen. Im Keller bauten wir einen dunklen Tunnel, der in den geheimen Raum führte, den wir unten bis oben mit hinduistischen Blumenstoffen mit zellularen Mustern ausgekleidet hatten. Rote Samtkissen bedeckten den Boden. Am anderen Ende des Zimmers saß, beleuchtet von Kerzen in reich verzierten Ständern ein lächelnder, bronzener Buddha, den Peggy Mellon Hitchcock großzügigerweise beigesteuert hatte. In dieser Geheimkammer, einer modernen Version von Tom Sawyers Klubhaus, war es mit Drogen oder ohne leicht zu vergessen, wo du dich im Haus oder gar auf dem Planeten befandst. Es war ein früher Isolationstank. Die Versuche mit der Zeitkammer funktionierten nicht für jeden. Charlie Mingus kam häufig bei uns vorbei. Mit seinem tiefen Baß und seinen herrlichen Paranoias. Wenn er Jazz-Improvisationen auf dem Klavier gespielt hatte, wollte er jeweils gerne zeitreisen. Doch war nichts zu machen – wir konnten heben und stemmen wie wir wollten, seine umfangreiche Gestalt war nicht durch den Eingang zu kriegen.

Ein schlankerer Besucher war Jean Houston. Sie hatte gerade den Kritikerpreis für ihre Vorstellung Off Broadway erhalten sowie ihren Doktortitel in Anthropologie und war begierig, ihre Ansichten über erweiterte Bewußtseinszustände mit uns zu teilen. Sie stolzierte majestätisch durch unser Haus und spielte uns dabei historische Monologe vor: Alexander der Große vor den Pyramiden, auf dem traubenfarbenen Meer unterwegs nach Kreta, den schlammfarbenen Nil hinunter zu jener Stadt, die seinen Namen trägt. Sie imitierte die steife Grazie der ägyptischen Flachreliefs, deklamierte, nahm uns mit auf Mondscheinwanderungen im Moor von Stonehenge. Sie gab uns unsere erste Ahnung der neuen Rasse von befreiten Frauen. Sie kam zu uns als philosophierende Königin, und wir beteten sie an.

Nicht wie die Philosophen, die uns rieten, elitär und privat zu benutzen, glaubte Jean, daß die Wissenschaft und nicht die Religion die gesellschaftliche Institution sei, die den Gebrauch von Psychedelika domestizieren würde. Nicht diese altmodischen Knaben und geheimen Männerbünde. Sie riet uns, auf respektable Weise an die Öffentlichkeit zu treten und die Verschwiegenheit und antiwissenschaftlichen Vorurteile der östlichen Religionen zurückzuweisen. «Was ist das für ein Geschwätz über brüderliche Liebe und quasi östlicher Mystizismus. *Agape* wohin man schaut! Weise Männer, die Drogen nehmen, im Lotussitz hocken und einander gescheit anschauen.»

Jeans Plan war, mehr anerkannte Wissenschaftler und Psychotherapeuten in den Gebrauch von Gehirndrogen zu involvieren. Ihr hartgesottener, gesunder amerikanischer Menschenverstand brachte uns zur Tradition von William James zurück. Westliche Logik, westlicher Optimismus, westlicher Empirizismus, westliche Drogen.

Jean Houston hat sich unserem Projekt nie angeschlossen. Wir waren ihr zu liederlich, zu bereit für alles. Sie hat uns aber sehr beeinflußt.

Inzwischen gingen unsere Studien gut voran. Wir waren damit beschäftigt, Artikel in wissenschaftlichen Zeitschriften zu veröffentlichen und Vorträge auf wissenschaftlichen Konferenzen zu halten. Forscher aus der ganzen Welt kamen, um uns bei der Arbeit zu beobachten.

Die Drogen-Begeisterung der Harvard-Studenten machte uns weiterhin zu schaffen. In diesem, unserem dritten Forschungsjahr brodelte es auf dem Gelände vor Drogenbewußtsein. Wenn wir uns prüde weigerten, ihnen Drogen zu geben, so war das keine große Sache. Sie besorgten sich ihre Vorräte in Boston oder New York. Mehrere unternehmungslustige Chemiestudenten richteten Heimlabors ein, um das Zeugs selbst zu produzieren. Die Drogen-epidemie, die Harvard überspülte, schien jedoch größtenteils milde Auswirkungen zu haben. Hunderte von Harvardstudenten erweiterten ihr Bewußtsein, hatten Visionen, lasen mystische Literatur und schrieben intelligente Essays über ihre Erfahrungen. Uns schien, sie würden davon profitieren.

Unweigerlich kamen die gelegentlichen Pannen den Autoritäten zu Gehör. Einige Übeltäter rannten in die psychiatrische Klinik, um über schlechte Trips zu stöhnen. Ihre wilden Geschichten über verändertes Bewußtsein schockierten die unerfahrenen Ärzte.

«Sie fühlten, wie ihr Körper sich in eine Honiglache auflöste?» Psychotisches Denken.

Einige Studenten verließen die Schule und pilgerten nach Osten, um an den Ufern des Ganges Yoga zu studieren: Nicht unbedingt eine schlechte Entwicklung von unserem Standpunkt aus, jedoch verständlicherweise beunruhigend für Eltern, die ihre Kinder nicht an die Uni geschickt hatten, um Buddhas zu werden. Die schlimmsten Probleme traten durch die chronische Tendenz der Studenten auf, allen *alles* zu erzählen. Dutzende von intelligenten Jugendlichen telefonierten nach Hause, um zu verkünden, daß sie Gott und das Geheimnis des Universums entdeckt hätten. Die Dekane wurden nervös wegen der Elternbeschwerden.

Die Harvard-Verwaltung saß in einer Beziehungsfalle. Sie stand wie ein Fels hinter unserer Forschung, die internationale Aufmerksamkeit auf sich zog, sah sich aber gleichzeitig gezwungen, uns gegen die Angriffe von Drogengegnern zu verteidigen. Die Dekane sprachen ehrlich über ihr Dilemma mit Dick und mir. Wir verstanden ihre Sorgen und nahmen unsere Suche nach einer weniger restriktiven Erziehung wieder auf.

Es gab andere Probleme. Unsere Doktoranden und jungen Instruktoren empfingen ominöse Signale von den konservativeren Fakultätsmitgliedern, daß ihre Karrieren ruiniert wären, wenn sie weiterhin an unserer Forschung teilhatten. Da der akademische Berufsstand über Alte-Herren-Netzwerke und Empfehlungsschreiben läuft, war dies eine ernst zu nehmende Drohung. Professor Brendan Maher, unser alter Rivale, äußerte sich in Gesprächen mit einigen unserer Doktoranden: «Dieses Drogennehmen ist hier Mode wie die Goldfische Wasser schlucken. Können Sie wirklich erwarten, daß man Sie für eine gute Stelle weiterempfiehlt, wenn Ihre Forschung hier aus Lausbubereien besteht?»

Unter dem Ehrenkodex der Alten Herren wurden Studenten, die sich nicht anpaßten oder Interesse an unerlaubten Grenzfragen zeigten, schnell einmal «schlaff» genannt. Kuhn hat in *Die Entstehung des Neuen* darauf hingewiesen, daß beinahe alle intelektuellen Durchbrüche von Größen hervorgebracht wurden, die aus dem etablierten Wissenssystem ausgestoßen worden waren und unabhängig davon arbeiteten.

Die älteren Mitglieder unserer Gruppe – Alan Watts, Houston Smith, Walter Clark, Dick – machten sich wegen dieser Bedrohung unserer jüngeren Freunde Sorgen. Wir beriefen eine Sitzung mit allen ein, die mit unserer Forschung zu tun hatten, Familienmitglieder eingeschlossen. Mehr als dreißig Personen bevölkerten die große Küche unseres Hauses. Dick faßte das Problem zusammen. Wir kamen überein, daß, so sehr wir die Universität liebten und respektierten, dieses exklusive Internat für Direktorensöhnchen der oberen Zehntausend kein Ort für philosophische Aktivisten war, die sozusagen alles verändern wollten.

Die ehrbare Lösung war, sich von der Universität loszusagen und eine neue Organisation zu gründen. Dick würde in Harvard bleiben. Er hatte der Erziehungsabteilung geschickt ein Ko-Professorat entwunden, das die Tür zu einer festen Anstellung offen ließ.

Abgesehen von etwas nostalgischer Reue, spürte ich beim Verlassen Harvards wenig. Abtritte waren zu einem meiner Spezialgebiete geworden. Professor McClelland und ich blieben Freunde, und wir waren beide froh darüber, daß mein Abschied höflich und würdevoll sein würde.

Wir wählten einen Namen für das neue Drogenforschungsprojekt: Internationale Foundation for Internal Freedom, reduziert auf das trockene Kürzel IFIF. Das Ziel war, in ganz Amerika Forschungszentren einzurichten. Jedes lokale Zentrum würde medizinische, psychologische und rechtliche Berater haben, um den Mitgliedern zu lehren, wie man seine innere Geographie auskundschaftet. Künstler, Schriftsteller, Gläubige und Sucher nach Inhalt sollten willkommen sein. Neurotiker und jene, die psychiatrische Behandlung suchten, sollten Ärzten überwiesen werden. Das nationale Hauptquartier würde eine wissenschaftliche Zeitschrift veröffentlichen (die *Psychedelic Review* mit Ralph Metzner als Redakteur), der Bevölkerung helfen, qualitativ gute Drogen zu beschaffen und Sommerseminare organisieren. Die Drogen, die wir untersuchen wollten, Psilocybin, Meskalin, LSD, waren zu jener Zeit immer noch legal.

Dick und ich schrieben einen Brief an den *Harvard Crimson*, in dem wir unsere Pläne darlegten. Die Bostoner Zeitungen griffen die Geschichte auf, die dann durchs Land ging: Harvard-Professoren verkünden Pläne für Drogenzentren im ganzen Land. Diese Presse brachte eine beachtenswerte Reihe von Reaktionen. Innerhalb weniger Wochen sandten über tausend Leute zehn Dollar ein, um Mitglied zu werden, und wir erhielten eine Lawine von Anfragen. Im Mai 1963 hatten wir über fünfhundert Anmeldungen für das Sommerprogramm erhalten, und von diesen wurden dreihundert zukünftige Neuronauten ausgewählt.

Mexiko schien uns einmal mehr der ideale Ort für eine temporäre Hegira. Der führende mexikanische Industrie-Psychologe Eliot Danzig und seine Frau Dolores, die beide von George Litwin angetörnt worden waren, boten an, bei lokalen Angelegenheiten ihren Einfluß geltend zu machen. Meine Kontakte zu mexikanischen Psychiatern, die ich über die Jahre aufgebaut hatte, ließen auf solide medizinische Unterstützung hoffen. Es waren ausreichende Mittel vorhanden, um mehrere Psychiater als Berater einzustellen.

Im April hatten wir einen Brief von einem Dr. Bill Brunell erhalten, einem Chemiker, der für eine Brauerei in Milwaukee arbeitete. Da er die chemische Zusammensetzung bewußtseinserweiternder Drogen seit mehreren Jahren untersuchte, freute er sich auf eine Gelegenheit, sein Wissen anzuwenden. Wir ließen ihn sofort nach Boston fliegen und verbrachten zwei Tage mit ihm und Kollegen in der Harvard Business School. Brunell wußte, wie man LSD, Meskalin und Psilocybin in kommerziellen Mengen herstellen konnte. Zudem hatte er Erfahrung mit der Synthese von anderen exotischen psychotropen Pflanzen. Brunell brannte darauf, ein Labor zu bekommen sowie die finanzielle Unterstützung, um zu produzieren.

Der Plan verlangte, daß ich nach Mexiko flog und die legale, medizinische und politische Unterstützung organisierte. Es gelang mir, einen Deal mit einem großen mexikanischen Pharmakonzern zu machen, wo man Brunell einfliegen und arbeiten lassen wollte. Die IFIF würde Sponsor der größten Organisation der Welt zur Erforschung und Herstellung von bewußtseinserweiternden Drogen. Unsere Geschäftsberater sagten voraus, daß wir innerhalb von fünf Jahren einer der größten Chemiekonzerne der Welt sein würden. Da IFIF keinen Profit machen wollte, könnte man alle Gewinne in Forschung und Erziehung zurückführen.

Wir wußten, daß unser Lehrprogramm für den intelligenten Gebrauch von Drogen 1963 so bedrohend wirkte wie der Gedanke an Sexualunterricht eine Generation zuvor. Wir waren überzeugt, daß die Gesellschaft allmählich mit dieser Verantwortung fertig werden würde, genau wie sie aus Gründen des gesunden Menschenverstands mit dem Sexualunterricht klargekommen ist. Es war nur logisch, daß die Leute mit der Zeit Anweisungen dazu verlangen würden, wie man Drogen intelligent einsetzt: Im nächsten Jahrzehnt würden vergeblich Milliarden dafür ausgegeben werden, Drogen zu bekämpfen und Desinformation über Drogen zu verbreiten. Wir wußten sogar schon damals, daß eine Erziehung zum verantwortlichen Drogengebrauch der einzige Weg ist, dem Mißbrauch vorzubeugen.

Einige Tage vor meiner Abreise nach Mexiko erhielt ich einen Anruf von Mary Pinchot. Ich hatte sie schon seit mehreren Wochen nicht mehr gesprochen. Könnte ich sie wieder im Ritz treffen? Sie klang angespannt. Sie war's auch. Als ich in ihr Zimmer kam, gab's keinen perlenden Champagner, kein glückliches Lächeln. «Ich mußte dich sehen. Die Dinge werden komplizierter. Ich bin öffentlich bloßgestellt worden.»

«Die Drogenversuche?» frage ich, leicht beunruhigt.

«Nein, dort geht alles gut. Es ist meine Liebesaffäre.» Sie ging zum Telefon. «Komm, wir lassen uns etwas bringen. Hast du Hunger?»

«Nein, danke. Nur Kaffee. Erzähl mal, was passiert ist!»

«O Gott. Wenn ich nur wüßte, wo anfangen. Also, in Washington findet zur Zeit ein unglaubliches Machtgerangel statt. Einer meiner Freunde war dabei, die Schlacht zu verlieren, die wirklich blutig ist. Er betrank sich und erzählte einer ganzen Gruppe von Reportern von mir und meinem Freund.»

«Dein Freund ist verheiratet, nehme ich an.»

Leeres Lachen. «Das kann man wohl sagen.»

«Gab es viel Publicity? Ich habe nichts gelesen über einen großen Skandal in Washington.»

«Nein, das ist das Erschreckende daran. Kein Wort wurde darüber veröffentlicht.»

«Das ist beängstigend», fand ich.

«Es macht mir wirklich Angst. Du kannst dir nicht vorstellen, über welch gute Verbindungen manche dieser Leute verfügen, und niemand hat es aufgegriffen.»

Es gab ein hartes Klopfen an der Tür. Wir fuhren beide zusammen, dann schauten wir einander an und lachten. Als der Zimmerkellner gegangen war, kam Mary zu mir rüber und umarmte mich.

«Laß dich nicht von mir ins Bockshorn jagen. Es gibt nichts wesentlich Neues an dem, was ich dir erzählt habe. Es ist mir schon hundertmal begegnet in der Medienpolitik. Die Manipulation von Nachrichten. Verschleierungen, Falschmeldungen, schmutzige Tricks. Wegen der Drogen kann ich jetzt Abstand nehmen und sehen, was vor sich geht und den Horror verstehen. Jetzt sehe ich, daß es nicht so sein *muß*. Amerika braucht nicht von diesen kalten Kriegstypen beherrscht zu werden. Sie sind verrückt, wirklich verrückt. Sie hören nicht zu. Sie sind völlig darin gefangen, den dritten Weltkrieg zu planen. Sie können nichts genießen, außer Macht und Kontrolle.»

«Das ist aber der Ort, wo du die Szene betrittst», meinte ich. «Du wirst sie auflockern.»

Mary hörte auf, im Zimmer umherzutigern.

«Warum kommst du diesen Sommer nicht nach Mexiko für ein Intensivtraining. Da machen wir aus dir die beste Gehirnwäscherin seit Kleopatra.»

«Du mußt immer gleich übertreiben», meinte sie trocken. »Ich bin bereits zu exponiert. Und du solltest auch vorsichtig sein. In Washington werden sie langsam nervös. Wenn wir die Dinge auf-

192

lockern, wird es sicher eine Reaktion geben. Mach weiter, aber versuch, so wenig Lärm wie möglich zu machen. Wenn du die Wellen zu stark aufpeitscht, werden sie euch stoppen.» Sie wartete ein paar effektvolle Sekunden: »Oder schlimmer!»

«Wie kann ich dich erreichen?»

«Ich traue weder Telefon noch Post», sagte sie. «Ich werde mit dir in Verbindung bleiben. Paß gut auf dich auf.»

CARLOS CASTANEDA wurde entweder 1935 in Brasilien oder aber 1925 in Peru geboren. Widersprüchliche Gerüchte lassen seine frühen Jahre im dunkeln. Mit einem Diplom in Anthropologie der Universität Kalifornien in Los Angeles in der Tasche, kam er nach Mexiko, um dort von wirklichen oder eingebildeten Schamanen zu lernen, die halluzinogene Pflanzen benutzten.

1968 veröffentlichte er *Die Lehren des Don Juan*, ein packender Bericht seiner Erfahrungen mit Peyote und Psilocybin unter der Führung eines pedantischen, eher paranoiden Yaqui-Trickster/Lehrers namens Juan Matus. Spätere beliebte Bücher umfassen *Eine andere Wirklichkeit* und *Reise nach Ixtlan*, das als Doktorarbeit akzeptiert wurde.

Castandedas Theorien über veränderte Bewußtseinszustände mögen von einem Yaqui-Zauberer stammen, auch wenn keine Hinweise dafür bestehen, daß es Don Juan wirklich gibt, doch haben sogar Skeptiker Castanedas Fähigkeiten als Hexer applaudiert, der ein Millionenpublikum mit der Existenz anderer Wirklichkeiten bekannt machte.

In *Die Kunst des Pirschens* (1981) behauptet Castaneda, den Status des Meisters erreicht zu haben. Die meisten Beobachter würden dem beipflichten. Ihm scheint eine der auffälligsten und erfolgreichsten literarischen Schwindeleien des zwanzigsten Jahrhunderts gelungen zu sein, die Demonstration eines Zen-Meisters, der mit der Macht eines unvoreingenommenen Kriegers sein eigenes, einträgliches Universum schaffte.

20. Irdisches Paradies

Mexiko, im Mai 1963

Ich kam gut ausgestattet mit IFIF-Geldern in Mexiko an, bereit, unsere Pläne in die Tat umzusetzen. Schritt eins: Ich fand einen Rechtsanwalt, der sich auf die Angelegenheiten chemischer Konzerne spezialisiert hatte. Schritt zwei: Ich traf mich mit Dr. Carl

Djarassi, ein Standford-Chemiker, der ein mexikanisches Chemielabor dazu verwendete, ein kontroverses und erfolgreiches Verhütungsmittel herzustellen. Djarassi gab mir einige wichtige Tips. Schritt drei: Dr. Brunell und ich verbrachten mehrere Tage damit, große pharmazeutische Konzerne aufzusuchen. Brunell, der sich auskannte, blies die lokalen Drogenexperten von den Socken. Die Fabrikbesitzer waren sogar noch mehr beeindruckt von den Gewinnaussichten unserer Vorschläge, die wirklich glänzend aussahen. (Wie es sich herausstellte, waren unsere Prognosen äußerst zurückhaltend und rechneten nur mit einem Bruchteil der acht Milliarden Dollar, die die suchtfreien Offenbarungs/Vergnügungsdrogen bis 1981 jährlich einbringen würden.)

Die Grundstrategie, wiederholten wir immer wieder, war eine verantwortungsvolle Abgabe. Nur Ärzte, die in IFIF-Zentren ausgebildet worden waren, konnten diese neuen Drogen verschreiben, und dies nur an IFIF-Mitglieder. Unsere Vorsicht war um so tugendhafter, da 1963 alle psychedelischen Drogen legal waren – jeder konnte unbegrenzte Mengen davon kaufen. Mexiko City war eine Hochburg amerikanischer und schweizerischer Pharma-Firmen, die Amphetamine und Narkotika herstellten.

In den Diskussionen mit mexikanischen Psychiatern, Politikern und Geschäftsleuten wiesen wir darauf hin, daß Mexiko die zweite Schweiz werden könnte, das erste Land, das Psychedelika auf größerer Basis produzierte. Wir legten Dokumente vor, die Top-Wissenschaftler und Intellektuelle auflisteten, die sich einverstanden erklärt hatten, an unsere Ausbildungszentren zu kommen. Brunell und ich unterschrieben einen Vertrag mit einer Chemiefirma, in welchen wir uns einverstanden erklärten, die Grundsubstanzen und die Spezialeinrichtungen zu bestellen. Die Rechtsanwälte kümmerten sich um die Einzelheiten der Partnerschaft. Wir luncheten mit einem hohen Regierungsbeamten, der als bezahlter Berater für uns tätig sein würde. Wir wiederholten immer wieder das Bedürfnis nach umsichtiger Selektion und verantwortlicher Auslieferung.

Oscar, der Besitzer des Hotels Catalina, war einverstanden, lange genug verfügbar zu bleiben, um mir zu zeigen, wie alles funktionierte, und dann waren wir für den Sommer auf uns selbst gestellt. Innerhalb weniger Tage begannen die Studenten und das Personal einzutrudeln, und wir fingen mit der Ausbildung an.

Eines Nachmittags kam ein Jeep aufs Gelände gerast, der vom Hafenmeister gefahren wurde. Es schien, daß ich über Kurzwellen-Radio aus Mexiko City verlangt wurde. Dringend! Er fuhr mich in sein Büro, und dort hörte ich, rauschend vor atmosphärischen Störungen, die Stimme eines *Newsweek*-Reporters, der mir berichtete, Richard Alpert und ich seien aus Harvard rausgeflogen. Hatte ich dazu irgend etwas zu bemerken? Ich sagte etwas Freches, etwa, es sei mir eine Ehre, und daß es keinen netteren Jungens hätte passieren können.

Der Kapitän, ein gutaussehender, athletischer Bursche mit einer Yachting-Mütze, fuhr mich ins Hotel zurück. «Gute Nachrichten, Señor Tiem?» fragte er mich auf Spanisch.

Ich zuckte mit den Schultern und fuhr mit meiner Hand mit einer typisch unverbindlichen Geste in die Luft.

Ich zog meine Badehose an und schwamm bis zum Motorboot, das in der Bai vor Anker lag. Als ich in der Sonne lag und dem Rauschen der Wellen lauschte, die gegen den Bug schlugen, versuchte ich, Ordnung in meine Gefühle zu bringen.

Meine erste Reaktion war: Meine Mutter wird sich schrecklich aufregen. Zweitens: Warum hatten sie mich rausgeschmissen, nachdem ich bereits gegangen war? Professor McClelland hatte die Universität urlaubshalber verlassen, und unser alter Rivale Maher trug die Verantwortung. Offenbar hatte er uns schaden wollen. Als ich an die Gespräche mit Inspektor O'Connell und Mary Pinchot zurückdachte, wurde mir etwas bang um die Sicherheit unseres mexikanischen Projekts.

Am nächsten Tag kam ein Telegramm von Dick, das die Nachricht bestätigte. Er würde nicht nach Mexiko kommen, sondern in Boston bleiben, um die Angelegenheit der IFIF zu verwalten, denen es glänzend ging. Unser Rausschmiß wurde weit mehr publiziert, oft mit Sympathie verbunden. Die Medien verkündeten, daß es das erste Mal seit dreihundert Jahren sei, daß Harvard ein Fakultätsmitglied vor die Türe gesetzt habe. Sie dachten nicht daran, daß Ralph Waldo Emerson ein ähnliches Schicksal erlitten hatte.

Der offizielle Grund für meine Kündigung war, daß ich nicht zu meinen Vorlesungen erschienen war. Eine falsche Beschuldigung: Ich hatte alle meine Kurse abgeschlossen.

Dick wurde aus ‹romantischeren› Gründen die Türe gewiesen. Man erwischte ihn mitten in einem Liebesdreieck, in das ein Redakteur des *Harvard Crimson* verwickelt war. Es schien, als hätte Dick einen brillanten und gutaussehenden Studenten angetörnt (Erbe eines berühmten amerikanischen Vermögens), dessen Freund, von Eifersucht geplagt, Dick in einem feurigen Editorial anklagte. Dicks Übertretung unseres Versprechens, regulären Studenten keine Drogen zu geben, erlangte so die Aufmerksamkeit der Verwaltung.

Es verstößt gegen die Regeln der Association of College Professors, ein Fakultätsmitglied ohne ein Hearing zu entlassen. Obschon Bürgerrechtsgruppen und die Vereinigung ihre Bereitwilligkeit zum Ausdruck brachten, Harvard einzuklagen, wollten wir keine Zeit verlieren mit Streitereien. Ich wollte eh nicht Professor sein.

Der Harvard-Rausschmiß schmerzte mich wegen meiner Mutter. Sie behauptete, es sei nicht die Schande des Gefeuertwerdens, die ihr weh tat, sondern die Tatsache, daß ich es ihr nicht selbst gesagt hatte. Sie hörte die Nachricht von ihren Nachbarn. Diese traurige Begebenheit brachte unsere dreiundvierzigjährige Freundschaft zu ihrem Ende. Sie hatte mich in meinen Eskapaden immer unterstützt und meine Comebacks genossen. Doch der Rausschmiß aus Harvard und die Skandale, die folgten, konnten vor ihrem Freundeskreis von irisch-katholischen Lehrerinnen einfach nicht vom Tisch gekehrt werden. Während der letzten Dekade ihres Lebens, wenn die Damen sich zum Tee trafen oder über ihre Familien klatschten, erwähnte niemand je wieder den Namen ihres Sohns, dem Doktor. Tante Maes schlimmste Erwartungen betreffend der Leary-Familie waren nun bestätigt worden.

Meine Sorgen über den Rausschmiß wurden bald weggefegt durch den schnellen Strom an Gästen. Innerhalb weniger Tage merkten wir, daß wir uns in ein Ferienparadies jenseits aller Erwartungen entwickelten. Hotel Nirvana. Niemand wollte mehr weg. Leute, die für eine oder zwei Wochen gekommen waren, wollten den ganzen Sommer bleiben.

Wir bauten einen fünfzehn Meter hohen Meditationsturm am Strand. Jeden Tag um Mittag kletterte ein Freiwilliger die Strickleiter hoch, nahm Lyserg und verbrachte die nächsten vierundzwanzig Stunden oben, um nur dann für erdgebundene Abenteuer herunterzusteigen, wenn diese mehr Spaß versprachen. Weil der Turm von jedem Punkt der Liegenschaft aus gesehen werden konnte, vermittelte er ein Gefühl der Einheit. Wir erzählten dem mexikanischen Personal, es sei eine Rettungswacht.

Wir waren eine vielseitige Gruppe von Abenteurern – zwei Psychiater, ein hassidischer Rabbiner, drei Manager (von denen einer sich von einer Alkoholsucht zu heilen suchte) und scharenweise diplomierte Studenten und junge Universitätslehrer mit ihren Familien. Der Herausgeber von *Gourmet Magazine* freundete sich auf der Stelle mit unserem Koch an. Das Hollywood-Kontingent und die Gruppe des Theologischen Seminars Yale wurden im Juli erwartet sowie einige Psychiater und Philosophie-Professoren aus Europa und Beobachter der Mexikanischen Psychiatrischen Vereinigung. Wir wurden von Hotelbesitzern in ganz Mexiko angesprochen, die sich nach Beteiligungen erkundigten.

Zuhause in Cambridge ging es in den Büros der IFIF hoch her. Internationale Presse. Der Versuch von Zihuatanejo war ein unwiderstehliches Medienereignis: Ein Ferienort, wo die Leute sich sicher und vornehm antörnen konnten. Es war unsere Politik, Gäste aus derselben Stadt zusammen zu buchen, damit sie miteinander arbeiten und dann nach Hause zurückkehren und lokale Ableger gründen könnten. Der Lebensrhythmus im Hotel war himmlisch. In der Nacht wurde der Patio von Kerzen erhellt. Wir versammelten uns in kleinen Gruppen und spielten Schach und Gitarre, hörten Gesprächen zu über das Gehirn oder die Geschichte des Mystizismus, indem wir die heidnischen Fähigkeiten erlernten, einfach nur so rumzusitzen. Die Gäste nahmen einmal die Woche Acid und verbrachten den Rest ihrer Zeit mit Kontemplation, Spiel und der Diskussion ihrer Trips.

Zusätzlich zur Routine einer Sitzung pro Woche war ich sehr beschäftigt mit mondänen Angelegenheiten und managte ein Hotel mit vierundzwanzig Angestellten und fünfundvierzig Gästen. Ich zahlte die Löhne, verteilte die Vorräte, schwitzte im Dschungel beim Reparieren der Pumpe und des Generators zusammen mit dem Ingenieur, nahm an den Hochzeiten und Taufen unseres Dorfs teil, schwatzte mit dem Bürgermeister und dem Hafenmeister, hielt den Nachwächter vom Alkohol fern, vermittelte bei den häuslichen Problemen der Angestellten.

Alle hatten die Zeit ihres Lebens. Doch Eden war nicht ohne Schlangen. Die Presseberichte lockten Horden von Hippies an –

pleite, ungekämmt, um Essen, Schlafplatz und kosmische Erleuchtung bettelnd. Zuerst hatten wir ein Gastfreundschaftsritual, und wir erlaubten es diesen Pilgern, vierundzwanzig Stunden zu bleiben, aber diese Politik versagte, da sie diese Zeit damit verbrachten, sich bei uns einzuschmeicheln. Also fanden wir ein Pendelschiff, das sie jeweils sofort über die Bucht an einen öffentlichen Strand fuhr, wo sie draußen zelten konnten. Manche Hippies wurden sehr sauer, wenn man sie bat zu gehen, und einige fuhren zurück nach Mexiko City und erzählten anderen Amerikanern in der Hauptstadt düstere Geschichten über uns.

Der schillerndste und insistenteste dieser geladenen Gäste tauchte eines Nachmittags auf, während ich in der Hängematte vor meinem Häuschen lag und den Vögeln und dem Rauschen der Brandung zuhörte. Manuel, der Barmann, kam hinunter, um mir mitzuteilen, daß ein Besucher für Dr. Alpert angekommen sei, obwohl dieser sich noch immer in Cambridge aufhielt.

Der Besucher schien Mexikaner zu sein. Gekleidet in einem dunklen Anzug, näherte er sich mir mit einer Mischung aus Eifrigkeit und Respekt. «Dr. Alpert, es freut mich, Sie kennenzulernen. Mein Name ist Arana; ich bin Journalist aus Peru. Ich habe den weiten Weg auf mich genommen, um Ihre Arbeit zu beobachten.»

«Vielen Dank für Ihr Interesse, aber wir erlauben keine Beobachter.»

«Dr. Alpert, ich flehe Sie an, mich anzuhören. Wir sind Zwillinge, Seelengefährten. Mein Vater ist, wie Ihrer, der Vorsitzende einer Eisenbahn in Peru. Und ich bin Jude wie Sie selbst. Ist das nicht erstaunlich?»

«Herr Arana, ich bin nicht Dr. Alpert, und wir erlauben keine Besucher. Ich gebe Ihnen aber gerne Kopien unserer Unterlagen.»

Der Kombiwagen des Hotels wurde gerade für eine Fahrt ins Dorf geladen, also setzte ich Arana rein, schüttelte seine Hand und ging zu meiner Hängematte zurück.

Am nächsten Morgen wartete Rafael, der Hotelingenieur, mit einem feierlichen Gesicht auf mich. Seine Tante Theresa, eine Medizinfrau, war mit einer ominösen Geschichte zu ihm gekommen. Sie war in der vorigen Nacht von einem Lateinamerikaner namens Arana aufgesucht worden, der behauptete, Professor an einer großen amerikanischen Universität zu sein. Dieser Professor erzählte ihr, er lerne, ein «Krieger der Seele» zu sein, und er brauche Theresas Hilfe für eine Zauberei. Er sagte, seine Kraft werde blockiert von einer bestimmten Person, einem *norte americano*, der von den Indianern ein mächtiges Zaubermittel gestohlen habe. Arana wollte, daß sie ihm half, dieses Zaubermittel zurückzustehlen und sagte, daß er als Latino in der Lage sei, das mexikanische Volk zu beschützen.

«Wer ist der *norte americano*, der das Zaubermittel stahl?»

«Sie Señor Timoteo. Dieser Mann Arana sagt, daß der Name Ihres Hotels, ‹La Catalina›, der einer bösen Hexe sei, die seine Feindin ist. Er wußte nicht, daß Theresas ganze Familie hier im Hotel arbeitet.»

«Sie sagte, Sie seien ein guter Mensch und stünden unter ihrem Schutz. Er regte sich furchtbar auf und ging, wobei er schwor, daß er keine Ruhe geben würde, bis er Ihnen den Zauber wieder entwunden hätte.»

Am nächsten Tag tauchte Arana wieder auf, in Lächeln gehüllt. Er wurde von einem amerikanischen Hippie-Mädchen mit einem süßen Gesicht begleitet, das einheimische Kleider trug.

«Dr. Leary, ich bin gekommen, um mich zu entschuldigen. Es war dumm von mir, Sie mit Dr. Alpert zu verwechseln. Ich war so nervös darüber, hier zu sein, daß ich vergaß, Ihnen eine wichtige Nachricht von Maria Sabina zu überbringen. Sie hat mir ein persönliches Geschenk für Sie mitgegeben.»

Maria Sabina, die Curandera, die den Mykologen Robert Wasson auf den Trip geschickt hatte, war für mich eine große Kulturheldin.» Maria möchte, daß Sie sie besuchen, und sie schickt Ihnen diese Kerzen und diesen Machtgegenstand.»

Arana übergab mir zwei gewöhnliche Kirchenkerzen und einen Lederbeutel. Als ich ihn öffnete, rollten einige gelbe, baumnußgroße Kristalle heraus. Sie verbreiteten einen stechenden Geruch.

«Das ist Copal, das heilige Räucherwerk der Mazateken. Verbrennen Sie es während Ihrer Drogensitzungen.»

«Sie nennen dies einen Machtgegenstand», sagte ich. «Ich dachte, Maria Sabina sei eine Heilerin.»

Arana lächelte verächtlich. «Die Leute denken allerlei über Maria Sabina, doch die Wahrheit kann nur von ihren Lippen erfahren werden. Sie hat mich gebeten, einige von Ihren Geheimnissen mit Ihnen zu teilen.»

«Welche Art Geheimnisse?»

«Wie man ein Mann des Wissens wird, *un hombre de conocimentos*, ein Hexer.»

«Was wollen Sie eigentlich von mir?» fragte ich.

«Ihr Wissen teilen. Ich möchte in in Ihre Fußstapfen treten. Ich habe viel gelernt von den Indianern in Oaxaca und Peru und Nord-Mexiko. Ich kann deren Magie mit Ihnen teilen. Wir könnten beide mächtiger werden.»

«Es tut mir leid, Herr Arana, Sie irren sich. Ich bin kein Hexer und möchte auch keiner werden. Ich bin Wissenschaftler.»

«Ich versuche auch, wissenschaftlich vorzugehen», antwortete Arana. «Wie Sie wurde auch ich aus meiner Universität rausgeschmissen, weil ich mit Pilzen experimentierte. Meine Geschichten über diese primitiven Indianer wie Maria Sabina stehen Ihnen zur Verfügung. Ich hasse jede Art von Tricks. Deshalb bin ich hergekommen, als armer Student, der von Ihnen etwas über den westlichen Weg der wissenschaftlichen Erkenntnis erfahren möchte.»

«Es tut mir leid, aber ich kann Sie nicht bitten zu bleiben. Die Anmeldungen für unseren Sommerkurs werden in Boston entgegengenommen.»

«Aber ich weiß nicht, wo schlafen. Ich habe Geld geborgt, um Sie besuchen zu können.»

«Machen Sie sich keine Sorgen. Drüben am Strand von Los Gatos gibt es einen Mann namens Manuelo, der einen Camping-Platz betreibt. Hier sind zehn Dollar. Drüben können Sie ein paar Tage bleiben. Es gibt dort eine Menge amerikanischer Pilger und Sucher wie Sie selbst. Ich bin sicher, daß Sie viel von Ihnen erfahren können. Ich werde das Schiff kommen lassen, das Sie hinüberfährt.»

Ich entschuldigte mich und ging den Schiffer suchen. Ich traf auf Aranas Begleiterin, die in der Bar saß. Ihr Name war Linda. «Wir können nicht bleiben», sagte sie. «Stimmt's?»

«Sie können auf dem Campingplatz auf der anderen Seite der Bucht bleiben. Ich möchte gerne, daß Sie mir einen Gefallen tun.»

«Was für einen Gefallen?»

«Besuchen Sie mich auf dem Rückweg. Ich möchte gerne wissen, was dort drüben läuft.»

Mit dem Boot, das frischen Fisch und Eimer voll Krevetten brachte, kehrte Linda am nächsten Tag zurück.

«Wie war's?» fragte ich sie.

«Also, Arana kam in dieses Hippie-Camp auf der anderen Seite der Bucht und grinste über beide Backen wie der Arschkriecher, der er ist. Er sagte: ‹Hallo Freunde! Ich bin Carlos aus Los Angeles und bin gekommen, um mir 'nen mächtigen Trip reinzuhauen!› Dieser Auftritt brachte nicht viel. Ich meine, alle waren so weich, und da platzt dieser Mexikaner herein, der wie ein Drogenfahnder angezogen ist. Dann fällt er über Ihre ganze Szene her. Er sagt, Sie und Ihre Freunde seien verrückt. Daß Ihre Drogen nur die alten Muster neu verteilten. Was ist ein Muster?»

«Ihr Karma.»

«Auf jeden Fall war es so uncool, daß niemand etwas mit ihm zu tun haben wollte. Er zeigte sogar ein paar Zaubertricks und zog eine Banane aus seiner Hosentasche. Schließlich nahmen ihn ein paar Typen beiseite und hießen ihn abhauen.»

«Und er ging?»

«Ja. Er nahm das Schiff, und das war alles.»

«Wollen wir hoffen, daß er's irgendwo, irgendwann noch schnallt.«

Inzwischen ging die weltweite Publicity weiter. *Life* sandte im Juli einen Reporter und einen Fotografen vorbei. CBS, NBC, die BBC sowie mehrere europäische Fernsehanstalten planten Berichte über uns. Wir brachten der Welt etwas Neues.

Etwas, was nicht stattfand, war Mary Pinchots Besuch. Ich erhielt eine kurze, kryptische Botschaft mit Poststempel Washington D. C., getippt und ohne Unterschrift: HIER LÄUFT DAS PROGRAMM SEHR GUT - AUSGEZEICHNET SOGAR !!!! ICH WERDE JEDOCH NICHT RUNTERKOMMEN KÖNNEN. ZU VIEL REKLAME. EUER SOMMERLAGER IST IN ERNSTER GEFAHR. WERDE DICH KONTAKTIEREN, WENN DU WIEDER IN USA BIST.

Dann erschien neuerlich ungebetener Besuch: zwei Agenten der Bundespolizei: *Buenos Dias, Comandantes!* Jorge Carcia war jugendlich, gutaussehend und amüsiert. Der andere war älter. Sie verloren nicht viele Worte. Wir würden von den Federales geschlossen. Warum? Weil wir den Namen Mexikos mit all diesen schlimmen Schlagzeilen beschmutzen würden. Juan zog eine Zeitung aus Mexico City hervor. Die Schlagzeile: Harvard Drogenorgie angeklagt wegen verwester Leiche.

«Welche verweste Leiche», brachte ich keuchend hervor.

In einem Dorf hundert Kilometer weiter nördlich hatte man eine Leiche gefunden.

«Was hat denn das mit uns zu tun?»

«Aber das ist doch sonnenklar. Die Presse erklärt Sie für schuldig, und diese Art öffentlicher Skandal ist unerwünscht.»

Sie zeigten mir einen weiteren Zeitungsausschnitt, der auf den Berichten von Hippies aufbaute, die wir fortgeschickt hatten. Sie bezichtigten uns der Marihuana-Orgien, geiler Frauen, schwarzer Magie, der Geschlechtskrankheit und der Profitgier.

«Fragen Sie irgendwen hier – die Angestellten, den Bürgermeister, die Ortspolizei. Wir sind brave Leute.»

«Ja, Doktor, das haben wir auch gehört», sagte Jorge Garcia, der jüngere Polizist. «Der formelle Grund, warum Sie gehen müssen, ist, daß Sie Touristen-Visa haben, und es Ihnen nicht erlaubt ist, in Mexiko ein Geschäft zu betreiben.»

Der Ausweisungsbefehl würde in einer Woche in Kraft treten, was mir Zeit gab, in die Hauptstadt zu fliegen, um zu sehen, was zu machen war. Ich war niedergeschlagen, hoffte jedoch, daß der Befehl abgewendet werden konnte. Da das nächste Flugzeug zwei Tage später flog, mußten die Polizisten bleiben. Ich lud sie ein, unsere Gäste zu sein.

Während der nächsten anderthalb Tage schaute sich Jorge bei uns um und sprach mit unseren Leuten. Dann redete er eingehend mit den Angestellten. Gegen Abend bat er mich, mit ihm an den Strand zu kommen. Wir sprachen Spanisch.

«Hören Sie, Dr. Leary. Ich habe viel über Sie erfahren. Sie sind das, was wir einen *philosophico loco* nennen. Ich habe mit den hiesigen Mexikanern gesprochen, und was sie mir erzählt haben, erweckt in mir den Wunsch, Ihre Droge zu versuchen. Aber Sie sind leichtsinnig, weil Sie nicht praktisch genug sind. Zum Beispiel verlangen Sie von Ihren Gästen 300,– Dollar im Monat. Mein Freund, jeder Mensch auf der ganzen Welt möchte das, was Sie anbieten. Doch sollte man einen fairen Preis dafür bezahlen. Hören Sie jetzt gut zu. Mein Bruder ist der Gouverneur des Staates Michoacan. Sollten sie Ihnen die Bude hier dichtmachen, dann kommen Sie in meinen Staat und eröffnen vielleicht zwei oder drei Hotels wie dieses hier. Und wir verlangen das, was der Durchschnittstourist in Acapulco bezahlt: 2 000,– Dollar pro Monat. Sie haben nichts dagegen, reich zu sein, oder?»

Zum ersten Mal seit zwei Tagen spürte ich einen Funken Optimismus.

Wir kamen überein, das Jorge in der Hauptstadt Einfluß nehmen würde, um es mir zu ermöglichen, in Mexiko zu bleiben. Er würde ein Bankett in einem tollen Restaurant arrangieren, wo ich mich mit den Investoren treffen und unterhalten sollte, die er zusammentrommeln würde.

Als ich in Mexiko City ankam, rief ich Dick in Cambridge an. Es war das erste Mal, daß wir seit unserem Rausschmiß aus Harvard miteinander sprachen. Er sagte mir, einige Freunde seien unterwegs nach Mexico City mit einem großspurigen mexikanischen Geschäftsmann, der garantierte, daß wir im Land bleiben könnten. Ich verbrachte den folgenden Tag mit meinem Anwalt. Wir fuhren ins Büro des Gesundheitsministers, der sich als angeberischer Mensch herausstellte und von nichts anderem als seiner Ausbildung an der Menninger-Klinik sprach. Wir hofften, ihn zu überzeugen, den Ausweisungsbefehl zurückzunehmen. Er zeigte sich beleidigt, daß wir dachten, wir könnten in seinem Land derartige Tricks versuchen.

Ich wies auf die vielen Vorteile hin, die ein Beginnen der Intelligenz-Explosion in Mexiko mit sich brachte, wie sie aus seinem Land die ‹Schweiz Nordamerikas› machen würden. Es hinterließ bei ihm keinen Eindruck. Eine Vielzahl von Unterhaltungen mit den amerikanischen Behörden hatte ihn davon überzeugt, daß ich unerwünscht sei.

An jenem Abend beim Bankett, das Jorge arrangiert hatte, war ich *mucho* erwünscht. Der Gouverneur von Michoacan schickte einen seiner Topleute, um mich zu ermutigen, in seinen Staat überzusiedeln. Da sie am nächsten Tag ein Treffen mit dem Präsidenten der Republik vereinbart hatten, erwarteten sie, leichtes Spiel zu haben. Der Präsident schuldete dem Gouverneur einen Gefallen. Wir brachten viele Toasts auf die Zukunft der Wissenschaft und des Geldes aus.

Jorge kam nächsten Tag gebrochenen Herzens in mein Hotel. Es war nichts zu machen. Der Präsident hatte eigens die Verantwortung für meine Ausweisung übernommen, damit es keinerlei Verzögerungen gab. Er hatte persönliche Anrufe vom amerikanischen Botschafter, der CIA und Beamten der Justiz-Departements erhalten. Man konnte nichts daran ändern.

Der «Geschäftsfreund» tischte dieselbe Geschichte auf.

Als ich ins Hotel zurückkam, erwarteten mich dort weitere düstere Neuigkeiten. Einer der Gäste, Duane Marvy, ein Ingenieur aus Boston, hatte einen Trip genommen und war zwölf Stunden später noch nicht zu seinem Normalzustand zurückgekehrt. Dies war unsere erste Erfahrung mit einem ausgedehnten «schlechten Trip». Ich fand ihn im Patio sitzend, still, unansprechbar. Er starrte in den Himmel. Ab und zu sprang er auf und versuchte davonzurennen, wobei er mit lauter Stimme schrie, wir seien alles Kommunisten, und er würde uns bei der CIA denunzieren. Natürlich, dachte ich mir, hatte die Ankunft der Polizei die Szene provoziert. Wir hätten alle Sitzungen verschieben sollen. Ich hoffte, er würde sich bis zum nächsten Tag erholen, denn das war unser Auszugstermin.

An jenem Abend genossen wir ein letztes gemeinsames Familienessen. Alle waren sehr niedergeschlagen. Nach dem Essen bettelte Dr. Fred Panye, ein grauhaariger Psychologe, der gerade aus Kalifornien angekommen war, geradezu um einen Trip. Eine Psychiatrie-Krankenschwester und der Psychiater Jack Downing boten sich an, ihn zu führen. Sie insistierten derart, daß ich widerwillig einwilligte.

Eine Stunde später, als ich auf der Veranda saß, kam ein mittelgroßer ‹Gorilla› mit der glatten Haut eines nackten Menschen hineingeschlurft, sprang auf den Tisch, schlug sich auf die Brust, hüpfte auf einen weiteren Tisch hinüber, ließ einen Schrei los und schwang sich über das Geländer ins Gebüsch.

Eine Sekunde später kommt Dr. Downing die Treppe hochgerannt, gefolgt von der Schwester, die ganz außer Atem ist. «Ist Dr. Payne vielleicht hier entlang gekommen?» fragt die Schwester aufgeregt.

«Ich habe gerade einen hundertsiebzigpfündigen Affenmenschen hier vorbeikommen sehen. Schauen Sie, ob sie ihn beruhigen können. Und versuchen Sie nicht, Fangen mit ihm zu spielen, denn Sie werden es mit einem Affen von seiner Größe kaum aufnehmen können.» Von Baum zu Baum schwingend, sich auf Dächer fallen lassend, Treppen auf und ab kriechend, führte Dr. Payne die beiden auf eine vergnügte Jagd. Als sie ihn bei der Küchentüre eingekreist hatten, kletterte er ein Regenabflußrohr hoch und verschwand irgendwo in den oberen Etagen. Die Krankenschwester und der Psychiater kamen und baten um Hilfe. Ich fand Dr. Payne auf einer Steintreppe sitzend, bedeckt mit Blut von oberflächlichen Kratzern und Schürfungen. Er saugte glücklich an seinem Zeh.

«Na Fred, Du bist ja auf 'nem wilden Lyserg-Trip, was?»

Er starrte mich mit tierischer Neugier an.

«Du wirst für eine weitere Stunde *high* sein oder so, und dann wirst du langsam runterkommen. Du brauchst dir keine Sorgen zu machen. Es ist einfach ein wildes und wonniges Abenteuer, das du da hast.»

Er schüttelte den Kopf und schnüffelte argwöhnisch um sich.

«Möchtest du 'ne Zigarette, Fred?» Ich hielt ihm ein Päckchen Pall Mall hin. Er näherte sich. Plötzlich bekam ich Panik. Ich überschlug mich und rollte ein paar Treppen runter. Mein Kopf und meine Ellbogen bluteten. Fred drehte sich um und rannte ins obere Stockwerk.

Jetzt begann eine der dümmsten Szenen meines Lebens. Wir rotteten uns zu sechst zusammen, bewaffnet mit Kissen und Decken. Jemand brachte eine Plane und ein Seil. Jack Downing hatte eine Spritze voll Beruhigungsmittel. Wir näherten uns jenem Häuschen ganz vorsichtig, schwangen die Tür auf, leuchteten mit der Taschenlampe hinein. Dann sprang jemand von uns hinein, um den Lichtschalter zu betätigen. Bungalow um Bungalow. Keiner von uns Experten nahm sich die Zeit zu fragen, wovor wir eigentlich Angst hatten.

Schließlich fanden wir Dr. Payne zusammengekauert auf der Terrasse vor seinem eigenen Häuschen sitzend. Auf meinen Befehl warfen wir uns alle sechs mit Kissen auf den armen Kerl. Er wehrte sich schwach, aber wir hielten ihn fest. Dann verabreichte ihm Jack Downing eine dreifache Dosis Beruhigungsmittel. Mit unserem Körpergewicht hielten wir ihn am Boden fest, rollten ihn in die Plane, wanden ein schweres Fischernetz darum, damit er ja nicht entkommen konnte und fesselten ihn dann von Kopf bis Fuß.

Er sah schrecklich aus. Sein Gesicht blutete, seine Augen rollten wild. Als ich mich über ihn beugte, sah ich zufällig in die Höhe. Auf dem Dach beobachtete uns ungerührt, eine Flache Tequilla in der Hand, Pancho, der Nachtwächter. Ich kam mir wie ein blöder Gringo vor.

Wir lösten uns ab und wachten die ganze Nacht über bei Dr. Payne, der jedoch keinen Mucks von sich gab.

Wenn ich heute darüber nachdenke, so waren es wiederum die Leute im Setting und nicht der Trip, die das Problem verursachten. Dr. Payne hatte niemanden angegriffen. In Wirklichkeit war eine jede seiner Bewegungen darauf ausgerichtet gewesen, Verletzungen zu vermeiden und nicht zu verursachen. Das einzige Blut, das vergossen worden war, war seines – und meines, als ich in Panik geriet.

Am nächsten Morgen war er bei klarem Verstand, jedoch sehr groggy. Dr. Downing war einverstanden, bei ihm zu bleiben, bis sie in San Francisco waren.

«Eines Tages müssen wir uns über diese Geschichte unterhalten», murmelte Payne zu mir, als wir ihn zum Flughafen brachten.

Duane Marvy, der entrückte Ingenieur, blieb weiterhin unansprechbar. Er folgte mir brav zum VW-Bus, der uns zum Flughafen fuhr. Wir waren zu viele für die Aeronaves-Maschine, also sandte die mexikanische Regierung einen großen Transporter. Ich saß neben Marvy. Er schien es zu mögen, wenn ich seine Hand hielt.

Als wir in Mexiko City landeten, erwarteten uns zwei Geheimpolizisten mit einem Geleitschutz uniformierter Federales. Das war vielleicht 'ne Szene. Ich kaufte Marvy ein Ticket nach Boston und arrangierte, daß IFIF-Leute ihn nach Hause bringen würden. Als es Zeit war, an Bord zu gehen, versuchten wir ihn durch den Zoll zu bringen. Es ging nicht. Der Bodensteward warf einen Blick auf den katatonischen Marvy und weigerte sich, ihn ins Flugzeug zu lassen.

Ich rief einen meiner mexikanischen Psychiater-Freunde an, der sich anschickte, Marvy in einer psychiatrischen Klinik in der Stadt zu treffen. Als ich Marvy dort einlieferte, fand ich in seiner Brieftasche diverse amerikanische Regierungsausweise, die ihn als Geheimnisträger auswiesen.

Ich sandte ein Telegramm ins Verteidigungsministerium: «Ihr

Agent Duane Marvy befindet sich in der Irrenanstalt Chapultepec in Mexiko City.»

In den folgenden Wochen blieb ich in Kontakt mit Dr. Payne. Er schrieb mir einen langen Brief über seine Sitzung und meinte, es sei die grundlegendste Erfahrung seines Lebens gewesen. Sechs Jahre später, während einer Konferenz, die von der medizinischen Fakultät der Universität San Francisco ausgerichtet wurde, hörte ich ihn LSD in einer begeisterten Rede loben.

Duane Marvy machte mir größere Sorgen. Als wir in Boston ankamen, riefen wir seine Familie an und waren erleichtert zu hören, daß er sich bereits auf dem Heimweg befand. Als wir später mit ihm telefonierten, berichtete er, es gehe im trotz des Schrekkens soweit gut.

Etwa ein Jahr später kam uns Marvy in unserem Zentrum in Millbrook besuchen. Auf seine gedämpfte Art war er freundlich und bedankte sich bei uns für seine LSD-Erfahrung. Als Resultat dieser Episode war er jedoch zum Sicherheitsrisiko erklärt worden und verlor mit der Zeit seine Anstellung beim Staat. Er verriet uns nie den Namen der Stelle, für die er tätig gewesen war, noch in welcher Mission, doch behauptete er, in seinem neuen Job als Ingenieur viel glücklicher zu sein. Es schien als hätte ihn der Gedanke, seine Unbedenklichkeitsbescheinigung zu verlieren, viel mehr erschreckt als das LSD selbst. Als ich ihn fragte, ob er es noch einmal nehmen wollte, sagte er, er würde es sich überlegen und es mich dann wissen lassen.

Payne und Marvy waren die beiden schlimmsten LSD-Erfahrungen, deren Zeuge ich bislang gewesen war. Ihre temporären psychotischen Schübe konfrontierten uns mit der Tatsache, daß LSD eine gefährliche Droge sein kann. Wir waren mehr denn je überzeugt von der Wichtigkeit der Selektion, Vorbereitung und unterstützenden Umgebung. In späteren Jahren, als Millionen von unwissenden Amerikanern psychedelische Drogen nahmen, tauchten diese Fragen wieder auf, um uns allen nachzuhängen.

WILHELM REICH (1897– 1956) war einer der bekanntesten und ikonoklastischen Mitglieder der frühen, von Wien ausgehenden, Freudschen Psychoanalyse, einem Kreis, aus dem er später ausgestoßen wurde. Sein Konzept der «Muskelpanzerung» und seine Theorien über die Sexualität und den Körper wurden später zur Basis einer Reihe von Therapien, Bioenergetik und Gestalt inbegriffen, deren Begründer seine Schüler waren. Seine klassischen Abhandlungen *Die sexuelle Revolution* (die diesen Begriff überhaupt prägte) sowie *Die Funktion des Orgasmus* wurden in den frühen dreißiger Jahren geschrieben und beinhalten epochale Aussagen. Ironischerweise hielt er persönlich nichts von erotischem oder spielerischem Verhalten. Im Herzen Mediziner, interessierte er sich vor allem für die medizinischen Aspekte des Orgons, dessen Mangel ihm zufolge zu Krebs und destruktivem Verhalten führte. Reich entwarf ein Behältnis, in dem ein Mensch sitzen und die heilenden Energien aufnehmen kann. Sein Werk wurde verachtet vom amerikanischen Ärzte-Establishment, das ihn für gefährlich hielt. Er fuhr mit seinen Experimenten fort, wobei er versuchte, den ihm vom Gesundheitsministerium auferlegten Einschränkungen gerecht zu werden. Schließlich wurde er verhaftet wegen des Verkaufs von Orgon-Boxen. Er starb im Gefängnis, vergessen vom psychiatrischen Establishment, verfolgt von der Bundespolizei, die seine Bücher konfizierte und verbrannte. Diese Bücher wurden später zu Standard-Werken in Soziologie und Psychologie.

21. Inseln an der Sonne

Newton Center, Massachusetts, im Juni 1963

Unser Rückzug aus Zihuatanejo nach Newton Center war eine ruhmlose Flucht. Dick und ich waren plötzlich berüchtigt. Der Ausschluß aus Harvard und unsere Ausweisung aus Mexiko führten dazu, daß wir in »Ungnade» gefallen waren – unser Ruf und unsere Glaubwürdigkeit waren dahin. Plötzlich waren wir Außenseiter. Es war einsam am Rande der Gesellschaft. Wie alle anderen hungerte auch ich danach, akzeptiert zu werden.

Als ich durch Harvard Yard ging, umgeben von den stattlichen Monumenten der Tradition der Träume, fühlte ich eine tiefe Trauer, weil mir bewußt wurde, daß die Bahn meines Lebens mich unwiderruflich in eine Position zwang, von wo ich nie wieder teilhaben konnte am Trost einer normalen gesellschaftlichen Bestätigung, der Sicherheit der institutionalisierten Unterstützung. Diese Trauer kehrte häufig zurück. Aber nie sehr lang.

Berkeley, Kalifornien, 1953

An jedem Wochenende gingen Marianne und ich zu Partys, zusammen mit gleichaltrigen Pärchen: Psychologen, Psychiater, Leute von der Uni, Intellektuelle aus Berkeley. Dort wurde heftig getrunken, wild geschmust und eng getanzt. Unsere Gruppe war eigenartig sittsam, wenn's um den eigentlichen Geschlechtsverkehr ging. Die kinder-orientierte Ethik hielt die Vorstadtmütter im Zaum.

Zu jener Zeit stieß eine Frau namens Delsey zu meinem Forschungsprojekt. Sie war zweiunddreißig, glich Audrey Hepburn wie ein Ei dem anderen, war spielerisch, lustig. Delsey war mit Rollo verheiratet, einem talentierten Innenarchitekten. Sie hatten keine Kinder.

Delsey und ich fingen an, auf den Parties zusammen rumzuhängen. Wir flirteten und witzelten. Mit der Zeit verliebten wir uns.

Wir machten es uns zur Gewohnheit, dreimal pro Woche nach der Arbeit in eine Bar zu gehen. Marianne und Rollo wußten, daß wir einander sahen, doch betrachteten beide unsere Freundschaft als keusch. Sie *war* es lange Zeit, da wir alle vier unerfahren waren und uns vor Komplikationen fürchteten.

Doch es geschah.

Als es geschah, mietete ich eine kleine Wohnung an der Telegraph Avenue, und zwei Jahre lang trafen Delsey und ich uns drei- oder viermal in der Woche – flüchtige Begegnungen. Wenn ich in der Küche auf sie wartete, konnte ich zusehen, wie sie ihr Auto parkte und auf hohen Stöckelschuhen über den Parkplatz trippelte. Außer dem Bett gab's in der Wohnung keine Möbel. Sie setzte sich auf den schulterhohen Eisschrank und trank trockenen Wermuth, während ich vor ihr stand und ihren schlanken Körper streichelte. Beide redeten wir wie wahnsinnig aufeinander ein. Wir mochten uns wirklich und genossen den geistigen Austausch, jene langen, lustigen Gespräche zwischen Verliebten. Und dann stökkelte sie jeweils auf ihren hohen Absätzen ins Badezimmer, von wo sie in einem himmelblauen Negligée auftauchte, das sie von ihren nackten Schultern warf, wenn sie ins Bett stieg.

Lust ist eine so berauschende Sache. Man vergißt, wie zwingend sie ist. Diese Qual! Ich liebte Marianne und Susan und Jack. Sie zu verlassen kam nicht in Frage.

Die Affäre und die unruhige Geduld von Rollo und Marianne hielten so lange an, weil alle von uns Angst vor einer Veränderung hatten. Jeder von uns hatte das Gefühl, daß der zerbrechliche Status quo – Skitouren, Camping, Parties – den furchtbaren Auseinandersetzungen vorzuziehen war, die einem einzigen Wort folgen könnten. Marianne litt am meisten. Sie begann, einen Psychiater aufzusuchen.

Unser fortwährender Alkohol-Mißbrauch machte alles noch schlimmer. Alle in unserer Gruppe tranken enorme Mengen Schnaps, in Anlehnung an Hemingway, Fitzgerald und Faulkner. Leute, die nicht tranken, galten als Spielverderber, die Angst hatten vor den überschwenglichen Impulsen, deren Ausdruck der Alkohol erlaubt.

Mein Leben – persönlich, beruflich, privat und öffentlich – ist durch und durch beeinflußt worden von Drogen und Drogenmißbrauch. Ich habe einige Erfahrung mit jeder bekannten gehirnverändernden Substanz. Von diesen hat der Alkohol die schädlichsten Zwischenfälle in meinem Leben verursacht. Der Schnaps hat das Leben meines Vaters ruiniert, seine Ehe zerbrochen, das Leben meiner vier Onkel verschlissen. Mariannes Selbstmord und damit die endlosen Leiden meiner Kinder sind dem Alkohol zuzurechnen. Die meisten meiner angeschlagenen Freundschaften sind unter dem Einfluß von Alkohol endgültig zerbrochen. Neunzig Prozent der Ausbrüche an Vulgarität, Rücksichtslosigkeit oder Aggression in meiner Lebensgeschichte sind von milden bis durchschnittlichen Mengen Alkohol hervorgerufen worden. (Die restlichen zehn Prozent wurden nüchtern ausgetragen.)

In den letzten zwanzig Jahren habe ich enorme Mengen psyche-delischer Drogen zu mir genommen (vor allem Hanf und LSD). Ich finde, daß diese Substanzen ruhige, ausgeglichene, humor-volle, sinnliche, überlegte Reaktionen hervorrufen. Sie machen aus mir einen besseren Menschen. Ich habe noch nie etwas getan, was ich später bereute, als ich unter dem Einfluß dieser Substan-zen stand.

Ich habe lange Stunden damit verbracht, traurig zu überlegen, wie anders die Dinge gelaufen wären, wenn psychedelische Dro-gen früher zugänglich gewesen wären. Wenn Marianne und ich vor dem Kamin hätten sitzen können, um unsere Probleme zu disku-tieren, während wir das zum Kichern verleitende Marihuana rauchten, anstatt literweise betäubende Martinis zu trinken... Wenn mein Vater LSD gehabt hätte, um seine wilde, irische Rast-losigkeit auszuleben...

Newton Center, Massachusetts, im Juni 1963

Der Telefonanruf von Mary Pinchot erfolgte eine Woche nach unserer Rückkehr. Sie befand sich am Bostoner Flughafen. Sie hatte nur wenig Zeit. Wir trafen uns in einem Fischrestaurant in der Stadt.

«Ach du ruchloser Ire! Du hast dich wieder in Schwierigkeiten gebracht. Diese frontalen Kavallerieangriffe von dir sind beein-druckend. *Mais ce n'est pas la guerre!*»

«Was habe ich falsch gemacht?»

«Publicitiy. Ich sagte dir, sie würden dich alles machen lassen, was du willst, solange du dich ruhig hältst. Der IFIF-Plan war durch und durch geschickt. Sie hätten jeden Zweig infiltriert, um einigen ihrer eigenen Leute ein Training zu verschaffen, doch waren sie nicht bereit, die CBS einen Film darüber machen zu las-sen, wie ihr an einem hübschen mexikanischen Strand den Leuten Drogen verpaßt. Mit dieser Art Sache kannst du sowohl Kapitalis-mus als auch Sozialismus innerhalb eines Monats zerstören.»

Mir fiel wieder die Sprödigkeit ein, die diese aristokratische Frau von jenen strengen WASP-Geschäftsleuten übernommen hatte, die in Limousinen von ihrem Heim ins Büro fahren – die Informationsmakler, Verleger, Verwaltungsratsmitglieder, Direktoren –, jugendliche Männer mit alten Augen (Gesichter, wie man sie rund um Harvard Square oder in Yale findet), die früh in die calvinistische Verschwörung eingeweiht worden waren und ihr die Treue geschworen hatten. Die für den wilden Bill Donovan in Zürich, für Allen Dulles in Washington, für Henry Luce als Bürochefs arbeiteten und dann von *Newsweek* und *Washington Post* umstiegen, wo sie geheime Dokumente, Fakten, Gerüchte, Schätzungen, Waffenaufstellungen, Aktienrenditen, Stimmen, industrielle Geheimnisse und Klatsch über die sexuellen Neigungen und die Drogenvorlieben eines jeden Kongreßabgeordneten manipulierten, weil sie dazu erzogen worden waren, sich das zu nehmen, was sie haben konnten, frei nach dem protestantischen Glauben, die Welt sei ein Jammertal.

«Vergiß all das», sagte Mary. «Während du dich amüsiertest, habe ich hart gearbeitet. Meine Freunde und ich haben einige der wichtigsten Leute in Washington angetörnt. Es ist an der Zeit, daß wir unsere eigene psychedelische Zelle am Pontomac erhalten, meinst du nicht auch?»

«Du brauchst also mehr Drogen? Das wird schwierig sein. Meine Pläne für eine Herstellung in Mexiko haben sich zerschlagen.»

Mary lachte. «Das ist kein Problem. Ich kann dir einen Kontakt in England verschaffen. Sie werden dir alles verkaufen, was du brauchst. Und wenn die Dinge so laufen, wie ich hoffe», sagte sie nachdrücklich, «wird bald eine Riesenmenge guter Drogen hier im Lande hergestellt werden.»

Ich beschwor sie, doch sie weigerte sich, mehr zu sagen.

Im Juli erreichte uns ein unerwarteter Brief von der Insel Dominica. Ein amerikanischer Fan von Psychedelika namens John Presmont hatte in jenem selten besuchten, kleinen karibischen Land eine experimentelle Kommune gegründet. Er behauptete, sich die Unterstützung der Labour Party verschafft zu haben, von der man erwartete, daß sie bei den nächsten Wahlen erneut an die Macht kommen würde. Die Labour-Leute, die von unserem erfolgreichen Hotelbetrieb in Mexiko gehört hatten, wollten uns einladen, damit wir ihnen dabei behilflich sein könnten, auf ihrer Insel ein intellektuelles Touristenzentrum für die Avantgarde einzurichten.

Wir sandten zwei Kundschafter, Gunther Weil und Frank Ferguson, ein brillanter Diplomand der Universität Wesley. Innerhalb einer Woche erreichte uns ein begeistertes Telegramm. Sie hatten die Politiker kennengelernt, und es bestand ein vielversprechendes Potenial. Komm sofort, forderten sie mich auf.

Ich führte eine Immigranten-Gruppe von zehn Leuten an. Wir hüpften über die Windward-Inseln zum winzigen Dominica. Wir waren voller Hoffnung, als unser Flugzeug über die hügelige Landschaft flog. Unsere Kundschafter erwarteten uns jedoch mit enttäuschenden Nachrichten. Die konservative Regierung, die mit dem britischen Gouverneur zusammenarbeitete, hatte von unseren Plänen erfahren und sogleich einen Ausweisungsbefehl ausgestellt, der unseren Gastgeber Presmont deportierte, der in diesem Augenblick unglücklich in seinem Haus unter Hausarrest saß. Die loyalen Führer der Opposition ihrer Majestät hatten Angst, uns öffentlich zu treffen. Ein geheimes Meeting war für denselben Abend angesagt worden.

Nach Einbruch der Dunkelheit wurde die Insel zum Mahnzeichen, mit ihren schwarzen Stränden, die abrupt im unbeweglichen Dschungel endeten. Praktisch die ganze Bcvölkerung war schwarz und stammte von einstigen Sklaven ab. Britische Fruchtgesellschaften hielten sie in einem Zustand der kolonialen Rückständigkeit und Armut. Dominica fehlte jenes Feriengefühl der Bahamas.

Gunther, Frank und ich wurden von einem Taxi abgeholt, das von einem jungen Neger gefahren wurde, der freundlich, aber nervös schien. Wir fuhren eine Straße entlang, die mit großen Krabben übersät war, die unter unseren Rädern krachten.

In einem heruntergekommenen Laden zeigte uns die schwarze Kassiererin den Weg zu einem vollgestopften Lagerraum, der von einer einzigen Glühbirne beleuchtet wurde, die von der Decke hinunterbaumelte. Rund um einem Tisch saßen drei muskelbepackte Männer, nackt bis zur Taille. Bei ihnen war ein munterer Neger in einem Anzug, der uns die Hand schüttelte und Cocas für uns einschenkte.

Die drei hemdlosen Männer waren Parlamentsabgeordnete, Führer der Opposition. Der ordentliche Typ war Horace, ein bekannter karibischer Anwalt, Rechtsberater der Labour Party. Er erklärte uns, die Arbeiterpartei könne keine offiziellen Schritte unternehmen, weil sie sich gerade um eine Stimme in der Minderheit befand – acht zu neun. Die offenkundige Protektion britischer

214

Geschäftsinteressen seitens der Konservativen hatte jedoch die Bevölkerung aufgebracht. Die nächsten Wahlen würden mit einem überwältigenden Sieg für die Arbeiterpartei enden. Wenn sie dann die Regierung übernahmen, wollten sie nicht-britische Interessenten ins Land holen, um die Wirtschaft anzukurbeln. Sie wollten wissen, was ich vorhatte.

Ich erzählte ihnen von unserer Forschung und der rapide anwachsenden Mitgliedschaft der IFIF. Ich schlug vor, daß wir Ferieneinrichtungen mieteten und später selbst bauten, ganz entsprechend dem ursprünglichen mexikanischen Plan.

Horace rechnete aus, daß wir sogar auf der Stufe unseres Betriebs in Zihuatanejo das touristische Einkommen der Insel verdreifachen könnten. Man deutete an, daß Geld aus Las Vegas nach Dominica fließen könne, und daß manches davon verwendet werden könnte, um unser Projekt zu unterstützen. Was ich von Spielkasinos hielte?

Es war ein Bild für die Götter! Rund um einen derben Holztisch und Wänden voller aufgeschichteter Lebensmittelkisten, im matten Licht, das von schwarzer Haut und weißen Zähnen reflektiert wurde, wurde ein Plan ausgeheckt, um mit unseren Drogen ein kleines Land zu übernehmen. Es wurde vereinbart, daß wir ein paar Tage damit verbringen würden, geeignete Hotels zu eruieren und uns nach den Preisen für Strandgrundstücke zu erkundigen. Dann würden Horace und ich nach New York fliegen, um uns mit möglichen Investitoren zu treffen und das Ganze zu formalisieren.

Die folgende Woche war idyllisch. Horace führte uns rund um die Insel. Wir besichtigten drei Grundstücke mit Strand, die für einen sehr redlichen Preis gekauft werden konnten. Die Bevölkerung, der man gesagt hatte, wir seien Freunde, begrüßten uns mit viel Warmherzigkeit.

In der Nähe unseres Hotels gab es einen sehr schnellfließenden Fluß, der kalt und klar aus den Bergen kam. Wir verbrachten ganze Nachmittage damit, uns im Fluß treiben zu lassen und glitten den Süßwasserdamm hinunter, um in einem Becken mitten im Wald zu landen. Wir fingen an, uns in dieses schwarzsandige Eiland zu verlieben.

Unsere Ruhe wurde durch Horace gestört, der in einem Jeep angebraust kam. Sein Gesicht war fahl vor Angst.

«Ist die Polizei schon hier?» schrie er mit wilder Stimme. «Nein?

Dann hört gut zu! Wenn ihr irgendwelche Drogen habt, dann versteckt sie. Und Mann, verlaßt das Grundstück nicht. Ruft sofort am Flughafen an und bucht Plätze für den morgigen Flug. Die Regierung hat der Polizei aufgetragen, euch wegen Drogenhandel zu verhaften. Mann, sie beschuldigen dich, der größte Heroindealer der Welt zu sein.»

«Heroin?» japste ich.

«Wir haben Anhänger bei der Polizei. Sie sagen, daß die amerikanische Regierung allerlei Berichte über euch geschickt hat. Ein amerikanischer Agent namens Donovan – CIA, wie wir meinen – ist gestern angekommen und hat sich mit dem Gouverneur beraten. Unsere Regierungsleute reden von Schwierigkeiten für euch. O Gott, da kommen sie schon.»

Ein Wagen mit einem offiziellen Wappen kam in die Auffahrt eingebogen. Zwei Polizisten sprangen heraus.

«Professor Leary? Würden Sie bitte folgen? Der Gouverneur möchte Sie sprechen.»

«Ich möchte erst einen Augenblick mit meinem Anwalt reden.»

Die Beamten schauten einander an und nickten. Ich nahm Horace beiseite.

«Sie müssen mit ihnen gehen», sagte er. »So werden sie keine plötzliche Razzia durchführen.»

«Was ist der Gouverneur für ein Mensch?»

Horace setzte ein saures Gesicht auf und schüttelte den Kopf. «Er ist schlimm, Mann, Alkoholiker – mit vierzig Jahren Kolonialdienst auf dem Buckel. Sie haben ihn hierhin versetzt, weil er inkompetent ist. Er wird das machen, was die Amerikaner ihm sagen.»

Horace hatte recht. Die alte Brite lugte finster hinter seinem Bürotisch hervor. Sein Gesicht war aufgedunsen; er hatte rotblaue Äderchen auf der Nase. Es tränten ihm die Augen. Eine große Akte, auf der «LEARY» stand, lag auf seinem Pult und neben ihm, noch viel schlimmer, eine neuere Ausgabe von *Time*, die einen gruseligen Bericht über LSD enthielt.

Der Gouverneur las laut aus dem *Time*-Artikel vor und meinte dann: «Solche Sachen wollen wir hier nicht.» Kurz und bündig.

Schon wieder ausgewiesen.

In jener Nacht blieb Horace aus Sicherheitsgründen bei uns im

Hotel. Wir verbrachten unsere Zeit damit, Pillen in Teddybären einzunähen.

Am Flughafen gab's keine Probleme. Wir wurden nach Antigua geflogen, wo wir in einem reizenden Küstenhotel Zimmer fanden, um uns ein paar Tage auszuruhen, bis wir den nächsten Schritt unternehmen konnten.

Es stellte sich heraus, daß das Hotel einem Schulkameraden von mir aus West Point gehörte. Dorthin abgeordnet während des Krieges, hatte ihm das Inselleben derart gefallen, daß er nach Kriegsende gleich geblieben war.

Wie viele andere Leute auf der Insel war mein Freund bis über beide Ohren im Grundstückshandel verstrickt. Er hatte in der Nähe von Grenada zwei kleine Inseln erworben, mit der Auflage, dort innerhalb von zwei Jahren bleibende Gebäude zu errichten. Da es um seine Finanzen nicht so gut bestellt war, machte er uns ein Angebot, das wir nicht ausschlagen konnten. Er offerierte uns die Hälfte einer verlassenen Insel, wenn wir dort bauen würden. Dort würden wir absolut sicher sein und während gebaut wurde, konnte unsere Mannschaft in einem unbenutzten Strand-Nachtklub wohnen, «The Bucket of Blood».

Zufällig kam Dick kurz nach uns im selben Hotel an, unterwegs, um uns in Dominica zu treffen. Als er uns am Strand umherhüpfen sah, bekam er einen Wutanfall. Der arme Richard! Der Sommer war hart für ihn und seine Hoffnungen auf Respektabilität gewesen. Er schimpfte wütend mit mir, weil ich die 20 000,– Dollar verschleudert hatte, die Peggy uns zur Verfügung gestellt hatte. Und dann innerhalb von zwei Wochen aus zwei Ländern ausgewiesen!

Es dauerte nicht sehr lange, bis daraus drei wurden. Die Polizisten in ihren schicken weißen Uniformen und ihren Gummiknüppeln waren freundlich, aber bestimmt. (Sie wußten wahrscheinlich mehr über den intelligenten Gebrauch von Drogen als wir).

«Mein Gott, Mann, jetzt ist wahrscheinlich schon jede Insel vor Ihnen und Ihrer Piratenbande gewarnt worden.» Der Kapitän blinzelte. Doch am nächsten Tag waren wir unterwegs nach Puerto Rico.

Ich war jetzt jenseits der Enttäuschung. Die Zwangsauswanderung dissidenter Gruppen der Vergangenheit erinnerte uns daran, daß unser Dilemma zu erwarten war. Es schien die Routineprüfung jener zu sein, die sich einer utopischen Vision verschreiben, daß sie von den Mächtigen herumgeschubst werden. Wir machten die choreographierten Schritte durch, denen philosophische Pioniere immer zu folgen haben. Ausweisung, ex und hopp! Theorie und Praxis des gesellschaftlichen Ostrazismus. Es schien alles historisch korrekt, und es war sicher interessanter als in Fakultätssitzungen zu hocken.

Wir lernten eine höchst aufschlußreiche Lektion in angewandter kultureller Anthropologie. Ohne eine Machtbasis (territorialer, politischer oder finanzieller Art) werden gesellschaftliche Innovationen – besonders jene, die eine Erziehung der Jugend beinhalten – von allen bestehenden Bürokraten gnadenlos verfolgt.

Auf der positiven Seite verfügte unser Programm über zwei Vorteile: Wir sprachen für und mit der Nachkriegsgeneration und wir verstanden, daß die Vermittlungstechniken durch die Medien und durch Mundpropaganda Instrumente waren, um eine Machtbasis in der Informationsgesellschaft der Zukunft aufzubauen.

(vorangehende Seite) West Point, 1921: Abigail Leary und der Autor im Alter von drei Monaten

(oben links) Springfield, Massachusetts, 1922: Dr. Timothy Leary Senior mit dem zweijährigen Autor

(oben rechts) Springfield, Massachusetts, 1923: Großeltern Dennis und Sara Leary mit dem dreijährigen Autor vor deren Haus an der Central Street

(unten) Springfield, Massachusetts, im Herbst 1931: Der Autor träumt von Fußballhelden

▲
Juni 1941: Kadett Leary in der Zeit
der „Schweigestrafe" in West Point

Butler, Pennsylvania, im April 1944:
Timothy und Marianne Leary nach
ihrer Trauung in der Militärkapelle
▶

▲

New York, im Sommer 1961: Maynard und Flora Lu Ferguson

◀

Cambridge, Massachusetts, im Herbst 1962: Professor Richard Alpert überwacht die Reaktionen von Dr. Ralph Metzner, der die experimentelle Schreibmaschine benutzt, um während einer Drogensitzung seine Visionen zu dokumentieren

Im Playboy Club von San Francisco, Frühjahr 1963: Allen Ginsberg, Peggy Hitchcock, der Autor und Verleger Lawrence Ferlinghetti planen die psychedelische Revolution

▼

▲

Sausalito, Kalifornien, im November 1964: Der Autor
mit Alan und Jano Watts auf ihrem Hausboot

▶

Calcutta, Januar 1965: Timothy und Nanette Leary vor
einem legalen Ganja(=Haschisch)-Laden. Dieses Foto
wurde als Beweisstück vor dem Gericht von Laredo
benutzt, als Teil der Legalisierungskampagne von Marihuana in den Vereinigten Staaten

Millbrook, im Sommer 1964: Van Wolfe (links), Philosoph
und Stratege der Drogenkultur unterhält sich mit Richard
Alpert (Ram Dass)

▼

(vorangehende Seite) Laredo, Texas, Frühjahr 1965:
Autor neben der Mitangeklagten Susan Leary (18),
während er mit seinen Anwälten spricht

▲

Washington, im Frühjahr 1966: Vor den Dodd-Kenndy
Senat-Hearings über LSD drängt der Autor auf den
bewilligten Gebrauch von bewußtseinserweiternden
Drogen durch verantwortliche Erwachsene und warnt
vor dem riesigen Schwarzmarkt im Falle einer Prohibition

▶

New York, November 1966: Allen Ginsberg, der
Autor und Dr. Metzner bereiten sich auf die Darstel-
lung von *Illumination of the Buddha* vor

Millbrook, im Frühjahr 1966: Sheriff Albert Traver
schaut zu, während G. Gordon Liddy Jack Leary nach
einer Razzia auf das Große Haus verhaftet   ▼

Laguna Beach, November 1967:
Rosemary und Timothy Leary nach
ihrer von einem indianischen Schamanen geschlossenen Ehe in Joshua Tree

Millbrook, im Sommer 1967: Maha
Yantra (ineinander verwobene Drei-
ecke) auf dem Kamin als Symbol
tantrischer Vereinigung, gemalt von
Rosemary und Timothy Leary

(oben) Hidden Valley Ranch, im Dezember 1969: Der Autor und seine Frau in feierlicher Stimmung, drei Wochen bevor er zu zwanzig Jahren Gefängnis verurteilt wird

(links unten) Millbrook, August 1967: Der Autor in einem autobiographischen Film über einen Harvard-Professor, der in einem Indianerreservat untertaucht, um der Gedankenpolizei zu entkommen

(rechts unten) Herbst 1969: Plakat für die kalifornische Gouverneurskampagne gegen Amtsinhaber Ronald Reagan mit dem Slogan „Come together" (später von John Lennon als Unterstützung veröffentlicht)

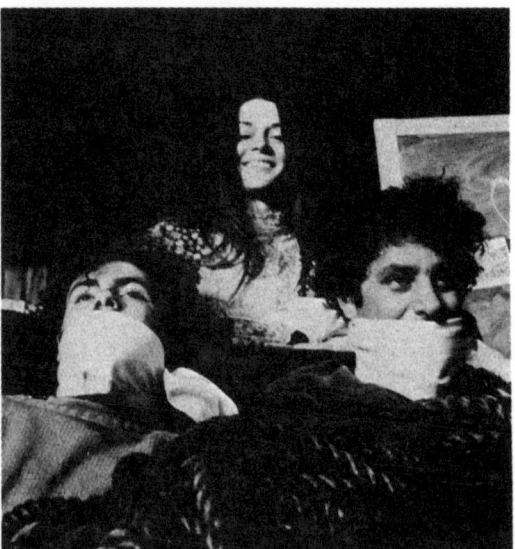

▲
Queen Elizabeth Hotel, Montreal, August 1969: Yoko und John während ihres Bed-ins bei der Aufnahme von „Give Peace a Chance" mit Rosemary und Timothy als Perkussionisten und Vokalisten. Tommy Smothers spielt Gitarre

◀
New York, im Sommer 1970: Rosemary Leary bei einer Pressekonferenz, in der sie die Gründung eines Verteidigungskomitees für ihren gefangenen Mann bekannt gibt. Jerry Rubin und Abbie Hoffman waren gefesselt und geknebelt worden, um auf das Schicksal politischer Gefangener hinzuweisen

▲
Kairo, Oktober 1970: Der Autor besucht die Pyramiden auf seinem Weg nach Amman, wo er mit Jean Genet eine Pressekonferenz gibt

September 1970: Paßfoto des Autors als William McNellis, konservativer Geschäftsmann – Frisur von Bernadette Dohrn (Foto mit freundlicher Genehmigung des Senate Committee on Passport Fraud, Kongressarchiv) ▶

Algier, Oktober 1970: Eldridge Cleaver, Informationsminister der amerikanischen Exilregierung der Black Panther und der Autor (Mütze versteckt rasierten Schädel)
▼

Herbst 1970: Paul Krassners Magazin *The Realist* zeigt Eldridge und Kathleen Cleaver als verlegene Bettgenossen von Rosemary und Timothy Leary, in einer schelmischen Parodie des Films *Bob & Carol und Ted & Alice* ▶

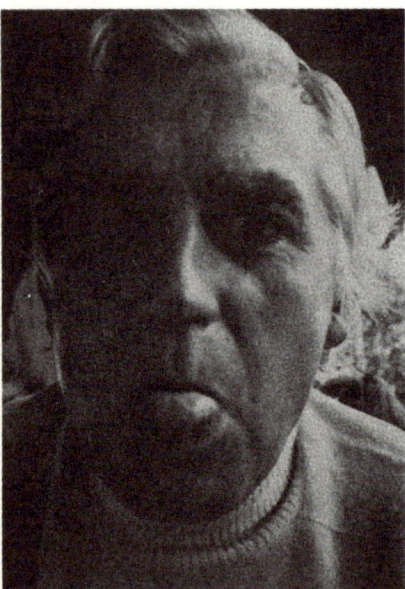

▲
Montana-Crans, Januar 1972:
Autor feiert den Entschluß der
Schweizer Regierung, ihn nicht
auszuliefern

◀
Lausanne, im Frühling 1971:
Michel Hauchard, der legendäre
Playboy, Abenteurer und
Schmuggler, damals auf der Flucht
vor den französischen Behörden

Basel, im Frühjahr 1971: Der Autor
mit Albert Hofmann, Entdecker von
LSD und Psilocybin, der seine legendäre Fahrt zu seinem Heim
beschreibt, nachdem er als erster
bewußt LSD versuchte ▶

San Luis Obispo im Frühjahr 1973:
Der Autor, an Händen und Füßen
gefesselt, wird nach seinem Fluchtverfahren in das Gefängnis von San Luis
Obispo zurückgeführt; mehr als
zwanzig Bewacher (acht auf diesem
Bild) und fünf Streifenwagen wurden
aufgeboten, um den gefährlichen
Flüchtling zu transportieren
▼

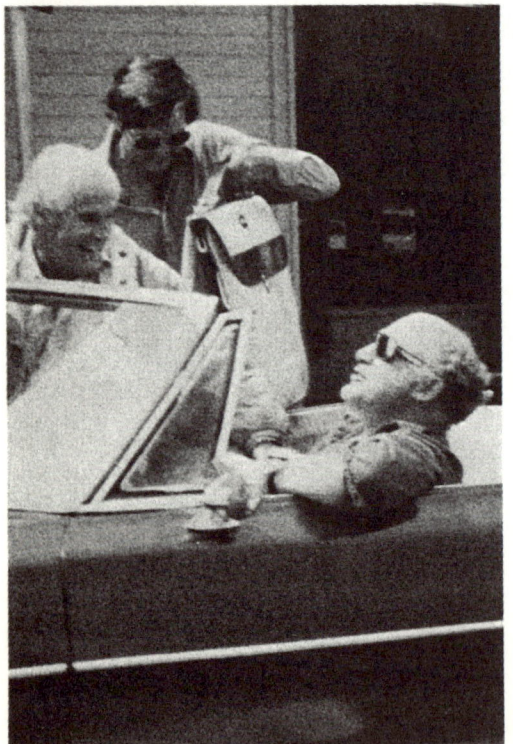

Beverly Hills, September 1979:
Barbara und Timothy Leary feiern,
nachdem der Bezirksanwalt von Los
Angeles eine Anklage gegen sie hat
fallenlassen, weil eine nächtliche
Razzia keine illegalen Drogen hervorbrachte

Springfield, Oregon, Herbst 1980:
Der Autor, Ken Kesey und Ken
Babbs planen ein überschäumendes
◀ Wiedersehensfest

Herbst 1980: Susan Leary Martino
und ihre Kinder Ashley und Dieadra
▼

▲
Malibu, im Herbst 1982: Dr. John Lilly, Pionier des inneren Raums und der Autor

Hollywood Hills, Sommer 1982: Liebevolle Wiedervereinigung mit Ram Dass, gerade bevor dieser einen Teil seiner Identität als Richard Alpert wieder annimmt

Hollywood, im Mai 1982: Zachary, Sohn von Barbara Leary und Stiefsohn des Autors, Computer-Fan, Entwerfer von Videospielen und Baseballstar

Los Angeles, Juli 1982: Vor einer ihrer Debatten gehen G. Gordon Liddy und der Autor aufeinander los
▼

Zweiter Teil

Pädomorphose: Zurück zur Jugend

«Unsere biologische Entwicklung ist zu einem großen Teil die Geschichte von Ausbrüchen aus den Sackgassen der Überspezialisierung, unsere spirituelle Entwicklung eine Reihe von Ausbrüchen aus der Tyrannei geistiger Gewohnheiten und stagnierender Routine. In der biologischen Entwicklung wird der Ausbruch herbeigeführt durch einen Rückzug aus dem erwachsenen in ein jugendliches Stadium als Ausgangspunkt für die neue Linie, in der spirituellen Entwicklung durch eine vorübergehende Rückkehr zu primitiveren und ungehemmteren Gedankenschöpfungen, gefolgt vom kreativen Sprung nach vorne.»

Arthur Koestler

«Science Fiction ist die einzig wichtige Literaturform, die je von der Menschheit hervorgebracht wurde... Wir sind jedoch derart damit beschäftigt gewesen, sie zu leben und uns auf das nächste Konzept zuzubewegen, daß es uns einfach nicht aufgefallen ist, was unsere gedankliche Fiktion bedeutet.
Jetzt ist die Zeit, es zu merken.»

Ray Bradbury

FITZ HUGH LUDLOW (1836 – 1870), Sohn eines bekannten abolutionistischen Pfarrers, wuchs in Poughkeepsie, im Staate New York auf. Als Junge hörte er von Haschisch in mittelöstlichen Abenteuergeschichten wie *Tausendundeine Nacht, Marco Polos Reisen* und *Der Graf von Monte Christo*. Wie bei William James steckte in dieser schmächtigen kleinen Leseratte ein mutiger Forscher (er nannte sich selber «ein pharmazeutischer Alexander»), der sich mit dem örtlichen Apotheker anfreundete, um Opium, Äther, Chloroform und jenes ostindische Hanf, das unter dem Namen *Cannabis indica* gehandelt wird (damals frei erhältlich als medizinische Tinktur und als Bonbon, vier Dosen für einen Dollar), zu versuchen.

In seinem letzten Jahr am Union College schrieb er nicht nur für seine Alma Mater, sondern ebenfalls das erste Buch über Cannabis. *Der Haschisch-Esser*, 1857 anonym veröffentlicht, wurde zur literarischen Sensation und brachte seinem Verfasser bleibenden Ruhm. Den Rest seines Lebens verbrachte er mit Journalismus und Reisen.

22. Das Leben auf einer gestrandeten Raumkolonie

Millbrook, New York, im September 1963

Die letzten drei Jahre waren sehr bewegt gewesen. Nachdem wir über fünfzehnhundert Personen LSD gegeben, ein großes Forschungsprojekt geleitet und mit endlosen politischen Problemen gekämpft hatten, war ich plötzlich müde. Scheiß auf Philosophie und Geschichte, ich wollte mehr denn je auf eine abgelegene Insel ziehen, wo Passatwinde die tropischen Gewässer kräuselten.

Peggy, immer erfinderisch, richtete es so ein, daß Dick ihrem jüngeren Bruder Billy, damals ein vielversprechender Börsenmakler bei der angesehenen Firma Lehrmann Brothers, LSD gab.

Billy reagierte mit Begeisterung. Das war vorauszusehen. Er war ein intelligenter, ruheloser Erbe der Mellons und ein wahrer Sohn Thomas Hitchcocks, legendäres amerikanisches Flieger-As und hervorragender Polo-Spieler.

Billy und sein Zwillingsbruder Tommy hatten gerade ein großes Grundstück in Millbrook gekauft, eine zweistündige Autofahrt entlang dem Hudson River von New York entfernt. Es war ein magischer Ort, zweimal fünf Meilen fruchtbarer Boden mit einem Pförtnerhaus samt Ausfalltor und einem riesigen Fallgitter. Vom Pförtnerhaus aus führte eine kilometerlange Auffahrt unter Reihen von Ahornbäumen zu einem vierstöckigen Herrschaftshaus mit zwei Türmen. Glänzend weiß, zweiundsechzig Zimmer im Innern, war es umgeben von gepflegten Rasenflächen, Stallungen und einem prunkvollen Chalet, in dem sich auch eine Kegelbahn befand. Eine Meile über wogende Felder entfernt stand ein modernes Gebäude, «Der Bungalow» genannt, das als Wochenendhaus der Hitchcocks diente. Billy und Tommy, jetzt engagierte Anhänger unsrer Arbeit, schlugen vor, daß wir unser Forschungszentrum ins leere Haupthaus verlegten. Der IFIF-Plan, lokale Zentren im ganzen Land aufzubauen, wurde fallengelassen. Wir waren glücklich, uns in Fitz Hugh Ludlows Nachbarschaft zu befinden, derselben Gegend, wo der französische Jesuit und Mystiker Teilhard de Chardin begraben liegt.

Wir nannten uns die Castaglia Foundation, in Anlehnung an die Gemeinschaft der mystischen Wissenschaftler in Hermann Hesses *Glasperlenspiel*.

Während unser gemeinsames Haus in Newton Center unter den Vorbereitungen für den Umzug summte wie ein Bienenstock, nahm ich mir Zeit, eine philosophische Abhandlung zu schreiben, die zur Grundlage für meine Forschung der nächsten achtzehn Jahre werden sollte. Der Anlaß: Ich wurde von einer Organisation lutheranischer Psychologen eingeladen, am Kongreß der American Psychology Association in Philadelphia einen Vortrag zu halten. Während meiner Jahre als klinischer Psychologe in Berkeley in den Fünfzigern diente ich als Berater des lutheranischen Seminarprogramms. Viele junge lutheranische Pfarrer waren auf der Basis meiner Tests selektiert worden.

Meine Abhandlung besagte, daß orthodoxe Religionen versuchen, durch Dogmen und poetischen Mythos acht grundlegende Fragen zum menschlichen Schicksal zu beantworten, acht Fragen, die von der Philosophie in logischen Gedankenfolgen formuliert worden sind, jedoch nur von der Wissenschaft beantwortet werden können.

Dann beschrieb das Traktat neue Erkenntnisse aus vielerlei Gebieten der Wissenschaft (Atomphysik, Astrophysik, Genetik, Computertheorie), die bald drastische Veränderungen in unserem Verständnis der menschlichen Natur nach sich ziehen würden. Die Ergebnisse aus diesen Wissenschaften hatten die Möglichkeit geschaffen, daß jetzt zum ersten Mal intelligente menschliche Wesen nicht nur diese grundlegenden Fragen des Wie und Warum wir uns entwickeln beantworten, sondern sich tatsächlich aufmachen konnten, um die Technologien, mit denen man das Universum, den Planeten, unsere genetische Zukunft zu übernehmen imstande war zu entwickeln, unsere gegenwärtige neurologische Wirklichkeit.

Mein Traktat schlug vor, daß neue wissenschaftliche Modelle acht genaue und objektive Definitionen Gottes liefern konnten als Architekt/Technologe der Evolution. So konnte jedes intelligente und ernsthafte menschliche Wesen mit der Zeit das meistern, was ich die acht Technologien Gottes nannte.

In dieser Abhandlung lieferte ich meine *Summa theologica*, ein System des wissenschaftlichen Humanismus, ein enthusiastisches Lehrmittel, mit dem man ein bewußter Agent der Evolution werden konnte. Ich versuchte zu beweisen, daß die Humanwissenschaften bessere Antworten auf die grundlegenden Fragen erbringen als die Religion. Ich ging davon aus, daß die acht Fragen den acht Stufen der Evolution und den acht Schaltkreisen des menschlichen Gehirns entsprechen und dazu ausgerüstet sind, die Stufen der Evolution zu modulieren (sowohl im einzelnen als auch in der Spezies). Ich legte dar, daß es sehr wohl möglich ist, daß es acht Typen von Neurotransmittern gibt (Drogen, die vom Körper selbst hergestellt oder eingenommen werden), die diese acht Bewußtseinsebenen aktivieren, uns mit den acht Stufen der Evolution in Einklang bringen und Antworten auf die acht Fragen liefern.

Die Abhandlung, die ich den erstaunten Lutheranern vorlas, war in vorsichtig formulierter Prosa abgefaßt, gespickt mit wissenschaftlichen Tatsachen, gewürzt mit poetischen und evolutionären

Panoramen und voller atemberaubender Zitate aus den psychedelischen Sitzungen von berühmten Weisen und unserer eigenen Versuchspersonen. Während zweier Stunden herrschte in Philadelphia die Häresie, und die jungen Lutheraner dankten mit stehendem Beifall.

Etwa Mitte September 1963 verpackten wir unseren Haushalt in Newton Center in Mietlastwagen und fuhren als Karawane gen Westen.

Mit von der Partie waren Susan und Jack, Peggy und Ralph und Susan Metzner. Ein junger Arzt auf Methedrin-Entzug kam mit, um uns medizinisch zu betreuen. Ein Psychologe aus Kalifornien, Gary Fischer, seine Frau und seine zwei Kinder ergänzten die Mannschaft. Wir kamen kurz nach Sonnenuntergang an. Das große Haus, mit Brettern vernagelt, ragte transsylvanisch unter seinen hohen Türmen und seinen steilen Giebeln hervor. Der Strom war nicht eingeschaltet worden, deshalb entzündeten wir ein loderndes Feuer im Kamin, zündeten Kerzen an, fegten die Fußböden aus Eichen-Parkett in den Wohnbereichen und begannen unser neues Leben bei bester Laune.

Der Besitz war um die Jahrhundertwende gebaut worden von Wilhelm Dietrich, einem visionären Krösus, der ein Vermögen verdiente mit der Einrichtung von elektrischem Licht in vielen amerikanischen Städten. Diese Präzedenz der Illumination sahen wir als gutes Omen an. Dietrichs Geschmack ging in Richtung bayrisch-barock. Das Täfelwerk war von Meistern geschnitzt worden, die man aus Deutschland und Österreich herholte. Elegante, wenn auch verschossene Tapeten bedeckten die Wände. Die Decken waren mit Holztäfelung eingelegt. Die Küche war groß wie die eines Hotels, mit einem begehbaren Eisschrank, in dem Charlie Mingus sein Paranoia-Niveau zu testen pflegte. (Er ließ sich jeweils von uns einschließen und wartete dann, um zu sehen, ob wir weiße Männer ihn je wieder herauslassen würden. Er schien immer in bißchen enttäuscht, wenn wir es taten.)

Unsere erste Aufgabe war also die Renovierung. Bretter von den Fenstern abnehmen. Putzen. Örtliche Secondhand-Läden abklopfen nach Möbeln. Wir wählten ein mittelöstliches Dekor. Das Haus war im Haremstil eingerichtet, mit niedrigen Couchen, Gebieten von Poufs und seidenen Zierkissen. Es war eine Umgebung für weiche Landungen.

Während der ersten Wochen füllten wir die Bibliothek. Indem wir unsere persönlichen Bücher zusammenstellten, entstand eine ausgezeichnete Sammlung. Geschichte, Philosophie, Mystizimus (Ost und West), Gehirnforschung, Biochemie und Genetik. Es war bezeichnend, wie wenig psychologische Texte wir besaßen. Wir richteten einen Musikraum ein: Für die Geometrie von Bach, reiner Jazz, Rhythm'n Blues, Ethno- und Stammesmusik.

Es breitete sich schnell ein angenehmer Alltag aus. Unsere Tage verbrachten wir mit Haushaltsangelegenheiten und wissenschaftlichen Beschäftigungen, dem Lesen und Schreiben über erweitertes Bewußtsein. Einmal in der Woche unternahmen wir eine programmierte LSD-Sitzung. Typischerweise übernahm ein Mitglied unserer Gruppe das Arrangement der Umgebung und der Stimuli. Der Führer las aus philosophischen oder poetischen Texten vor und wählte die Musik, überaus wichtig im Führen von Gedanken. Oft bereitete er besondere Bänder vor, um uns mitzunehmen auf spezielle ontologische Abenteuer. Die Tripführer teilten so ihre philosophischen Gedanken und ästhetischen Vorlieben mit uns.

Da passiv geprägtes Lernen bei Lyserg-Sitzungen enorm beschleunigt wird, waren wir in der Lage, eine große Vielfalt von Weisheiten und Freuden aller Zeitalter in uns aufzunehmen. Während mehrerer Wochen konzentrierten wir uns auf die Werke von Georg I. Gurdjieff und versuchten seine tiefen, von Drogen inspirierten Versuche zu replizieren.

Peggy, die die Hälfte ihrer Zeit in Manhattan verbrachte, kam jeweils angebraust mit Kisten voller Champagner und exotischen Speisen und Getränken. An den Wochenenden kamen Billy und Tommy in den «Bungalow» und brachten Jetsetter, Berühmtheiten, schrullige Aristokraten mit. Ein Wochenende in Millbrook war *die* schicke Sache für lustige junge Reiche aus New York. Gleichzeitig beherbergten wir Biologen aus Yale, Philosophen aus Oxford, hinduistische Heilige. Das ganze Wochenende gingen diese Gruppen von einem Haus zum anderen, in einem höflichen Austausch.

Wir betrachteten uns als Anthropologen aus dem einundzwanzigsten Jahrhundert, die in einer Zeitkapsel irgendwo im Mittelalter der sechziger Jahre gestrandet waren. In dieser Raumkolonie versuchten wir, ein neues Heidentum und eine neue Hingabe an das Leben als Kunstwerk zu kreieren. Es fühlte sich richtig an, und wenn ich jetzt darüber nachdenke, war es mein Jugendtraum, der in Erfüllung ging.

Die Welt der Konflikte und politischen Auseinandersetzungen schien weit weg, doch draußen lauerte die Gefahr, erbarmungslos, unausweichlich.

Zuerst kam eines späten Nachmittags ein Telefonanruf von Mary Pinchot, deren Stimme auf dem hohen Seil der Hysterie tanzte. Sie hatte in La Guardia ein Auto gemietet und war jetzt irgendwo in Millbrook. Sie wollte nicht zu uns kommen. Könnte ich sie irgendwo im Dorf treffen?

Als ich zum Tor hinausfuhr, sah ich einen grünen Ford weiter unten auf der Route 44 stehen. Ich bremste. Der Ford fuhr von hinten an mich ran. Mary. Sie kletterte zu mir rein und bedeutete mir, weiterzufahren.

Ich bog in eine Seitenstraße inmitten einer unvergeßlichen Herbstlandschaft ein – goldene Felder, Herden von kräftigen schwarzen Kühen, bunt belaubte Bäume, ein gleißend blauer Himmel – mit dem traurigsten Mädchen der Welt neben mir.

«Es ging alles so gut», berichtete sie. «Wir waren acht intelligente Frauen, die die mächtigsten Männer in Washington antörnten. Und dann hat man uns erwischt. Eine Ehefrau hat uns verraten. Ich habe Angst.»

Sie brach in Tränen aus.

Ich streichelte ihr Haar. «Ist dies das Resultat ... Ich meine, hast du eine schlechte Drogenerfahrung gemacht?»

«Nein. Das ist alles perfekt gelaufen. Deshalb bin ich ja gerade so traurig. Vielleicht bin ich in echten Schwierigkeiten. Ich sollte wirklich nicht hier sein.

Es bin nicht ich, es ist die Situation, die völlig kaputt ist. Du mußt jetzt sehr gut aufpassen, Timothy. Mach keine Wellen. Keine Reklame. Ich habe Angst um dich. Ich habe um uns alle Angst.»

«Mary», sagte ich beruhigend, «komm, wir gehen ins große Haus zurück und entspannen uns bei einem Glas Wein und vielleicht mit einem heißen Bad und überlegen uns, was wir tun sollen.»

«Ich weiß, was du denkst. Ich bin nicht paranoid. Ich bin in gefährliche Sachen hineingeraten. Es ist real. Du mußt mir glauben.» Sie starrte mich an. «Glaubst du mir?»

Ihre Bestürzung überzeugte mich.

«Wenn ich hier je plötzlich auftauchen sollte, könntest du mich dann für eine Weile verstecken?»

«Klar.»

«Gut.» Sie nahm ein Pillenfläschen aus ihrer Handtasche und überreichte es mir. «Das ist angeblich das beste LSD der Welt. Vom National Institute of Mental Health. Ist das nicht lustig, daß ich es ausgerechnet dir gebe?»

Ich war sehr verwundert. Sie brach keine Gesetze. In welche Art von Schwierigkeiten konnte sie hineingeraten sein?

In jener Nacht erhielt ich einen Anruf von Laura Huxley. Sie berichtete, Aldous liege im Sterben, und daß er ganz besonders mich sehen wollte, um mit mir über das Handbuch zu sprechen, an dem wir als Adaption vom *Tibetanischen Totenbuch* arbeiteten.

Am nächsten Tag flog ich nach Los Angeles. Seit ihr Haus beim Brand von Hollywood zerstört worden war, wohnten Laura und Aldous bei einem Freund in der Nähe des Mulholland Drive. Laura nahm mich beiseite und drückte meine Hand. Aldous schien nicht bereit, der Tatsache seines Todes ins Auge zu sehen. Noch am selben Tage hatte er fröhlich über die Unannehmlichkeiten gesprochen, die sie ihrem Freund verursachten. Er hatte erwähnt, daß er ein Haus mieten wollte, wenn er wieder gesund war.

Aldous lag oben in einem Krankenbett, reglos und schwach. Er lächelte, als ich ihn begrüßte und begann mit einer ruhigen Stimme Fragen zu stellen über unsere Tätigkeit, wobei er beifällig nickte und leise über meine Scherze kicherte. Dann hieß er mich verschwörerisch näherkommen. Er sagte, er wolle Laura keine Sorgen machen, die sich nicht damit abfinden könne, daß er im Sterben liege. Er meinte, er hätte von seiner unheilbaren Krankheit gewußt, als er die Szene in *Eiland* schrieb, wo die sterbende Großmutter durch die Bardos geführt wird. Aldous fragte mich, ob ich ihn durch eine LSD-Sitzung führen wollte mit unseren psychedelischen Version des *Totenbuchs*. Ich schlug vor, daß es viel besser wäre, wenn Laura die Sitzung führte und ihm die Instruktionen vorlas, um das Weiße Licht zu erreichen.

«Nein, ich möchte sie nicht unter noch mehr emotionellen Druck setzen. Schließlich beabsichtige ich, während des Trips zu sterben.»

Die Krankenschwester rollte einen Sauerstofftank herein, also ging ich in das Zimmer, wo Laura wartete. Ich erzählte ihr von unserem Gespräch. Sie war mehr als nur bereit, Aldous durch eine Lyserg-Sitzung zu führen, jetzt, wo der Augenblick seines Todes nahte. Wir diskutierten die Forschung von Dr. Kast, deren Ergebnissen zufolge LSD bei unheilbar Kranken auf dramatische Weise zu einer heiteren Gemütsverfassung beitrug.

Als ich mich verabschiedete, flüsterte Aldous: «Sei sanft mit ihnen, Timothy. Sie möchten frei sein, aber sie wissen nicht wie. Beruhige sie.»

Alle wissen noch genau, wo sie sich am 22. November 1963 aufhielten, als die schreckliche Nachricht bekannt wurde. Das Fernsehen schuf eine Massenprägung in hundert Millionen Hirnen, ein plötzlicher Verlust der Unschuld. Der Kennedy-Mord war besonders brutal für jene, die nach 1946 geboren worden waren. Es war ihre erste Ahnung, daß miese Machenschaften im Spiel waren, daß die Welt nicht der schöne und sichere Ort war, auf den wir Eltern sie vorbereitet hatten.

An jenem Abend rief ein Freund bei der Associated Press in New York an mit einer Meldung, die er gerade über Telex erhalten hatte. Aldous Huxley war tot. In der Trauer um Kennedy bemerkte es niemand.

Wir hielten eine lange einsame Totenwache bei Kerzenlicht für unsere verstorbenen Führer.

BIOGRAPHIE

ROBERT ANTON WIL-SON, 1932 in Brooklyn geboren, genoß eine Ausbildung als Ingenieur, fühlte sich dann aber zum Journalismus und zur Literatur hingezogen. Während der sechziger Jahre war er der Betreuer des umstrittenen «Forum» im *Playboy*, um Bildung und Witz in die sexuelle und psychedelische Revolution des Jahrzehnts einzubringen. Neben der Erziehung ihrer vier Kinder, widmeten sich Wilson und seine Frau Arlen dem Studium der Magie, des Crowlianismus, der Fortschen Anomalien und anderer Aspekten des Außersinnlichen und Okkulten.

In den frühren Sechzigern profilierte sich Wilson als wichtigster historischer Deuter des Phänomens der Bayrischen Illuminaten. In seinen Büchern *Illuminatus!* (mit Robert Shea), *Cosmic Trigger* und *Die Illuminati-Papiere* untersuchte Wilson die Entwicklung und das Erbe dieser Geheimgesellschaft des achtzehnten Jahrhunderts, die sich der politisch-mystischen Verschwörung hingab.

Wilsons mutige und einfallsreiche Exkursion in die Gebiete von Science Fiction und anderen Wirklichkeiten haben ihm eine treue Leserschaft gewonnen.

23. Experimente in Millbrook

Millbrook, im Winter 1963–64

In jenem Winter ging die Kälte dem Schnee voraus, und die Seen auf dem Grundstück vereisten, um sich in Platten aus klarem Eis zu verwandeln, ideal um darauf Schlittschuh zu laufen und Eishockey zu spielen. Wir schichteten Stapel von Kaminholz auf. Die Rehherde zog vom Wald herüber, um näher beim Haus zu sein. Diese grazilen Wesen sahen uns ruhig zu, wenn wir sie beobachteten.

Es gab konstante Veränderungen in unserer Belegschaft. Der Psychologe aus Kalifornien hielt die Kälte nicht aus. Der Arzt zog aus, um in Puerto Rico zu praktizieren. Eine kuschelige Blondine namens Carol und ihr lebhafter Struwwelkopf von einem Sohn, Eric, kamen zu Besuch und blieben. Maynard und Flo Ferguson und ihre fünf Kinder bezogen eine Flucht von vier Zimmern im zweiten Stock. Dick brachte einen jungen Mann mit reichen Eltern mit, der Mühe hatte, sich mit dem Collegeleben abzufinden. Sein Name war George. Sara, eine junge Frau, die Forschungsassistentin in Harvard gewesen war, ergänzte die Wintersippe.

Wir bildeten bewußt ein gesellschaftliches Molekül, das, was Kurt Vonnegut ein «Karaß» nennt, eine Struktur von Menschen, deren neurale Merkmale zusammenpassen. Wir hofften, durch das Leben und die Neuprägung mit LSD und mit verschiedenartigen Leuten ein Schwarmbewußtsein zu entwickeln, wobei jede Person eine spezifische Funktion hatte und in der so geschöpften Familie eine bestimmte Rolle spielte. George, zum Beispiel, konnte Dinge reparieren, Botschaften überbringen und, was genauso wichtig war, seine unbekannte Ästhetik einbringen. Während eines Monats nervte er mich mit dem Abspielen von Platten mit dröhnender, winselnder und atonaler Musik, die ich dann jedoch aufnahm und zu mögen lernte. So wurde ich mit dem frühen Bob Dylan bekannt. Die Fergusons mit ihren fünf Kindern brachten Geld, die Aufregungen der Unterhaltungsbranche, Witz und spielerische Kinderenergien. Wir spielten alle Tante und Onkel und teilten die Freuden und Pflichten der Kindererziehung.

Seit der Ermordung von Kennedy hatte ich einen Anruf von Mary erwartet. Er erfolgte um den 1. Dezember.

Ich konnte sie beinahe nicht verstehen. Entweder sie war betrunken oder berauscht oder überwältigt vor Kummer. Oder alles zusammen. «Sie konnten ihn nicht mehr in Zaum halten. Er veränderte sich zu schnell.»

Lange Pause. Hysterisches Weinen. Ich sprach ihr beruhigend zu. Sie schluchzte. «Sie haben alles vertuscht. Ich muß dich sehen. Ich habe Angst. Sei vorsichtig.»

Wir wurden unterbrochen. Ich war besorgt und konnte doch nichts tun.

Das Telefon klingelte erneut, und die nächste Stimme hatte einen schottischen Unterton. Es war R. D. Laing. Allen Ginsberg hatte ihm die Nummer gegeben. Ob er uns besuchen dürfe?

Ronnie Laing und ich hatten vieles gemeinsam. Seine Bücher

zur Verhaltensmodifikation stimmten mit meinen Arbeiten auf dem Gebiet des zwischenpersönlichen Verhaltens überein. Er hatte Forschungsgelder von derselben exklusiven Stiftung der Universität Yale erhalten, die meine Untersuchungen in Berkeley finanziert hatte. Auch er unternahm Versuche mit psychedelischen Drogen.

Ronnie war ein gemütlicher, drahtiger Schotte, distinguiert in Tweed gekleidet. In der Küche aßen wir Sandwiches und tranken Wein. Zu meinem großen Schrecken zeigte er sich fasziniert von der pathologischen Psychose, in der Überzeugung, Verrücktheit sei eine kreative Lösung emotionaler Konflikte. Er hatte ein Zentrum namens Kingsley Hall gegründet, wo er mit Psychotikern zusammenleben wollte.

Ich versuchte, ihn vom ansteckenden Wesen des optimistischen Austausches zu erzählen. Es kam mir als Gipfel der Dummheit vor, einen Ort zu bewohnen, wo die Menschen trübsinnig sind. Ich dachte dabei nicht nur an ein Irrenhaus, sondern an England selbst. Ich lud ihn ein, sich uns anzuschließen. Nein, er war völlig versessen darauf, mit Schizophrenen zu leben.

Ich stöhnte: «Ronnie, sicher hast du deinen Anteil an Frontarbeit geleistet. Du kannst den Rest deines Lebens damit verbringen, Verwundete zu pflegen, doch wirst du ihren Ozean an Angst nie trockenlegen. Du wirst nur so werden wie sie. Die Evolution hängt vom Finden und Ausbilden der Intelligenten ab, die die Spezies vorantreiben. Pflege die Auserwähltheit. Zieh zu uns!»

«Nein. Ich bin in Großbritannien zuhause.»

«Früher oder später werden wir dir ein Rettungssignal senden!»

Er lachte. Wir umarmten uns, und weg war er.

Ehe wir es richtig bemerkt hatten, waren die kalten Wintertage vorbei, und wir schlüpften aus unseren weißen Kokons. Aufgewärmt von der Märzsonne fingen die meterlangen Eiszapfen, die das große Haus in eine leuchtende Hochzeitstorte verwandelt hatten, zu tropfen an und tropften und fielen herunter mit kristallenem Splittern. Und siehe da! Flecken brauner Erde lugten hervor. Wir erwachten aus unserem Winterschlaf.

Wir rannten mit erneuter Energie aus dem höhlenähnlichen bayrischen Haus hinaus, um das nackte, feuchte Land zu begrünen. Wir machten uns mit dem Eifer von Pionieren an die Arbeit, zogen

Unkraut aus der Erde und säuberten die Wiesen. Wir fegten Jahre von Blättern und Unrat aus dem Tennishaus, schrubbten Wände und Decken und richteten es mit niedrigen Couchen und Kissen ein.

Am einundzwanzigsten März, der Wintersonnengleiche, feierten wir ein heidnisches Fest, verbrannten einen gigantischen Holzstapel, lauschten dem wütenden Zischen von grünem Holz, betrachteten den roten Schein des Feuers auf den Gesichtern. Dann versammelten wir uns im Tennishaus, das jetzt Meditationshaus hieß, und saßen im Kreis um Alan Watts, der das *I Ging* konsultierte. Watts, der mehr auf Vergangenheit und Osten als auf Wissenschaft und Westen ausgerichtet war, benutzte das *I Ging* als elegante und obskure Tee-Zeremonie, die die ästhetische Ebene unserer Versammlung anhob und uns das Gefühl vermittelte, Teil einer alten Tradition zu sein.

Wir entzündeten ein Feuer im Kamin. Ich nahm eine große Dosis Himmlisches Blau, und einer nach dem anderen verließ mich die ganze Bande, bis es still um mich war. Unser neuer Plan verlangte, daß jedes Mitglied der Gemeinschaft eine Woche in Stille und Einsamkeit im Meditationshaus verbrachte. Die Mahlzeiten wurden dreimal täglich gebracht und auf der steinernen Terrasse hinterlassen. Für besondere Wünsche standen Zettel zur Verfügung.

Es war mein erster Trip ohne Führer oder Gesellschaft. Ich verbrachte die erste Nacht völlig jenseits von mir und wirbelte zurück in die evolutionäre Vergangenheit, zeitreiste in die Zukunft, durchlebte viele genetische Zustände. Als ich die Augen öffnete, war ich wieder da und zurückgekehrt.

Ich ging nach draußen und heulte den Mond an. Ich lauschte mit tierischer Weisheit auf die Geräusche des Waldes, schaute zum großen Haus, sah in den Schlafzimmern die Lichter ausgehen, spürte Liebe und Mitgefühl für dessen Bewohner.

Ich sah die Sonne aufgehen, wanderte stundenlang über das Grundstück, folgte Bächlein, die vom Frühling sangen, brach durch das Dickicht, um einen wunderbaren versteckten See zu entdecken, dessen Glanz den Sommer ankündigte. Es gab atemberaubende Begegnungen mit Rehherden und Füchsen, rostroter Pelz auf grünem Gras. Ich lag eine lange Zeit auf einem Hügel, wo ich, in meinem schweren Mantel eingepackt, dem Spiel des Lebens um mich zuschaute, dem Flüstern der Bäume, Insekten und Tieren lauschte und entdeckte, daß es eine einzige biologische Intelligenz gibt, die sich durch die verschiedenen biologischen Formen ausdrückt.

Alles lebte und pulsierte. Alles war miteinander verbunden. Im falschen Zusammenhang kann diese Einsicht schrecklich sein: Alles lebt? Ist verbunden? Ein Alptraum! Doch in der Natur war die Vollkommenheit des Universums unbestreitbar.

Ich begann dunkel die Enormität des Spektrums an Vokabularien zu verstehen, mit denen Organismen miteinander kommunizieren. In dieser zeitlosen Umgebung erkannte ich, hyperempfänglich für die Signale meiner Erinnerungsspeicher, meine lärmenden Hormone aufgerüttelt durch Befehle meiner DNA-Kontrollplättchen, die geschickt in meinen Zellen schlummerten und dafür bürgten, daß alles Information ist. Alles schrie: «He, schau mich an, ich bin hier. Öffne dich. Ich habe eine Botschaft für dich.» Bäume winkten mir mit ihren schlanken Gliedern einladend zu, Blumen blinzelten. Die Sonne durchtränkte mich mit stellarer Information, frisch aus dem Schmelzofen. Jedesmal, wenn ich einatmete, sog ich Millionen von luftgetragenen Organismen ein, die sich vor DNA-Netzwerk-Nachrichten wanden. Alles, was ich in den Mund nahm, einen Löffel, einen Schluck Wasser, jeder Bissen Essen, jedes sanfte, sinnliche Lecken – kontaminierte mich mit Data.

Ich fing an zu spekulieren, daß alles, was wir aufnehmen, neurologisches Stimuli wie Geräusche, Worte, Gesten von anderen, Abwehrkörper schafft, die es anderen ermöglichen, ein permanenter Teil von uns zu werden. Ich trachtete danach von den biologischen und neuralen Signalen anderer korrumpiert, d.h. in Stücke aufgebrochen zu werden. Während des Rests der einsamen Woche las ich, machte Notizen, ging spazieren, trippte.

Beim Sonnenuntergang des siebten Tages, Ostersonntag, wurde die Türe des Meditationshauses aufgeschwungen, und die Gemeinschaft versammelte sich zu einem Familientreffen. Das ledergebundene Logbuch, in dem ich meine Anmerkungen niedergeschrieben hatte, wurde dem nächsten Sucher übergeben, auf den das Los gefallen war, und ich wandte mich wieder den Alltäglichkeiten des Planeten zu.

Für uns blühte der Sommer friedlich. Wir waren uns kaum der Stürme gewahr, die sich rund um uns zusammenbrauten. Lyndon B. Johnson, der sich siegessicher einer Wiederwahl stellte, befahl amerikanischen Kampfflugzeugen das Bombardieren von Nord-Vietnam. Die Warren Commission ließ verlauten, ein einziger Mörder hätte John F. Kennedy umgebracht. In Harlem und Philadelphia flammten Rassenunruhen auf. An der kulturellen Front veröffentlichte Marshall McLuhan *Die magischen Kanäle*, worin er verkündete, daß das Medium die Botschaft ist. Der Psychiater Eric Berne popularisierte meine Konzepte der transaktionellen Analyse und Spieltheorie in *Spiele der Erwachsenen* und machte der Öffentlichkeit Konzepte der Verhaltensveränderung zugänglich, die vormals der psychologischen Priesterschaft vorbehalten gewesen waren. Der Boom der humanistischen Psychologie war unterwegs.

Es lag neue Musik in der Luft. Die Beatles sangen: «She loves you», Bob Dylan heulte «It Ain't Me Babe» und die Beachboys sandten weiche kalifornische Schwingungen gen Osten.

In Millbrook befand sich ein ausgewachsenes irdisches Paradies in voller Blüte. Wir kauften einen Rasenmäher und gestalteten die Flächen von grünem Gras. Wir beschnitten die Auffahrt durch die stattlichen Ahornbäume und frischten die weißen Randsteine auf. Dick bemängelte, es würde wie der Eingang zu einem jüdischen Country Club aussehen.

Es war ein Nonstop-Festival des Lebens mit Zeremonien, Seminaren, Musik, Fruchtbarkeitsritualen, Sterngucken, Mondgaffen, Feiern auf Waldlichtungen. Durch den Wald wanderten Tag und Nacht Sucher. Der kilometerlange See an unserer südlichen Grenze stürzte kristallklar über einen breiten, mit glatten Steinen gesäumten Wasserfall. An heißen Nachmittagen lagen wir in den Fällen und ließen uns vom Wasser hinuntertragen. Mein Sohn Jack fing einen Riesen-Barsch.

Unsere wissenschaftlichen Abenteuer gingen mit voller Fahrt voran. Wir veröffentlichten unsere Version des *Tibetanischen Totenbuchs*, das nun *Die Psychedelische Erfahrung* hieß. Es war das erste Handbuch seit *Die Haschischinen*, die Sucher durch eine bewußtseinserweiternde Drogensitzung führt. Unser Magazin *The Psychedelic Review* erschien nach wie vor. Dick, Ralph und ich hielten regelmäßig Vorträge an Universitäten über unsere Forschungsergebnisse und unsere utopischen Pläne. So etwas hatten sie an der Uni noch nie gehört.

Der nächste Besucher war Robert Anton Wilson, der als freier Mitarbeiter der Untergrundzeitschrift *The Realist* (Verleger und Redakteur: Paul Krassner) nach Millbrook kam. Als Wilson eintraf, spielten wir gerade Baseball auf dem Rasen vor dem Meditationshaus. Maynard Ferguson spielte Jazztrompete auf dem Dach des Haupthauses.

Robert war ein solider, muskulöser Mann, dessen Körperbewegungen etwas Bewußtes und Genaues an sich hatten. Er sprach langsam und in literarischen Absätzen mit einem trockenen Sinn für das Satirische. Es gab ebenfalls eine scharfe Empfindsamkeit in seinem Ausdruck; er schien alles wahrzunehmen, was um ihn herum geschah.

Robert war zu jener Zeit Mitherausgeber von *Fact Magazine*, dessen Verleger, Ralph Ginzburg, sich geweigert hatte, ihn zu einem Interview mit mir zu entsenden, weil er überzeugt war, die psychedelischen Drogenbewegung sei 1964 am Ende.

Robert und ich verbrachten den Nachmittag mit einer Diskussion der Spieltheorie, der Anwendungen der Einsteinschen und Quantenphysik auf die Psychologie, der Neudefinierung von vagen Begriffen wie die Neurose in ethologischen Ausdrücken, dem Verhältnis zwischen der zeitlichen und der räumlichen Definition von Persönlichkeitstypen. In den folgenden Jahren bin ich von Hunderten von Journalisten interviewt worden, von denen manche feindselig, die meisten aber sympathisch waren. Mit einer einzigen Ausnahme war Wilson der einzige, der meine Bücher gelesen hatte und bereit war, die wissenschaftliche Natur meines Werks zu erörtern.

Dann suchten uns Leute auf, die weniger offen waren – zwei Topbeamten der FDA (Federal Drug Administration), ein Arzt und einer von der Exekutive. Sie wollten wissen, inoffiziell, versteht sich, was wir eigentlich genau beabsichtigten. Wir lieferten eine Zusammenfassung unserer Tätigkeiten. Sie waren ehrlich genug, um ihrem Entsetzen Ausdruck zu verleihen.

«Wir sind schockiert von dem, was ihr Leute macht», sagte der Doktor. «Während Jahrhunderten hat man den Genuß von Drogen als Sünde angesehen. Jetzt verteidigt ihr's nicht nur, ihr schlagt vor, es sei moralisch, erzieherisch, gar religiös. Vielleicht war Kennedy mit dieser Denkweise einverstanden, aber Johnson ist anders.»

Dann sprach der andere: «Die Leute von der Exekutive – und glauben Sie mir, sie haben die Mittel – können es kaum erwarten, daß diese Drogen illegal werden, um Euren Arsch zu kriegen.»

Ich zuckte mit den Schultern. «Ein Verbot von Drogen wird ihren Genuß nicht aufhalten. Wenn überhaupt wird eine Prohibition die Drogen attraktiver machen. Erinnern Sie sich an die Rum-Schmuggler? Drogen sind im Kommen, ganz gleich, was die Regierung unternimmt – besonders bei der jüngeren Generation.»

«Falsch. Die Jungen hängen sich immer an irgendwelche Moden. Hula Hopp. Franzosenbaretts. Rock'n Roll. Drogen sind nichts als ein weiterer Trend.»

«Nein. Das hier ist was anderes. Drogen werden zu einem festen Bestandteil der amerikanischen Gesellschaft werden. Die Jungen lernen Fähigkeiten, mit denen Erwachsenen nicht umzugehen wissen.»

«Zum Beispiel?»

«Die Fähigkeit, ihre Denkweise zu verändern. Die Regierung sollte Drogen nicht zu einem Monopol der Jungen werden lassen.»

«Meinen Sie damit, wir sollen, was Drogen angeht, das Handtuch werfen?»

«Nein. Die Regierung sollte Drogenlizenzen vergeben, überwachen und die Leute aufklären, wie man Drogen wirksam einsetzt.»

Der FDA-Arzt lachte. «Meinen Sie, diese alten Senatoren aus dem Süden, die den Kongreß beherrschen, werden da einsteigen?»

«Schauen Sie sich die Zahlen an. Wir sprechen von Milliarden von Dollars. Drogen werden in zehn Jahren eine der ersten fünf Industrien der Vereinigten Staaten sein. Ihr Jungens müßt mit einem Programm aufwarten, daß jedem großen Interessenverband ein beträchliches Stück der Aktion garantiert. Schaut euch den Alkohol an. Illegal vor fünfunddreißig Jahren, hat er heute die stärkste Lobby einer jeden Landeshauptstadt hinter sich. Drogen sind größer als das Fernsehen, meine Freunde. Warum etwas auf den Schwarzmarkt drängen, was abgewogen und besteuert werden kann?»

236

«Alle diese Ideen klingen großartig in der Theorie», sagte der Arzt, «aber die Tatsache ist die, daß Präsident Johnson sehr deutlich gesagt hat, daß er ein drogenfreies Amerika wünscht.»

Armer Lyndon, dachte ich, als ich sie in ihrem grauen Personenwagen die Straße hinunterfahren sah.

BIOGRAPHIE

KEN KESEY, legendärer amerikanischer Romancier, wurde 1935 in Colorado geboren. 1957 machte er sein Diplom als Batchelor of Science an der Universität Oregon. 1962 veröffentlichte Kesey *Einer flog über das Kuckusnest*, ein satirischer Roman über institutionelle Versuche, die Individualität auszumerzen. *Manchmal ein großes Verlangen* (1964) etablierte Kesey als hochbegabten amerikanischen Schriftsteller.

Kesey wird in weiten Kreisen als Vater der Hippiebewegung angesehen. Seine erste LSD-Erfahrung machte er in einem von der CIA finanzierten Forschungsprojekt. Spätere Abenteuer wurden Millionen durch Tom Wolfes *Das bonbonfarbene, tangerinrot-gespritzte Stromlinienbaby* bekannt.

Kesey und seine Frau Faye haben die populäre amerikanische Lebensart der Unabhängigkeit, des Humors, des ökologischen Bewußtseins und des sanften Widerstandes gegenüber den Behörden unter die Leute gebracht.

24. Die Pranksters kommen nach Millbrook

Millbrook, im Sommer 1964

Unsere Castalia Foundation war keineswegs die einzige Drogenszene im Land. Ken Kesey war die zentrale Gestalt in einer ruppig lustigen Reihe von Acid-Parties in San Francisco. In Los Angeles machte sich LSD in der Filmkolonie breit. An den Universitäten wurde Bewußtseinserweiterung langsam, aber sicher zum beliebtesten Thema. Und in New York entstand eine lebhafte und bekannte Drogenszene rund um den höchst erfolgreichen Popkünstler Andy Warhol, dessen großzügiger Loft die Kunst- und Modesterne des Tages anzog.

Unsere Verbindung zu Warhol war Viva Superstar, eine einnehmende, intelligente und ausdrucksvolle Schauspielerin, die auf Andys Anraten nach Millbrook kam, um der hektischen Szene in New York zu entfliehen.

Seit langem ein Bewunderer von Warhol, habe ich ihn immer als kosmopolitischen Zen-Mönch gesehen, der inmitten der Verrücktheit von Manhattan ein Leben der ruhigen Einfachkeit führt. Er schien in den frühen Sechzigern einer der wenigen Leute zu sein, die eine historische Perspektive auf die kulturellen Veränderungen hatte, die wir hervorbrachten. Einmal bemerkte er zu mir, daß unsere Rolle in der Evolution der Gesellschaft ähnlich der von Alister Crowley sei.

Die New Yorker Drogenszene war das polare Gegenteil von Millbrook, zum Teil, weil das Habitat die Spezies definiert. In einer Stadt zu leben, verbindet einen mit einem intensiven und gedrängten Lebensstil, in dem psychedelische Drogen nicht angebracht sein können. Das letzte, was ein New Yorker braucht, ist eine Substanz, die Hypersensibilität hervorruft, die »Lebendigkeit« von allem aufdeckt. Für jemanden auf der Durchreise ist New York ein wunderbarer, brodelnder Ort, um LSD zu erfahren; für jene, die dort leben und arbeiten, haben psychedelische Drogen die Tendenz, das Gehirn zu überfüttern.

Der Warholschwarm futterte Drogen, die zur Flucht verhalfen, die abstellen, die Nervenenden hart und schwielig machen. Schnaps, Amphetamin, Beruhigungsmittel. Es gab in den Augen einiger Warhol-Leute eine beachtliche Rivalität zwischen ihren schnellen Drogen einer harten Wirklichkeit und unseren abgefahrenen Schönwetterdrogen.

Es war interessant festzustellen, daß die angetörnten New Yorker ihre Medikamente meistens auf Rezept bezogen. Die Drogengurus von Manhattan waren Pillenärzte einer bestimmten Sorte, deren Büros Tag und Nacht überlaufen waren von Persönlichkeiten aus der Welt des Sports, der Unterhaltung, der Mode und des Jetsets.

Der vierte Juli war nicht nur der Geburtstag unseres Landes, sondern auch von unseren Freunden Tommy und Billy, den Besitzern von Millbrook. Zur Feier veranstalteten wir einen Maskenball.

Die Mannschaft des großen Hauses traf sich in Karnevalskostümen. Richard Alpert, Ralph und Susan Metzner, Gunther und Karen Weil, Jack und Susan Leary, Carol Ross und Ricky, Terry, George, Maynard und Flo Ferguson und ihre Kinder und verschiedene Kollegen von Harvard, dem MIT und Princeton. Maynard brachte seine fünfzehn Mann starke Gruppe mit, die beste Big Band im Land. Sie richteten sich neben dem Kamin ein und spielten wie ein Orkan.

Die Hitchcocks luden eine große Gesellschaft Freunde aus Manhattan, London, Paris und Rom ein. Peggy verkleidete sich als Bauchtänzerin, sinnlich und verführerisch, mit blitzenden, exotischen Augen. Billy war umwerfend als Sultan; seine venezuelanische Frau fiel als ägyptische Königin auf. Tommy Hitchcock und Suzanne Kent kamen als Romeo und Julia.

Ich saß auf einem Sofa, verzaubert von regenbogenfarbigen Licht- und Klangschwaden, als sich mir eine große blonde Prinzessin in fließender Seide näherte. Sie nahm ihre Sonnenbrille mit einer Striptease-Geste ab und entblößte zwei riesige blaue Augen. «Erinnerst du dich nicht an mich?» flüsterte sie. «Ich bin Nanette.»

Voller freudiger Überraschung sprang ich auf. «Nanette, natürlich!» Sie hatte uns zusammen mit Gregory Corso und einem kleinen Hund namens Racker besucht.

«Ich bin ein unartiges Mädchen», murmelte sie und tastete mit ihren kurzsichtigen Augen die meinen ab. Ihr Lächeln war spitzbübisch. «Da bin ich und versuche immer noch, mein verlorenes Paradies wiederzufinden.»

Sie setzte sich neben mich, um mir zu verraten, daß ihr Vater sie als kleines Mädchen auf einen Berggipfel mitgenommen und dort oben lyrisch über die Einheit der Natur gesprochen hatte. Nanette wollte die Geheimnisse des Universums ergründen, nach Indien fahren, um dort die höchste Wahrheit zu finden, die geheimen sexuellen Praktiken des Orients erlernen.

In meinen Ohren klang das gut.

Im späteren Verlauf der Party fand ich Peggy in einem Schlafzimmer, wo sie angeregt telefonierte. Sie lächelte wissend.

«Nanette und du habt einander entdeckt?»

Ich spürte, wie ich rot wurde.

«Bist du einverstanden?» fragte ich sie verlegen. Ich wußte, daß Peggy in New York jemanden kennengelernt hatte.

«Warum nicht. Sie ist eine schöne und intelligente Frau. Ihr werdet einander gut tun.»

Wir lächelten einander vielsagend an.

«Heute ist wirklich Unabhängigkeitstag», sagte ich, als wir uns umarmten.

Am folgenden Tag um Mittag eilte ich zum Bungalow hinüber. Nanette lag auf einem Liegestuhl beim Schwimmbecken. Die Sonne brannte heiß. Sie zog eine dünne Haremsrobe aus und enthüllte ihren schlanken Körper und einen mikroskopisch-kleinen Bikini. Nanette erzählte witzige Geschichten über ihre Abenteuer in Swinging London, ihre Eroberung der Modewelt New Yorks, ihre Langeweile trotz Ruhm und Geld.

Sie war eine nachdenkliche und romantische Frau, ein Kleinod an Schönheit, umgeben, unterwiesen und manipuliert von den Technikern und Produzenten der Modeindustrie. Ihr Gesicht wurde auf Illustrierten-Titelseiten abgebildet. Ihre blauen Augen luden am Fernsehen dazu ein, bestimmte Produkte zu kaufen. Ich war eingeschüchtert von ihrem Glamour und ihrem Charisma.

Am nächsten Wochenende kam sie von New York herüber, um mich im großen Haus zu besuchen.

Montagmorgen, in meinen Armen liegend, nahm sie den Telefonhörer in die Hand und rief Eileen Ford in New York an. «Eileen, ich bin gerade dabei mich zu verlieben, und ich möchte die nächsten zwei Wochen frei haben... Ja, ich weiß, die Buchungen. Du wirst sie einfach verschieben oder jemand anderes finden müssen.»

Nanette und ich zogen ins Turmzimmer, das sie mit seltenen tropischen Pflanzen füllte. Am Nachmittag spielten wir jeweils wie junge Liebende. Dick, der im herrschaftlichen Schlafzimmer unter uns zu meditieren versuchte, kam herauf, um sich über das lustvolle Gestöhne zu beklagen.

Es dauerte nicht lange, bis Nanette nach einer LSD-Sitzung verlangte. Ich war überhaupt nicht begierig, diese Erfahrung zu überstürzen. Ich wußte, daß Nanette und ich als andere Menschen aus dieser Sitzung zurückkehren würden, eingebettet in eine neue Beziehung. Es war auch möglich, daß sie ihr Vergrößerungsglas auf mich richten und den verklemmten und sexuell ungeschickten Mann entdecken würde, der ich seit Mariannes Tod gewesen war.

Oder vielleicht würde die Erfahrung sie verunsichern und sie in eine dunkle Höhle in ihrem Geist treiben.

Wir machten die Reise vor dem Kamin im großen Wohnzimmer, wo wir auf niedrigen Sofas lagen. Ich sah zu, wie Nanette es ihrer Jetsetfassade erlaubte auszublenden – nichts als Narbengewebe aus ihrer Kindheit. Aus ihrem Inneren erschien eine archetypische Adelige, mit der leuchtenden Essenz einer Walküre.

Als die Morgenröte die Fenster vergoldete, standen wir auf und gingen zu einer steinernen Brücke hinter dem Haus, wo sie stehenblieb, einen goldenen Ring von ihrem Finger zog und ins dunkle Wasser warf. Sie rannte voraus, dreht sich strahlend um und streckte mir ihre Arme entgegen. Ich verfiel ihrem Zauber.

Nach zwei Wochen Ferien richtete Nanette ihren Alltag neu ein und arbeitete drei Tage in New York, um den Rest der Woche bei mir in Millbrook zu verbringen.

Dann kam der Besuch von Ken Kesey. Während unserer fünf Jahre in Millbrook hatten wir Hunderte interessanter Menschen beherbergt. Ironischerweise fand eine der meistbeschriebenen Begegnungen mit einem unserer berühmtesten Gäste in meiner Abwesenheit statt. In einem gnadenvoll kurzen Kapitel von *Das bonbonfarbene tangerinrot-gespritzte Stromlinienbaby* lieferte Tom Wolfe *eine* Version von Ken Keseys Reise nach Millbrook.

Ich hatte ein paar Tage bei Nanette in New York verbracht. An der Grand Central Station, wo ich auf meinen Zug nach Hause wartete, fühlte ich eine fiebrig-fröstelnde Erkältung in mir aufsteigen. Um Mitternacht erwartete mich Richard voller Neuigkeiten am Bahnhof von Poughkeepsie. Ken Kesey und sein legendärer leuchtfarbener Bus waren unangekündigt aufgekreuzt. Die Pranksters* hatten vor, ein paar Tage bei uns zu bleiben.

«Wie sind sie?» wollte ich wissen, zu krank, um so richtig begeistert zu sein.

Dick schüttelte den Kopf: «Ziemlich ausgeflippt und aufgerüttelt. Sie haben beinahe einen Monat in diesem lauten klapprigen Schulbus verbracht, der gar keine Stoßdämpfer hat, und sind

---

* Kesey und seine Freunde nannten sich die «Pranksters» = Possenreißer (A.d.Ü.).

damit in der größten Hitze durch Arizona und Texas gezottelt. Sie sind erschöpft und ausgelaugt.»

«Da sind sie an den richtigen Ort gekommen, um sich auszuruhen und zu erholen», antwortete ich und dachte dabei genau so an mich wie an die Pranksters.

«Ja», nickte Dick, «wir lassen sie im Wasserfall abkühlen und sich entspannen und ein paar Sonnenuntergänge betrachten. Das wird sie weicher machen.»

«Wo waren sie denn drauf?»

«Sah mir nach Speed aus.»

«Bloß das nicht.» Ich schluckte. Dieses zähneknirschende Pharmazeutikum war nicht Teil unseres Lebens in Millbrook. Außer bei Besuchen von halbseidenen Städtern gab's bei uns auch nicht viel Kokain. Das wäre so gewesen, als hätte man in Camelot Heroin geschossen.

Als Dick mich zum großen Haus fuhr, war alles ruhig. Einige der Pranksters schliefen, andere feierten eine Party im Bungalow. Ich stolperte nach oben, schneuzte, nieste, stöhnte, hustete, schneuzte nochmals, nahm zwei Aspirin und fiel in einen fiebrigen Schlaf.

Als Dick am nächsten Morgen nach mir sah, hatte ich immer noch hohes Fieber. Sogar in meinem Delirium konnte ich erkennen, daß Dick nicht allzu glücklich war über den Prankster-Trip. Gelinde gesagt.

«Ich komme mir vor wie in einem ländlichen Indianer-Dorf, das von einer heulenden Cowboybande von Saloonbrüdern aus dem Wilden Westen überallen wird», schimpfte Dick.

Er schlug vor, daß wir den interkulturellen Austausch sich auf der individuellen Ebene entwickeln ließen. Und so geschah es auch. Es fand zwischen den Gruppen viel geiles Getörne und Gebumse statt. Sogar Dick war Teil der Action und beklagte sich hinterher über seine brennenden Glieder, weil er mit einem oder mehreren Prankstern in die giftigen Büsche geraten war.

Ken Kesey, Ken Babbs und ich trafen uns tatsächlich in der Stille meines Zimmers. Wir schauten uns in die Augen und versprachen, als Verbündete in Kontakt zu bleiben. Das haben wir bis zum heutigen Tag getan.

Nach dem Besuch der Pranksters trafen wir uns, um das nächste

Jahr zu planen. Von Kesey inspiriert, waren auch wir der Meinung, daß wir zu isoliert lebten. Um unsere Sicht zu erweitern, würden wir jeden in der Gemeinschaft auf eine Weltreise schicken. Die Idee war, jedem Gruppenmitglied einen PanAm-Flugschein rund um die Welt zu kaufen, der ein Jahr gültig war. Jeder Kundschafter würde an heiligen Plätzen, beliebten Treffpunkten und philosophischen Zentren Prägungsversuche durchführen, große Weise aufsuchen und dann mit evolutionären Ideen zurückkehren.

Ralph Metzner verließ uns Anfang November und flog direkt nach Kalkutta. Er schickte uns moralistische Postkarten über die Talmi-Nichtigkeit des Westens und der Tiefe des Ostens. Es klang großartig.

Eines Nachts, als wir in einer sanften Wolke der Zärtlichkeit flossen, beschlossen Nanette und ich zu heiraten und unsere Eroberung des Globus zu beginnen. Dick sollte in den Osten reisen, wenn Ralph zurückkehrte.

Dick beschloß, unglücklich zu sein über die geplante Hochzeit. Vier Jahre lang waren wir die besten Partner gewesen. Unsere Beziehung, gewoben aus Tausenden von geteilten LSD-Sitzungen, war telepathisch. In vielerlei Hinsicht war ich wie Dicks Vater. In unserem Haushalt nahm Dick, der seiner Mutter äußerst nahestand, eine Rolle an, die er oft als mütterlich, fraulich beschrieben hat. Er war Jack und Susan eindeutig näher, als ich das war.

Als meine junge Liebe zu Nanette konkrete Formen annahm, reagierte Dick gereizt und beklagte sich bitterlich, wenn ich nach Manhatten fuhr, um bei ihr zu sein. Er fühlte sich ausgeschlossen. Einmal drohte er, die Hochzeit zu boykottieren. Er überlegte sich's, war einverstanden, mein Trauzeuge zu sein und behandelte die Zeremonie, als handle es sich um eine Operette.

Mitte Dezember wurde ich ans Copper Union College-Auditorium eingeladen, um dort einen Vortrag über Bewußtseinserweiterung zu halten. Gehirnveränderung muß in der Luft gelegen haben, denn die große, alte Halle war überfüllt. Ich begab mich unter großem Applaus aufs Podium und verkündete, mein Vortrag könne in einem Satz zusammengefaßt werden: «Um sein Gehirn zu brauchen, muß man seinen Mind verlassen.» Donnernder Beifall. Dann skizzierte ich eine Theorie der serienmäßigen Neuprägung und demonstrierte, wie lebensbestimmende Wirklichkeiten auf den verschiedenen Stufen der individuellen Entwicklung gebildet werden.

Diese Theorie besagt, daß menschliches Wachstum eine bestimmte Reihenfolge der Metamorphose beinhaltet, eindeutig definierte Stufen, die auftreten, wenn ein neuer Gehirnschaltkreis aktiviert wird. Die Prägung einer neuen Wirklichkeit findet auf jeder Stufe statt. In diesem Vortrag und in späteren Veröffentlichungen habe ich vierundzwanzig Stufen der Metamorphose im Menschen verzeichnet – zwölf, die von den meisten Menschen auf dieser Stufe unserer Entwicklung erreicht werden, und zwölf «zukünftige» Stufen, die unserer Spezies allmählich zugänglich werden.

In einem Interview mit dem *Village Voice* am nächsten Tag bestätigte ich, daß die psychedelische Revolution stattgefunden hatte. Eine genügend große Zahl Amerikaner hatte vom Geheimnis der Bewußtseinserweiterung erfahren. Wenn es auch eine Generation brauchen mochte, damit die Kultur die neue Neurotechnologie aufnahm, waren die Resultate klar. Das Phänomen Mehrfachwelten war etabliert.

Die Hochzeit fand in Grace Chapel statt, einer episkopalischen Kirche in Millbrook. Dick und ich trugen geliehene Fracks. Mit meiner Tochter Susan als Brautmädchen war Nanette eine leuchtende nordische Prinzessin. Monte Rock III, der puertorikanische Starcoiffeur, brachte eine Filmequipe der Maisle Brothers mit. Der Film, der den Titel *Wedding in Millbrook* trägt, machte einige Zeit in Kunstfilmkreisen die Runde.

Als wir auf den Altar zugingen, berührte Jack mit einer scheuen Bewegung meine Hand. Diese Geste der Liebe von meinem einzigen Sohn ist eine der teuersten Erinnerungen meines Lebens. Nanette und meine Weltreise würde uns bald zum ersten Mal seit Mariannes Tod trennen. Wir waren uns nie wieder so nah.

Nach der Zeremonie spielte das Miles Davis Quartett (ohne Miles) zu unserem Hochzeitsfest im großen Haus auf. Charlie Mingus hielt eine Predigt über die eheliche Treue. Es wurde bis in den nächsten Tag hinein gefeiert.

Im Laufe des Tages fuhren Nanette und ich zum Flughafen. Als das Flugzeug auf die Startbahn rollte, betrachteten wir einander mit einer Art amüsierter Skepsis.

«Warum machen wir das nur?» fragte Nanette und drehte nervös an ihrem Ehering.

«Es wird sich weisen», antwortete ich.

Wir spürten beide, daß unsere Ehe keinen Bestand haben würde.

HERMANN HESSE (1877 – 1962), Schriftsteller im Exil und Philosoph, wurde im deutschen Calw geboren. Im Alter von fünfzehn Jahren rannte er fort aus dem theologischen Kollegium, das er besuchte; im nächsten Jahr wurde er aus dem Gymnasium von Cannstatt ausgeschlossen. Nach mehreren Jahren als Buchhändler veröffentlichte Hesse seinen ersten Roman, *Peter Camenzind* (1904). Seine frühen Schriften behandeln romantische Themen im realistischen Stil und sprechen von der Entfremdung der Jugend von der repressiven Gesellschaft.

Hesses Pazifismus im wachsenden deutschen Totalitarismus führte ihn dazu, bei Ausbruch des ersten Weltkriegs in die Schweiz zu fliehen. Seine Exilschriften wurden zunehmend transzendental. Hesses Meisterung der mehrfachweltlichen Prosa zeigt sich in *Siddharta, Steppenwolf, Die Morgenlandschaft*. Das *Glasperlenspiel*, ein monumentales, symbolisches Werk, zeichnet eine Gesellschaft von prüden helvetischen Mathematiker-Künstler-Philosophen, die alles Wissen in einem Glasperlenspiel zusammenfassen. Diese Allegorie brachte Hesse 1946 den Nobelpreis ein.

Für Millionen der Nachkriegsgeneration dienten Hesses Helden als Modelle für eine persönliche Transformation/ Evolution und für den Sieg des Individuums.

25. Flitterwochen im Himalaya

Japan-Indien, Winter 1964–65

Erster Halt: Tokio, faszinierend für jeden fleißigen Beobachter der insektoiden zwischenpersönlichen Beziehungen des städtischen Schwarms.

Nanette und ich waren extensiv im Ausland umhergereist, doch hatten wir uns noch nie so entfremdet gefühlt von den Einwohnern wie in Japan. Eine andere Spezies? Das tägliche Leben schien ein graziles, kompliziertes Ballett zu sein. Wir beobachteten uniformierte Beamte, die lange Stöcke benutzten, um Schwärme von Menschen in Untergrundbahnwagen zu schubsen. Wir besuchten Karate-Dogens, Shinto-Tempel, buddhistische Heiligtümer und Warenhäuser, wo Nanette Kimonos von der Stange kaufte. Wir schluckten ein paar Pilze, um eine Kabuki-Aufführung zu prägen, und ließen unsere großen weißen Körper später in dampfende öffentliche Bäder gleiten.

Die Nasen vergraben in Bücher über japanische Geschichte und Zen, nahmen wir den Schnellzug nach Kyoto, dem Esalen Japans. Wir besuchten Ashrams, meditierten in einem Zen-Tempel und endeten im historischen Museum, ein früherer Shogun-Palast. Wir saßen in prunkvollen Zimmern, wo Kaiser gemordet hatten und ermordet worden waren. Wir rekapitulierten die Geschichte Japans.

Kalkutta! Die Tür des Flugzeugs ging auf, und wir saugten den strengen, schalen Geruch organischen Zerfalls in unsere erstaunten Nasen ein, Jahrhunderte von verdorbenem Karma, das sich im geschwollenen Rachen des Ganges angesammelt hat.

Alan Ginsberg hatte uns angewiesen, den «Leichenverbrennungsplatz» aufzusuchen, also gingen wir ans Flußufer, um zuzusehen, wie die Toten in zeremonieller Prozession die breite Treppe hinuntergetragen wurden, um auf Holzbeigen (Brettchen für die Armen, Sandelholz für die Reichen) aufgebahrt, entzündet und in den Strom hinausgeschickt wurden wie ein Haufen Abfall. Wir hockten auf den Absätzen mit einer Bande sivitischer Holzschnitzer – gewöhnliche Jungens, die handtellergroße Tonköpfe voller Haschisch kreisen ließen. Der süße Geruch des Cannabis vermischte sich mit dem süßen Duft brennender Leichen. Tief durchatmen. Was ist der Tod anderes als das Ende des Atmens?

Dies war also der Anfang: Im Schneidersitz im Schoß des Ganges. Kohlenstoff hustend und Sauerstoff einatmend, während schwarze Geier im dampfenden Himmel kreisten, angeregt von den Schreien der Trauernden.

Wir fuhren mit dem Zug den bengalischen Golf entlang zu einem angenehmeren Abbild der Göttlichkeit, der Schwarzen Pagode von Konarak. Dort fanden wir ein gigantisches Gebäude in Form eines Wagens vor, der den Tempel des Sonnenkönigs zog und dessen Wände vor erotischen Schnitzereien strotzten – Tausende von feingliedrigen grazilen Menschen, stein-gefroren in Akten der sexuellen Spielerei. Hier erneuerte sich das Leben selbst.

Als nächstes fuhren wir nach Varanasi (Benares), der heiligsten Stadt der Hindus, Schauplatz eines Nonstop-Hippiefestivals während der letzten fünftausend Jahre. Nachdem wir uns in einem Freilufthotel einquartiert hatten, wo Affen auf dem Rasen spielten, machten wir uns auf den Weg zu den Verbrennungsstätten – breite Treppen, auf welchen sich die Gläubigen zum heiligen Ganges hinunterdrängen. Die Hindus glauben, daß der Tod in Benares die Seele vom Zyklus der Wiedergeburt hinwegschleudert, hin zur nachirdischen Umlaufbahn höchster Erleuchtung.

Ein Ufer des Flusses war umsäumt von spirituellen Konsumenten – barfuß, ausgestiegen, bärtig, zerlumpt, nackt, dreckig, bettelnd, singend, trommelnd, leeräugig. Körper, Schiffe, Tempel, Villen, Paläste und Ashrams bedeckten das Ufer, das der Sonne entgegenragte. Das andere Flußufer war verlassen, unbewohnt, unbebaut – offenes Gelände. Verschiedene Touristenführer und Händler erzählten mehr oder weniger dieselbe Geschichte. Die andere Seite des Flusses war verflucht. Doch waren sie sich nicht einig über das Warum, von wem und wie diese spirituelle Ansteckung zustande gekommen war.

Dieses Rätsel beschäftigte mich. Auf der einen Seite drängten sich inmitten eines menschlichen Dschungels eintausendfünfhundert Tempel aneinander. Auf der anderen lag das einladendste Grundstück der Welt brach aufgrund eines vagen Aberglaubens. Spät in jener Nacht, als Nanette am Einschlafen war, erzählte ich ihr, ich wolle mich in der Stadt umsehen. Ich engagierte einen der Hotelportiers, mich zu den Verbrennungsstätten zu bringen, um einen Schiffer zu finden, der mich zur anderen Seite rudern würde. Seine dunklen Augen leuchteten vor Bestürzung auf, und er schüttelte heftig den Kopf: Kein Schiffer würde das Risiko auf sich nehmen. Gefährlich. Teufel. Shiva, der Gott der Zerstörung. Ich kramte ein kleines, rundes Emblem eines tanzenden Shivas aus meiner Tasche. Dies würde mich beschützen. Ich gab ihm einhundert Rupien und zeigte auf die Dutzende Ruderboote. «Finde mir einen Fährmann, der mich in die Nähe des anderen Ufers bringt. Für fünfhundert Rupien.»

Der Portier zögerte, dann hastete er zum Ufer. Ich konnte ihn heftig mit den Schiffern diskutieren sehen. Als er zurückkam, winkte er mir zu, ihm die Treppen hinauf zu folgen, weg vom Fluß.

Keiner der Schiffer wollte die Fahrt riskieren, erklärte er, weil sie dies in Verruf bringen würde. Einer hatte jedoch versprochen, uns im geheimen eine Meile stromaufwärts zu treffen. Wenn uns niemand beobachtete, würde er mich hinübersetzen.

Wir wanderten etwa eine Stunde durch die Stadt, immer in nördlicher Richtung und gingen dann zum Fluß. Eine verhüllte Gestalt sprang hinter einem Gebäude hervor und bedeutete uns, ihr zu folgen zu einem Knäuel vertäuter Boote, in welchen in Decken gewickelte Figuren schliefen. Der Schiffer legte einen Zeigefinger an die Lippen, damit wir still blieben, und führte mich zu einem kleinen Boot. Der Portier flüsterte, er würde auf mich warten.

Der verhüllte Schiffer ruderte los, wobei er nur ein einziges Ruder benutzte. Als wir mitten im Strom angekommen waren, legte er sein Ruder beiseite und verneigte sich im Gebet, wobei er mit der Stirn mehrmals das Deck berührte und «Allah» skandierte. Mein wackerer Fährmann war Moslem!

Er führte das Boot geschickt den Strom hinunter, auf das östliche Ufer zu. Am rechten Ufer ragten die Tempel und Gebäude schemenhaft gegen den Himmel, auf der linken nur leere Dunkelheit. Mein Gehirn arbeitete auf Hochtouren. Der Schiffsmann drehte sich um und schaute mich fragend an. Ich drängte ihn zur Eile. Das Boot glitt durch Untiefen und dickes Gestrüpp, etwa zehn Fuß vom Ufer entfernt. Ängstlich streckte der Schiffer seine Hand aus und sagte : «Rupien.»

Ich zog ein paar Einhundert-Noten aus der Tasche und gab ihm zwei davon. Weitere drei hielt ich hoch, zeigte aufs andere Ufer und sagte: «Fünf Minuten.»

Ich begab mich in den Bug, zog meine Sandalen aus und ließ mich ins Wasser gleiten. Es war etwa zwei Zoll tief, lauwarm und schleimig. «Fünf Minuten», wiederholte ich und watete an Land.

Der Boden war trocken und, abgesehen von ein paar Grasbüscheln, bar jeder Vegetation. Ich konnte Insekten und Frösche hören, doch der Ort machte einen verlassenen Eindruck. Ich saß auf dem Kies und schaute über den Fluß, wo Millionen Seelen in emsiger Armut sich zusammendrängten. Ich spürte eine eigenartige Freiheit und eine Verwandtschaft mit jenen Seeleuten, die nach Westen vorstießen, ungeachtet der Grenzen auf ihren Karten.

Etwas hinter mir bewegte sich. Ich sprang auf meine Füße und machte in der Dunkelheit ein paar Schritte nach vorn.

Ein alter Mann mit langem weißem Haar stand etwa fünfzig Meter von mir entfernt. Es war nur mit einem Dhoti als Lendenschurz gekleidet. Seine Augen leuchteten. Mit herunterhängenden Armen redete er in einer fremden Sprache schnell auf mich ein. Ich hatte schreckliche Angst.

Plötzlich verstand ich. Er war ein besonderer, archaischer Lehrer, der mein ganzes Leben schon auf mich gewartet hatte. Ich wollte zu ihm laufen und mich ihm zu Füßen werfen. Doch ich war von Angst gelähmt, weil ich gleichzeitig dachte, er könnte ein wahnsinniger Fanatiker sein. Er könnte mich angreifen, mich, einen Schänder geweihter Erde. Wenn der Schiffer etwas hörte, würde er ohne mich losfahren.

So stand ich mehrere Minuten und verwünschte meine Angst und machte mir Sorgen, daß ich eine seltene Chance verpaßte, in eine andere Dimension zu springen.

Ich plapperte englisch auf ihn los, stellte mich vor und fragte ihn, wer er sei, in dem Versuch, ihm eine Art Botschaft zu entlocken. Er stand vollkommen still, dann ließ er einen weiteren Schwall Worte auf mich los.

Mein Herz schlug wild. Ich beschloß, zum Ufer zurückzukehren und den Schiffer nach dem alten Mann zu fragen. Als ich in sein Gesichtsfeld trat, winkte er mir heftig zu. Ich kletterte an Bord, und er ruderte sofort auf die Mitte des Stroms zu.

«Fahr mich zurück», befahl ich.

Er schüttelte den Kopf und murmelte: «Nichts gut. Nichts gut.»

Auf dem Boden des Boots weinte ich hemmungslos. Ich war überzeugt, Buddha getroffen und vor ihm davongelaufen zu sein.

In Neu Delhi gesellten wir uns zu Ralph Metzner, der meinte, Almora, ein Dorf auf einer Hügelkette in den Vorläufern des Himalaja, sei der beste Ort, um die Botschaft dieses Kontinents aufzunehmen. Ralph hatte drei Monate dort verbracht beim Studium mit Lama Govinda, dem inzwischen verstorbenen tibetisch-buddhistischen Philosophen und Gelehrten deutscher Abstammung.

Zu dritt bestiegen wir einen Zug und dann einen keuchenden Bus hinauf nach Nanital, ein süßes Schweizer Dorf, das an einem Alpensee gelegen ist. Auf dieser Höhe war das Land grün. Ein zweiter altersschwacher und vollgepackter Bus brachte uns weiter hinauf nach Almora, wo die besten Hotels der Stadt Privaträume mit Holzrahmen anboten. auf denen man seinen Schlafsack ausbreiten konnte. Es gab kein Restaurant im Dorf, keine Bar, keine Touristeneinrichtungen.

Am nächsten Morgen führte uns Ralph zum Haus des geheimnisvollen Sufi-Alchimisten Brahma Singh, ein drahtiger Mann mit einem verschmitzten Lächeln, der vorschlug, daß wir ein Haus oben auf dem Holy Man Ridge finden könnten.

Wir wanderten eine Meile über die Naturstraße zu einer Gabelung, wo sechs Aussätzige kauerten. Von ihnen hörten wir, daß der linke Pfad nach Tibet, der rechte nach Nepal führe. Tausend Jahre waren hier an dieser wichtigen Kreuzung Aussätzige ihren Geschäften nachgegangen, hatten Almosen erbettelt von Pilgern, Höflingen und Händlern, die Eselskarawanen anführten. Ich ließ ein Geldstück in jede Zinnschale fallen und verteilte Zigaretten. Die Aussätzigen waren fröhliche und ausgeglichene Kerle, und in den folgenden Wochen wurden wir recht gute Freunde.

Der Winter ging zu Ende, und weil der Boden immer noch teilweise mit Schnee bedeckt war, wohnte jetzt niemand entlang dem Holy Man Ridge. Hausvermietungen wurden von einem methodistischen Missionar vermittelt. Wir wählten ein Ferienhäuschen mit einer großen Rasenfläche, von der aus man im Norden die schneebedeckten Himalajas und im Süden das tiefe Tal sah. Es hieß «Schneesicht». Wir heuerten ebenfalls einen mohamedanischen Koch namens Abdul an, der jeden Morgen kam, um aufzuräumen, Vorräte von den Händlern zu kaufen und das Mittagessen zuzubereiten. Bauern kamen jeden Tag vorbei mit Quellwasser, Gemüse (ganz frisch aus dem Boden), Eiern, Milch, Brot, Brennholz. Für Büchsenfleisch, Käse, Schokolade, Zucker, Kaffee, Tee und Whiskey suchten wir einen Tauschladen im Dorf auf.

Ralph zog im Gästezimmer ein. An unserem zweiten Tag begleitete er uns entlang dem Holy Man Ridge, vorbei am Haus des holländischen Heiligen, des deutschen Heiligen und dem Haus, wo D. H. Lawrence gewohnt hatte, und die jetzt alle leerstanden. Der transkontinentale Pfad führte uns an einem kleinen Erfrischungsstand vorbei, der die Reisenden auf diesem Weg seit Jahrhunderten mit heißem Tee in Messingtassen versorgt hatte.

Beim Wandern erzählte uns Ralph, daß der Lama sehr beeindruckt gewesen war zu hören, daß *Die Psychedelische Erfahrung* eine Widmung an ihn enthielt. Er hatte eine LSD-Sitzung verlangt, die Ralph ihm gab. Zum ersten Mal in dreißig Jahren Meditation erfuhr der Lama den Bardo Thödöl in seiner lebendigen, schwitzenden Wirklichkeit.

Wir bogen in einen Waldpfad ein, der zu einer Lichtung am Ende des Grats führte. Ein kleines Holzhaus stand inmitten eines beeindruckenden Panoramas.

Eine attraktive, vollgesichtige Matrone in langen Kleidern begrüßte Ralph sehr lebhaft. Es war Li Gotama, die Frau des Lamas. Wir wurden ins Studierzimmer eingeladen. Ein geschnitztes Holzgebäude trennte uns von einer erhöhten und mit Teppichen ausgekleideten Plattform, die mit Büchern und Manuskripten übersät war. Gebaut von Evans-Wentz, dem Übersetzer des *Tibetanischen Totenbuchs* und in brüderlicher Freundschaft an den Lama weitergegeben, sprach das Haus von einer wundersamen Tradition der Gelehrsamkeit und Philosophie. Li Gotama verließ uns, um Tee zu bereiten.

Bald gesellte sich der Lama zu uns, ein zerbrechlicher und ehrwürdiger Weiser mit blinzelnden Augen und einem dünnen Konfuzius-Bart. Er war mehr als bereit, uns in buddhistichem Mystizismus zu unterweisen. Nanette und ich würden jeden Nachmittag eine Stunde vor Sonnenuntergang eintreffen, um Notizen zu machen, Fragen zu stellen und uns dann bei Tee und Plätzchen zu entspannen.

Als wir gut eingerichtet waren, fuhr Ralph den Berg hinunter und machte sich auf den Weg nach Millbrook.

Nanette und ich waren fasziniert von der Beziehung zwischen Lama Govinda und Li Gotama. Sie war Parsin, Mitglied einer zoroastrischen Sekte, die aus Persien geflüchtet war, um der Verfolgung seitens der Mohammedaner zu entgehen. Die Parsen sind die «Juden Indiens» genannt worden, weil sie eine kleine Gruppe von Exilanten sind, intelligent, sehr gebildet, innerlich kultiviert und geschickt im Handel.

Für uns waren die Govindas ein perfektes Beispiel des aus zwei

Elementen bestehenden menschlichen Moleküls, das Kurt Vonnegut ein «Dupraß» nennt, eine bipolare Einheit, die einheitlich erfährt und sich einheitlich verhält. Sie waren durch ganz Tibet gereist und besuchten religiöse Zentren, die allen außer den mutigsten Pilgern unzugänglich sind. Li war eine geschickte Illustratorin, und ihre Zeichnungen begleiteten die handgeschriebenen Bücher des Lamas.

Wir vier freundeten uns eng an. Es zeigte sich, daß der Lama und ich eine gemeisame intellektuelle Besessenheit hatten – den zwanghaften Hang zur Klassifizierung. Lama Govinda hatte Jahrzehnte in dem Versuch zugebracht, die Logik hinter den großen philosophischen Systemen des Ostens zu verstehen. Im modernen Jargon war der Lama ein Student von Persönlichkeitstypen. Das war ich auch. Ich hatte Jahre mit dem Studium der Entsprechungen zwischen unseren westlichen Systemen der Persönlichkeitsklassifizierung verbracht – der Jungschen, der Freudschen, psychometrischen usw. Es war eine schöne Synchronizität, die uns auf einem hohen Berggrat in den Hügeln des Himalaja zusammengeführt hatte.

Meistens saß der Lama in seidenen Roben neben den niedrigen Bücherregalen, umgeben von tibetischen Mandala-Gemälden. Ich saß unten, die Beine im Schneidersitz, gekleidet in Blue Jeans und einem weißen Wollpullover, und lauschte der mündlichen Überlieferung des Meisters.

Die Sonne ging unter über dem Westgrat und überflutete die Fenster mit orangefarbenem Licht, das wiederum von polierter Bronze und edelsteinbesetzten Statuen reflektiert wurde. Der Lama hantierte abwesend mit seinen Papieren, wobei er leise auf Deutsch vor sich hinmurmelte. Aus den Bücherregalen zog er vielbenutzte lederne Notizbücher voller verschnörkelter Worte und Diagramme. Er lehrte in langsamen, gemessenen Abschnitten und gab seinen Kommentar nur während der Pausen, oder wenn Li Gotama Tee einschenkte oder Nanette und ich draußen auf dem Rasen eine Zigarette rauchten. Manchmal sprach er indirekt, in Scherzen, Metaphern, Analogien.

Wissenschaft und Philosophie, sagte er, waren zwei Zweige desselben heiligen Gebiets. Im Altertum war es selbstverständlich, daß der Wissenschaftler ein heiliger Mann von großer Selbsterkenntnis war.

Dem Lama zufolge entsprang die Macht orientalischer Religion aus ihrer mündlichen Überlieferung. Sitzungen von Angesicht zu Angesicht, die über eine lange Zeit hinweg stattfinden, um sicherzustellen, daß der Schüler nicht nur technische Fertigkeiten erlernt, sondern gleichzeitig persönliche Weisheit erlangt. Die mündliche Überlieferung ermutigt den Schüler, Reife und Vernunft zu entwickeln, während er die Geheimnisse der Natur kennenlernt. (Jene Physiker, die ihr Wissen vom Atom dazu verwendeten, die Bombe zu bauen, waren Beispiele für Männer, deren inneres Wachstum nicht Schritt hielt mit ihren Entdeckungen in der äußeren Welt.)

In neuerer Zeit, sagte der Lama, hätten viele Hüter der alten philosophischen Tradition eingesehen, daß die Evolution der menschlichen Rasse von einer Wiederherstellung der Einheit zwischen der äußeren Wissenschaft, wie sie vom Westen propagiert wird, und dem inneren Yoga des Ostens abhängt. Es war notwendig geworden, Jahrhunderte des öffentlichen Schweigens zu brechen, die Tradition Lehrer-Schüler zu umgehen und aktiv danach zu trachten, den Westen zu erleuchten. Diese Infiltration orientalischer Philosophie in Europa und Amerika wurde durch das Verlegen von Büchern und dem Aussenden von charismatischen Lehrern erreicht. Während der letzten zwei Dekaden, meinte der Lama, hätten viele östliche Lehrer versucht, den Geist der eigenen Göttlichkeit in den mechanischen, monotheistischen Kulturen des Westens zu erwecken. Die theosophische Bewegung war ein solches Unternehmen – die Lehren Gurdjieffs, Ramakrishnas und Krisnamurtis weitere.

Die Übersetzung des *Tibetanischen Totenbuchs* ins Englische durch Evans-Wentz war Teil dieses Plans. Als man in der philosophischen Gemeinschaft von Indien erfuhr, daß eine Gruppe Harvard-Psychologen die alten buddhistischen Texte als Handbuch für Drogen-induzierte Satoris benutzte, gab es großes Interesse.

«Du», betonte der Lama, «bist das voraussehbare Resultat einer Strategie, die seit über fünfzig Jahren läuft. Du hast genau das getan, was die Philosophen von dir wollten. Du wurdest diskret darauf vorbereitet durch diverse Engländer, die selbst Teil dieses Prozesses waren. Du bist ein unbewußtes Werkzeug der großen Transformation unseres Zeitalters gewesen.

Ich habe mit dir darüber diskutiert, wie Weisheit gleichzeitig mit

Wissen erworben werden muß. Nun möchte ich dich mit einer Mission beauftragen, für die du sehr geeignet bist. Die Prämisse hinter diese Mission ist offensichtlich: Daß jedes System der Persönlichkeitsklassifizierung, das die vielen verschiedenen Kulturen überdauerte, den Test von Ort und Zeit bestanden hat. Also muß es uns etwas Wertvolles erzählen über die verschiedenen Typen und Untertypen der Menschheit. Es muß bedeutungsvolle Übereinstimmungen zwischen all den Persönlichkeits-Klassifizierungssystemen geben, die aus dem Altertum überlebt haben, wie der Tierkreis, der Tarot, das I Ging, die olympischen Götter und Göttinnen, hinduistische Kasten. Eine erfolgreiche Demonstration der Entsprechungen zwischen den großen Systemen menschlichen Denkens würde dazu beitragen, Ost und West, Wissenschaft und Yoga, Vergangenheit und Zukunft zu harmonisieren. Würdest du dich diesem Problem widmen?»

Die Aufgabe interessierte mich, ich verzweifelte jedoch am Zeitaufwand, der mit einer solch geheimnisvollen Suche einhergeht. Man mußte wie der Lama leben, zurückgezogen von der Welt, wie ein mittelalterlicher Gelehrter in einem Kloster. Die Zuweisung dieser Mission beendete meine Studien mit Lama Govinda.

Der Frühling verwandelte «Schneeblick» in eine grüne Lichtung. Am Morgen aßen Nanette und ich draußen Tee mit Toast und Früchten. Wir heizten Kessel mit warmem Wasser auf und wuschen uns zusammen im Freien. Nanette zog ihr Kleid aus und seifte ihren schönen Körper mit Seife ein. Ich spülte sie mit dampfendem Wasser ab. Wir saßen auf Kissen und Decken in einem Bambushain und lasen Texte, die der Lama uns geliehen hatte, und machten Yoga.

In dieser idyllischen Umgebung sahen wir unsere Ehe zerbröckeln. Seit unseren hektischen Tagen in Japan war Nanette immer launischer geworden, hatte Heimweh nach den Staaten, Heimweh nach ihrem Hund! Mein Problem war, daß ich seit sieben Jahren mit keiner Frau gelebt hatte. Ich fühlte mich eines sinnvollen Empfangens und vertrauensvollen Gebens unfähig. Ich fing an zurückzusinken in meine Schuldgefühle wegen Mariannes Selbstmord und meiner zwei Kinder, die jetzt bei Dick waren. Als sie diese Distanz spürte, begann meine skandinavische Freundin sich zu fragen, was sie an diesem fremden Ort zu suchen hatte.

MARY ENO PINCHOT MEYER (1921–1964), Malerin, Dame der Gesellschaft und feministische Märtyrerin, entstammte einer Familie amerikanischer Dissidenten. Ihr Onkel Gilbert Pinchot, als einer der ersten Aktivisten in Sachen Naturschutz an der Gründung der politischen Partei *Bull Moose* beteiligt, war in späteren Jahren Gouverneur von Pennsylvania.

Mary Pinchot graduierte 1942 am Vassar College und heiratete drei Jahre später Cord Meyer Jr., antikommunistischer Direktor liberaler Organisationen, der später zum Top-Agenten der CIA avancierte.

Die Meyers wurden 1953 geschieden.

Als Einwohnerin von Georgetown bewegte sich Mary Pinchot-Meyer in den höchsten Kreisen der Hauptstadt. Ihre Schwester Toni heiratete Benjamin C. Bradlee, von dem sie sich später scheiden ließ, und der Chefredakteur der *Washington Post* war.

Unter den besten Freunden Mary Pinchot-Meyers befanden sich Präsident John F. Kennedy und Frau.

26. Dissipative Strukturen

Millbrook, Juni 1965

Von großen Höhen hinuntergestiegen hinkte unser Flitterwochengespann zurück nach Millbrook – ohne fliegende Fahnen. Meine Beziehungen zu Nanette waren gerade noch freundlich.

Meine strapazierten Nerven beruhigten sich wenig durch die sechsmonatige Veränderung, die Millbrook von einer Gemeinschaft von Gelehrten und Wissenschaftlern in einen Tummelplatz für rüpelhafte Omnisexuelle verwandelt hatten. In meiner Abwesenheit hatte sich Dick in Arnie verliebt, ein auffälliger Fotograf aus Brooklyn, der während Acidsitzungen mit Vorliebe Farbdias auf Wände projizierte und die verletzlichen Gehirne seiner Zuschauer durch eine Kirmeslandschaft aus halluzinatorischen Späßen schleifte.

Immer ein begeisterter Leutnant, hatte Dick Arnie zum Grade eines angebeteten Gurus erhoben. Jetzt gab Arnie den Ton an und inszenierte die Skripts.

Arnie und seine Bande waren darauf spezialisiert, während ihrer Acidtrips allerlei Schabernack miteinander zu treiben – eine neurologische Form des Abbruchs; sie traten die Pedalen des Wahnsinns durch und versuchten einander absichtlich zu verwirren, zu verängstigen und zu erschrecken. Während zweier Wochen kampierten sie im Meditationshaus und vergifteten sich mit Hunderten (Hunderten!) Dosen LSD, wobei sie zweifellos alle Rekorde des offensichtlichen Übergenusses brachen.

Man braucht kaum zu erwähnen, daß die Possen von Dicks Schelmenbande die Hitchcocks und alle anderen empörte, die Millbrook als zuverlässige spirituelle Basis ansahen. Alle warteten darauf zu sehen, was geschehen würde, wenn ich nach Hause kam. «Um mit diesem Sauhaufen fertig zu werden», wie Ralph es nannte. Er war vor uns aus Indien zurückgekehrt, beladen mit seriöser orientalischer Weisheit und als hoffnungslos humorlos ausgeschlossen worden.

Ich war in keinem Zustand, um irgend etwas von alledem anzugehen, da ich wegen meines Bruchs mit Nanette stark angeschlagen war.

Als ich versuchte, mit Dick über die Zukunft zu reden, konnte er sich nicht dafür interessieren. Listig hatte er beschlossen, einen langen Urlaub anzutreten. Wer hatte denn zuhause nach dem Rechten gesehen, während Nanette und ich rund um die Welt trampten? Jetzt war er an der Reihe. Er hatte eine Einladung angenommen, den Sommer in Frankreich zu verbringen, im Strandhaus irgendeines berühmten Jetset-Prinzen. Dann würde er die Londoner Playboy-Szene auschecken, um den berüchtigten Vic Lownes auf LSD anzutörnen. All dies ließ meine Guru-Jagd in Indien ziemlich konventionell erscheinen.

Dick hörte sich meine Sorgen wegen meiner Trennung von Nanette an. Er schlug vor, wir drei sollten zusammen LSD nehmen. Rückblickend war dies der Gipfel der Torheit – wir waren drei vorsätzlich müde Seelen, einander bereits entfremdet.

Dick rief sich selbst zum Schamanen aus. Seine hochdosierten Erfahrungen mit den Chaoten hatten ihm beeindruckende psychedelische Brainstorming-Kniffe beigebracht. Er benutzte ein langes

Glasrohr, um das klarflüssige LSD zu titrieren. Und wie er das dosierte! Er geriet als erster in Panik und dachte: «*Mein Gott, die zwei haben schon so oft zusammen getript, daß zwischen ihnen ein unzertrennliches Band besteht.*» Er lag still da und beobachtete uns wie eine besorgte Katze.

Nanette dachte: «*Warum bin ich hier?*»

Ich war gefangen in meinem ramponierten Zeitschiff. Der Saft ging mir aus, ich driftete ab, war richtungslos.

Hier war ein klassisches Beispiel einer negativen Neuprogrammierung. Jeder von uns war so verletzlich wie ein neugeborenes Baby. In dieser Art Situation initiiert derjenige, der eine eindeutige Stellung bezieht, neue Wirklichkeiten für die anderen.

Dick machte den ersten Zug. Es war ein blinder Seitenhieb. Er beschuldigte mich, ein stirnrunzelnder Moralist zu sein, der seine, Dicks Homosexualität, prüde verdammte.

Wie ich auf diesen ersten Schritt reagierte, war entscheidend.

Reaktion A: Ich lache und weise freundlich darauf hin, daß die Liebe und der Humor zwischen uns dreien alles überwinden wird. Resultat: Fusion. Wir verbinden uns als fröhliches Trio von Gottheiten. Ich verbringe keine vier Jahre allein im Gefängnis, während sich Dick nicht als Guru alleine in die heilige Ecke stellt und Nanette sich zwei weise Freunde für ihre blühende Karriere erhält.

Doch konnte ich mich zu nichts Besserem als Reaktion B aufraffen: Schuldbewußtes Schweigen. Resultat: Fission. Dick und Nanette tauschen einen verschwörerischen Blick der Überlegenheit aus, den ich mit röntgenartiger Empfindsamkeit auffange. Ich treibe ab mit auslaufendem Rückenmark und hinterlasse Dick und Nanette als überraschte und unbehagliche Verbündete.

Wenn Dick oder ich sicherer gewesen wären, hätte einer von uns den anderen mit einem Spritzer Humor aus seinen trüben Gedanken katapultieren können. Doch nein. Die Grenzen waren gesteckt, und wir konnten den Fluß nie wieder herstellen. Es war das letzte Mal, daß wir zusammen LSD nahmen.

Während der ersten paar Tage durchstreifte ich das Grundstück ohne Ziel und versuchte herauszufinden, was ich mit dem Rest meines Lebens anfangen sollte. Ich zog mich in ein kleines Zimmer im Personalflügel zurück und widmete meine Zeit taoistischen Gedichten. Alles verändert sich dauernd. Auch dies wird vorübergehen. Halte dich still, mach langsam. Ich pflanzte einen Garten hinter dem Meditationshaus mit Samen und Setzlingen von einer nahen Anthroposophen-Farm.

Dick ging glühend vor Selbstsicherheit aus der Sitzung hervor und genoß einen flüchtigen Moment der Herrschaft. Dann war er weg. Nun war Nanette an der Reihe, sich, angetrieben von meiner Kleinlichkeit, in Manhattan eine Wohnung zu nehmen. Einer nach dem anderen drifteten die Chaoten zurück ins Abseits, entmutigt durch die monastische Atmosphäre. Bald blieb nur eine kleine Gruppe von Ex-Harvard-Loyalisten übrig: Ralph Metzner, Michael Hollingshead und seine hübsche und belesene Maitresse.

In meinem Verlangen nach einem Verbündeten, einem Freund, einer Frau, geschah es, daß ich oft an Mary Pinchot dachte. Ich fragte alle in Millbrook, ob sie während meiner Abwesenheit angerufen hatte, doch niemand konnte sich erinnern, von ihr gehört zu haben. Im Telefonbuch von Washington gab's mehrere Pinchots, doch niemand mit Vornamen Mary. Dann erinnerte ich mich, daß sie in Vassar gewesen war und rief das Sekretariat in Poughkeepsie an. Die frische Stimme der Sekretärin wurde vorsichtig, als ich nach Mary Pinchots Adresse fragte.

«Mary Pinchot?» Eine lange Pause. «Die Person, nach der Sie fragen... Ihr verheirateter Name ist Meyer. Doch muß ich Ihnen leider mitteilen, daß sie, eh, verstorben ist. Irgendwann letzten Herbst, glaube ich.»

«Ich war im Ausland. Das wußte ich nicht.»

«Danke für Ihren Anruf», sagte die Sekretärin.

Unter dem Einfluß des Schocks kletterte ich von einem Fenster im dritten Stock aus aufs Dach des großen Hauses. Dort lehnte ich mich gegen den Kamin und versuchte, die Dinge zu überdenken. Michael Hollingshead, der meine Malaise spürte, kam mir nach und gesellte sich zu mir, zwei Flaschen Bier in der Hand. Als ich ihm von Mary erzählte, wischte er sich eine Träne weg.

«Ich frage mich, was geschah?» meinte ich.

«Das nächstemal, wenn wir nach New York fahren, werden wir sehen, was wir erfahren können», erwiderte Michael. «Schau mal, Alter, es hat doch keinen Zweck, in der Vergangenheit zu leben. Du hast hier und jetzt alle Trümpfe in der Hand, um etwas Tolles zu unternehmen. Warum fängst du nicht mit einem neuen Spiel an?»

260

«Was für ein neues Spiel?»

«Neurologische Kunst. Eine neue kreative Ausdrucksform, die auf unserer Kenntnis des menschlichen Gehirns basiert. Die acht Schaltkreise des Gehirns definieren die Acht Schönen Künste. Orchestriere sie, und du erhältst das psychedelische Theater des Geistes.»

Trotz meiner schrumpfligen Echsenstarre reagierte ich auf das, was Michael sagte. Die Funktion einer jeden Kunst besteht darin, im Gehirn des Betrachters die gewünschte Wirklichkeit zu aktivieren. Die sozialistische Kunst aktiviert die marxistische Wirklichkeit von harter Arbeit und Dienst am Staat. Katholische Kunst führt zu unterwürfigen Wirklichkeiten. Erotische Kunst wendet sich an die sexuellen Schaltkreise. Gurdjieff hat beschrieben, wie Sufi-Monastiker im Mittleren Osten den Gebrauch des Klanges derart meistern, daß sie jedes beliebige Gefühl im Publikum hervorrufen können. Ich spekulierte: «Wir könnten eine Klang- und Lichtschau entwerfen, die aufzeigt, was eine LSD-Sitzung ist. Wir könnten verschiedene Gehirnschaltkreise aktivieren, ohne Drogen zu benutzen.»

«Da hast du's», antwortete Michael, der jetzt ruhelos auf dem Dach hin- und hertigerte.

Und so zogen wir los, Michael und ich, den Hudson entlang nach New York, um uns mit den Lichtkünstlern und Klangzauberern zu treffen, die an der Lower East Side aufzutauchen begannen. Und um herauszufinden, was mit Mary Pinchot-Meyer geschehen war.

Ich nahm ein Taxi zur Wohnung von Van Wolfe, trank ein Bier und fragte ihn, ob er Material über meine tote Freundin beschaffen könnte.

Er rief jemanden an, der bei *Time* arbeitete. Eine Stunde später traf ein Laufbote ein mit einem Kuvert voller Zeitungsausschnitte, und – da war Marys Foto, das kecke Kinn, der tiefe, intensive Blick. Darüber die Schlagzeile:

KÜNSTERLIN AM KANALWEG DER HAUPTSTADT ERSCHOSSEN

Mary Pinchot-Meyer war eine Freundin von Jacqueline Kennedy.

Mary wies zwei Schüsse an der linken Schläfe und einen in der Brust auf. Man hatte sie um 12.45 Uhr am Nachmittag des 13. Oktobers 1964 erschossen, als sie den Flußweg des Old Chesapeake und Ohio-Kanals entlangging mit ihrer guten Freunding Jacqueline Kennedy.

Marys Schwager, Benjamin C. Bradlee, Chef des Washingtoner Büros von *Newsweek* identifizierte ihren Körper. Ben Bradley wurde als Intimus des verstorbenen Präsidenten Kennedy beschrieben. Der Artikel erwähnte ebenfalls Marys Exmann, Cord J. Meyer, ehemaliger Leiter des American Veteran Commitee und der World Federalists, heute Regierungsbeamter ohne Angabe von Stellung und Amt.

Die Polizei meinte, das Tatmotiv sei wohl Raub oder Vergewaltigung. Ihre Tasche wurde von Ben Bradley bei ihr zuhause aufgefunden. Der Verdächtige, ein Neger, wurde ohne Kaution festgehalten. Er leugnete die Tat. Er sei am Kanal gewesen, um zu fischen.

Ich war den Tränen nahe. Ich ging ins Badezimmer und warf mir kaltes Wasser ins Gesicht. Meine Hände zitterten. Ich war schokkiert zu erfahren, daß Mary mit Cord Meyer verheiratet gewesen war, dem Rächer meiner Studentenjahre, von dem sich jetzt herausstellte, daß aus ihm ein Oberschreck geworden war. Mir war schwindlig vor lauter ominösen Gedanken. Eine enge Freundin der Kennedy-Familie war ohne erkennbares Motiv am heiterhellen Tag ermordet worden. Und es war so wenig darüber berichtet worden. Keine Entrüstung. Keine Forderung nach weiteren Untersuchungen. Ich verspürte dieselbe vage Angst, die uns alle befallen hatte, als wir vom Mord an J. F. Kennedy erfahren hatten.

«Kannst du noch mehr Infos beschaffen?» bat ich Van.

Van sagte, er würde einige seiner Freunde bei der Polizei und im Verbrechermilieu kontaktieren, um an weitere Tatsachen heranzukommen.

Am nächsten Wochende kam er nach Millbrook. Ich führte ihn auf einen Spaziergang. Wir saßen dort, rauchten Gras und sahen zu, wie das Hudsontal sich violett verfärbte, als die Sonne unterging.

«Mein Freund vom Abwehrdienst der Polizei wußte alles über den Fall Mary Pinchot Meyer. Scheinbar sind eine Menge Leute davon überzeugt, daß es Mord war. Zwei Schüsse in den Kopf und einen in den Bauch. Sowas macht man nicht, wenn man jemanden vergewaltigen will. Und ein Räuber wird nicht auf eine Frau schießen, die keine Tasche bei sich trägt.»

Van zog eine Lucky Strike hervor und zündete sie an. Er zitterte mehr als gewöhnlich. «Es muß eine der größten Vertuschungsaffären in der Geschichte Washingtons sein. Zu heiß, um angefaßt zu werden. Jeder, der damit zu tun hat, scheint verdächtig. Manche Leute meinen, es ginge um Drogen. Also könnte die Wahrheit allen schaden, all diesen mächtigen Leuten. Niemand möchte, daß die Fakten ans Licht kommen.»

«Eine solche Geschichte kann man doch nicht einfach so unter den Teppich kehren?» protestierte ich.

«Das haben sie schon. Und weißt du, was wir jetzt machen? Wir werden uns in das Krimi-Abenteuer unseres Lebens stürzen. Wir werden die Tatsachen aufdecken, und du schreibst ein Buch darüber. Ich werde etwas Geld für Hollingshead auftreiben, damit er in Washington Untersuchungen anstellen kann – Leute interviewen, die Nase in Dinge stecken, Dienstmädchen und Polizisten bestechen, Privatdetektive anheuern. Es gibt eine Menge Leute, die reden könnten.»

«Ich möchte lediglich wissen, was geschehen ist.»

Van lehnte sich vor, sein ganzer Körper zitterte. «Wir graben die Tatsachen aus, doch brauchen wir die Unterstützung eines großen Verlegers, um eine derartig miese Geschichte aufdecken zu können.»

Der Sommer des Jahres 1965 zog sich mühsam in die Länge. Meine Freunde waren die Hunde des Hauses, Kurzhaar-Setter mit Namen Fang und O'Brien. Mein Garten, den ich zärtlich pflegte und wässerte, war mein einziger Trost. Ich düngte ihn mit einer LSD-Lösung, um zu sehen, was passieren würde. Die Pflanzen reagierten mit Begeisterung und brachten saftiges, süßes Gemüse hervor.

Ich erinnere mich sehr genau an jenen Sommermorgen, als ich auf die Terrasse hinauskam, und dort war *sie*! Die nächsten sieben Jahre meines Lebens.

Eine Wolke von Pheromonen, die ihrem Körper entströmten, weckten meine trägen, arbeitslosen Hormone. Meine Knie zitterten. Sie hieß Rosemary Woodruff, war dreißig Jahre alt. In der

Hand hatte sie ein Buch von Wittgenstein. Sie war mit einigen Freunden hergekommen, um das Wochenende zu verbringen.

Rosemary brauchte Hilfe. Sie hatte eine Flasche französischen Wein mitgebracht, aber keinen Korkenzieher. Meine Ohren waren *rouge*, mein Mund war *sec*. Ich führte sie in die Küche, entkorkte die Flasche und schenkte ihr ein.

«Sie sind der netteste Mann der Welt», sagte sie. Ihre Bewegungen waren fließend, grazil. Sie trug enge Jeans, die von einem Silbergürtel gehalten wurden. Ihr Männerhemd war über dem Bauchnabel zugeknüpft und ließ einen Streifen cremig-glatte Haut frei. Ich schenkte mir auch ein Glas ein, und wir stießen auf unsere Begegnung an. Sie trug Tennis-Schuhe! Das war das genetische Signal. Und sie las Wittgenstein. Ich fragte mich so nebenbei, ob sie ein Spitzel sei, den man auf meinen Fall angesetzt hatte. Wenn ja, hatten die Jungen von der Psychotechnik meinen Geschmack genau getroffen.

Am Nachmittag machten wir einen Spaziergang. Ich war schmerzhaft scheu.

«Ich würde gerne wiederkommen», sagte sie.

«Jederzeit...»

GEORGES I. GURDJIEFF (1877–1949), wurde in Gumri geboren, einer Stadt in den Hochebenen Armeniens. Als junger Mann wurde er zum eifrigen Schüler des Sufismus und bereiste den ganzen Mittleren Osten, um die vielen praktischen Techniken für persönliches Wachstum zu erlernen, die von dieser außergewöhnlichen Sekte vermittelt werden. In Rußland lehrte Gurdjieff vor dem Ersten Weltkrieg ein allumfassendes System inneren Wissens und produzierte musikalische und tänzerische Vorstellungen, die seine Philosophie verwirklichten. Nach der Russischen Revolution emigrierte er nach Fontainebleau bei Paris, wo seine Lehren viele prominente Schüler anzogen, wie zum Beispiel P.D. Ouspensky, Katherine Mansfield und A.R. Orage.

Gurdjieffs Gedankengut findet sich in drei Büchern, *Beelzebubs Erzählungen für seinen Enkel*, eine philosophische Abhandlung, die mit Pynchons *Das Ende der Parabel* oder Joyces *Finnegan's Wake* verglichen werden kann, *Begegnungen mit bemerkenswerten Menschen*, ein Bericht von Gurdjieffs Erfahrungen mit einer Gruppe von spirituellen Suchern und *Life is Real Only When «I Am»*, das sich mit praktischen Methoden zur Erweiterung und Bewältigung von Wirklichkeiten befaßt (den intelligenten Gebrauch von Drogen eingeschlossen.)

27. In Laredo hopps genommen

Millbrook, im Herbst 1965

Rosemary und ich verbrachten unsere gesamte Zeit zusammen. Wir bezogen das große Herrschaftszimmer im dritten Stock und richteten unser Bett in einer Nische ein, deren Wände und Decke mit Spiegeln bedeckt waren.

Picknicks am See, lange Spaziergänge über das Grundstück, wo wir kleine Flüßchen und schattige Wäldchen entdeckten. Wir lagen nackt am Wasserlauf und fischten gemächlich. Wir rannten mit den

Hunden, ernteten im Garten. Rosemary tanzte zum Rock'n Roll, der von einer Ecke des Schlosses zur anderen hallte.

Manchmal, wenn wir weit weg in der Wildnis des Grundstücks waren, konnten wir das ominöse Geratter von Helikopter-Rotorblättern hören, die anzeigten, daß der Sheriff und seine Spione uns von der Luft aus beobachteten.

Rosemary und ich teilten auch unsere Arbeit. Ich war damit beschäftigt, das Buch mit psychedelischen Gedichten zu beenden, das auf dem *Tao te King* basiert. Rosemary lektorierte das Manuskript. Sie gesellte sich zu Michael, Ralph und mir, um die Dias und Tonbänder vorzubereiten, die wir in unseren Wochenendseminaren an verschiedenen Städten der Ostküste verwendeten. Die Vorführungen begannen mit einem öffentlichen Vortrag am Freitagabend und gingen dann Samstag/Sonntag mit achtstündigen Sitzungen weiter. Wir versuchten LSD-Sitzungen mit Klängen, Stroboskopen und Dias zu simulieren, wobei Ralph, Michael und ich uns abwechselten beim Murmeln von Texten und yogischen Anweisungen, während Rosemary Stunde um Stunde philosophische Gedichte flüsterte, die Rekapitulation unserer Spezies durchnahm, die erstaunten Teilnehmer die Chakras ihres Körpers hinaufführte und vierundzwanzig spirituelle Orgasmen hervorrief, die in der Wiedergeburts-Explosion des berühmten, dem Tode trotzenden Kopf-Chakras mündeten.

Die weltgewandteren Kunden brachten ihre eigenen Drogen mit, um angetörnt durch die Sitzung zu fließen. So machte es eine aufrichtige, junge Studentin namens Deborah Harry, ein Assistent von Harry Luce oder Michael Horowitz und Cindy Palmer. Doch die meisten unserer Kunden waren gutbürgerlich, und ich kann Ihnen versichern, daß wir ihnen für ihre fünfundsiebzig Dollar eine echte Gehirnshow boten.

Beinahe immer konnten wir mit wenigstens einem nervösen Geheimpolizisten rechnen, oft waren es auch mehrere, da die Rivalität unter Polizisten eine unvermeidliche Tatsache des Lebens ist. Ihre Reaktionen amüsierten uns. Manche flippten an der sinnlichen Überladung aus; andere waren tief beeindruckt.

Rosemary – weltgewandt, gebildet – witzelte mich immer wieder aus der Falle eines Pfadfinder-Hinduismus hinaus, dessen Ziel darin besteht, ein Heiliger zu werden. Bevor sie auftauchte, hatte ich mich vier Jahre lang fleißig dem Studium der orientalischen

Philosophie hingegeben. Ich begann einzusehen, daß es eine nützliche Vorbereitung war, indem man seine Aufmerksamkeit von äußerer Gleichschaltung auf inneres Potential und Selbsterfahrung richtete. Yoga war ein essentielles Werkzeug, eine Grundausbildung. Doch hatte ich keine Lust, mein Leben in spirituellen Sommerlagern zu verbringen, wo ich für religiöse Abzeichen wetteiferte. Die Religion schien in die Vergangenheit zurückzuführen, den Gläubigen mit der Tradition zu verbinden und aktive Bemühungen zur Schöpfung einer intelligenten Zukunft zu entmutigen. Dank Rosemary lernte ich eine Lektion von kritischer Wichtigkeit: daß die psychedelische Erfahrung nicht nur die theologischen Konzepte der Vergangenheit ausleuchtete, sondern, und das war wichtiger, Zukunftsvisionen bringen konnte.

Rosemary steuerte einen weiteren wichtigen Beitrag zu meiner Erziehung bei: sie törnte mich auf Science Fiction an. Ihre Faszination für SF färbte unsere LSD-Sitzungen und bevölkerte unsere Reisen mit fortgeschrittenen Modellen der Spezies, was uns ermöglichte, romantische Abenteuer vor dem hochzivilisierten Hintergrund der Zukunft auszutragen. Besonders hatten es ihr jene Themen angetan, in denen zeitreisende, telepathische Liebende lichtjahrelang durch die Galaxis verfolgt werden.

Nach dem Erntedankfest wurde das Klima rund um Millbrook bedrohlich. Fremde in den Uniformen von Postbeamten machten unangekündigte Besuche, wobei sie vorgaben, Leitungen zu überprüfen. Der Besitzer des Elektroladens der Stadt erzählte uns im Vertrauen, Bundesagenten hätten ihn gebeten, ihnen Uniformen zu leihen, um so in unser Haus einzudringen. Er hatte sie aus seinem Büro geworfen. Ungekennzeichnete Autos wurden auf dem Grundstück gesichtet. Männer mit Ferngläsern. Wir hingen Schilder auf, auf denen «Eintritt verboten» stand und verschlossen die Tore. Es gab Gerüchte aus Poughkeepsie, daß der Staatsanwalt des Distrikts eine Razzia bei uns plante. Ein ehrgeiziger junger Distriktanwalt mit einem Flair für Poesie erzählte den Mitgliedern des örtlichen Kiwanis Klubs, daß «in Learys Lasterhöhle die Höschen schneller unten sind als das LSD».

Dick kam im Herbst aus Europa zurück. Michael, Ralph und ich holten ihn am Bahnhof von Poughkeepsie ab und berieten uns lustlos in einem Restaurant. Wir waren uns einig, daß wir in Millbrook ungefähr so weit gegangen waren, wie wir gehen konnten. Es war nicht länger lustig. Das Geld, die Energie, die fähigen Leute und der utopische Idealismus, den es braucht, um ein Schloß mit vierundzwanzig Zimmern zu unterhalten, waren ausgeschöpft worden.

Wie Ritter, die ihr Pferd satteln, beschlossen wir vier unserer getrennten Suche nachzugehen, um so unsere respektiven Bereiche zu erleuchten. Dick machte sich auf den Weg, um in Kalifornien ein neues Leben zu beginnen. Obschon er zu neurotisch, sexuell zu avantgardistisch für unsere wissenschaftlich-gelehrte Szene erschienen war, fing sein moralisches Pendel von dem Augenblick an, als wir uns trennten, in die andere Richtung zu schwingen. Fünf Jahre später, als man mich «den gefährlichsten Mann der Welt» nannte, war Dick zum respektiertesten hinduistischen Swami Amerikas geworden, Baba Ram Dass. Ein wahrer Heiliger.

Ralph Metzner ging nach New York, um ein Buch über Bewußtsein zu schreiben. Michael Hollingshead, immer bereit für einen abenteuerlichen Auftrag, wurde dazu ausersehen, die Botschaft der Gehirnveränderung nach England zu tragen. In London war ein neuer Geist des Experimentierens im Entstehen begriffen. Die Beatles und Rolling Stones hatten bereits Botschafter nach Millbrook entsandt.

Ich verkündete, daß ich Millbrook schließen und mich nach Mexiko zurückziehen würde, um die Geschichte unserer Abenteuer niederzuschreiben. Ein literarischer Agent hatte angerufen, um mir zu sagen, daß die New American Library einen Vorschuß von 10000 Dollar für eine Autobiographie bieten würde. Wir benutzten einen Teil dieses Geldes, um für Michael eine Schiffspassage auf der Queen Elizabeth II zu kaufen, und so stach er mit eintausend Dosen LSD und zweihundert Exemplaren von *Die psychedelischen Erfahrungen* in See.

Am 20. Dezember 1965, genau fünfundvierzig Jahre nach meiner Zeugung, stellten wir das Wasser und die Elektrizität ab, schlossen die Türen und drängten uns in unser neues Mietauto: Rosemary, Susan, Jack und Timothy fuhren in den Yucatan, um einen Monat Ferien zusammen zu verbringen und einander kennenzulernen. Nach den Weihnachtsferien würde Susan in ihre Privatschule zurückkehren und Jack den Frühling bei Freunden verbringen. Rosemary und ich wollten ein Haus am Strand finden, wo ich mein Buch zu Ende schreiben konnte. Wir rollten der östlichen Meeresküste entlang durch den tiefen Süden und rauchten Gras auf den Rücksitzen, um bei bester Laune in New Orleans anzukommen. Es war das erste Mal seit Mariannes Tod, zehn Jahren in der schmerzlichen Vergangenheit, daß die Kinder und ich uns mit einer liebevollen Frau zusammengetan hatten. Nachdem das Buch beendet war, planten Rosemary und ich nach Amerika zurückzukehren, ein Haus mit einem weißen Gartenzaun ringsherum zu finden und Babys zu kriegen.

Einmal, als Rosemary und ich auf der Matratze hinten im Wagen lagen, wandte sie sich mir mit glänzenden Augen zu: «Genauso habe ich es mir immer vorgestellt – Kinder, einen Kombi und Ferien an der Sonne.»

Alles schien normal und gut. Wenn meine Autobiographie über Huxley, Ginsberg, Lama Anagarika Govinda, Mary Pinchot und alle anderen Erfolg hatte, wünschte sich Rosemary, daß ich Science Fiction schreiben, und lernen würde, wie wir unsere Gehirne mit einem Computer verbinden könnten. Auch wenn Rosemary die Mittelschule nie abgeschlossen hatte – zu heiß für den ganzen Backfischkram, war sie mit einem Jazzmusiker durchgebrannt –, war sie der belesenste Mensch, der mir je begegnet war. Und hier lag sie hinten in einem Kombi und strahlte mich mit diesem Schwängere-mich-Blick an. «Und wenn dein Buch kein Erfolg wird, kannst du 'nen Job als Professor in irgendeinem renommierten College in Neuengland annehmen, und wir werden mit der Fakultät Tee und mit den Studenten Sherry trinken.»

Als wir Texas durchquerten, wurden wir ganz aufgeregt. Jack und Susan, reife Veteranen mexikanischer Reisen, schnatterten darauf los über die ausländischen Abenteuer, die uns bevorstanden.

Wir kamen mitten am Nachmittag in Laredo an. Ich kannte das Prozedere des Grenzübergangs, weil ich im Sommer '60 zusammen mit Jack genau diese Route zu den Pilzen gefahren war.

Rosemary kannte die Stadt auch ganz gut, weil ihr früherer Mann wegen Besitz von Marihuana an der Grenze verhaftet worden war, und sie hatte einige Zeit im Bundesgerichtsgebäude verbracht, wo sie sich mit Rechtsanwälten und Bewährungshelfern herumschlagen mußte. Das war ein Mahnzeichen, daß wir zu ignorieren beschlossen.

Wir besorgten uns eine Versicherung für das Auto und fuhren um sieben Uhr abends über die Brücke nach Nuevo Laredo. Wir hielten bei der mexikanischen Einwanderungsbehörde an, um unsere Touristenvisa auszulösen.

«Timoteo!» Der Polizist begrüßte mich voller Wärme. «Timoteo, erinnerst du dich nicht an mich?»

Es war Jorge Garcia, der freundliche Polizist, der 1963 in Zihuatanejo versucht hatte, uns zu helfen. «Jorge! Aber natürlich...» Wir schüttelten einander die Hand. Dann runzelte er die Stirn.

«Aber Timoteo, du kannst nicht nach Mexiko rein. Es ist *prohibido*.»

«Meinst du», erwiderte ich fröhlich. «Ich habe einen speziellen Brief von deinem Departamento de Gobierno, der es mir erlaubt, als Tourist nach Mexiko zu kommen.»

Jorge untersuchte das Dokument mit einem ernsten Gesicht.

«Mach dir keine Sorgen», sagte er dann. «Ich werde tun, was ich kann. Warte du einfach hier, und ich werde in ein paar Minuten zurücksein.»

Damit raste er zur Türe hinaus, sprang in ein ungekennzeichnetes Auto und fuhr los in Richtung amerikanische Grenze.

Jetzt begann der Paranoia-Messer rot anzulaufen. Ich wandte mich meiner kleinen Familie zu. «Alle herhören. Es könnte Schwierigkeiten geben. Wenn im Auto irgendwelches Gras ist, sollten wir es die Toilette hinunterspülen.»

Jack und Rosemary gingen hinaus auf den Parkplatz. Sekunden später kehrte Jack zurück, verschwand für Augenblicke in der Herrentoilette und kehrte dann mit einem zufriedenen Grinsen wieder zurück: Mission erledigt. Jorge Garcia kam in den Raum geplatzt. «Nein, Timoteo, du kannst heute die mexikanische Grenze nicht mehr passieren. Die Ämter in Mexiko City sind geschlossen. Du mußt heute nacht nach Amerika zurück. Komm morgen wieder hierher. Ich werde es dann in Ordnung bringen.» Jack, Susan und ich gingen hinaus zum Wagen. Rosemary saß bereits auf dem Rücksitz. Wir kletterten hinein.

Nuevo Laredo ist eine zollfreie Grenzstadt, in der man keine Touristenvisa braucht. Es bestand also keine Notwendigkeit, nach Amerika zurückzukehren. Wir hätten in ein Hotel gehen, durch die Straßen schlendern, ein genüßliches Abendessen zu uns nehmen, die Schnorrer, Mariachis und Touristen beobachten und am nächsten Morgen zum Einwanderungsbüro zurückkehren können. Doch ich wendete das Auto automatisch. Es ging mir etwa auf halbem Wege über die internationale Brücke auf, daß wir, auch wenn wir gar nicht in Mexiko gewesen waren, trotzdem durch den Zoll mußten, genau wie die VW-Busse aus dem violetten Michoacan, dem goldenen Acapulco und dem samenlosen Guadalajara.

«Alles Gras ist aus dem Auto raus?»

Rosemary, die in ihrem Gepäck auf dem Rücksitz kramte, sagte mit besorgter Stimme: «Nein, ich konnte nicht an meine Silberdose ran, weil zwei uniformierte Träger sich dauernd an das Auto lehnten. Da ist sie.» Sie gab sie Susan.

Der Wagen rollte unaufhörlich auf die Zollstation zu. «Ich werde sie in meinen Kleidern verstecken», meinte Susan, die neben mir auf dem Vordersitz saß. Wir konnten die Silberdose nicht gut mitten auf der Brücke aus dem Fenster werfen.

Als der Zollinspektor auf mich zukam, übergab ich ihm unsere unbenutzten mexikanischen Papiere. «Wir sind gar nicht in Mexiko gewesen.»

Er schien nicht auf das zu hören, was ich sagte. Zwei weitere Beamte standen hinter ihm. «Bitte steigen sie alle aus.»

«Schauen Sie sich unsere Papiere an, Sir, wir waren gar nicht in Mexiko.»

Der Offizier beugte sich vor und steckte seinen Kopf ins Auto hinein. Irgendwo zwischen meinen Füßen fummelte er und kam dann mit etwas in den Fingern wieder hoch. «Was ist das für ein Same, den ich auf dem Boden ihres Wagens gefunden habe?»

Das Auto war von Agenten umgeben. «Laden Sie alles Gepäck aus.»

Der Kombi war vollgestopft mit Koffern, Büchern, einer Schreibmaschine, Taucherausrüstungen, Aktenbündel mit meinen Unterlagen. Andere Touristen, die den Grenzübergang passierten, sahen uns mit unverhohlener Mißbilligung an. Dann befahl man uns, in das Zollbüro zu gehen. Wir durften nicht miteinander sprechen. Man rief uns einen nach dem anderen in kleine Kabinen, wo man uns nach Nadelspuren untersuchte. Unsere Taschen wurden vorsichtig geleert, und die Staub- und Tabakflocken, die sich im Futter verfangen hatten, wurden säuberlich in Beweiskuverts verpackt.

Eine Matrone kam aus dem Zimmer, in dem Susan untersucht wurde. Sie hatte die Silberdose in der Hand. Der Chef rief mich in sein Büro.

«Wir haben an der Person Ihrer Tochter Marihuana gefunden. Sie hat sich dreier Vergehen schuldig gemacht: Rauschgiftschmuggel, Rauschgifttransport und Steuerhinterziehung.»

Darauf sprach ich die Worte, die meinen legalen Status während des Rests meines Lebens verändern sollten: «Ich übernehme die Verantwortung für das Marihuana.»

«In diesem Fall sind Sie verhaftet. Sie haben das Recht, einen Anwalt zu anzurufen und können jede Aussage verweigern.»

Rosemary und Jack wurden ebenfalls verhaftet. Wir standen in Handschellen herum, während sich die Agenten um den Transport zum örtlichen Gefängnis kümmerten. Der Chefagent tätschelte die Motorhaube unseres Wagens. Er grinste: «Dieses Auto gehört jetzt laut Konfiskationsgesetz dem amerikanischen Staat. Schade, es sieht funkelnagelneu aus.»

Ich zuckte mit den Schultern: «Das werden Sie mit der Autovermietung diskutieren müssen. Der Wagen gehört nicht uns.»

Der Bulle machte ein langes Gesicht.

Wir wurden in einen Polizeiwagen verfrachtet und ins Gefängnis von Laredo gebracht, wo man unsere Fingerabdrücke nahm und uns fürs Verbrecheralbum fotografierte. Jack wurde in die Abteilung für Jugendliche gebracht, Rosemary und Susan in den Frauentrakt. Ich wurde zum dritten Stock begleitet. Der Wärter schloß zwei verriegelte Türen auf und bedeutete mir, den Gang hinunterzugehen. Als ich bei der fünften Zelle ankam, drückte er einen Knopf, und die Metalltüre öffnete sich. Ich ging hinein. Die Türe fiel hinter mir zu. Meine erste Gefängniszelle.

Ich verbrachte jene Nacht in verwirrten Gedanken. Der Agent hatte das Marihuana hervorgebracht, *ehe* Susan untersucht wurde. Waren wir reingelegt worden? Sie konnten doch sicher keine große Affäre machen wegen der winzigen Prise Gras, die sich in der Silberdose gefunden hatten.

Am nächsten Morgen wurden wir alle vier im Büro des Gefängnisvorstehers versammelt. Jack und ich wurden aneinandergekettet. Zusammen führte man uns zwei Straßenzeilen weiter zum Büro des amerikanischen Kommissars. Fotografen und Fernsehkamerateams tänzelten rückwärts auf dem Trottoir vor uns her. Offenbar hatte sich die Sache bereits herumgesprochen.

Der gestrenge Kommissar war wegen unserer Finanzen besorgt. Wieviel Bargeld? Wieviel auf der Bank? Aktien und Obligationen? Grundbesitz? Er brachte Rosemary zum Weinen, indem er ihr erzählte, ihre Familie würde eine Hypothek auf ihr Haus in Los Angeles aufnehmen müssen.

Die Kaution betrug 100000,– Dollar. Für Knaster im Wert von 10,– Dollar! Auf dem Rückweg ins Gefängnis gab mir ein Wärter den Namen des besten Kautionsbürgen der Stadt an, der zufällig beim Gefängnis auf uns wartete. Er wiederum nannte uns den Namen des besten Anwalts der Stadt, der sofort auftauchte.

Der Anwalt tröstete uns, was unsere Freilassung gegen Kaution anging. Ich hatte etwa dreitausend Dollar in bar, und er arrangierte auf wundersame Weise, daß wir noch über genügend Geld für Flugtickets nach New York verfügten, nachdem wir ihn und den Bürgen bezahlt hatten.

Er war nicht so optimistisch, was unsere langfristigen Aussichten anging. Rosemary und Jack würden frei ausgehen. Er war sicher, daß die Geschworenen ihnen nichts anhaben konnten. Susan würde wegen ihres Alters mit Bewährung davonkommen, und ihr Strafregister würde getilgt, wenn sie einundzwanzig war. Doch ich war in Schwierigkeiten. Der Bundesstaatsanwalt von Houston saß bereits im Flugzeug mit einem Team von öffentlichen Anklägern und Ermittlungsbeamten. Offenbar war es ein wichtiger Fall für sie. Die Art und Weise, wie sie die Presse ermutigten, ließ darauf schließen, daß sie an mir ein Exempel statuieren wollten. Ich mußte einsehen, daß die Leute hier im Süden etwas konservativer als die in Harvard waren. Der Bundesrichter dieses Bezirks war ein alter Hase namens Conally, berüchtigt für seine Härte gegenüber durchreisenden Nordstaatlern, die mit Marihuana in der Tasche nach Laredo kamen. Er würde schwierig sein, in einer kleinen Stadt wie dieser sympathische Geschworene zu finden. Das Beste war, sich zu arrangieren. «Am Ende könnten Sie vier Monate mit Bewährung bekommen. In solchen Fällen hängt viel von einer reuigen Haltung ab.»

«Reuig?» fragte ich empört. «Was heißt das?»

«Nun, Sie äußern sich öffentlich gegen Drogen.»

«Für eine Prise Marihuana, die mir eigentlich gar nicht gehört?

Vier Monate Gefängnis. Bewährung. Kommt gar nicht in Frage! Diese ganze Sache ist ein abgekartetes Spiel und eine Falle. Ich werde kämpfen.»

Der Anwalt ließ den Kopf hängen. «Ich muß Ihnen sagen, daß ein Fall gegen *Sie* nicht existiert. Die Schmuggelware gehörte Frau Woodruff und befand sich im Besitz ihrer Tochter Susan. Legal gesehen haben Sie mit der ganzen Sache nichts zu tun. Sie wußten ganz offensichtlich nicht, daß das Zeugs im Auto war, denn sonst wären Sie nicht über die Grenze gefahren. Stimmt's? Sie brauchen nur die Wahrheit zu sagen, und man wird sie freilassen.»

«Aber dann sind Susan und Rosemary dran.»

«Das Gericht wird nicht sehr streng mit ihnen verfahren. Susan ist minderjährig, Rosemary ein armes, verwirrtes, irregeführtes Mädchen unter Ihrem Einfluß. Wenn sie weint und dem Richter verspricht, in Zukunft brav zu sein, werde ich sie mit einer Bewährung rausholen.»

«Aber ich bin kein Verbrecher, der nach Gesetzeslücken sucht. Ich würde mir unmoralisch vorkommen. Als ob ich mich drücken wollte.»

Der Anwalt ließ eine Sammlung von blumigen texanischen Flüchen auf mich niederprasseln, in denen er die Genitalien von Klapperschlangen und die Ausscheidungsorgane von Eidechsen beschwor. «Jedesmal, wenn ich einen Klienten von moralischen Prinzipien reden höre, weiß ich, daß ich den Fall verlieren und nicht genügend Geld für meine Kopfschmerzen bekommen werde. Es ist Ihnen nicht klar, in was für Schwierigkeiten Sie da hineingeraten könnten. Wenn Sie die Verantwortung für die Schmuggelware übernehmen, sehe ich keinen Weg, wie wir Sie aus dem Gefängnis halten können.»

«Wie ist es denn mit Berufungen? Ich werde mit diesem Fall bis vor den Obersten Gerichtshof gehen. Jeder weiß, daß das Marihuana-Gesetz eine verfassungswidrige Steuervorschrift ist. Marihuana ist kein Betäubungsmittel. Wir werden gegen diese Mickey Mouse-Vorschrift angehen.»

«Ich weiß. Ich habe mehrere Hundert Leute in diesem selben Stuhl sitzen sehen, die dasselbe behaupteten. Und alle werden Sie mit der Zeit vernünftig und arrangieren sich. Sie sprechen von mehreren Jahren teurer Streitereien. Mindestens 100 000,– Dollar. Dieses Marihuana-Gesetz gibt es schon seit langem. Und halten

Sie sich bitte vor Augen, daß nur einer von zweihundert Fällen beim Obersten Bundesgericht landet. Sie können während der Berufungsverfahren wahrscheinlich auf freiem Fuß bleiben, doch werden Sie immer noch ein verurteilter Straffälliger sein. Wenn Sie irgend etwas unternehmen, was denen nicht gefällt – eine erneute Verhaftung, eine öffentliche Äußerung, die denen in den falschen Hals gerät –, kann Ihre Kaution rückgängig gemacht werden, und Sie werden im Gefängnis sitzen, während Ihr Fall den Weg durch die Instanzen geht. Wenn Sie gegen die Anklage ankämpfen, wird man sie aller drei Vergehen bezichtigen. Das ergibt zusammen so manches Jährchen im Knast.»

«Wieviel?»

«Mal sehen... Zwanzig Jahre wegen Schmuggels, von denen mindestens fünf abgesessen werden müssen. Weitere zwanzig für den Transport. Das bedeutet nochmals fünf Jahre brummen. Dann bis zu zehn Jahren wegen Steuerhinterziehung, also reden wir von einem Minimum von zehn Jahren bei guter Führung. Und wenn man es wirklich so böse mit Ihnen meint, wie es den Anschein hat, können daraus ohne weiteres fünfzig werden. Zuzüglich 50000,– Dollar Buße.»

«Man könnte mich lebenslänglich ins Gefängnis stecken wegen Marihuana im Wert von zehn Dollar, das nicht mir gehört?»

Der Anwalt schaute unglücklich auf seine Papiere. «Es ist schrecklich, ich weiß. Das einzige, was ich tun kann, ist, Ihnen den bestmöglichen Deal zu verschaffen. Dieses System ist auf seine Art ziemlich festgefahren. Ich würde Ihnen nicht raten, es zu bekämpfen.»

Ich saß da und schwieg, assimilierte die Informationen, die auf immer die Art und Weise verändern würden, wie ich die Gesellschaft verstand und mit ihr umging.

«Jedenfalls brauchen wir uns nicht gleich jetzt zu entscheiden», meinte der Anwalt. «Es wird mehrere Monate dauern, ehe wir vor Gericht gehen. Sie können weitere Meinungen einholen. Ich werde dafür sorgen, daß Sie heute abend gegen Kaution freigelassen werden.»

Der Wärter begleitete mich zu meiner Zelle zurück, und wieder hörte ich den Klang von sich schließenden Eisentüren. Es war dunkel in der Zelle. Ich saß auf der Pritsche und dachte nach.

Da hatten wir's. Der Moment der politischen Wahrheit war

gekommen. Mein Anwalt aus Laredo hatte es gesagt: «Sie wollen an Ihnen ein Exempel statuieren.» Wir würden an *ihnen* ein Exempel statuieren. Ich konnte mich nicht schuldig erklären, weil ich keine Schuld empfand. Und ich konnte nicht lügen, die Harmlosigkeit des Marihuanas betreffend. Ich konnte mich nicht einem verkrusteten alten Texanerrichter und texanischen Bewährungsbeamten zu Füßen werfen.

Ich war nicht bereit, mich passiv mit der Rolle des Sündenbocks abzufinden, des Harvard-Psychologen, der wegen Drogen in Schwierigkeiten gerät. Hier ging es um die Freiheit, den freien Zugang zum eigenen Körper und zum eigenen Gehirn, ein Recht, von dem ich glaubte, es sei in der Verfassung verankert. (In jener primitiven Periode vor zwei Jahrzehnten war noch nicht verstanden worden, daß der menschliche Geist die erste grundsätzlichste Schranke der Freiheit ist.)

Wie ich so am Weihnachtsabend des Jahres 1965 in meiner dunkeln Zelle saß, heiß vor gerechter Empörung über die Schlechtigkeit der Marihuana-Gesetze, beschloß ich, diesen Fall vor den Gerichten des Landes durchzukämpfen, Rechtsberater zu mobilisieren, Gerichtssaaltaktiken auszuhecken, Berufung einzulegen, mit Appellationen, Zeugenaussagen, Dokumentationen aufzuwarten und im Namen des Rechts des amerikanischen Bürgers zu sprechen, seinen eigenen Körper und sein eigenes Gehirn zu verwalten.

Das fatale Wort in diesem naiven Programm lautete «Kampf». Die gegnerschaftliche Natur von Justizprozessen ist Philosophen und Wissenschaftlern noch nie gut bekommen. Würde ich diese Kampfarena heute wieder wählen? Ich weiß es nicht. Es war eine Stufe, die ich durchmachen mußte, und ich machte sie durch.

MARGARET FULLER

MARGARET FULLER (1810 – 1850) wuchs in Cambridge, im Staate Massachusetts auf. Nach dem plötzlichen Tod ihres Vaters wurde Margaret zum Familienoberhaupt und verdingte sich als Lehrerin an Privatschulen.

Ihre intellektuelle Brillanz als Studentin der deutschen Romantik und ihre intuitiven mystischen Ahnungen öffneten ihr die Tür zu einem Kreis von Pfarrern und Gelehrten – Channing, Clarke, Alcott, Ripley, Thoreau und vor allem Emerson –, die eine stille Revolution hervorbrachten auf dem Gebiet der Religions- und Sozialphilosophie, Transzendentalismus genannt. 1840 wurde Margaret Redakteurin von *The Dial*, Amerikas erste große literarische Zeitschrift und Stimme der transzendentalen Bewegung. Sie organisierte die erste emanzipatorische Gruppe Amerikas, indem sie «Gespräche» unter Frauen veranstaltete, um feministische Interpretationen von Mythologie, Kunst und Geschichte zu diskutieren. Ihr Buch *Woman in the Nineteenth Century* (1845) war ein Meilenstein, da es solch tabuisierte Themen aufgriff wie Prostitution und die Doppelmoral ehelicher Untreue.

Fuller segelte nach Europa als reisender literarischer Korrespondent für Harry Freeleys *Tribune*. In England besuchte sie unter anderem den alternden Opium-Esser De Quincey und die Brownings, die sich aktiv mit Drogenversuchen befaßten. Später ließ sie sich in Italien nieder, wo sie den Marchese Ossoli heiratete, ihm im Alter von achtunddreißig Jahren einen Sohn schenkte und stark involviert war in der Revolution von 1848. Sie ergriff Partei für die radikalen Studenten, kümmerte sich um die Verwundeten und floh schließlich mit Mann und Kind, als der Umsturz mißlang. Tragischerweise ging die gesamte Ossoli-Familie – zusammen mit Fullers Manuskripten über den revolutionären Kampf – auf See unter, bei einem Schiffbruch vor Fire Island, vor der Küste New Yorks.

28. Der Torfmoos-Streich

Im Winter 1965–66

Zurück in Millbrook am Weihnachtstag riefen wir unseren Freund Bruce, den schwulen Klempner an, der die Heizung und das Wasser anstellte, und wir bereiteten uns auf einen anderen Winter vor als den geplanten tropischen Urlaub. Billy Hitchcock war sehr traurig. Seine Mutter und weitere Senioren der Mellons übten Druck auf ihn und Tommy aus, sie sollten uns rausschmeißen. Billy, ein tapferer Junge, bot uns leidenschaftlich seine ganze Unterstützung an.

Die formellen Anklagen erreichten uns im Januar. Susan und ich waren der drei Vergehen bezichtigt worden, Jack und Rosemary hatte man laufen lassen. Nun begann die mißliche Verstrickung mit dem Justizsystem, langweilige Stunden, nicht zugebracht bei der Diskussion von wissenschaftlichen Fakts, sondern von Gerichtssaaltaktiken. Und es entstanden hohe Kosten.

Susan und ich erschienen im April in Laredo vor Gericht. Billy engagierte einen texanischen Anwalt für uns, der zu jener Zeit mit einem Mordfall beschäftigt war. Richter Conally weigerte sich, einer Vertagung stattzugeben. Also zottelten wir in den Gerichtssaal mit einem provisorischen Team von Verteidigern, angeführt von dem lokalen Anwalt, der mich ganz gern mochte, jedoch keinerlei Lust verspürte, die Marihuana-Gesetze anzugreifen, die die Infrastruktur für eine der größten örtlichen Industrien bereitstellte. Mein zweiter Rechtsberater war der «Lustige Charlie» Rumsey, Neffe von Averill Harriman, ein Freund von Billy und mir. Ich glaube, es war sein erster und einziger Kriminalfall.

Ich ging in den Zeugenstand, um mein Recht entsprechend dem ersten Zusatzartikel der Verfassung als Wissenschaftler und als initiierter Hindu zu verteidigen, nämlich u. a. Marihuana als Forschungsinstrument und als Sakrament zu benutzen. Um meinen Status als Drogenforscher zu belegen, erbrachten wir Beweise in Form von Empfehlungsschreiben von Gefängnisbeamten aus Massachusetts. Um den religiösen Gebrauch von Gras zu bestätigen, gaben wir Dutzende von Briefen von Theologen ab, sowie Beweisstück G, ein Schnappschuß von Nanette und mir vor einem legalen Ganja-Laden in Kalkutta. Auf mein Drängen hin nahm mein Anwalt widerwillig den mexikanischen Beamten, der mich an der Grenze abgefangen hatte, ins Kreuzverhör. Der Polizist gab zu, daß Garcia normalerweise in Mexico City stationiert war. Eigenartigerweise mochte mein Anwalt diese Linie der Befragung nicht weiterführen, die hätte aufzeigen können, wie mein Arrest von den Regierungen Mexikos und Amerikas inszeniert worden war, wobei sie Garcia als Köder benutzten.

Als die Geschworenen sich zurückzogen, begaben Susan und ich uns zusammen mit unseren beiden Anwälten auf den Gang hinaus. Susan klammerte sich verstört an meine Hand.

«Wollen wir hinausgehen und etwas Luft schnappen?» schlug ich vor.

Der Anwalt aus Laredo schaute auf seine Uhr und schüttelte den Kopf. «Keine Zeit. Sie werden fünf Minuten brauchen, um einen Vorsitzenden zu wählen, fünf Minuten, um Kaffee einzuschenken, eine Minute, um abzustimmen und drei, um den Gerichtsdiener zu benachrichtigen. In einer Viertelstunde werden sie mit dem Urteil zurückkehren.»

Susan erhielt das Maximum von fünf Jahren, die zur Bewährung ausgesetzt wurden. Im Augenblick des Urteils drehte sie sich in Panik nach mir um. Ich hielt sie in meinen Armen, während der Anwalt beruhigende Worte flüsterte. Er legte sofort Berufung ein, der Richter Conally augenblicklich stattgab.

Unsere Anwälte versicherten uns, daß Susan keinen Tag im Gefängnis verbringen würde. Der Richter würde ihr Bewährung geben. Diese Versprechungen halfen nicht viel, Susans Stimmung zu bessern. Sie war immer ein pflichtbewußtes und folgsames Kind gewesen, das viel Anerkennung und Zärtlichkeit brauchte. Die nationalen Presseberichte machten ihr schwer zu schaffen. Ein Foto, auf dem sie mit mystischer Hingabe zu mir aufschaute, wurde in der Zeitschrift *Life* und in verschiedenen Zeitungen des Landes veröffentlicht. Nachdem sie in ihr Internat zurückgekehrt war, rief mich dessen Direktor im darauffolgenden Frühjahr öfters an, um seiner Sorge über sie Ausdruck zu verleihen. Susan konnte nach dieser Begebenheit über gar nichts mehr glücklich sein. Ich brauchte lange, um zu merken, wie stark sie unter dem Gefühl litt, ein öffenlicher Schandfleck zu sein.

Die Nachricht von meiner fünfunddreißigjährigen Strafe sowie von Susans fünf machte Schlagzeilen rund um die Welt: Es stand auf der ersten Seite der *New York Times*. Es gab einen Strom der Unterstützung. Ein Timothy Leary-Verteidigungsfonds wurde eingerichtet, geführt von Billy Hitchcock und verwaltet von Larry Bogard, bekannter Lobbyist für gerechte Sachen.

In Millbrook war es beinahe wieder Zeit für die Sommerschule. Wir trommelten einen talentierten Stab zusammen – Psychologen, Biologen, Yoga- und Meditations-Adepten, Lichtkünstler und Filmer. Jedes Wochenende trafen sich die Stabsmitglieder in Millbrook zu Planungssitzungen. Dann, eines Sonntags im Mai, erhielten wir ein paar warnende Anrufe von Freunden am Gerichtshof über Vorbereitungen für eine Razzia in Millbrook. Hilfssheriffs wurden einberufen, um in der Nacht des folgenden Samstags Überstunden zu machen. Bezirksanwälte bemühten sich angestrengt, einen kooperativen Richter zu finden, der ihnen einen Hausdurchsuchungsbefehl ausstellte. Die örtliche Exekutive hatte, wie viele andere im Land, einige Angestellte, die selbst ein bißchen Gras rauchten, denen die neue Musik gefiel, und die ganz glücklich darüber waren, ihre altmodischen Vorgesetzten zu unterminieren. Unsere Informanten sagten, heute sei die Nacht. Vielleicht. Das Sheriffbüro des Bezirks Duchess war berüchtigt für seine Keystone Cop-Stümpereien.

Unser Abendessen war festlich. Etwa dreißig Gäste waren anwesend, eingeschlossen einige bekannte Journalisten. Unser Freund Prinz Oblensky schickte eine Kiste Mumms, Peggy Hitchcock Feinschmeckerdelikatessen. Wir erließen dringliche Warnungen, keine illegalen Drogen auf das Gelände zu bringen und saßen auf seidenen Kissen vor niedrigen Tischen im barocken Eßzimmer. Wir ließen die Korken knallen und warteten auf die Razzia.

Es wurde zehn Uhr, ehe die Lichtzauberer ihre Bilder auf Leinwänden und den Wänden des Eßzimmers fließen ließen. Als das Zimmer vor kaleidoskopischen Bildern explodierte, berichtete Jack über Aktivitäten beim Eingangstor. «Es ist wie in einem Comic», lachte er. «Zwei Bullen kauern in den Büschen beim Meditationshaus. Sie haben Feldstecher. Und zwei Streifenwagen fahren ohne Licht in Richtung der Kuhställe.»

Um Mitternacht war die Show vorbei. Alle waren in ihre Zimmer abgedriftet. Rosemary und ich zogen uns in unsere Spiegelni-

280

sche zurück. Jack klopfte an mit einem letzten Bericht. «Ich nehme an, sie haben die Razzia abgeblasen, als die Party unten aufbrach. Wie wär's mit einem Schlummertrunk?» Jack brachte eine gläserne Wasserpfeife zum Vorschein und füllte den Kopf mit parfümiertem Tabak.

«Komm, wir rauchen etwas von dem DMT, das Nicky uns aus Brooklyn hat zukommen lassen. Es ist starkes Zeugs und legal.»

Stark? Und wie! Rosemary und ich schwebten über dem Bett, während Jack sich auf dem Fußboden ausstreckte. Plötzlich flog die Türe auf, und hinein kam ein Mann mit einem kurzen Schnauzer, offenbar ein Nachahmer von Inspektor Clouseau. Bei ihm war ein fettes Individuum in der Uniform eines Sheriffs, gefolgt von neun bewaffneten Polizisten mit breitkrempigen Hüten. Sie schienen an einem erstaunlichen Ausschlag oder schlecht aufgetragenem Clown-Makeup zu leiden.

Die Wasserpfeife inmitten des Zimmers schaute alle mit einem glasigen Auge an. Mit dem Reflex von Wonder Woman schmiß Rosemary eine Decke über das Beweisstück. Es sah wie Schamgefühl aus. Alle Polizistenaugen blieben an ihrem «durchsichtigen Kleid» haften.

«Keine Bewegung», drohte ein Hilfssheriff.

«Aufstehen», fügte ein anderer hinzu.

«Hände hoch.» G. Gordon Liddy stand militärisch vor uns und brachte seine gut einstudierten Sätze in einem knappen Ton hervor. «Ich habe einen Hausdurchsuchungsbefehl.»

Wir hörten Männer in Stiefeln durchs Haus rennen, zugeworfene Türen. Überraschtes Schreien. In der allgemeinen Verwirrung schlüpfte Jack aus dem Zimmer und legte eine Beatles-Platte auf, die aus Lautsprechern im ganzen Haus dröhnte. Rosemary, die Arme vor der Brust verschränkt, wies durch das Zimmer. «Rühren Sie diesen Topf nicht an. Das ist mein Sakrament.»

Zweiundzwanzig Bullenaugen schwenkten auf den Topf (am. POT = Slang für Marihuana) ein.

G. Gordon Liddy pirschte durch den Raum, las eine Handvoll trockener Gemüsesubstanz aus dem Topf und meinte kurz und professionell: «Offenbar eine hochwertige Sorte Marihuana. Konfizieren und anschreiben.»

Rosemarys Torfmoos-Streich funktionierte.

Die Brigade von Polizisten und Staatsanwälten trottete mehrere

Stunden durch das Haus, um nach Beweismaterial zu suchen, jedoch ohne viel Erfolg. Dann sprach Liddy mich steif an, um seinen dramatischen Satz aufzusagen: «Sie sind verhaftet.»

«Weswegen?»

«Besitz von illegalen Drogen.»

«Seit wann ist denn Torfmoos illegal?» protestierte ich, doch es half nichts. Ich wurde in Handschellen gelegt und zum Bezirksgefängnis gefahren. Am Sonntag gegen Mittag kam der «Lustige Charlie» Rumsey in einer Limousine aus New York angefahren und holte mich raus. Schon wieder Schlagzeilen in den New Yorker Zeitungen mit Fotos vom großen Haus auf der ersten Seite, was zu meinem düsteren Ruf beitrug.

Die Anklagepunkte wurden mangels Beweisen fallengelassen, doch dann eröffneten Liddys Ankläger Hearings vor einem Ausschuß von Sachverständigen. Alle Mitglieder unseres Haushalts in Millbrook wurden vorgeladen und über meine Drogengewohnheiten ausgequetscht. Als Rosemary sich weigerte auszusagen, verurteilte man sie zu einem Monat Gefängnis ohne Besuch. Jack wurde verhaftet, als er außerhalb des Grundstücks spazierenging, ins Gefängnis geschleppt und wegen Herumtreiberei angeklagt. Sein langes schwarzes Haar war kurz gestutzt worden, ehe wir ihn rausholen konnten.

Als nächstes erhielten wir einen Besuch von Carl Perian, Exekutivsekretär eines Senatsausschusses über Drogen, der von Thomas Dodd aus Connecticut geleitet wurde. Perian war ein nachdenklicher, jugendlicher Mann, der sich über die Ausarbeitung einer intelligenten und anwendbaren Drogenpolitik Gedanken machte, die die kontraproduktiven Auswüchse der Prohibition vermeiden würde. Er schien beeindruckt von meinen Lizenz-Ideen und lud mich ein, vor dem Komitee auszusagen, das darüber beriet, ob LSD legalisiert werden sollte. Er versprach, daß Senator Dodd mich als eingeladenen Experten mit Respekt behandeln würde.

Der erste Zeuge vor diesem Ausschuß war Kapitän Trembly von der Polizei Los Angeles. Er brachte die übliche, unwissenschaftlichen Polizei-Horrorgeschichten vor. Seine Offiziere hatten einen jungen Mann verhaftet, einen diplomierten Studenten der Universität Princeton nota bene, der unter dem Einfluß von LSD in einem öffentlichen Park Baumrinde zu essen versuchte! Ein weiterer junger Mann, dessen Mutter die Polizei angerufen hatte, bezeichnete sich darauf als Spitzel. Ein Raunen ging durch den Raum. Ein Princetonianer, der Rinde aß! Kinder, die sich gegen die eigene Mutter wandten!

Als ich in den Zeugenstand gerufen wurde, begann ich mit einer Schilderung des Unterschieds zwischen psychedelischen Drogen und süchtig machenden Rauschgiften. Ted Kennedy, der unerwartet aufgetaucht war, unterbrach mich beim Lesen meines Statements. Er war nicht gerade freundlich.

Er tat mir leid, sowie mir alle an diesem Morgen leid taten. Irgendeine Hoffnung auf Führung für unser Land seitens der Kennedys würde von Bobby kommen müssen.

MARSHALL MCLUHAN (1911 – 1980), kanadischer Philosoph, promovierte in englischer Literatur an der Universität Cambridge und veröffentlichte in der Folge zwei Bücher, *Die Gutenberg-Galaxis* und *Die magischen Kanäle*, die ihn als Vorboten des Informationszeitalters etablierten. McLuhan war unter den ersten Philosophen, die verstanden, wie die elektronische Kommunikation die menschliche Gesellschaft und die menschliche Natur verändern. In dem Aphorismus «Das Medium ist die Botschaft» kristallisierte McLuhan die tiefgreifenden Veränderungen, die in der nachindustriellen Gesellschaft der Dritten Welle stattfinden würden.

Die innovativen und zukunftsorientierten Eigenschaften seines Denkens lassen sich an den Titeln seiner späteren Werke ablesen: *Das Medium ist die Massage* (mit Quentin Fiore), *Wohin steuert die Welt, City as Classroom, Counterblast, Culture is Our Business* usw.

Während seiner gesamten Karriere an der Universität Toronto blieb McLuhan ein hingabevoller Joyce-Spezialist, eine Beschäftigung, die zu seiner Fähigkeit paßte, die linearen Begrenzungen der Grammatik zu durchdringen, um die vielfachen Wirklichkeiten zu entdecken, die sich in Worten und Gedanken finden.

29. Bewußtseinserweiterung

Im Sommer 1966

Der Geist der Zeit: General Motors stellte Privatdetektive an, um über fünfzig Freunde von Ralph Nader auszufragen und zu versuchen, den jungen Verbraucheranwalt in Verruf zu bringen. Die Legislative von Georgia weigerte sich, Julian Bond, fünfundzwanzigjähriger schwarzer Aktivist, einen Platz in ihren Reihen einzuräumen, weil dessen Wahlkampagne unter anderem auf einer Opposition des Vietnamkriegs aufgebaut hatte. Kriegsgegner Senator Fullbright aus Arkansas wurde vom republikanischen Parteiführer

Barry Goldwater beschuldigt, «dem Feind Trost und Beistand zu verleihen». Im August griffen viertausend weiße Chicagoer Bürger sechshundert Schwarze an, die mit Dr. Martin Luther King marschierten, um der Rassentrennung ein Ende zu setzen. Die Verbreitung durch die Presse, die diese Anlässe und hundert ähnliche an die Öffentlichkeit trug, schürte das kontroverse Klima.

Nach meinen Erfahrungen von Laredo nahm ich an, daß es meine Aufgabe war, die Regierung davon zu überzeugen, Drogenforschung und -erziehung zu unterstützen, und die Politik der Unterdrückung seitens der Polizei aufzugeben. Ich traf mich mit Bürgerrechtsanwälten, von denen manche in Kontakt standen mit dem Oberhaupt des Bundesappellationsgerichts, Richter Bazelon, ein einflußreicher Jurist, den man als zehntes Mitglied des Obersten Gerichtshofs kannte. Es gab einen allgemeinen Konsens, daß das Bundesgesetz betreffend Marihuana, welches 1927 als Steuerverordnung durch den Kongreß gerutscht war, geändert werden würde, wenn der Fall den Obersten Gerichtshof erreichte. Wir erwarteten, daß jeder Versuch, ein neues Marihuana-Gesetz durchzubringen, Hearings involvieren würden, im Verlaufe derer wir beweisen würden, daß Gras kein Betäubungsmittel sei. Eine Entkriminalisierung schien unvermeidlich.

Meine Rechtsberater hegten ebenfalls die Hoffnung, daß wir eine erneute Prohibition umgehen konnten, dieses Mal gegen LSD, indem wir innerhalb des Systems wirkten: Interessengruppen mobilisieren, kompetente Aussagen beschaffen, Testfälle sammeln.

Doch die Rachsucht in Laredo und die Liddy-Razzien erwiesen sich als Mikrokosmos eines wachsenden, landesweiten Musters der polizeilichen Verfolgung, was eindeutig bewies, daß das rationale Gespräch und der formelle Streit nicht die Art waren, auf die dieses Spiel gespielt werden würde. Politiker des rechten Flügels und Justizbeamte bliesen die «Drogengefahr» begierig auf zu einer ernsten Bedrohung. Plötzlich schien es keinen Schutz im Sinne der Persönlichkeitsrechte für jene zu geben, die diese Drogen aus persönlichen oder wissenschaftlichen Gründen benutzen wollten. Die Drogen-Kontroverse war dabei, zum sichtbaren Symptom eines tiefen Konflikts innerhalb der amerikanischen Gesellschaft zu werden.

Etwa um diese Zeit brachte *Newsweek* eine Titelgeschichte über Marihuana als neue Freizeitdroge der Mittelschicht. Uns kamen

Gerüchte zu Ohren, daß Henry Luce seine Redaktion veranlaßt hatte, eine große Story über LSD zu bringen. *Life* kam im März an die Kioske. Der Umschlag schrie: «Aufruhr aus der Kapsel – eine Dosis LSD reicht, um ein geistiges Chaos an leuchtenden Farben und Gesichtern loszulassen – oder Horror und Krämpfe hervorzurufen». Vier Bildseiten zeigten einen weiblichen Teenager auf einem Horrortrip. Ein objektiver, nüchterner Artikel von Barry Farell berichtete:

> An allen Fronten ist eine Bewegung im Gange ... Auf den Universitätsgeländen unserer großen Städte und in jungen intellektuellen Kreisen der gesamten westlichen Welt, und diese Bewegung wird ergänzt durch vierteljährliche Publikationen, Vorlesungen, einer Lawine an beratender, kosmischer Literatur und sogar zwei oder drei psychedelische Kirchen.
>
> Es gibt viele andere, deren Interesse an der Droge nichts mit einer psychischen Revolution zu tun hat. Mathematiker haben sie als Linse verwendet, durch die sie manchmal einen Schimmer der physischen Wirklichkeit von Konzepten erhaschen, die der Geist sich lediglich vorstellen kann – fortgeschrittene Zahlentheorien zum Beispiel ... Es gibt psychedelische Direktoren großer Firmen, hohe Offiziere, Ärzte, Lehrer – jeder mit einem eigenen Grund, eine Reise ins unvorhersehbare Gebiet der Traumlandschaft des tiefen Gehirns zu wagen.

Billy Hitchcock wurde für diesen Artikel vor dem großen Haus abgelichtet, Walter Clarke in seinem Studierzimmer gezeigt: «Diese Drogen liefern uns ein Mittel, religiöse Erfahrungen im Labor zu studieren. Kein Religionspsychologe kann es sich leisten, nicht von ihnen zu wissen.» Ein pensionierter Marine-Leutnant, John Busby, behauptete, «ein tückisches Problem gelöst zu haben ..., die Entwicklung von Geheimdienstausrüstungen für ein Forschungsprojekt der Marine», während er unter dem Einfluß von LSD stand. Ein dickschädliger, republikanischer Geschäftsmann wurde Gott, als er auf dem Trip war.

Trotz des Händeringens kam der *Life*-Essay einer sehr überzeugenden Unterstützung von LSD gleich, wie es auch ein beredtes Plädoyer für nichtmedizinische Forschung war. Es war offensichtlich, daß Henry Luces Werbung die Anzahl Konsumenten verdop-

peln würde. Wenn Millionen die Droge nahmen, war es sicher, daß
die gelegentlichen schlechten Trips zunehmen würden.

Etwa zehn Prozent aller Alkoholkonsumenten sind Alkoholiker.
Damals wie heute sind Alkoholleichen so epidemisch, daß die ab-
gebrühte Presse von den Ungelegenheiten eines Betrunkenen keine Notiz nimmt. Ihre Einstellung war anders, wenn es sich um psychedelische Drogen handelte. Nur einer von tausend LSD-Ver-
brauchern berichtet von einer negativen Erfahrung, doch die Presse grub tausend gruselige Geschichten von Rinde essenden Prince-
tonianern aus. Manche von diesen waren das Resultat von ama-
teurhaften Versuchen in einem neuen Ausmaß. Doch gab es einen
derartigen Appetit auf Anti-LSD-Geschichten, daß auch viele Zei-
tungsenten zirkulierten. Der medizinische Direktor eines Irrenhauses in Pennsylvania verdiente sich Schlagzeilen so groß wie
Fahnen, als er verkündete, acht seiner Patienten seien erblindet,
als sie während Lysergtrips in die Sonne schauten. Als diese Geschichte später als Ente entlarvt wurde, schenkte man dem stillen
Rückzieher wenig Aufmerksamkeit. Tatsächlich wurde darin die
Gutgläubigkeit des behandelnden Arztes gewürdigt.

Im ganzen Land erhoben sich Anti-Drogenleute – Politiker, Po-
lizeibeamte, Anstaltspsychiater –, um LSD und Marihuana als die
gefährlichste aller Gefahren anzuprangern, mit der die menschliche Rasse konfrontiert war. Diese Art Propaganda mußte zur Mas-
senhysterie führen und die Samen für schlechtes Set und Setting sä-
en.

Ich ließ mich zu korrektiven Maßnahmen hinreißen und hielt öffentliche Vorträge und gab Interviews. Ich schrieb Zeitungsarti-
kel, die den Bedarf nach Führung, Vorbereitung, geschützter Umgebung und dem Beherrschen von Zentrierungstechniken hervor-
hob, damit man mit den Verwirrungen eines Trips fertig werden
konnte. Wenige dieser Veröffentlichungen erreichten die internationale Presse. Einige Ratschläge auf dem Gebiet des Verständnis-
ses der Medien waren eindeutig angebracht.

Das Mittagessen mit McLuhan im Plaza war recht aufschluß-
reich. «Langweilige Senat-Hearings und Gerichtssäle sind nicht
die richtige Plattform für deine Botschaft, Tim. Du nennst dich einen Philosophen, einen Reformisten. Einverstanden. Aber der
Schlüssel zu deiner Arbeit ist die Werbung. Du vermarktest ein
Produkt. Das neue und erweiterte, verbesserte Gehirn. Du mußt

die modernsten Taktiken einsetzen, um das Interesse des Verbrauchers zu wecken. Bring LSD in Verbindung mit all den guten Dingen, die das Gehirn hervorbringen kann – Schönheit, Freude, philosophesches Staunen, religiöse Offenbarung, Intelligenzsteigerung, mystische Romantik. Mundpropaganda von zufriedenen Verbrauchern wird helfen, doch bring deine Rock'n Roll-Freunde dazu, Schlager über das Gehirn zu schreiben. Er sang:

LSD trifft dein Bewußtsein
Vierzig Millionen Neuronen –
Muß das eine Lust sein!

«Das Problem ist ein heikles», sagte ich. «Die Opposition hat uns mit Füßen getreten. Die Psychiater und Polizeipropagandisten haben das Negative bereits betont, was gefährlich sein kann, wenn sich das Gehirn unter LSD neu prägt. Sie können willentlich schlechte Trips provozieren. Die neunhundertneunundneunzig guten Erfahrungen werden nie erwähnt. Sie wiederholen die ganze Zeit: ‹LSD – Spring zum Fenster raus! Wenn ein schlecht vorbereiteter Mensch sich in neue Gefilde begibt, wird er oder sie sich fragen, was jetzt geschieht? Na klar. Man springt zum Fenster raus. Es ist wie bei der übereifrigen Mutter, die ihre Kinder warnt, keine Erdnüsse in die Nase zu stecken.»

«Genau», bestätigte McLuhan, «deshalb muß deine Werbung das Religiöse betonen. Finde den Gott in dir. Es ist alles unheimlich interessant. Deine Rivalen denunzieren das Gehirn natürlich als Werkzeug des Teufels. Einfach unbezahlbar!

Um Angst zu zerstreuen, mußt du dein öffentliches Image benutzen. Du bist der erste Vertreter des Produkts. Wenn immer man dich fotografiert, lächle. Winke zuversichtlich. Strahle Mut aus. Beklage dich nie und erscheine nie böse. Es ist ok, wenn du wie ein auffälliger Exzentriker daherkommst. Immerhin bist du Professor. Doch eine selbstsichere Haltung ist die beste Werbung. Man muß dich wegen deines Lächelns kennen.»

Der Kellner, der an McLuhans Lippen zu hängen schien, stieß mir meinen Champagner in den Schoß. McLuhan sah mich erwartungsvoll an. Ich lächelte.

«Du wirst den Krieg gewinnen, Timothy. Mit der Zeit. Doch wirst du unterwegs ein paar große Schlachten verlieren. Du wirst die protestantische Ethik nicht in ein paar Jährchen umstoßen. Diese Kultur weiß, wie man Schmerz und Leiden verkauft. Drogen, die den Geist beschleunigen, werden nicht akzeptiert werden, bis die Bevölkerung sich auf Computer eingestellt hat. Du bist deiner Zeit voraus. Sie werden deine Glaubwürdigkeit zu zerstören versuchen.»

«Ich bin mehr fürs Unglaubliche», entgegnete ich.

Und so geschah es. Schritt für Schritt vom Außenseitertum in Harvard bis zu den Ausweisungen, von Laredo bis zum Liddy-Überfall; man trieb mich von der wissenschaftlichen Gelassenheit und dem Privatgelehrtentum in die öffentliche Opposition gegen die Politik des herrschenden Regimes.

Ich bereute nicht länger, ein Ausgestoßener zu sein. Mir fing der Rand an zu gefallen. Ich war nicht allein mit meiner Rebellion. Millionen Amerikaner wurden genau zur selben Zeit in den offenen Widerstand gegen jene Gruppe getrieben, die Washington nach dem Mord übernommen hatte. Es braute sich eine kulturelle Revolution zusammen.

Mein Verständnis der Lage war folgendes: Amerika erlebte einen Quantensprung der Intelligenz. Zum ersten Mal in unserer Geschichte erhob sich ein großer und einflußreicher Sektor der Bevölkerung gegen die institutionelle Autorität, nicht als Mitglieder von organisierten Dissidentengruppen, sondern als intelligente Individuen und äußerst wählerisch, politisierte Konsumenten, die eine aufgeschlossene und effektive Führung wünschten, die scheinbar von keiner bestehenden Partei, keiner Religion, keiner Gewerkschaft angeboten werden konnte. So war es möglich, daß ein Konflikt zwischen der alten industriellen Gesellschaft und der neuen Informationsgesellschaft in einer neuen Machtarena ausgetragen werden konnte – den Medien. Die, die dies verstanden, würden die Zukunft schöpfen.

Das Gespräch mit Marshall McLuhan führte mich dazu, diesen Gedanken weiterzuverfolgen: Die erfolgreichen Philosophen waren die Werbefachleute, die ihre neuen Modelle des Universums an große Massen zu verkaufen wußten und diese so zum Handeln bewegten. Geist zu Materie.

Ich verbrachte mehrere Tage und einen Acidtrip damit, die Verpackung vorheriger amerikanischer Revolutionen zu studieren:

«Gebt mir die Freiheit oder gebt mir den Tod.» «Eine Nation kann nicht zur Hälfte aus Sklaven und zur Hälfte aus freien Menschen bestehen.» «Wir brauchen nichts zu fürchten außer der Angst selbst.» «Come to Marlborough-Country.»

Eines Morgens, als ich unter der Dusche rekapitulierte, welche Art Slogan die Taktiken zur Intelligenzsteigerung deutlich zusammenfaßte, fielen mir sechs Wörter ein. Klatschnaß, ein Handtuch um die Hüften geworfen, rannte ich zum Arbeitszimmer und schrieb: «Turn On, Tune In, Drop Out»*, ein Satz, der sich später als sehr nützlich bei meiner Funktion als Anheizer der Transformation erweisen würde.

Turn on bedeutet, nach innen gehen, um die neuralen und genetischen Ausrüstungen zu aktivieren. Empfänglich werden für die vielen und verschiedenen Bewußtseinsebenen und die speziellen Hebel, die sie wecken. Drogen sind nur *ein* Weg, dieses Ziel zu erreichen.

Tune in bedeutet, harmonisch mit der Umwelt interagieren – Veräußerlichung, Verwirklichung und Einbringen der neuen Perspektiven.

Drop out deutet auf einen aktiven, selektiven, anmutigen Prozeß des Sichtrennens von unfreiwilligen oder unbewußten Verpflichtungen. Es bedeutet, sich auf sich selbst verlassen, die Entdeckung der eigenen Einmaligkeit, ein Sichhinwenden zu Mobilität, Selektion und Veränderung.

In öffentlichen Statements betonte ich, daß der *Törn an, mach mit, steig aus*-Prozeß ständig wiederholt werden muß, wenn man ein Leben des Wachstums leben will.

Unglücklicherweise wurden meine Erklärungen dieser Folge der persönlichen Entwicklung oft falsch interpretiert, um dann «knall dich zu und gebe jede konstruktive Handlungsweise auf» zu heißen.

Die momentane Beliebtheit dieses Satzes hatte einige interessante Nebenwirkungen. Die Hersteller von *Squirt*, einem alkoholfreien Getränk, machten einen lustigen Jingle, in dem sie das Publikum dazu aufforderten «Auf Geschmack anzutörnen, beim Perlen mitzumachen und bei der Cola-Bande auszusteigen». Billy Graham kündigte an, daß das Thema seines europäischen Bibel-

---

* In etwa: Törn an, mach mit, steig aus (A.d.Ü.).

kreuzzuges «Törn an auf Christus, mach mit bei der Bibel und steig beim Sündigen aus» lauten würde. Ich war geschmeichelt.

In diesem Jahr ging es bei der Sommerschule um die Veräußerlichung und Kommunikation von erweiterten Bewußtseinszuständen. Wir waren erleichtert, daß es keine Polizeispitzel unter den Teilnehmern zu geben schien. Etwa fünfundzwanzig zahlende Schüler – Ärzte, Lehrer, Professoren, die unvermeidlichen Sucher und eine Gruppe von Geschäftsleuten – studierten unsere Techniken zum Ausdruck psychedelischer Erfahrungen. Es gab keine offiziellen Drogensitzungen, obwohl viele Schüler unter Aufsicht mit ihren eigenen Vorräten antörnten.

Der Höhepunkt der Sommerschule war ein Multimedia-Festspiel, das am letzten Wochenende stattfand. Sechs Gruppen traten auf, die je einen Ausschnitt der Szenen im magischen Theater aus Hermann Hesses *Steppenwolf* aufführten. Schüler und Angestellte entwarfen Bühnenbilder und schufen Stimmungen mit Licht und Klang. Die Schüler lernten, wie man psychedelische Dias und auditive Collagen herstellt. Rund hundertfünfzig Leute, Sommerschüler und Gäste aus dem Bungalow, kamen zum Wettbewerb. Beinahe alle nahmen LSD. Fackeln und ständig wechselnde Dias beleuchteten das Gelände. Die Gesichter von Buddha, Plato, Einstein und Kompanie schienen durch die leuchtenden Blätter der Birken ringsum. Das große Haus war in welligen, zellularen Mustern gebadet. Die Zuschauer schlenderten vom Patio auf der Seite des Hauses zur steinernen Terrasse vor der Kegelbahn und bis zum Keller, wo in einem feuchten Gewölbe die letzte Tod- und Widergeburtsszene als Schattenspiel aufgeführt wurde.

Am nächsten Tag kam David Balding, ein junger Produzent, der mit Billy Hitchcock zusammenarbeitete, mit begeisterten Plänen auf mich zu, um unser Festspiel nach New York zu bringen. Balding mietete für uns ein Kino an der unteren Second Avenue für die Dauer einer Serie von Dienstagabenden. Eine talentierte Mannschaft von Spezialeffektkünstlern versammelte sich für einen Monat Proben in Millbrook. Unser Ziel war, multimediale Wiedergaben der großen religiösen, wissenschaftlichen und philosophischen Mythen aufzuführen, die psychedelische Techniken einsetzten, um die archetypen Schaltkreise des Gehirns zu aktivieren.

Um unsere «Feier» bekannt zu machen (und um unsere philosophische Drogenzeremonie zu legalisieren und in die Kultur einzuverleiben), gründeten wir eine Religion gemäß den Gesetzen des Staates New York. Die «League for Spiritual Discovery» wurde anläßlich einer Pressekonferenz vorgestellt, über die viel berichtet wurde, und was auf ein volles Haus hoffen ließ. Viele Theaterkritiker hatten sich zur Premiere eingefunden.

Das erste Festspiel, *Death of the Mind*, wiederholte in aufpolierter Form unser Hommage an das mystische Heidentum von Hesses *Steppenwolf*. Ralph Metzner spielte Harry Haller, den neurotischen Intellektuellen, der in einem kartesischen Konflikt zwischen Körper und Geist gefangen ist. Rosemary war Hermione, die geheimnisvolle, großstädtische Erdmutter, die H. H. in das magische Theater führt. Ich spielte Pablo, den lächelnden Dionysier, der H. H. die Drogen gibt, die ihn in eine Mehrfachwelt schleudern. Der Bildschirm überfloß vor schwebenden Panoramen, und ein Orchester von sieben Technikern mit handbetriebenen Diaprojektoren ließ ihre Bilder im Rhythmus über Spielfilme tanzen, wobei das Tonband und die Handlung auf der Bühne abliefen.

Es war ein sofortiger Hit. Zuschauermassen. Weltweite Presse. Der Kritiker der *New York Times* schrieb, daß ich zum besten *Off-Broadway*-Schauspieler des Jahres gekürt werden sollte. Die Fernsehnachrichten machten Millionen Menschen mit der Komplexität und der Macht von Spezialeffekten bekannt.

Das kanadische Fersehen CBC lud mich nach Toronto ein, um an einer landesweit ausgestrahlten Talkshow teilzunehmen. David Padwa begleitete mich. Nach der Aufnahme gingen wir zu Marshall McLuhan, mit dem wir lange und gemütlich zu Abend aßen. Am nächsten Tag, als ich mich zum Rückflug nach La Guardia aufmachte, warteten zwei Bundespolizisten auf mich. Sie gaben mir bekannt, daß Angeklagte in Drogenfällen ein spezielles Formular auszufüllen hätten, wenn sie das Land verlassen wollten. Ich wurde erneut verhaftet und gerade rechtzeitig entlassen, um am Festspiel jenes Abends teilzunehmen. Mehr Aufsehen und weitere fünf Jahre, gegen die es anzukämpfen galt.

Death of the Mind, das sechs Wochen lief, wurde gefolgt von *The Resurrection of Christ*, ein Versuch, die katholische Messe neu zu prägen. Weiter waren Stücke über Buddha, Giordano Bruno, Gurdjieff, Ralph Waldo Emerson und Sokrates vorgesehen.

292

Bei der zweiten Produktion stießen wir auf ein kleines Problem: Wer würde Jesus Christus darstellen? Für diese nicht gerade beneidenswerte Rolle gab es keine Freiwilligen.

Es kam ein insistenter Pilger nach Millbrook, ein sauberer Junge mit tiefen, traurigen Augen und einem teuren Rucksack. Ich traf ihn an beim Wichsen in der Gegend des Abfallcontainers, sah ihn Blätter zusammenrechen und den Rasen vor dem Meditationshaus mähen. Er war zur Stelle, als jemand mit dem Kombi nach Poughkeepsie gefahren werden mußte. Auf dem Rückweg wurden er und ein anderer Bewohner Millbrooks von der Polizei angehalten. Keine Anklagen, verstehen Sie, nur eine freundliche Entführung zu einer dieser diskreten kleinen Untersuchungen der Körperöffnungen. Sie wissen schon: knochige Bullenfinger mit Gummihandschuhen. Eine alte türkische Sitte.

Für diese Belästigung erhielt Rusty die Rolle.

Die Show war ein heidnischer Triumph. Jackie Cassen und Rudi Stern drehten einen unheimlichen, verkehrt-negativen Film über einen bärtigen Mann, der durch Harlem geht. Darüber geblendet waren unvergeßliche Dias, die das Leben Christi und die gotisch-barocke Geschichte der katholischen Kirche schildern, das ganze kitschige Bilderbuch von mit Glorienschein versehenen Jungfrauen, Märtyrern und Heiligen. Um das Skript zu untermalen, spielten wir eine dampfend-heiße Samba-Version der «Missa Solemnis», aufgenommen in Rio.

Der Höhepunkt des Stücks war Rusty, der auf ein Kreuz hinter einer Schattenleinwand kletterte, bereit für die eine oder andere Sache zu sterben. Ich schlenderte auf die Bühne und versuchte, Christus mit Scherzen von diesem selbstzerstörerischen Vorhaben abzuhalten: «He Jesus, wenn du das durchziehst, wirst du eine zweitausendjährige Tradition von Leiden und Schuldgefühlen hinterlassen. Jahrhunderte von christlichen Soldaten, die mit blutigen Schwertern marschieren, um dich zu rächen. Milliarden von düsteren, schwarzgekleideten Anhängern, die es dir punkto Leiden gleichtun möchten. Tu's nicht, Jesus.

Mensch, Jesus, steig lieber runter und wir bauen 'ne Fete! Komm, wir gehen um die Ecke und trinken ein kaltes, schäumendes Bier. Das würde sicher prima schmecken nach all der Galle und dem Essig, die uns deine Anhänger verpaßt haben. He, ich kenne zwei hübsche und lustige Mädchen, die neu sind hier in der

Stadt. Wollen wir sie nicht einladen? Komm runter, laß uns ans MIT gehen und Atomphysik studieren. Laß uns eine glückliche und gesunde Religion erfinden, die den Akt der Empfängnis nicht eine schmutzige Handlung nennt. Kommt, wir starten eine Religion, die lacht und singt vor Lebensfreude.»

Und genau in diesem Augenblick, vor achtzehnhundert Menschen und zig Videokameras, begab ich mich hinter die Leinwand und zog die Nägel raus. Iiiiiii! sang der Synthesizer.

Christus stieg herab vom Kreuz, warf die Hände triumphierend in die Luft und tanzte einen glücklichen Twostep. Dann stellten Rusty und ich uns ganz vorne auf und verbeugten uns Hand in Hand vor tosendem Applaus.

Nach der Aufführung entspannten Rosemary und ich uns in der Star-Garderobe und brachten einen Champagner-Toast auf den Sieg des Heidentums, als die Türe aufschlug, um einen völlig verstörten Rusty einzulassen. Mein Gott, dieser Junge fiel vor mir auf die Knie. Er hatte Todesangst.

Dann stotterte er eine Beichte runter. Er war ein Polizeispitzel. Man hatte ihn vor einigen Monaten wegen Grasdealens geschnappt und ihm die Freiheit angeboten, wenn er mich hineinritt.

Er zog eine Plastiktüte voller Gras hervor und etwa hundert Pillen: LSD, Seconal, Mandrax, Amphetamin – genug von dem schleimigen Straßenzeugs, um den Ruf eines jeden Ex-Harvard-Professors zu ruinieren, bei dem man Drogen fand. Auf dem Rückweg nach Millbrook sollte er die Tüte auf den Boden unseres Wagens fallenlassen, gerade wenn die Polizei uns rüberwinkte.

·Er zitterte vor Angst. Er hatte drei Wochen mit uns verbracht und liebte uns und glaubte an uns. Er konnte sich nicht weiter an diesem Komplott beteiligen. Jetzt war er erledigt. Wenn sie ihn nicht umbrachten, wie sie es ihm angedroht hatten, würden sie ihn vor Gericht stellen und lebenslänglich in den Knast stecken.

Mal schön der Reihe nach... Erst verschlossen wir die Tür und spülten die Ware die Toilette runter. Rusty wollte nicht mit nach Millbrook, also warfen wir das Gewand des Erlösers über seine Schultern, gaben ihm zweihundert Dollar und schleusten ihn die hintere Metalltreppe hinunter, mit der Adresse einer sicheren Wohnung am St. Mark's-Platz. Einige Tage später war er unterwegs nach Los Angeles.

Die Kritiken waren gemischt. Leute, die für wichtige Zeitungen und Zeitschriften schrieben, waren ein bißchen schockiert. Trotz eines Succès d'estime und guten Vorverkäufen mußten wir das Stück nach einem Abend absetzen.

Christus war getürmt.

Nach Weihnachten beschlossen wir, mit der Buddha-Show auf Tournee zu gehen. Chicago, San Francisco, Los Angeles. Die Vorführung im Santa Monica Civic Auditorium war der Höhepunkt der Tournee. Die Halle war zum Bersten voll. Die Gratefull Dead spielten stundenlang. LSD-Alchimist Owsley war überall und verteilte seine Pillen Marke Weißer Blitz. Ich ging auf die Bühne und forderte alle auf anzutörnen, mitzumachen, auszusteigen. «Jetzt ist der Moment», sagte ich, «den inneren Schalter voll aufzudrehen! Hört mir gut zu: Entweder ihr werdet euer Leben als schlechtbezahlte Komparsen in einem billigen Schwarzweiß-Dokumentar-Amateurfilm eines anderen verbringen ODER ihr werdet zum Produzenten eures eigenen Films. Führt Regie, sucht die Schauspieler aus, wählt die Drehorte für das größere Cinéma vérité aller Zeiten. Warum sich mit weniger zufriedengeben?»

Nach der Aufführung gab's ne Party bei Mickey und Ben Shapiro zuhause, gerade hinter dem alten Continental Hotel oben am Sunset Strip. Der Mythos schien wahr zu sein. Hollywood war der glamuröseste, dramatischte und freieste Ort des Planeten, wo schillernde erotische Phantasien *wahr* wurden.

ALEISTER CROWLEY (1876 – 1946), Weltrekordträchtiger Bergsteiger, ist eine der kontroversesten Gestalten des frühen zwanzigsten Jahrhunderts. Zusammen mit führenden Mitgliedern der irischen literarischen Renaissance war er eines der ersten Mitglieder des Hermetischen Ordens der Goldenen Morgenröte, von dem er sich später lossagte, um seinen eigenen Adeptenkreis aufzubauen. Crowley fuhr dann in den Osten, um die Himalajas zu besteigen und orientalisches Yoga und esoterische Philosophie zu studieren.

1904 behauptete er, mittels seiner medial begabten Frau Rosemary telepathische Kommunikation mit einer höheren Intelligenz aufgenommen zu haben. Er sah den Anfang eines neuen Zeitalters voraus, zu dem er folgende Aphorismen beisteuerte: «Tu was du willst sei das ganze Gesetz» und «Jeder Mann und jede Frau ist ein Stern». Während der nächsten zwei Dekaden experimentierte er mit jeder zugänglichen Droge als Mittel zur Transzendenz. 1910 begab sich Crowley zum Hauptsitz des Chemiekonzerns Parke-Davis, um neu entwickelten Peyote-Extrakt zu beschaffen, den er mit nach England nahm, um dort das Publikum seiner Vorträge damit anzutörnen. In einem Artikel über die Wirkungen von Kokain, veröffentlicht während des Ersten Weltkriegs, vertrat er den Standpunkt, daß ein Drogenverbot nicht nur nutzlos sei, sondern das Problem des Drogenmißbrauchs in Wirklichkeit nur intensivierte.

Während seines Lebens und seiner Reisen brachte Crowley eine Flut von Artikeln und Büchern zu spirituellen Themen hervor, entwarf ein neues Tarot *(Das Buch Thoth)* und eine geglättete Form der *I Ging*. Darüber hinaus schrieb er viele wichtige und sarkastische Werke zur okkulten Magie.

30. Das Entstehen der Drogenkultur

Januar 1967

Neuigkeiten über die Pläne für erste Love-in erreichten uns als transkontinentalen Telefonanruf von Michael Bowen, ein wilder und charismatischer Künstler und Aktivist. Er und andere Schwerenöter der Szene von San Francisco bereiteten eine Massenfete im Golden Gate Park vor, zu Ehren von LSD und neuem Drogenbewußtsein. Es gab einige Rivalitäten unter den psychedelischen Baronen, wer den Anlaß nach außen vertreten sollte – ein wahrhaft dorniges Problem bei einer solchen Auswahl an Talenten wie die Diggers, die Überbleibsel von Keseys Pranksters, die Mime Troup, den Hohepriester Chet Helms und den Hell's Angels. Alle lagen miteinander im Wettstreit für die Bühnenmitte. Als Kompromiß schlug Michael vor, ich solle als Moderator eingeladen werden. Einige der betroffenen Gruppen wollten am selben Tag in London, Rom, Kopenhagen, Amsterdam, New York und anderen westlichen Städten ähnliche Anlässe organisieren. Michael fragte mich, was ich davon hielte, Mitgliedskarten für die League for Spiritual Discovery zu drucken und zu verteilen. Millionen in aller Welt würden diese ausfüllen und sie in riesigen Urnen einwerfen, die bemalt waren, um wie Zuckerwürfel auszusehen.

«He Michael, Augenblick mal», protestierte ich. «Ich möchte nicht einer Religion mit einer Million Anhänger angehören, die ich nie gesehen habe.»

«Hör zu», fuhr der beeindruckende Bowen fort, «in einem Tag wird unsere Religion mehr Mitglieder haben als das Christentum und der Islam in ihren ersten dreihundert Jahren. In einem Tag, Mann, könntest du Papst einer weltweiten Religion werden.»

«Papst, hm? Das ist ein interessantes Angebot, entspricht aber nicht ganz dem, was ich mir als Karriere vorgestellt hatte. Leider mag ich keine Massenkulte.»

«Veraltetes Denken, Mann», meinte Michael unerschütterlich, «die Elektronik wird uns alle miteinander verbinden. Globale Fernsehshows. Den Leuten sagen, wie man schlechte Trips vermeidet. Und viermal jährlich, an den Tag- und Nachtgleichen und den Sonnenwenden, wiederholen wir die Massenfeiern. Der Planet hungert danach, angeschlossen zu werden. Du bist derjenige, dessen Namen man kennt.»

«Rosemary und ich werden anwesend sein», sagte ich abschließend. «Im Publikum.»

Gegen Mittag konnte man die Elektrizität in der Gegend der Bucht steigen fühlen. Alle Musikstationen redeten von nichts anderem als dem Love-in. Die Brücken der Stadt waren gerammelt voll mit VW-Bussen, und die Straßen, die in den Golden Gate Park führten, schwollen an zu Flüssen von Leuten, die sehr lustig waren. Mehr als 60000 Seelen versammelten sich auf einer Wiese, aßen, tranken, rauchten, spielten Musikinstrumente.

Die großen Bands der Stadt spielten von einer Empore aus. Prominente der Alternativkultur standen dort oben in den Pausen Mann an Frau. Beim Organisationskomitee hatte es viel darüber zu politisieren gegeben, wieviel Zeit den einzelnen Sprechern zustehen sollte. Die Leute von der Kultur wollten mir den zentralen Platz einräumen, die Extrem-Linken wollten das Love-in zu einer politischen Demonstration umfunktionieren.

Am Rande war die Masse sanft, harmonisch, lustig, im Sinne eines hinduistischen Kumamela, wo sich Menschenmengen am Ganges versammeln. Als wir uns auf die Bühne zubewegten, fiel mir ein interessantes neurosoziales Phänomen auf. Je näher wir zu den Mikrophonen und Verstärkern kamen, desto härter wurden die Schwingungen. Die Zuschauer drängten, um näher bei der Action zu sein, der Bühne, dem Zentrum des Gefechts.

Ich schlug Einladungen aus, auf die Bühne zu kommen. Reden waren unwesentlich. Das Schwärmen gleichfühlender Seelen war die Botschaft. Schaut, dort oben! Jemand in einem grellfarbenen Fallschirm driftete nach unten und weiter und weiter runter, um mitten in der Wiese zu landen. Der Großteil der Menge war verständig genug, den Quatsch von der Bühne zu ingorieren. Jerry Rubin hatte das Mikrophon gepackt und kasteite die Versammlung, weil sie sich amüsierten, während drei politisch Aktive aus Berkeley im Gefängnis schmachteten, weil sie Steine geworfen hatten.

«Antörnen, mitmachen, *übernehmen*!» schrie er.

Ich wurde von den Organisatoren auf die Bühne gezogen und zwischen zwei stämmige Rocker geklemmt, die ihren kostbaren Lebensraum verteidigten. Verschiedene Leute grapschten nach dem Mikrophon. Ich wurde auf die Bühne geschubst und brachte meine sechs Worte hervor: «Turn on, tune in, drop out.» Dann sprang ich hinunter.

Zurück in Millbrook überlegten wir uns unseren nächsten Zug. Die Runde der Festspiele weiterzuführen schien sinnlos. Auch wenn wir Menschenmassen anzogen, hinderte die Größe der Operation uns daran, einen Profit zu erzielen. Und ich hatte keinerlei Verlangen danach, mehr Zeit als Showman zu verbringen. Ich begann, Vorlesungen an den Universitäten zu geben. Zu jener Zeit war ich zum landesweit anerkannten Symbol der Transformation geworden, und meine Besuche auf den Universitätsgeländen führten zu erheblichen Dramen. Manchmal versuchten ängstliche Beamte, meinen Auftritt zu verbieten, eine Taktik, die unweigerlich zu einer noch größeren Nachfrage führte.

Zwischen diesen Ausflügen beendete ich das Manuskript über unsere Harvard-Experimente und sandte es meinem Verleger. *High Priest* genannt, war es bis heute das am besten und am freundlichsten aufgenommene aller meiner Bücher.

Im Frühjahr 1967 nahm ich eine Trauung vor zwischen Bob Ross, junges biologisches-dynamisches Gärtnergenie, und Carol, unserer langjährigen Mitbewohnerin. Die Film- und Fernsehteams waren ganz verrückt nach dem Hochzeitsalbum und machten aus Millbrook ein Symbol lyrischen Landlebens. Ich zeichnete den Trauschein als leitender Pfarrer. In Albany eingetragen, diente dies als Zeugnis der Legalität unserer Religion. Unsere Anwälte bereiteten einen Schriftsatz vor, der den Gebrauch unserer Sakramente in speziellen Heiligtümern verteidigte. Ich schrieb ein kleines Buch, *Start Your Own Religion*, das die legalen, psychologischen und spirituellen Schritte beschrieb, die in der Sakramentierung des eigenen Lebens involviert sind. Wir alle spürten, daß der Sommer des Jahres 1967 zu einem landesweiten Festival des unvorbereiteten Drogengenusses werden würde, und so hoffte ich, daß dieses Handbuch für den intelligenten Drogengebrauch jenen als Führer dienen würde, die nun schon bald mit neuen Wirklichkeiten konfrontiert wären. Wie immer hatten wir Schwierigkeiten mit

der Auslieferung: die meisten Buchläden und Supermärkte wollten es nicht verkaufen.

Außerhalb der Tore Edens grassierte der Bürgerkrieg. Präsident
Johnson eröffnete, daß beinahe 400000 junge Amerikaner nach
Vietnam in den Krieg geschickt worden waren. Demonstrationen
gegen den Krieg brachen aus in New York und anderen Städten.
Beweise von miesen Machenschaften höchster Ebene tauchten in
Zeitungsartikeln auf und exponierten versteckte Finanzierungen
durch die CIA sowie die Infiltration von dreißig liberalen, religiösen und erzieherischen Gruppen, die National Students Association eingeschlossen. Die CIA wies später Befehle des Präsidenten
vor, die diese Aktivitäten befohlen hatten.

Eines heißen und sonnigen Tages schlenderten Rosemary und
ich in Richtung der großen Wiese, um dort die ganze Gemeinschaft
vor einem Batterie-betriebenden Plattenspieler vorzufinden. Wir
gesellten uns zu ihnen, um das erste Mal den Klängen von *Sergeant
Pepper's Lonely Hearts Club Band* zu lauschen, eine Schöpfung,
die den sogenannten Sommer der Liebe am besten versinnbildlich-
te. Das Album war eine höchst einflußreiche Medienaussage über
Mehrfachwelten und wurde zu einem sofortigen Klassiker der
Drogenkultur. Der Meinungsforscher Landon Y. Jones berichtet,
daß wenigstens ein Kritiker bei Erscheinen von *Sergeant Pepper*
gesagt haben soll, es bringe die westliche Zivilisation seit dem
Kongroß von Wien im Jahre 1815 der Einheit am nächsten.

An diesem Punkt angelangt, wer schaute denn anderes rein, als
Otto Preminger, der nach Informationen für einen Film mit Namen *Skidoo* suchte. Er fragte mich vielerlei Dinge über die Wirkung von LSD, und ich befragte ihn nach seinen Filmen. Eine Woche später besuchte ich Otto in seinem luxuriösen Stadthaus in
Manhattan, wo der schlaue Regisseur mich überredete, eine LSD-
Sitzung mit ihm zu machen. Da ist noch so etwas, was mein Leben
verändert hat: Von drei Jahren im romantischen Arkadien bis zu
Ottos plastisch-fantastischem futuristischem Projektionsraum
ganz in Weiß und Chromstahl, der vor Schaltern, Lichtern, Hebeln
und anderen Bedienungsparaphernalien strotzte.

Es gab keinen Kamin, keine Kerzen!

Sobald das Lyserg einfuhr, sprang Otto in manischer Aktion auf.
Er stellte den Fernseher an – Sakrileg! Man hatte sich nach innen

zu wenden, das Aquädukt des eigenen Gehirns hinunterzufließen, vorbei an den Langerhans-Inseln zu paddeln, um nach längerer Fahrt an den Gestaden des Lobus frontalis anzuspülen. Wo man das süße OM sang. Nicht so Otto. Sein glänzender, haarloser Schädel hatte sich in einen Astronautenhelm verwandelt, und er war so drauf wie ein Kommunikationssatellit auf der Umlaufbahn, wie er ewig-wechselnde Wirklichkeiten wählte und einstellte und Bild und Schärfe absichtlich verzerrte.

Ich versuchte, eine ruhige Platte von Ravi Shankar zu finden, die uns nach innen katapultieren würde. In Ottos Sammlung gab's nur Filmmusik. Er hatte jetzt noch zwei weitere Fernseher angeschaltet. Er blickte mit schadenfroher Befriedigung auf einen Bildschirm, der vor willkürlichen Tüpchenmustern flimmerte. Dann merkte ich, daß Otto mir etwas Wichtiges zeigen wollte. Als Filmregisseur war es Ottos göttliche Aufgabe, eine Wirklichkeit zu erfinden – er wählte die Handlung, den Drehort und die Schauspieler. Er brachte seine Vision auf die Leinwand und verkaufte sie, damit Millionen Menschen seiner Schöpfung beiwohnen konnten. Ich erkannte, daß die großen Schöpfer des menschlichen Schicksals diejenigen gewesen sind, die es gewagt haben, ihre Version der Wirklichkeit anderen aufzuzwingen. Alle erfolgreichen Philosophen und Schöpfer von Mythen waren in der Lage gewesen, andere davon zu überzeugen, in Welten zu leben, die ihr Gehirn erfunden hatte.

Die Beobachtung von Ottos beschleunigtem Gehirn rüttelte mich aus meiner nostalgisch-pastoralen Phase. In Millbrook hatten wir auf einer Realitätsinsel gelebt. Indem wir die Technologie mieden, hatten wir uns der Natur genähert wie auch den sinnlich-weisen, tierischen Orten im Gehirn. Doch Ottos elektronische Technologie konnte das Gehirn erweitern, uns vom Muskulösen befreien. Millbrook war eine angenehme, auch wiederholbare feudale Übung. Die nächste Stufe der Evolution würde, wenigstens was mich anging, Information und Kommunikation involvieren. Ich beschloß auf der Stelle, nach Hollywood zu ziehen und zu lernen, wie Wirklichkeiten hervorgebracht und inszeniert werden.

JAMES JOYCE (1882 – 1941), irischer Literat, wird in weiten Kreisen als einflußreichster englischsprachiger Autor des zwanzigsten Jahrhunderts angesehen. Seine stürmischen Jahre in einer Jesuitenschule werden im autobiographischen *Porträt des Künstlers als junger Mann* beschrieben, das damit endet, daß der Held schwört, Irland zu entfliehen und in «Schweigen, Exil und Schläue» zu leben.

Joyces Flucht gelang 1904, begleitet von Nora Barnacle, seine Gefährtin/Frau, die die nächsten siebenunddreißig Jahr mit ihm in Paris, Triest und Zürich verbringen sollte.

In seinem Epos *Ulysses* fissionierte und energetisierte Joyce seinen Roman auf dieselbe Weise wie Einstein und Picasso die Physik und die Kunst verwandelten, indem sie der Perspektive erlaubten, die Form zu definieren, statt umgekehrt. In *Ulysses* und *Finnigan's Wake* personifiziert Joyce auf intime Weise die klassischen Themen des Humanismus als Ausdruck einer Verehrung allen Lebens und der Evolution, während er die autoritäre Orthodoxie immer wieder der Lächerlichkeit preisgibt.

Wegen der solipsistischen und halluzinatorischen Natur des Joyceschen Denkens haben sich viele Gelehrte gefragt, ob er bewußtseinserweiternde Drogen zu sich nahm. Robert Anton Wilson hat im dichten Blätterwald der Joyceschen Prosa vielerlei Hinweise auf pharmazeutische Erfahrungen gefunden. Es ist bekannt, daß Joyce nach seiner Erkrankung am Grünen Star im Jahre 1917, mit der eine traurige Folge von Operationen begann, regelmäßig Schmerzmittel nahm – Opium, Laudanum und Skopolamin (ein Alkaloid, das vom Bilsenkraut abstammt, einer psychoaktiven Pflanze, die zu den Nachtschattengewächsen zählt).

302

31. Die «Bruderschaft Ewiger Liebe»

Laguna Beach, Kalifornien, im Herbst 1967

Unsere erste Hollywood-Produktion war meine Hochzeit mit Rosemary auf einer Bergspitze inmitten des Nationalparks von Joshua Tree. Ted Markland von *Bonanza* drehte. Unter den Schauspielern waren viele bekannte Namen aus dem Filmgeschäft sowie einige meiner Freunde von der Ostküste. Die Zeremonie sollte von Samu geleitet werden, einem berühmten Medizinmann der Plains-Indianer.

Wir versammelten uns bei Sonnenuntergang in der Nähe von Harry Cohns verlassener Ranch, die zwischen zackigen känozoischen Felsen und Kakteen eingebettet lag. Wir feierten bis um Mitternacht und kletterten dann einen dunklen Pfad entlang zum Gipfel, wo Ted Markland irgendwie einen drehbaren Bürostuhl angebracht hatte, der eine Aussicht über das Tal gewährleistete. Unsere Gesellschaft von fünfzig Personen nahm große Mengen LSD und legte sich auf sanfte Hügel, um die Dinge mit den Sternen zu besprechen, die von der Eheschließung gehört hatten und sich mit Diamanten und Glimmer behangen hatten.

Jemand trommelte leise. Ein anderer spielte auf einer Flöte. Im Drehstuhl klimperte Ted auf einer Gitarre. Dann, mit einer großartigen Bewegung, stand er auf dem obersten Stein und warf sein Instrument hoch in die Luft, wo der schnelle Wind durch die Saiten fuhr. Bobby Walker, Sohn von Jennifer Jones, war nackt bis an die Taille und formte mit den Händen die Luft.

Rosemary und ich räkelten uns aneinander und flüsterten Gebete der Dankbarkeit und Liebe für alle, die nicht dabei waren, für Ralph, meine Tochter Susan und Dick.

Die aufgehende Sonne gab sich alle Mühe, den Himmel zu dekorieren, wobei sie wollige Wolken rosa und violett bepinselte. Ted Markland rief uns zu sich, um mit der Zeremonie zu beginnen, doch Samu, Schamane und Veteran von tausend peyotischen Nächten, lag flach. Sein riesiger Bärenkörper pulsierte, seine Augen waren wild vor Staunen. «Die Medizin des weißen Mannes ist zu stark», murmelte er. «Später, später.»

Bald trieb der über uns aufsteigende Stern die Temperatur zum Siedepunkt, also liefen wir alle den Berg hinunter. Benny und seine Freunde halfen Samu, der sich kaputtlachte und indianische Schreie schmetterte. Dann ließ er sich, immer noch hysterisch lachend, in den Rücksitz unseres Wagens fallen. Rosemary und ich saßen vorne, während die lustige Rothaut um den Segen des großen Geistes bat und uns im heiligen Stand der Ehe vereinte. So waren wir: Immer Teil der einen oder anderen heidnischen Zeremonie, wirbelnd in religiöser Ekstase und heroischen Abenteuern. Für uns gab es auf dem Planeten keine Ursünde – nur sakramentale Freuden. Und wir waren nicht allein. Dort draußen standen uns Millionen zur Seite. Das Heidentum jener Tage! Wo ist es nur geblieben?

Jack Leary kam zur Hochzeit aus Laguna Beach mit einem neuen Freund, John Griggs. Erinnern Sie sich an mich? Ich lernte Sie an einer Party in den Hügeln Hollywoods kennen und erzählte Ihnen von unserer Lyserg-Sonntagsschule.

Er lud mich ein, einige Zeit bei ihm in Laguna Beach zu verbringen, das zur psychedelischen Metropole der Welt zu werden schien.

«Keine schlechte Idee, den Winter in einem südlichen Kurort zu verbringen», meinte Rosemary.

Wie immer stand der Geldtank auf leer, doch einige begeisterte Fans an der Cal State in Long Beach arrangierten einen Vortrag für uns. Das Honorar von 1 500,– Dollar würde uns eine Weile am Leben halten.

Wir mieteten ein kleines Haus auf einer Klippe über dem Pazifik. Jack, der gerade achtzehn geworden war, zog bei uns ein. Er war unsicher, was er mit seinem Leben anfangen sollte und verbittert wegen der dauernden Verfolgungen seitens der Polizei. Er gab mir die Schuld am Tod seiner Mutter, war gelangweilt und deprimiert.

John Griggs war unser Führer an diesem neuen Ort. Nachdem er mein Buch *Start Your Own Religion* gelesen hatte, hatten er und seine Freunde genau das getan und sich als Brotherhood of Eternal Love eintragen lassen. Die BEL war eine handfeste Angelegenheit. Auf der Pacific Coast Highway eröffneten sie Mystic Arts World, der Headshop aller Headshops, ein wahrhafter Supermarkt an Hippie-Ausrüstungen. Der Buchladen führte bekannte Titel über orientalische Religion, christlichen Mystizismus, futuristische Psychologien, Psychopharmakologie, Genetik, Gurdjieff, Watts, Crowley, Krishnamurti. Es gab eine Vollwertkost-Abteilung, einen luxuriösen Meditationsraum, eine Kunstgalerie, die hinduistisch-buddhistische Statuen und die Werke östlicher Künstler ausstellte. Eine Kleiderboutique bot afghanische Gewänder, Ledersandalen und handgefärbte Sachen an, die von lokalen Handwerkern gefertigt wurden. Der Laden versah Dutzende von Leuten in der Drogenszene mit Arbeit. Das Geschäft florierte.

Als gemeinnütziger Verein ließ Mystic Arts World ihre Profite in die Gemeinschaft zurückfließen. Er diente ebenfalls als Waschanlage für illegale Gelder, die aus dem Verkauf von Haschisch, Marihuana und LSD stammten. Hier waren wir Zeugen der Geburt einer neuen amerikanischen Agroindustrie: des Cannabis-Handels.

Innerhalb von zehn Jahren sollte Marihuana zum größten landwirtschaftlichen Erntegut in verschiedenen Staaten und mehreren südamerikanischen Ländern werden. Das Bruttograsprodukt ist zu den drei größten des Landes gerechnet worden, direkt hinter General Motors und Exxon, ein Phänomen, das kein Wirtschaftswissenschaftler bis zum heutigen Tag zu analysieren und öffentlich zu interpretieren gewagt hat.

Mitte der sechziger Jahre wurde der Großteil des Marihuanahandels von Amateuren und Halbprofis betrieben. In städtischen und vorstädtischen Quartieren legten ein paar Jugendliche jeweils ihr Geld zusammen und fuhren nach Mexiko. Sie schmuggelten relativ kleine Mengen – ein paar Dutzend Kilo –, von denen die Hälfte zuhause geraucht, die andere verkauft wurde, um die Spesen zu decken. Die Mafia und die organisierten Rauschgiftsyndikate interessierten sich noch nicht für Knaster, der zu umfangreich war, um transportiert zu werden. Zudem konnte sie das offene Zurschaustellen von Verhalten nicht ausstehen, das sündig und geheim zu sein hatte.

In jenen Jahren gab es eine beachtenswerte Unschuld unter Dealern. Die ethischen Regeln waren klar. Man dealte nicht um des Geldes willen, sondern aus Spaß, aus Abenteuerlust, für die

Sache. Man nahm sich einer gesellschaftlichen Pflicht an, um es anderen zu ermöglichen, gut drauf zu sein.

Die Brotherhood of Eternal Love fuhren drei Stunden mit ihren alten Wagen zur mexikanischen Grenze und eine bis zwei weitere Stunden zu den Marihuana-Dörfern. Bald waren sie beliebt bei den Pflanzern von Baja, Sonora und Michoacan. Die Mexikaner hatten noch nie so etwas erlebt wie diese glücklichen und entspannten Typen, so verschieden von den nervösen und hastigen Profis. Die Brüder machten Ferien, törnten an, stürzten Tequilas und ließen sich in ihre Schlafsäcke fallen mit der Selbstverständlichkeit von Leuten, die mit dem Landleben vertraut sind. Sie zahlten bar und mogelten nie. Und einen Monat später waren sie wieder da für mehr Spaß und Deals und mit ein paar weiteren Freunden. Sie waren keine Verbrecher, das war's. Sie waren wie die mexikanischen Hanfbauern Feinde der Federales und genossen das Gras und die Action.

Die Bruderschaft schmuggelte ebenfalls ein paar Mexikaner über die Grenze, bewirtete sie, zeigte ihnen die Gegend, lud sie zu sich nach Hause ein. Die Mexikaner zeigten ihnen ihrerseits Schleichwege und unbewachte Zollübergänge.

So wurde die Bruderschaft zum Draht für eine enorme Menge Gras, das über die Grenze geschmuggelt und dann von Freund zu Freund weitergegeben wurde in den Bezirken Orange, Los Angeles, Ventura, Riverside. Es war das beste Gras, das Anglos je geraucht hatten, und es war nicht teuer.

Die Bruderschaft hatte nichts zu tun mit Betäubungspillen, Heroin oder Aufputschmitteln. Diese Politik war jedem nördlich und südlich der Grenze bekannt. In der Unterwelt machte ihr Ruf schnell die Runde. Niemand im Milieu hatte je so etwas gesehen wie die Tom Sawyer-Bande von braungebrannten Leuten, die ihr starkes Gras praktisch verschenkten, wie auch das gute LSD, das in San Francisco von Owsly hergestellt wurde.

Die Bruderschaft verkörperte jenen kurzen Augenblick am Anfang des Drogengeschäfts, als utopische Motive grassierten. Es war etwas Magisches an dieser Bande von zwanzig jungen Frauen und Männern, Gesetzlose, die eine weltweite Legende schufen und dann still von der Bühne verschwanden. Auch wenn die Polizei sie kannte und jagte, hat keiner von ihnen, soviel ich weiß, je vor Gericht gestanden.

Es war uns Millbrook-Flüchtlingen klar, daß die Szene in Laguna Beach zu auffällig war, um zu überleben. Der Canyon, wo die Schmuggler lebten, war zu sichtbar. Ich bemerkte zu John, daß es weiser wäre, wenn die Bruderschaft Land in den Bergen kaufen würde. Er sandte Teams aus, die Grundstücke ausspähen sollten. Laguna wurde auch zu heiß für Rosemary und mich. Wir konnten die Augen der Polizei auf uns fühlen. Als Ralph Metzner anrief und ankündigte, daß er unser Haus in Berkeley verlassen würde, um als Psychologe am Medecino State Hospital zu arbeiten, beschlossen wir, rüber zu fahren, um zu sehen, wie es der neuen Kultur in der Gegend der Bucht ging.

Es herrschte frischer Geist dort, eine verschwörerische Gemeinsamkeit. Die erste sichtbare Manifestation der Zoom-Generation zeigte ihre Macht. Wenn wir durch die Hügel von Berkeley spazierten, fuhren Leute vorbei und winkten das «V»-Zeichen. Langes Haar war das Emblem. Hippie-Leute waren jetzt eine große, identifizierbare Minderheit. San Francisco war voll davon.

Eines Nachmittags spazierten wir durchs Haight-Ashburry-Quartier. Vor den Länden standen junge Bettler und kleine Dealer, die ihre Ware anpriesen. «Hey, Mann! LSD? Speed? Gras?»

Nach einer Häuserzeile wurde ich erkannt, und ein Geschrei ging los. Die Leute brüllten meinen Namen mit einer Art exaltiertem Eingeborenengeheul, packten mich am Arm, berührten mich verehrungsvoll. Ein Junge riß mir einen Tennisschuh vom Fuß und rannte davon, den Schuh triumphierend über seinem Kopf haltend. Ich war eine Art Legende, ein Messias unter ihnen. Diese Begeisterung machte es unmöglich, weiterzugehen. Wir sprangen in ein vorbeifahrendes Taxi, winkten zum Fenster hinaus und stahlen uns davon.

Die Heldenverehrung war störend. Viele junge Leute hatten mich als tolerante Vaterfigur geprägt. Jetzt sah man mich wirklich als Fürsprecher und Führer dieser großen, apolitischen Wählerschaft der Jungen.

Unsere Vermählung auf dem Berge war in den Annalen des Großen Medizinmannes im Himmel ordnungsgemäß verzeichnet worden, nicht aber vom Staat. So nahmen wir Billy Hitchcocks Einladung an, nach Millbrook zu kommen, um dort unsere staatliche

Trauung zu feiern. Rosemary und ich gingen zum Bezirksgebäude, um unseren Trauschein zu beantragen und fuhren dann zum Polterabend zurück nach New York in Peggys Wohnung. Wir versäumten, dem Sheriff und dem Distriktanwalt unseren Fahrplan mitzuteilen. In einer mitternächtlichen Razzia rannten sie die Türen des großen Hauses ein, doch fanden sie dort nur die Mitglieder eines hinduistischen Ashrams vor, den Billy unterstützte. So waren sie nicht gerade in freundlichster Stimmung, da sie enttäuscht waren, keine Drogen, keine Party, keinen Timothy und keine Rosemary vorzufinden.

Unbeirrt erließ der Bezirksanwalt einen Haftbefehl aufgrund von elf unwahrscheinlichen Anklagepunkten – das Betreiben eines öffentlichen Ärgernisses, das Bewohnen eines Hauses, in dem Drogen genommen wurden, die Verführung von Minderjährigen usw. –, obwohl wir schon seit einem Jahr nicht mehr in Millbrook gewesen waren. Bald waren Kommunalwahlen. Fairerweise muß ich sagen, daß diese Verfolgung nicht G. Gordon Liddy zu verdanken war, der zu wichtigeren Aufgaben in Nixons Weißes Haus befördert worden war.

Es war ein außerordentliches Erlebnis in Sachen selbsterfüllender Prophezeiung, das Entstehen einer alternativen Jugend zu beobachten, die während des Frühjahrs und Sommers 1968 zu einer beachtlichen Kraft in der nationalen Politik wurde. Martin Luther King stellte sich gegen den Krieg. Rennie Davis führte eine Koalition an, die versuchte, 50 000 Demonstranten für den Chicagoer Parteikonvent zu mobilisieren, wobei er unterstützt wurde von Gruppen wie die «Students for a Democratic Society», geführt von Tom Haydn, und von Bürgerrechtsvertretern wie David Dellinger. Jugend-Power nahm zu. Das Ziel des Spiels in jenem Sommer war, den Wahlzug der demokratischen Partei zum Entgleisen zu bringen und Lyndon B. Johnson durch einen Friedenskandidaten zu ersetzen. Ich unterstützte die Bewegung und hoffte, sie friedlich, humorvoll und lehrreich zu gestalten. An einem Punkt hatte ich die Militanten beinahe überzeugt, eine separate Versammlung für das Leben abzuhalten in einem Nationalpark außerhalb Chicagos: «Schreibt die Unabhängigkeitserklärung neu. Ladet Rockgruppen ein. Haltet eine viel größere und viel lustigere Versammlung ab. Übertrefft die Demokraten.»

Dann machte die Gegenkultur ihren Schritt zur Übernahme der demokratischen Partei. Senator Eugene McCarthy kam als Friedenskandidat in die Vorwahlen New Hampshires. Auf den Unigeländen fingen die Kids an, ihr langes Haar zu schneiden, um «Clean for Gene» zu sein und die Aufmerksamkeit der Medien zu erlangen, indem sie an Türen klingelten und in Shopping-Centern Handzettel verteilten. McCarthys großer Sieg in New Hamphsire wurde als gefährlicher Schlag gegen Johnsons Kriegspolitik gewertet. Dann schockierte Bobby Kennedy, der zugegebenermaßen besorgt darüber war, daß die jungen Wähler ihn übergingen, die Erwartungen der alten Garde, indem er seinen Hut in den Ring warf. Plötzlich hatten die Alternativen zwei erlesene Kandidaten. Am 31. März kündete LBJ an, daß er sich nicht um eine Wiederwahl bemühen würde.

Das Wunderbare schien wahr zu werden. Es war offensichtlich, daß Bobby McCarthy in den Vorwahlen siegen und die pathetische Kampagne der LBJ-Loyalisten über den Haufen werfen würde. Mit der Kennedy-Maschinerie in vollem Gang, angefeuert von Bürgermeister Daley aus Chicago, war es ein klarer Fall, daß der struwelige Bobby, das neue Idol der Jugend und der Hoffnungsvollen, das Weiße Haus im Sturm erobern würde. Und Bobbys Sieg würde eine ganze Reihe von jungen Kandidaten nach sich ziehen, die sich für den Frieden und eine neue Politik stark machten.

Zu meinem Bedauern mußte ich feststellen, daß die Yippies und andere Aktivisten diesen Optimismus nicht teilten. Jerry Rubin, der der Jugend riet, ihre Eltern umzubringen, würde sich mit keiner friedlichen Revolution zufriedengeben. Die Yippies und die Radikalen wollten nicht wirklich gewinnen, denn dann würde es keinen Markt für moralische Entrüstung mehr geben.

Alles fing an, auseinanderzufallen. Am 4. April wurde Martin Luther King in Memphis ermordet. Krawalle in über hundert Städten, Armeeeinsatz. Am 5. Juni, dem Vorabend seines Sieges bei den kalifornischen Vorwahlen, wurde Bobby Kennedy erschossen.

Mitte Juni flog John Griggs mit einer interessanten Nachricht zu uns nach Berkeley. Die Brotherhood of Eternal Love hatte eine Option genommen auf eine Ranch in den San Jacinto-Bergen oberhalb von Palm Springs. Ob ich mitkommen und mir das Grundstück ansehen würde?

Dieses Versteck lag in einer spektakulär schönen Nische. Die Zufahrtsstraße führte von dem staatlichen Highway durch ein verschlossenes Gatter und Meilen verlassenen Staatsgebiets zu einem Tal, das von acht Flüßchen aus den umgebenden Gipfeln bewässert wurde. Es gab einen kleinen See, ein weitläufiges Ranchhaus, Pferdekoppeln, eine riesige Scheune, Holzbauten und Blockhütten. Auf einem Hügel über dem Tal stand ein neues und komfortables Holzhaus für Rosemary und mich. Wir zogen sofort ein und genossen eine weitere Periode des kontemplativen Rückzugs von der verrückten und gewalttätigen Welt. Ich warf mich in den Haushalt und baute ein Bett für unseren luxuriösen Doppelschlafsack sowie einen Schreibtisch für mein «Büro», einen kleinen Raum nebenan.

Jeden Tag kamen wir hinunter von unserem Hügel, um uns zu den sechs Familien zu gesellen, die geschäftig das Haus ausbauten, Pferde einritten, Kühe kauften, im Reservoir herumplanschten und vorzüglich gemeinsame Festmahlzeiten zubereiteten.

Eines Nachmittags hörten wir eine neue Platte der Moody Blues. Ich hörte Worte, die während der folgenden Jahre zu einem persönlichen Thema für mich werden sollten:

Timothy Leary's dead...
Oh no, he's outside looking in.
Timothy Leary's dead...
No...Na...No...
He's on the outside looking in.

He'll fly his astral plane,
Take you on trips around the bay,
Bring you back the next day...
Timothy Leary, Timothy Leary,
He'll take you up and bring you down,
Plant your feet firmly on the ground.

He flies so high,
He flies so low.
He knows exactly which way he's going to go.
Timothy Leary, Timothy Leary.

Die Musik war typisch für die Moody Blues, weitreichend in Ton und Lautstärke, anschwellend bis zur Sonorität des Rocks. In einem Augenblick der Pop-Berühmtheit wie diesem staunte ich über den kulturellen Anpassungsprozeß, der meine pedantischen, philosophisch-neurologischen Konzepte in Themen verwandelte, die von Millionen gehört werden würden. Es war nicht zu leugnen, daß diese Art Songs eine mächtige Werbung für Bewußtseinserweiterung und Mehrfachwelten war.

Als die demokratische Parteiversammlung ins Haus stand, sprach ich praktisch jeden Tag mit den Yippie-Versammlungsplanern. Ich versuchte, eine Versammlung in San Francisco vorzuschlagen oder eine Serie Love-in im ganzen Land während der Woche des demokratischen Parteikonvents, aber alle waren gefangen im Griff einer morbiden Faszination des Hervorbeschwörens einer Katastrophe.

Mein Wunsch, Chicago auszucoolen und Humphrey zu unterstützen war nicht völlig uneigennützig. Wenn Nixon gewann, besonders wenn er auf Grund einer Reaktion auf Jugendunruhen gewann, würde ich eine Menge Schwierigkeiten bekommen. Ich befand mich in provisorischer Freiheit; mich erwarteten Jahrzehnte im Gefängnis. Wenn die Säuberungswelle losbrach, würde sie sich sicher gegen Drogen richten, denn eine Kontrolle des amerikanischen Bewußtseins war und ist die Kernfrage.

Rosemary und ich hörten den Berichten von den Ausschreitungen in Chicago zu, während wir vor unserer Berghütte unter dem Sternenhimmel saßen, unsere Gesichter erhellt vom funkelnden Feuer. Das tragbare Radio krachte vor Nachrichten über Polizeibrutalität und Tränengas und bitteren Kämpfen auf dem Parkett des Parteikonvents. Ich konnte die tierische Angst in meinem Rückgrat spüren.

Am Abend der Wahlen fuhren Rosemary und ich von der Ranch zum nahen Dorf Idyllwild, um die Ergebnisse zu sehen. Humphrey hatte in den Meinungsumfragen ständig an Boden gewonnen, und es schien wahrscheinlich, daß die Wähler den liebenswürdigen und mitfühlenden Minnesotaer vor dem «neuen Nixon» wählen würden.

Das beste Restaurant der Stadt weigerte sich, uns Drinks zu servieren, weil Rosemary keine Identitätskarte bei sich hatte. Als Humphrey nur knapp verlor, war ich traurig. Das Klima der Wut, das von Aktivisten wie Tom Haydn, Jerry Rubin und Eldridge Cleaver (angeheizt von Nixons Provokateuren) heraufbeschworen worden war, hatte einen Veteran des Zweiten Weltkriegs ins Weiße Haus gebracht, der vor kaltem Kriegsfieber brannte, der Legionärskrankheit.

Weihnachten 1968. Familie und Freunde versammelten sich auf der Ranch zu einem altmodischen Familienfest. Jack und Susan, die in der Mystic Arts-Buchhandlung in Laguna arbeiteten, kamen rauf für das Fest und wohnten in unserer Hütte.

Wenn der Himmel blau war, waren die Bergspitzen in Sonnenlicht gebadet, doch diese Woche war bewölkt und kühl. Am Tage nach Weihnachten bekamen wir den Hüttenkoller. Rosemary und ich beschlossen nach Berkeley zu fahren und eine Woche Zivilisation zu genießen, ehe wir mit der Winter-Vorlesungstournee begannen. Wir fuhren Susan in ihre Wohnung nach Laguna und begaben uns dann in den Canyon, wo Jack im Hause von John Griggs lebte. Wir wurden von einem ungekennzeichneten Wagen verfolgt. Als ich vor dem Haus parkte, erschien ein Polizist auf meiner Seite des Autos und verlangte, meine Papiere zu sehen. Er sprach in sein Funkgerät.

Minuten später kamen zwei weitere Uniformierte angefahren, mit Blaulicht. Vier Beamte standen nun bei meinem Fenster. Der erste Polizist sagte: «Steigen Sie aus, oder wir wenden Gewalt an.»

Ich stieg aus und protestierte gegen die Illegalität der Durchsuchung. Der Polizist beugte sich über den Fahrersitz, fummelte im Aschenbecher und sagte dann: «Sie sind verhaftet.»

Es war eine wortwörtliche Wiederholung meiner Begegnung mit G. Gordon Liddy: Verhaftet? Weswegen?

Der Beamte langte in seine rechte Hosentasche und zog zwei zerknitterte, halbgerauchte Joints hervor. Mit diesen handlichen Beweisen als Berechtigung filzten die anderen Beamten Jack und Rosemary (die beide etwas bei sich hatten), legten uns allen Handschellen an und fuhren uns ins Gefängnis. Dort wurden wir gezwungen, uns derselben alten Routine zu unterziehen: Fingerabdrücke, Verbrecheralbum, Zelle. Die Anwälte der Bruderschaft hatten uns innerhalb einer Stunde gegen Kaution befreit.

Am nächsten Tag kam unser Verteidiger mit beruhigenden Nachrichten: «Jeder im Gerichtsgebäude weiß, was passiert ist. Der Polizist, der euch verhaftet hat, ist bekannt dafür, den Leuten was unterzujubeln. Wir werden diesen Fall beim ersten Verhör null und nichtig machen.»

«Das klingt gut», meinte ich, «doch sagen Sie mir doch mal, was ist denn eigentlich die Strafe für den Besitz von zwei Jointkippen?»

«Sechs Monate bis zu zehn Jahren», erwiderte der Anwalt. «Machen Sie sich aber keine Sorgen. Wir werden Sie da rausholen, und wenn wir bis vor das Bundesgericht gehen müssen.»

«Wird dies der Regierung nicht die nötige Begründung liefern, meine provisorische Freiheit im Fall Laredo aufzuheben?»

«Die brauchen keine Begründung», meinte der Anwalt. «Wenn die sie einsperren wollen, werden sie das tun.»

SOKRATES (469 – 399 v.Chr.), Athener Philosoph, glaubte, daß das Ziel des menschlichen Lebens darin besteht, nach der Wahrheit der Dinge zu suchen, so wie sie wirklich ist, und nicht so, wie der gewöhnliche Verstand sie interpretiert. Vom Orakel zu Delphi als weisester Mann Griechenlands gepriesen, lehrte Sokrates, daß Tugend, dieses höchste Gut, identisch ist mit intelligentem Handeln, das von innen heraus gelernt und entwickelt werden muß.

Wie der Rattenfänger von Hameln war auch Sokrates ein Agent der Jugend, angeklagt von «konservativen Gehirnen des gefährlichen Spiels, alle Autorität vor einem Kreis von leicht zu beeinflußenden Jugendlichen der Lächerlichkeit preiszugeben und dem Staat die Stabilität der Tradition abzusprechen... Seine entgleisende Wirkung auf die Jugend und seine ständige Kritik konnten vom Establishment nicht gelitten werden» (*Encyclopedia of Philosophy*, Macmillan).

Sokrates kann auch beschrieben werden als der erste Philosoph, der in seinen Lehren die Seele als Ursprung menschlichen Verhaltens postulierte. Seine Synthese von Einsicht und Dialektik, die darauf abzielt, innere Weisheit zu entwickeln und diese in praktischem Denken und rechtem Verhalten zu prüfen, hatte einen tiefen Einfluß auf das westliche Denken.

Im Jahre 399 v.Chr. wurde Sokrates der Gotteslästerung und der Verführung der Jugend angeklagt. Seine Verurteilung, seine Gefangenschaft und seine Hinrichtung durch das Trinken des Schierlingsbechers werden von Plato in der *Apologie, Kriton* und *Phaidon* geschildert.

32. Kulturelle Evolution oder politische Revolution

Als das Jahr 1968 sich seinem Ende zuneigte, waren 550 000 junge Amerikaner in den Vietnamkrieg geschickt worden; über 30 000 waren bereits gestorben in dieser asiatischen Tragödie, die weiterhin gepriesen wurde von jenen, die vor 1930 zur Welt kamen und verhaßt war bei denen, die nach 1946 geboren worden waren.

Vier Monate nach der Vereidigung Nixons war die amerikanische Führung heftig in zwei Kriege verwickelt, einen in der Fremde und einen im eigenen Land. Während die Air Force geheime Bombardierungen von Kambodscha vornahm, lancierte die FBI unter J. Edgar Hoover (der jetzt eindeutig senil war) die Operation Contelpro – Infiltrierung und Provokation von Gruppen von Kriegsgegnern und schwarzen und linken Studenten. Um zu vermeiden, daß man ihn wegen Zuwiderhandelns gegen seine bedingte Haftentlassung zurück ins Gefängnis steckte, floh Eldridge Cleaver nach Kuba, um später eine Gemeinschaft von politischen Exilanten in Algerien auf die Beine zu stellen. Universitäten im ganzen Land (sogar das solide, alte Harvard) gärten vor offener Rebellion. Richard Kleindienst, stellvertretender Bundesstaatsanwalt, rief öffentlich zu einer Politik der Unterdrückung von «ideologisch Kriminellen» auf. Feinde, wohin man schaute.

Die Bergwüste war ein schöner Ort, von dem aus man diese planetären Turbulenzen beobachten konnte. Hier war das Terrain sehr verschieden von dem fruchtbaren grünen Nordosten meiner Kindheiten, der psychologischen wie der lysergischen. Hier gab es kein fruchtbares, feuchtes Erdreich, das vor Leben strotzte, nur eine harte, rostfarbene, lunare Oberfläche, auf der jedes mickrige Gestrüpp für sich allein stand und unter der heißen Sonne und dem trockenen Wind nach Überlebensstrategien suchte, seine Wurzeln tief nach Wasser ausstreckte und dann, wie im Falle des sinnlichen Joshua-Baums oder der ausladenden Yucca vor Blüten explodierte, die skandalös rochen, als ob die Härte der Umgebung nach dem extravagantesten Zurschaustellen sexueller Einladungen verlangte.

Manchmal nahmen Rosemary und ich Schlafsäcke mit in die Berge, machten ein Feuer, nahmen LSD und verbrachten die Nacht beim Betrachten des Abendprogramms am Himmel. Auch hörten wir den Lärm von Helikoptern und das Heulen der Jets, die tief über das Tal flogen. Ein freundlicher Journalist erzählte uns, daß die March Air Force-Basis unsere Gegend als Ziel des Nachtflugtrainings jener Piloten benutzte, die für Vietnam bestimmt waren.

Von der Ruhe der Wüste stiegen wir einmal mehr zum Universitätsgewimmel der Vorlesungen hinab. Meine Auftritte waren jetzt so umstritten, daß sogar das Planen eines solchen Anlasses heiße Debatten zwischen den Studenten und der Fakultät/Verwaltung mit sich brachte. Um die nervösen Polaritäten in der Atmosphäre zu stabilisieren, buchte meine Agentur meine Auftritte in Form von Debatten, wofür einer der angesehensten Drogenexperten der Regierung unter Vertrag genommen wurde, Dr. Sidney Cohen, der mit mir aufzutreten hatte. Ihm fiel die nicht gerade beneidenswerte Aufgabe zu, die konservative Seite zu vertreten – ein eigenartiger Seitenwechsel für Sidney, der zehn Jahre zuvor umhergerannt war und Lyserg abgegeben hatte an Henry Luce, Aldous Huxley, verschiedene Hollywood-Stars und eine Reihe von Politikern. Sidney hatte oft LSD genommen und zwei Bücher geschrieben, die die Wunder von *The Beyond Within** beschrieben. Es störte mich, daß er jetzt zu Vermögen und Ansehen kam, indem er das Negative betonte.

Die Aufregung jener Tage! Fernsehkameras surrten, wenn Flugzeugtüren sich öffneten. Lampen blitzten. Psychedelische Fahnen wurden hochgehalten. Bumsvolle Auditorien. Ballonwolken, die zur Decke hochflogen. Blumen. Rebellische Schreie. Wilde Verkleidungen! Zu meinen Auftritten trug ich meist weite weiße Hosen, seidene Hindu-Hemden, einen Roßschwanz und keine Schuhe. (Leute, die sich an mich in Roben erinnern, denken an Richard Alpert, eine verständliche, doch peinliche Verwechslung.) Ein Kritiker des *New Yorker* schrieb, ich sähe wie ein gestrandeter Matrose aus, was ich recht zutreffend fand.

Dr. Sidney Cohen trug dunkle Anzüge und Krawatten.

Meine Darlegungen hatten sich in inspirative Monologe verwandelt – leidenschaftliche Oden an die Evolution. Ich erinnerte meine Zuhörer an ihre heroische Vergangenheit an der Siedlungsgrenze und stellte große Augenblicke der Entdeckung dar, wobei ich die Gefahren der Konformität verschrie und für ein Leben der individuellen Tat und des persönlichen Wachstums statt der Partisanenpolitik plädierte. All dies wurde in der Art eines «Anheizers der Transformation» vorgebracht.

Dr. Cohen, der seine eigenen Forschungsergebnisse betreffend der relativen Sicherheit von LSD mißachtete, erzählte dieselben Standard-Geschichten von Rindenesserei und Fenstersprung.

* «Das Jenseits in uns» – nicht übersetzt (A. d. Ü.)

Es gab zwei häufige Angriffsquellen. Politische Militante gingen manchmal auf mich los, weil ich die Jugend von einer bewaffneten Revolution ablenkte, und ältere Menschen schrien, ich sei der Anti-Christ, ein Teufel, der die Jugend verführe. Es war ein regelrechtes Schmierentheater.

Als die Universitäten im Juni ihre Tore schlossen, machten Rosemary und ich uns auf den Weg zurück zur Ranch, um zu verarbeiten und aufzutanken. Der heiße Modetrend jenes Frühjahrs waren Tipis oder Indianerzelte. Rosemary und ich errichteten unser Art Déco-Wigwam in dem blühenden Apfelgarten.

Ich schrieb ein Kapitel über Gewaltlosigkeit für ein Buch, das von *Time / Life* veröffentlicht wurde, und füllte ein Notizbuch über die Zukunft der amerikanischen Politik. Ich spielte mit dem Gedanken, in die Politik zu gehen, wenn ich mich aus dem Gefängnis heraushalten konnte. Wer konnte leugnen, daß das alte System einer republikanischen Regierung, wie es 1796 in Philadelphia und in der Verfassungskonvention des Jahres 1787 niedergelegt worden war, durch große Transportgeschwindigkeit und Kommunikation veraltet war? Es war völlig absurd, einen Abgeordneten zu wählen, der die Interessen des Volkes vertrat, in einem Zeitalter, wenn sich die Hauptstadt nicht mehr acht Tagesritte von Boston oder Atlanta entfernt befand. Jetzt, wo wir uns auf das Zeitalter von Computer und Elektronik zubewegten, war die Intelligenz vielmehr als das Territorium der Kernfragen einer jeden Regierung. Im Informationszeitalter bestand die Funktion des Staates darin, Erziehung, Kommunikation, Innovation und Unterhaltung zu fördern: die Volksintelligenz zu steigern.

Ich entwarf ein politisches Programm, das vom einundzwanzigsten Jahrhundert aus gesehen bescheiden wirkte, und machte mir Gedanken darüber, wie ich es unters Volk bringen konnte.

Wir erwachten durch Hundegebell, die ersten warnenden Laute von Fang und Finnegan, unserer neuen australischen Dingos.

Dann erreichten uns die ersten Stimmen der Gruppe, die vom Hauptlager zu uns heraufgestiegen kam.

Rosemary zog das «durchsichtige Kleid» an, das G. Gordon Liddy berühmt gemacht hatte. «Es ist doch Montag, nicht wahr», fragte sie mich ängstlich. Sechs Monate warteten wir nun schon auf das

Urteil des Obersten Gerichtshofs im Fall Laredo. Bescheide kamen Montag morgens.

Die Stimme von John Griggs drang zu uns, er erschien in der Tipi-Öffnung zusammen mit Carol und anderen der Bruderschaft. Sie grinsten bis über beide Ohren. «Wir haben es soeben im Radio gehört. Der Oberste Gerichtshof hat euch freigesprochen. Neun gegen null. Sie haben das Marihuana-Gesetz für verfassungswidrig befunden.»

Rosemary und ich sahen einander in die Augen, dann küßten wir uns. Es war einer dieser großen Momente.

Jemand schrie auf. Unten an der Zufahrtsstraße standen drei fremde Wagen. «Sieht mir nicht nach Bullen aus», sagte John mit reflexmäßiger Vorsicht.

«Es sind Reporter», sagte Rosemary.

Die Männer fingen an, den Hang zum Tipi hochzuklettern; manche trugen Taschen mit Fotoausrüstungen. ABC, NBC, CBS. Rosemary und ich standen vor unserem Indianerzelt, während die Fernsehkameras surrten.

«Nun, da Sie die staatlichen Marihuana-Gesetze über den Haufen geworfen haben, was haben Sie vor?»

«Ich werde mich um das Amt des Gouverneurs von Kalifornien bewerben», verkündete ich.

Den Reportern schien diese Idee zu gefallen. Der Amtsinhaber war ein zweitrangiger Filmschauspieler, der aus seiner Verachtung für die Armen, Schwarzen, Alternativen, Latinos, Frauen, Studenten, Liberalen, Jungen und... Journalisten kein Hehl machte.

«Was werden Sie vertreten?»

«Der Staat Kalifornien», antwortete ich, «sollte wie ein gutgehendes Geschäft betrieben werden. Anstatt den Einwohnern Steuern abzuknüpfen, sollte ein gutfunktionierender Staat einen Profit abwerfen. Jeder, der intelligent genug ist, in Kalifornien zu leben, sollte eine Dividende ausgezahlt bekommen.»

Ich verteilte ein dreiseitiges politisches Programm zur Abschaffung sämtlicher Steuern, das Extravaganzen billigte und Schulen, Universitäten und Gefängnisse in gewinnträchtige Institutionen verwandelte. Direkte elektronische Abstimmungen ersetzen gewählte Abgeordnete, was zu einer Dezentralisierung und mehr lokaler Autonomie führen würde.

«Sie könnten eine Menge Leute mobilisieren mit diesen Ideen», meinte ein Fernsehkameramann.

«Genau das befürchte ich», seufzte Rosemary.

Viele von meinen nach innen orientierten Freunden waren erstaunt, als ich meine Kandidatur für den Posten des Gouverneurs bekannt gab, weil sie die Politik als das mieseste aller menschlichen Geschäfte betrachteten.

«Du bringst dich in eine unmögliche Situation», meinte Alan Watts. «Wenn du keine Wellen schlägst, verlierst du nur Zeit. Und wenn du sie schlägst, wirst du im Gefängnis landen oder, noch schlimmer, im Rathaus.» Doch ich sah die Politik als eine der wichtigen Stufen der persönlichen Entwicklung. Zollte ihr Plato nicht seinen Tribut mit der Gewerkschaft der Philosophen in seiner *Republik*?

Jeder mußte schließlich die acht Grundfragen des Lebens für sich selbst beantworten. Wie konnte man sich vor der angenehmen täglichen Routine drücken, die Acht Technologien Gottes, von denen die Politik eine ist, auf den neuesten Stand zu bringen?

Also bereitete ich meine Kampagne vor. Der erste Schritt bestand darin, mir die Unterstützung der Presse zu verschaffen. Innerhalb einer Woche holte ich mir Zusicherungen von Max Scheer, Redakteur des berühmten *Berkeley Barb*, von Art Kunkin, Herausgeber der einflußreichen *Los Angeles Free Press*, die Unterstützung von *The San Francisco Oracle* und anderen alternativen Zeitungen in San Diego, Sacramento und Santa Barbara. Jann Wenner von *Rolling Stone* bot mir seine Hilfe an.

Der Plan bestand darin, einen Kampagnezug zu mieten, ihn mit alternativer Prominenz und Rockbands zu beladen und von einer Stadt zur anderen zu ziehen. Eine der Schlüsselfiguren der Kampagne war Wendy Stark, Enkelin von Fanny Brice und Tochter des Produzenten Ray Star. Wendy machte sich auf, um uns die Unterstützung der Kinder berühmter Amerikaner zu verschaffen – Söhne und Töchter im Studentenalter von Senatoren, Filmstars, Finanzfachleuten.

Wir flogen nach New York, um mit Musikern/Sponsoren eine Schallplatte aufzunehmen, die einige Nummern bringen sollte, die als Hintergrund zu meiner Kampagne-Platte zu dienen hatten. Vor der Sitzung lud uns Jimmy Hedrix zum Essen in Greenwich Village ein. Er fragte uns scheu nach der philosophischen Bedeutung von Visionen, die er auf LSD-Trips gehabt hatte. Er war so weltfremd, daß seine Freundin Stella ihn wegen des Essens beraten, für ihn bestellen und ihm sagen mußte, wieviel Trinkgeld er geben sollte.

Jann Wenner erschien am Nebentisch. Jann, 1946 geboren, ist der ständige Kundschafter der Babyboom-Generation gewesen. Was auch immer diese Generation wollte, Jann war der erste, der es spürte. Wir luden ihn ein, mit uns ins Studio zu fahren.

Rosemary, Jann und ich saßen im Kontrollraum. Meine Stimme dröhnte futuristisch-neurologische Kampagne-Gedichte und sang die Elogie der Neuprägung («Diesmal kannst du sein, wer du willst»), besang die Freuden des Nervensystems («Was törnst du an, wenn du antörnst?») und ließ eine Hymne auf den vorderen Hirnlappen erklingen («Mit meinem Hirn bin ich rund um die Welt gefahren»). Durch die Glaswand beobachteten wir Jimmy Hendrix, der eine Baßgitarre behämmerte, während Stephen Stills und John Sebastian die Leads tönen ließen und Buddy Miles wie ein Berserker auf das Schlagzeug einschlug. Das war mir eine mächtige Wahlbotschaft.

Am nächsten Tag erreichte uns ein Anruf von John Lennon und Yoko Ono, die es nicht geschafft hatten, zur Aufnahme zu kommen, da eine Verurteilung wegen Gras sie außer Landes hielt. John und Yoko wollten, daß wir uns zu ihnen in Montreal gesellten, wo sie ein Bett-in abhielten. Sie sandten Eicheln an Präsidenten und Diktatoren auf der ganzen Welt als Symbol der Friedensbewegung. John wollte, daß wir ihm dabei behilflich waren, eine Platte aufzunehmen, *Give Peace a Chance*.

Ganze Polizeikommandos patrouillierten im Gang der Lennons im Queen Elizabeth Hotel. John und Yoko, die auf einem riesigen Doppelbett lagen, winkten uns glücklich näher und warfen uns Kußhändchen zu, als wir ins Zimmer traten. Umgeben von kahlen und orangefarben gekleideten Mönchen wurden sie gerade von einem Reporter aus Montreal befragt.

«Woher beziehen Sie Ihre Kraft?» fragte der Journalist.

«Von Hare Krishna», antwortete John.

«Dort nehmen wir's her, wissen Sie», ergänzte Yoko treuherzig.

«Wir bestreiten es nicht.»

Nachdem alle gegangen waren, verbrachten Rosemary und ich einen angenehmen Nachmittag und redeten über unsere Ranch und ihre Insel vor der englischen Küste. Tommy Smothers traf ein, dann ein kanadischer Rabbiner. Als die mehrspurige Aufnahmeanlage aus Toronto ankam, nahmen wir die Sonntagsschulhymne auf, die John ausgeheckt hatte. Feierlich sangen wir den Refrain, während Rosemary das Tempo setzte, indem sie auf Tommy Smothers Gitarrenkoffer klopfte. Dann fügte John eine Strophe hinzu:

John and Yoko, Timmy Leary, Rosemary, Tommy Smothers, Bobby Dylan, Tommy Cooper, Derek Taylor, Norman Mailer, Allen Ginsberg. Hare Krishna. All we are saying is give peace a chance.

Am nächsten Morgen fragte mich John, was er tun könne, um mir bei meiner Kampagne für das Gouverneursamt zu helfen.
«Schreib mir ein Wahllied», bat ich ihn.
«Okay», sagte John. «Was ist das Thema?»
«Der Wahlspruch unserer Kampagne lautet: ‹Come together, join the party›.»
«Großartiges Motiv», meinte John. Er packte seine Gitarre und begann zu improvisieren:

Come togher right now.
Don't come tomorrow, don't come alone,
Come together right now,
Over me.
All I can tell you is
You gotta be free.

Wir spielten ein paar Versionen. Dann sang John das Lied und übergab mir das Band.

Bester Laune fuhren wir nach New York zurück. Die Alternativpresse begann, mein politisches Programm zu veröffentlichen. Das Lennon-Stück «Come Together» fing an, von den Radiosendern Kaliforniens gespielt zu werden. Der nächste Schritt war, einen Film zu machen.
Wir trafen uns zu einer Lagebesprechung in der Wohnung des Produzenten. Seine ursprüngliche Idee war, unserem Wahlzug nachzufahren und zusammen mit einer Film-Crew die Versamm-

lungen aufzunehmen. Der Film würde nach der Abstimmung Premiere haben.

Er brauchte etwas Zeit, um zu begreifen, daß der Film, der davon handelte, wie ich die Wahl gewann, *vor* der Abstimmung abgedreht und uraufgeführt werden sollte. «Sehen Sie, es ist ein Dokumentarfilm, der zeigt, wie man die Zukunft kreiert», erklärte ich. «Wir drehen einen Teil zu Beginn der Kampagne, filmen ein Konzert samt Versammlung und ein paar positive Reaktionen auf der Straße. Doch der größte Teil wird aus Nachrichtensendungen bestehen, in denen unsere Leute über meinen langen, aber unaufhaltbaren Aufstieg in den Meinungsumfragen berichten, dank der Unterstützung von jungen Stimmbürgern, Vegetariern, Astrologen, den zwei Millionen Grasrauchern des Staates, Größen des Schaugeschäfts. Mensch, wir sprechen hier von Kalifornien! Wir werden Leute haben, die aus der Wahlkabine kommen und dem Publikum erzählen, warum sie für mich gestimmt haben. Berichte über letzte Resultate und die Dichte des Rennens. Und dann eine Siegesfeier aus dem Ambassador Hotel. Der Film wird nur in Kalifornien und zwar im Monat vor den Wahlen gezeigt.»

Er machte einen schockierten Eindruck. «Sie meinen, der Film wird den Wahlausgang zeigen, ehe die Wahl stattgefunden hat?»

«Sie haben es erfaßt. Wenn die Wähler es auf der Leinwand stattfinden sehen, werden sie dafür sorgen, daß es am Wahltag auch so *wird*.»

«Und Sie wollen den Film nur in Kalifornien zeigen?»

«Nachher wird die ganze Welt sehen wollen, wie wir mit einem Film die Wahl gewonnen haben.»

«Aber das Budget», protestierte er.

«Sie stellen ein Budget auf, und ich werde das Geld besorgen. Wir werden Eintritt verlangen für die Rockkonzerte, verstehen Sie. Und T-Shirts werden wir drucken lassen. Dann das Album. Die Kampagne wird einen Profit von zehn Millionen Dollar erzielen, die wir dem Finanzamt schenken.»

Es ging wieder eine Weile, bis er sich's überlegt hatte, dann sagte er zu.

Unsere Euphorie wurde am nächsten Tag im Büro meines Anwalts etwas gedämpft. Es sah so aus, als würde ich gar nicht dazu kommen, mich einer Wahl zu stellen, wenn es nach der Regierung ging.

322

«Ich habe mit Staatsanwälten Ihrer Fälle im ganzen Land telefoniert», meinte mein Anwalt, «und sie haben ein ganz schönes Winterprogramm für Sie. Erstens einmal waren Sie so toll in Laredo, daß man Sie dort im Dezember für ein weiteres Gaststpiel buchen will.»

«Laredo? Aber ich dachte, wir hätten diesen Fall vor dem Obersten Gerichtshof gewonnen.»

«Stimmt, doch die Behörden haben Sie aufgrund einer Formalität neu eingeklagt. Dieses Mal weden Sie wegen des Transports von Marihuana vor Gericht stehen. Genau gesagt, für das Fahren eines Wagens über die Distanz von achtzig Metern, von der Mitte der Internationalen Brücke bis zum Grenzübergang. Die Höchststrafe beträgt zwanzig Jahre und eine Buße von 10000,– Dollar.»

«Sie machen Witze!»

«Das ist nur der Anfang. Später, im Dezember, wird man Sie zu einem persönlichen Auftritt in Laguna Beach einladen. Und nach Jahresbeginn fahren Sie zurück nach Poughkeepsie wegen der elf Anklagepunkte von Millbrook. Ich habe das Gefühl, daß die lokalen Geschworenen Sie für schuldig befinden werden. Es ist ziemlich sicher, daß diese Verurteilungen vor dem Bundesgericht rückgängig gemacht werden, doch das kann zwei Jahre dauern. Inzwischen kann man Sie ohne Kaution gefangenhalten.»

«Also riskiere ich zwanzig plus elf plus zehn Jahre für eine halbe Unze Marihuana und zwei Kippen, die nicht mir gehörten?»

«So ist es.»

«Und sogar, wenn ich erfolgreich gegen diese Fälle vorgehe, werde ich eine gewisse Zeit im Gefängnis verbringen müssen, während ich auf Berufung warte?»

«Ja, und es wird Sie auch einen Haufen Geld kosten. Worum es geht, ist, daß die Regierung Nixons den totalen Krieg gegen Drogen angekündigt hat. Sie wissen, daß sie die Leute nicht davon abhalten können, Drogen zu nehmen, also ist das beste, was sie tun können, das Symbol einzusperren. Jetzt gehen sie von drei Seiten auf Sie los. Und sie können Sie weiterhin mit falschen Beschuldigungen verhaften, solange sie Lust haben.»

«Was kann ich machen?»

«Am besten Sie rennen gleich los und lassen sich für die Wahl aufstellen. Die Entrüstung der Öffentlichkeit ist der einzige Schutz, den Sie haben.»

«Es gibt noch eine andere Richtung, in die ich rennen kann»,
entgegnete ich, «ich gehe gleich jetzt los und beantrage einen Paß.
Ich habe nicht im Sinn, Märtyrer zu werden.»

Der Höhepunkt des letzten Sommers der Sechziger war Woodstock, eine überzeugende Machtdemonstration der Nachkriegsgeneration. Eine halbe Million Leute versammelten sich an einem
Wochenende, um die drittgrößte Stadt des Staates New York zu bilden. Instant-Metropolis! Einhundertausend LSD-Trips, zwei
Geburten, drei Todesfälle ohne Drogeneinwirkung.

Da wir die Organisatoren kannten, wußten wir von der Gier und
dem Machtwahn in den Kulissen, also hielten wir uns fern. Die
Haie waren in voller Größe da. Die Polizei des Staates New York
drohte, das Genze zu verbieten, wenn man sie nicht für ihre Dienste bezahlte. Musiker und ihre Agenten manövrierten. Die Leute,
die sich um die Kontrolle der Bühne stritten, wußten nicht, daß
der Star dieser Show die Menge sein würde. Die reinen Massen
waren überwältigend. Die neue Generation gab ihre Stärke auf
epideiktische Art bekannt. Noch beeindruckender war die Sanft-
heit dieser «Blumenkinder». Friede und Liebe waren das Thema
des Anlasses, der zum Symbol einer ganzen Zeit wurde.

Bill Graham sah, was los war, und haßte sie. Der Film *Woodstock* erwischt ihn in einem historischen Moment, wie er sich die
Haare rauft und mit vor Wut verzerrtem Gesicht die Armee von
Kindern anschreit, die das Grundstück überrennen. *«Die kleinen
Arschlöcher zahlen keinen Eintritt!* Sie sind wie die südamerikanischen Ameisen», brüllt er in die Kamera. «Man kann sie nur aufhalten, indem man Gräben aushebt und sie anzündet.»

Drei Monate später fand das Gratis-Konzert der Rolling Stones
im Rennstadion von Altamont statt, etwa zehn Meilen östlich von
Oakland. Der Manger der Grateful Dead hatte mich eingeladen,
an den Festlichkeiten teilzunehmen. Als ich im Büro in San Francisco anrief, tat Emmett Grogan so, als sei er für das Konzert verantwortlich. Das waren schlechte Nachrichten. Fixer und Straßen-
kämpfer, Liebling der linken Schickeria, der sich gerne mit romantischen Machos umgab, war Emmett ein bekannter Agent provo-
cateur und Säer von Zwietracht. Als er mir anvertraute, die Hells
Angels seien für den Saaldienst verantwortlich, ließ der ironische
Unterton in seiner Stimme auf nichts Gutes schließen.

Die East Oakland Freeway war bereits morgens um zehn total verstopft. Jack, Rosemary und ich parkten in der Nähe einer Ausfahrt, kletterten auf die Autobahn zurück und sprangen fröhlich auf den ersten Kombi, der vorbeikam. Die Fahrt nach Altamont sollte zu einer meiner schönsten Erinnerungen aus jener Zeit werden. Zwei-, drei-, viertausend Leute, alle in festlicher Stimmung, die Joints, Früchte, Wein und Bier von einem Auto zum nächsten weitergaben, während wir Zentimeter um Zentimeter vorwärtskamen. Es lief Musik; die Sonne schien. Auf uns warteten die harten Burschen, die mit ihren Harleys und in Helikoptern angebraust waren, und die sich jetzt in Luxuswohnwagen entspannten und über die Bühne torkelten.

Wir gingen die letzten paar Meilen zum riesigen Stadion zu Fuß. Zur Mittagszeit war es voll von Leuten, die Decken ausbreiteten, rauchten, picknickten, Lyserg schluckten. Die Stimmung war ausgezeichnet. Santana spielte irgendwo da vorne auf der Bühne, aber das war egal. Viele Mundharmonikas, Gitarren und tragbare Radios füllten die Luft.

Wir wanderten zur Bühne. Die Menge rings um die Empore drängte bereits nach vorn, auch wenn es noch Stunden dauern würde, bis die Rolling Stones auftraten.

Die Hells Angels, die rund um die Bühne aufgestellt worden waren, suchten eindeutig Zoff, der dann während des Auftritts der Jefferson Airplane begann. Marty Balin, der Sänger, wurde von einem Angel daran gehindert, an sein Mikrophon zu gehen. Als Marty protestierte, packte ihn ein zweiter Rocker. Der verantwortliche Angel, mit einer Jacke, die vor Abzeichen strotzte, schaute mich an und zuckte mit den Schultern. Was sollte er sagen? «Meine Jungs sind besoffen vom Bier der Grateful Dead. Es wird Stunk geben.»

Nachdem die Airplane fertig waren, entstand ein Vakuum auf der Bühne. Alle warteten zwei volle Stunden.

«Sag Mick, er soll auf die Bühne kommen», schrie ich zu Grogan rüber.

«Er will warten, bis es dunkel ist, um einen besseren Auftritt zu haben.»

Die Spannung wuchs mit der Langeweile. Als es Nacht wurde, glimmten kleine Feuerchen rund um den Rand des Stadions auf, die eine Szene aus Dantes Inferno heraufbeschworen. Die Menge vor der Bühne begann nach vorne zu wogen, gestoßen von denen hinter ihnen.

Schließlich kam Sam Cutler auf die Bühne, wartete, bis die Riesenmenge sich beruhigt hatte, und sagte: «Aus London, die Rolling Stones.» Ein langsames Schaudern der Erregung vibrierte durch das Amphitheater, als die mythischen Musiker auf die Bühne hüpften. Mick hatte eine Whiskeyflasche in der Hand.

Mit unheimlicher Voraussicht fing die Gruppe gleich mit «Sympathy for the Devil» an. Mick sang: *«Please allow me to introduce myself. I'm a man of wealth and fame...»* Der Ozean von Fans wogte nach vorne. Hell's Angels sprangen auf, um sie zurückzudrängen, schlugen um sich mit Fäusten und Stöcken, zwangen die Flut zum Abebben. Dann wogte die Menge wieder vor. Die Angels hechteten von der Bühne, Messer und Fäuste flogen. Mick hörte auf zu singen. Er versuchte, den Sturm zu beruhigen, doch er hatte die Kontrolle verloren. Inzwischen ging das Massaker weiter. Opfer fielen, und die Band spielte. Sie klangen nie besser als damals, als der Rauch von Hunderten von Feuern über das Feld der von den flackernden Flammen erhellten Gesichter floß. Jene, die weiter als hundertfünfzig Meter entfernt waren, ahnten nicht, was für ein Gemetzel rund um die Bühne stattfand.

Der Krawall der Hells Angels, der im Tod eines Zuschauers gipfelte, war Anlaß für Moralin-saure Editoriale, die behaupteten, daß das Jahrzehnt von Frieden und Hoffnung in zielloser Drogengewalt geendet hatte. Tatsache ist, daß all die schlimmen Dinge rund um die Bühne geschahen, dem Machtzentrum, wo die Lieblingsdroge der Alkohol gewesen war. Ich kann mich an niemanden auf der Bühne erinnern, der nach 1946 geboren worden war.

Etwas schien klar betreffend Woodstock und Altamont. Keiner der Rockstars und Produzenten dieser Veranstaltungen hatten eine Ahnung, was damals auf dem Planeten los war. Der Genpool war seinen Führern und Vertretern weit voraus.

Etwa zwei Wochen später hielt ich einen Vortrag in Boston, als ich einen Anruf von Rosemary erhielt. Sie weinte.

«John Griggs ist soeben gestorben. Eine Überdosis Psilocybin.»

«Mein Gott, das kann doch nicht wahr sein. Ich komme mit dem nächsten Flugzeug.»

Es war wahr.

Am Abend zuvor hatte John beschlossen, zum ersten Mal Psilocybin zu versuchen. Der synthetisierte Pilz, von Experten als sicherste und sanfteste psychedelische Droge angesehen, war sechs Jahre lang nicht erhältlich gewesen, weil Sandoz die Verteilung stoppte, nachdem unser Harvard-Projekt öffentlich bekannt wurde. Als John Griggs hörte, daß ein Chemiker in Los Angeles die seltene Substanz synthetisiert hatte, kaufte er sich einen Vorrat davon.

John und Carol bereiteten das Tipi vor. John badete und kleidete sich zeremoniell. Carol entfachte das Feuer und wartete, bis die Droge anfing zu wirken. Full Buck Moon, ihr Baby, schlief in seiner Wiege. Carol entspannte sich auf den Kissen zusammen mit ihren Kindern Sissy und Jerry, die sich an sie schmiegten, während sie ihnen bei Kerzenlicht vorlas.

John hatte eine erhebliche Dosis genommen. Etwa eine halbe Stunde später war er sehr high und sehr krank. Er stand auf. «Diese Droge ist nicht rein. Ich bin vergiftet worden. Ich gehe rauf zum Tipi von Benny, um ihn zu warnen, nicht davon zu nehmen.»

Wenige Minuten später kehrte er zurück, verabschiedete sich von seiner Frau und seinen Kindern und wurde bewußtlos. Zehn Stunden später verstarb er im Krankenhaus von Idyllwild.

Laboruntersuchungen ergaben, daß die Psilocybin-Pillen Strychnin enthielten. Zu jener Zeit gab es viele Berichte über LSD und andere Psychedelika, die mit Gift versetzt waren. Gerüchte gingen um in der Alternativszene über staatliche Drogenfahnder, die unreine Drogen unter die Leute brachten, doch es gab keine Beweise.

Wir alle hatten das Gefühl, John Griggs sei zur Zeit seines Todes einer der erfolgreichsten und strahlendsten Erleuchteten gewesen, dem wir je begegnet waren. Er starb umgeben von seinen Lieben in einem der schönsten Täler der Welt.

Die letzten Wochen des Jahres 1969 brachten eine traurige Runde von Gerichtsterminen, Vorverhören, vorgerichtlichen Untersuchungen, Entzug von Zeit, Energie und Geld.

Im Dezember stand ich erneut wegen der Silberdose von Laredo vor Gericht. Wenn ich in den Zeugenstand gegangen wäre und ein Wissen um das Gras geleugnet hätte, wäre ich freigesprochen worden. Meine Anwälte, einer vom Ort und einer aus Manhattan, schienen ratlos. Sie verzichteten auf jegliche Verteidigung, und ich wurde innerhalb von Minuten für schuldig befunden.

«Wir werden bei der Berufung gewinnen», sagten die Anwälte.

Als nächstes folgte im Orange County das Verfahren wegen der zwei Kippen. Hier wurde das Problem kompliziert durch die Tatsache, daß Rosemary und Jack eindeutig schuldig waren des Besitzes von illegalen Drogen. Wenn ich in meinem Fall kämpfte und gewann, würden meine Frau und mein Sohn ins Gefängnis wandern. Wenn man mich für schuldig befand, würde man Rosemary und Jack Bewährung geben.

PAOLO MANTEGAZZA (1831 – 1910), floh nach der Revolution von 1848 aus seiner italienischen Heimat und verbrachte zehn Jahre im südamerikanischen Exil, wo er mit Coca experimentierte. Nach seiner Rückkehr veröffentlichte er das erste europäische Essay über die Anwendungen von Kokain.

Mantegazza begab sich auf einen turbulenten Kurs intellektueller Leistungen, die ihn zu einem der einflußreichsten Europäer seines Jahrhunderts werden ließen. Er richtete das erste Labor für Pathologie in Europa ein, war Titular des ersten italienischen Lehrstuhls für Anthropologie und beteiligte sich an der Einführung der Fotografie in seinem Land. Seine Versuche mit Gewebeverpflanzungen von Tieren riefen ein Interesse an der Verjüngungsforschung wach. Er war Italiens wichtigster Vertreter des Darwinismus und der Evolutionstheorie und diente während vieler Jahre als Senator im italienischen Parlament.

Mantegazza gilt ebenfalls als erster europäischer Sexologe. In *La seesualità humana*, ein Buch, das einen großen Einfluß auf das europäische Denken hatte, sagt er: «Es ist unmöglich, mit medizinischen Mitteln eine chemisch hervorgebrachte von einer spontan mystischen Ekstase zu unterscheiden.»

33. Vierundzwanzig Schritte zur Freiheit

Orange County, Kalifornien, im Januar 1970

Ich finde an Gerichtssälen alles langweilig und unwissenschaftlich. Auch Richard Alpert schüttelte mitleidig den Kopf, als er in meine Gerichtsverhandlung kam. «Der Gerichtssaal ist das schlechteste Forum für neues Gedankengut», seufzte er. «Gallileo verlor. Giordano Bruno hatte das Nachsehen. Scopes ging es nicht anders bei seiner Verteidigung der Evolution in Tennessee. Die Juden und die Italiener ließen Jesus daran glauben, weil er Liebe predigte, während der Verbrecher Barabbas frei ausging. Hier liegt eine zweitausend Jahre alte Lektion in Public Relations für Philosophen wie dich.»

«Da sagst du mir erst *jetzt!*» protestierte ich.

Die Geschworenen ließen nichts Gutes erwarten: Orange County, Heim von Richard Nixon und der John Birch Society. Meine zwölf Altersgenossen waren streng konservativ, was ihre Kleidung und ihr Betragen anbelangte.

Die Beweise, die man gegen mich vorbrachte, schlossen die zwei verwitterten Kippen des Polizisten ein, der die Verhaftung vorgenommen hatte sowie ein paar Krümel Marihuana, die man aus einer Jacke gesaugt hatte, die auf dem Vordersitz gelegen hatte. Ich hätte den Besitz der zwei Kippen wahrheitsgemäß und vielleicht sogar erfolgreich leugnen können. Durch die Einführung von sieben Krümel Cannabis gab der Staat die Fadenscheinigkeit des Falls gegen mich zu. Wir verfügten über einen ehemaligen Bezirksanwalt, der bereit war auszusagen, daß der verhaftende Polizist bekannt dafür war, bei seinen Verhaftungen illegale Taktiken anzuwenden.

Gegen Rosemary und Jack gab es jedoch überzeugenderes Belastungsmaterial – etwas Gras, Haschisch und ein paar LSD-Tabletten, die man bei ihrer Person gefunden hatte. Einmal mehr gaben meine Anwälte nach, ohne mich zu verteidigen. Man würde mich gegen Kaution freilassen, und wir würden den Fall vor den höheren Instanzen gewinnen, sagten sie.

An dem Wochenende, als sich die Geschworenen zur Beratung zurückzogen, kehrten wir zur Ranch zurück und fanden unsere Hütte abgebrannt. Ted May, unser Freund und der Verwalter der Ranch, war mit einem nassen Handtuch über dem Kopf in das lodernde Gebäude gerannt und hatte blindlings nach der Buddha-Statue gegriffen, die Peggy Hitchcock sieben Jahre zuvor in unser Haus in Newton Center gebracht hatte. In derselben Woche verschwand Fang, unser ältestes Hündchen. War es ein Berglöwe oder ein Jagdgewehr gewesen?

An dem Morgen, als mein Fall vor die Geschworenen kam, erschien die Zeitung von Santa Anna mit der folgenden blutrünstigen Schlagzeile: «Blutrausch unter Drogeneinfluß – Hippies erschlagen Mutter und Kind.» Ein Armeemediziner namens McDonald gab an, sein Zuhause sei von einer Bande von langhaarigen Leuten heimgesucht worden, die seine Frau und seine Kinder brutal umgebracht hatten. Und den Doktor zusammenschlugen. Damit jeder wußte, was gemeint war, schmierten sie mit Blut an die Wand: «LSD ist dufte. Killt die Bullen.» (Viele Leute spürten sofort, daß diese eigenartige Geschichte erfunden war. Sieben Jahre später wurde McDonald dann selbst für dieses Verbrechen verurteilt, das schlimmer war als die Manson-Morde.) Es war kein guter Augenblick, um in einem Drogenprozeß fair beurteilt zu werden und eine Person des öffentlichen Lebens zu sein, die mit LSD in Verbindung gebracht wurde.

Die Geschworenen sprachen das Urteil: Wir waren alle drei schuldig des magischen Delikts, dem Besitz von Drogen.

Dann kam der Richter mit dem Schocker. Ich wurde sofort ins Gefängnis überwiesen ohne jegliche Kaution – unerhört und eindeutig verfassungswidrig. Der rasierte Schädel seiner Ehren glitzerte unter dem Neonlicht, als er aus einem Artikel zitierte, den ich für den *Playboy* geschrieben hatte, und in dem ich die Marihuanagesetze lächerlich machte. «In Fällen wie deinem werfen wir die Schlüssel weg», sagte der Wärter, als die Stahltüren zuschlugen.

Am nächsten Morgen sprach ich im Besuchszimmer mit Rosemary. Sie weinte. Die Anwälte waren ratlos. Der Richter, der sich im Einverständnis der Gemeinschaft sonnte, wollte nicht nachgeben. Es sah nach zehn Jahren wegen zweier Kippen aus. Plus die zehn staatlichen. Plus die elf Millbrook-Anschuldigungen, die in der Zukunft lauerten. Die Falle war zugeschnappt. Ich verbrachte fünf Wochen in Einzelhaft im Gefängnis von Orange County, während ich auf mein Ureil wartete. Man gab mir die Höchststrafe: zehn Jahre. Rosemary und Jack bekamen Bewährung.

Es war schön, in die relative Freiheit des Staatsgefängnisses überführt zu werden. Im Vergleich mit dem Bezirksgefängnis war das von Chino beinahe ein Ferienort mit Zugang zu einem großen Hof, mit Sonnenschein, blauem Himmel und einem Baseballfeld auf Rasen. Den Gefangenen war die Benutzung des Handballplatzes und der Gewichthebeanlagen erlaubt. Zudem genossen sie die kostbare Freiheit, die Bibliothek und andere Zellentrakte besuchen zu dürfen.

Chino fungierte als Auffanglager, wo neue Gefangene getestet, befragt und zur Zuordnung für langfristigere Gefängnisaufenthalte eingeteilt wurden. Am dritten Tag mußte ich mich im psychologischen Testzentrum melden. Der verantwortliche Beamte lächelte entschuldigend. «Wir scheinen ein kleines Problem zu haben, Doktor. Das Klassifizierungsprogramm hier basiert teilweise auf psychologischen Tests, die Sie selbst entwickelt haben.»

«Das hab ich davon, mich in anderer Leute Angelegenheiten einzumischen», meinte ich.

«Wir müssen den Test mit Ihnen durchführen. Das sind die Regeln.»

«Nichts wie los.»

Der Intelligenz-Test bestand darin, die höchstmögliche Punktezahl zu erreichen. Meine Antworten waren so angelegt, daß sie mich normal erscheinen ließen, unimpulsiv, folgsam, angepaßt. Mein Eignungstest deutete auf Talente für Feld- und Waldarbeit hin, gepaart mit einer hoffnungslosen Inkompetenz für Bürokratie. Ich trachtete nach einer Überweisung in eine offene Strafanstalt, wo eine Flucht möglich war.

Es war schockierend, in späteren Monaten festzustellen, daß viele Amerikaner, ja sogar viele meiner liberalen Freunde empört waren, als ich den Nachtexpreß aus dem Gefängnis nahm. Sie betrachteten meine Flucht als asoziale Handlung, schlimmer als meine «Vergehen». Das zeigt wieder einmal wie andere Wirklichkeiten zustande kommen, sogar unter Freunden.

Man betrachte jedoch meine Lage: Ich war neunundvierzig Jahre alt und sah einem Leben im Gefängnis entgegen, weil ich die Leute ermutigt hatte, sich neuen Möglichkeiten tapfer und intelligent zu stellen. Die amerikanische Regierung wurde beherrscht von Richard Nixon, Spiro Agnew, Robert Haldemann, G. Gordon Liddy, John Mitchell, J. Edgar Hoover und anderen zynischen Mißachtern des demokratischen Prozesses. Für mich gab es keine Frage: Es war meine Pflicht zu fliehen. Hätten Sie sich von Männern wie diesen für Ihre Ideen lebenslang einsperren lassen? Doch soll die Geschichte mich in diesem Punkt richten.

Bald erfolgten die Anweisungen, mich in die Männeranstalt Kalifornien West in San Luis Obispo zu überstellen. In dieser offenen Strafanstalt sah ich mich lediglich einem viereinhalb Meter hohen Stacheldrahtzaun und mit Scharfschützen bemannten Streifenwagen gegenüber.

Von außen gesehen, schien diese ‹Männerkolonie› gar kein so entsetzlicher Ort zu sein. Es war eine ehemalige Armeebasis mit Reihen von zweistöckigen Holzbaracken, die durch überdachte Gehsteige miteinander verbunden waren. Keine Gitter vor den Fenstern. Rundum Wiesen, Blumenbeete und eine weite Aussicht auf die Hügel der Küste. Aber das psychologische Klima war äußerst deprimierend. Die Männerkolonie war das ‹Rentnerdorf› der kalifornischen Exekutive und beherbergte Kriminelle, die ihr ganzes Leben hinter Gittern zu verbringen hatten, und die als völlig institutionalisiert galten. Hier gab es keine Gewaltandrohungen, keine Auflehnung, nur die graue, mürrische Apathie von Ausgebrannten.

Ich mußte morgens im Büro des Gefängnisdirektors arbeiten, wo man ein Auge auf mich haben konnte. Die Nachmittage widmete ich Körperübungen, die mich auf meine Flucht vorbereiten sollten. Ich betrieb Gewichtheben und verausgabte mich im Turnsaal. Beim Handball gesellte ich mich zu den Latinos, und bald war ich in der besten körperlichen Verfassung seit West Point.

Nachdem ich mich an den Gefängnisalltag gewöhnt hatte und wußte, wer die Zinker waren, die es zu meiden galt, erkundigte ich mich bei einigen Veteranen nach Fluchtwegen. Es gab eine gute Möglichkeit. Vom zweiten Stock eines Zellentrakts in der Nähe einer Mine war ein Kabel über den Zaun zu einer Telephonstange verlegt, die sich knapp außerhalb der Anstalt befand. Die Scheinwerfer waren alle so angebracht, daß sie das Kabel nicht beleuchteten. Meine Berater *dachten*, daß ein Mann, der sich an dem Kabel entlangzog, nicht gesehen werden würde, auch nicht vom Streifenwagen aus, der etwa achtzig Meter weiter entfernt die Runden fuhr. Doch niemand hatte bisher das Risiko auf sich nehmen wollen.

Rosemary und ich diskutierten diesen Plan während ihrer sonntäglichen Besuche. Sie sollte einen Wagen besorgen, der mich an der Schnellstraße in der Nähe des Gefängnisses abholen sollte. Mitglieder der Bruderschaft warteten nur darauf, meine Flucht zu arrangieren. Andere Sympathisanten boten an, Hilfe von außen zu finden, «Profis», die mich für 25 000,– Dollar außer Landes bringen wollten. Wir schlossen uns dieser Taktik an, weil meine

Freunde Verbindungen zu Kuba und anderen Ländern der Dritten Welt unterhielten, wo man mir politisches Asyl gewähren würde. Die Flucht mußte fünf Monate verschoben werden. Meine Berater meinten, ich solle den Herbstnebel abwarten. Einer meiner gestreiften Mentoren insistierte, daß ich mich zurückhielt, bis er Bewährung erhielt, weil er Angst hatte, beschuldigt zu werden, wenn ich floh. Also verschaffte ihm Rosemary draußen einen Job, damit er schneller zu seiner Bewährung kam.

Nicht länger in meinem Schatten wurde Rosemary zur Medienheldin. Hohe Geldbeträge für meine Verteidigung begannen ihr zuzufließen. Das meiste davon wurde für die Vorbereitungen meiner Flucht gebraucht, aber Rosemary hatte zum ersten Mal in ihrem Leben Geld in der Tasche, und es gab keinen Mangel an jungen Männern, die sich als «Chauffeur» anboten. Verständlicherweise entwickelte sie Schwächen für diese jungen Gefährten, während ich eifersüchtig in der Baracke umhertigerte und an nichts anderes als Flucht dachte.

Trotz dieser Ablenkungen betrieb Rosemary meine Befreiung intensiv und arbeitete unermüdlich mit Anwälten, Journalisten und Politikern zusammen. Jeden Besuchstag hatte sie neue Nachrichten. Sie erzählte mir offen von ihren ‹Abenteuern› und bekräftigte ihre Hingabe an den Fluchtplan, der vorsah, daß sie sich im Untergrund zu mir gesellte. Ich legte ihr nahe, öffentlich zu verkünden, sie wolle sich von mir scheiden lassen und ihrem Bewährungshelfer zu sagen, sie sei fertig mit meiner Lebensweise, um sich so von mir loszusagen und die Möglichkeit zu haben, mich leichter im Ausland zu treffen, wenn der Plan gelang. Rosemary hat an ihrer Loyalität mir gegenüber nicht einen Augenblick gezweifelt. Sie war der Meinung, sie hätte mich ins Gefängnis gebracht, und sie würde mich auch wieder herausholen.

Eine von Rosemarys Aufgaben bei den Vorbereitungen meiner Flucht war das Zusammenpacken unserer persönlichen Habe in unserem Haus in Berkeley. Das Hauptproblem: Was sollten wir mit den zwanzig Aktenschränken anfangen, die meine Archive enthielten – vom Kindergarten bis zum heutigen Tag. Es bestand die Befürchtung, daß die Regierung sowohl das Haus als auch die Archive beschlagnahmen würde.

Unerwartete Hilfe wurde uns zuteil. Rosemary wurde von Michael Horowitz und Bob Barker kontaktiert, die als Begründer

der Fitz Ludlow Memorial Library dabei waren, die größte Büchersammlung der Welt über psychoaktive Drogen zusammenzutragen. Rosemary fragte Horowitz, ob es sie interessieren würde, meine Archive zu verwalten, wahrscheinlich die größte Sammlung eben dieser Art. Sie waren entzückt. Zwei Tage später kreuzten sie mit einem Mietlastwagen auf und brachten die Archive in ein sicheres Versteck.

Am Samstagmorgen, den 12. September 1970 weckte mich mein Zellengenosse Angelo um zehn Uhr. Ich lief zum Fenster und sah wunderschöne, hellgraue Wolken, mein Deckmäntelchen. Gutes Wetter für eine nächtliche Flucht. Angelo murrte: «Scheißwetter. Morgen werden wir unsere Frauen nicht im Freien sehen können.»
Ich lag im Bett und mischte die großen Arkanen des Tarot. *Eins*: Mondfinstere Nacht. *Zwei*: Nebel. *Drei*: Den Samstagabend damit zubringen zu warten, bis der Patrouillewagen von der Strafkolonie Ost zurückkehrt – etwa 21.30 Uhr. *Vier*: Weißen Rand von Tennisschuhen schwarz anmalen. *Fünf*: Abschiedsbrief schreiben und in den Schrank legen. *Sechs*: Zellentrakt vor oder nach der Fernsehpause von 21.00 Uhr verlassen, wenn die Gefangenen in die Gänge drängen. *Sieben*: Warten, bis der Mittelgang völlig leer ist oder die Gefangenen dem Seiteneingang den Rücken zuwenden. *Acht*: Durch den Seiteneingang ins Freie schlüpfen und zum Baum hinübergehen (fünf Sekunden). *Neun*: Baum hochklettern (fünf Sekunden). *Zehn*: Aufs Dach hinüberspringen – ohne Lärm. *Elf*: Turnschuhe ausziehen. *Zwölf*: Aufs Dach legen, um die Position von Wärtern und Streifenwagen auszuchecken. *Dreizehn*: Wenn erwischt, bereit sein, einen verzweifelten Ausbruchsversuch zu wagen. *Vierzehn*: Aufs Dach des Verbindungsgangs zu Zellentrakt 324 kriechen. *Fünfzehn*: Bis zum Ende von Zellentrakt 324 kriechen. Kabel von Fernsehantennen vermeiden (sechzig Sekunden). *Sechzehn*: Turnschuhe und Handballhandschuhe anziehen. *Siebzehn*: Hände und Füße um den Draht legen und mich hinüberziehen (neunzig Sekunden). *Achtzehn*: Die Stangen auf der anderen Seite des Zauns hinunterrutschen (fünf Sekunden). *Neunzehn*: Die Böschung hinunterklettern und den äußeren Bezirk durchqueren – Barracken umgehen, Achtung auf die Wache –, um schließlich die Schnellstraße zu erreichen (vier Minuten). *Zwanzig*: Eine halbe Meile in nördlicher Richtung bis zur Abzweigung mit den

drei Bäumen laufen (vier Minuten). *Einundzwanzig*: Warten auf Lieferwagen mit blinkendem rechten Blinker. *Zweiundzwanzig*: Kontaktperson ist Kelly; mein Name ist Nino. *Dreiundzwanzig*: Das Land verlassen. *Vierundzwanzig*: Glücklich weiterleben, wenn nicht gestorben.*

Eine Frauenstimme sagte: «Nino?»
«Kelly!»
Wir umarmten uns. Ich warf mich auf den Rücksitz und packte die Hand einer zweiten Frau, die hinter dem Steuer saß. Kelly sprang hinein und schlug die Türe zu. Der Motor heulte auf, wir sausten davon.
«Ich bin Maru», sagte die Fahrerin
«Wo ist Rosemary?»
«In Seattle. Du wirst sie Montag sehen.»
Ich hatte ein ungutes Gefühl, denn ich hatte gehofft, sie sei bereits außer Landes, in Sicherheit. Doch bei dem Gedanken, sie in zwei Tagen zu sehen, war ich völlig aus dem Häuschen.
«Bruder, wir sind glücklich, dich zu sehen. Wir sind zweimal am Treffpunkt vorbeigefahren. Du warst spät dran. Ich wollte schon den Weg zurückgehen, um nach dir zu suchen, für den Fall, du wärst verletzt gewesen», meinte Kelly aufgeregt.
«Wie alt bist du?»
«Achtzehn.»
«Wie alt ist Maru?»
«Sie ist neunzehn.»
Kelly deutete auf ein Bündel auf dem Rücksitz. «Hier sind neue Kleider für dich. Zieh dich um.»
Ich zog die Gefängisklamotten aus.
«Gib sie mir. Wir werden deine Kleider einem anderen Wagen übergeben. Sie werden gegen Süden, Richtung Los Angeles fahren, und die Kleider in der Toilette einer Tankstelle hinterlassen, damit die Bullen meinen, wir fahren dort runter.»
«Wie viele Wagen sind heute nacht für mich unterwegs?»
«Vier. Du wirst dich nur fünf Minuten in diesem hier aufhalten. In Morro Bay erwartet uns ein Camping-Wagen, der dich nach

---

* Learys Tarot umfaßt vierundzwanzig große Arkanen. Siehe dazu: *Spiel des Lebens. Neurologisches Tarot,* Basel 1984 (A. d. Ü.)

Oakland fährt. Ein drittes Auto fährt in südlicher Richtung los. Und das vierte hat einen Kurzwellensender, um den Polizeifunk aufzufangen. Wieviel Vorsprung haben wir?»

«Ich glaube nicht, daß man mich beobachtet hat. Also haben wir zwei Stunden, bis sie entdecken, daß ich abgehauen bin.» Ich gab ihr meinen Gefangenenausweis, eine Abschrift des Abschiedsbriefs, Rosemarys Briefe an mich. «Behalte dies für Horowitz, den Archivar.»

«Hier ist eine Brieftasche. In deiner Westentasche befinden sich deine Ausweise. Dein Name ist William McNellis. Du bist am 14. November 1929 geboren. Deine Adresse lautet 2935 Birthridge Road, Seattle.»

«Was geschieht hier?»

Der Tankwart winkte uns zu. Unser Auto fuhr schneller.

«Wir haben geblinkt, daß wir dich haben, und er blinkte, daß es bis jetzt noch keinen Funk-Alarm gegeben hat. Soweit, so gut.»

Maru fuhr ungehindert weiter. Wir erreichten eine Straße am Strand. Maru drehte sich um und grinste. «Ok, Bruder. Raus mit dir. Ich sehe dich in Oakland.»

Ich zog eine Strickmütze hervor und folgte Kelley über die Dünen zum Strand. Es war wie in einem schlechten Film.

Nach etwa hundert Metern wandte sich Kelley vom Meer ab, lugte über die Dünen und führte mich zu einem abgestellten Caravan. Dort wartete eine attraktive Frau mittleren Alters auf uns. Wir umarmten uns. Ein untersetzter, grauhaariger Mann kam von der Seite des Campers her auf uns zu. Wir schüttelten uns die Hand. «Willkommen. Mein Name ist Frank. Und das hier ist Pam.»

Kelley hieß mich zur Hintertür kommen. «Ich werde jetzt dein Haar färben. Wir bleiben noch kurze Zeit hier und ziehen dann los.»

Sie füllte einen Eimer mit Wasser und spritzte aus einer Sprühdose Farbe auf meine Kopfhaut, dann fing sie zu reiben an. «Kelley ist nicht mein richtiger Name», sagte sie. «Mein Vater ist Senator. Der Name unserer Gruppe lautet Weathermen Underground.» Ich lachte. Es paßte alles zusammen: Gerettet von den Weathermen, der manischen und ruchlosen Guerillabande, Schrecken des FBI.

Was hätte ich einwenden sollen. Ich war sehr dankbar.

Ich verbrachte die Nacht in einem Versteck in San Francisco. Am nächsten Tag fuhren Frank und ich gegen Norden. Wir zelteten in den nordkalifornischen Bergen und trafen uns mit den drei Führern der Weathermen.

Am nächsten Morgen fuhren Frank und ich weiter bis zu einem zweiten Versteck in einem Außenviertel von Seattle, wo Rosemary wartete.

«Das Haus ist etwa eine Meile von hier entfernt. Wenn ein orangefarbener Vorhang im Fenster hängt, bedeutet das, daß die Luft rein ist. Ich lasse dich vorne bei der Kurve aussteigen. Wir möchten nicht, daß man den Campingwagen beim Haus sieht.»

Das Bauernhaus befand sich etwa dreihundert Meter hinter der Straße. Orangefarbene Vorhänge hingen in den Fenstern.

Die Straße bog hinter dem Bauernhaus nach Osten ab. Frank hielt den Wagen an und bedeutete mir, zur Türe zu gehen. Wir gaben uns die Hand. Ich packte meine Koffer und sprang raus.

Ich begann, die verlassene Landstraße entlang zu gehen. Mir war nach Laufen zumute. Als ich bei der Einfahrt zum Bauernhof ankam, sah ich die Türe sich öffnen. Rosemary kam die Stufen hinunter und auf mich zu. Sie fing zu rennen an. Rennend und lachend warf sie ihre Arme um mich, und ich hob sie in die Luft, wirbelte sie umher und drückte sie an mich. Endlich wieder zusammen.

Wir gingen in die Bauernküche und dann ins Schlafzimmer, wo wir uns nach so langer Zeit liebten. Und es gab so viel zu erzählen.

Wir hörten Stimmen unten. Das Zimmer bevölkerte sich mit Pam und Kelly und Meru und Frank. Champagner, Früchte, hausgemachtes Brot, kremiger Camembert, Räucherstäbchen, Parfum, Kerzenlicht. Ich hörte Autos die Straße unter uns entlangfahren und dachte mir, so wie meine gibt's keine. Der Putz bröckelte von der Decke, und die Balken lugten durch die Wände, doch besser konnte es einem gar nicht gehen.

Ich hatte sieben Monate nicht wirklich gut geschlafen. Nachdem ich drei Tage mit geschwollenen Knien und schmerzenden Muskeln verbracht hatte nun endlich süße Lippen. Liebe ist etwas Wunderbares.

Bei Sonnenuntergang des nächsten Tages kamen Bernardine, Robert und Jeff triumphierend an, Guerilla-Helden. Sie schwangen Zeitungen: Weathermen helfen Leary bei Gefängnisflucht.

338

Ihre Manifeste waren in grauen Kuverts an Redakteure im ganzen Land verschickt worden. J. Edgar Hoover versprach, daß die FBI den Flüchtling innerhalb von zehn Tagen einfangen würde.

Ich hatte zweihundert Nächte im Gefängnis damit zugebracht, zweihundert Pläne zu schmieden, wie ich das Land verlassen könnte. Mit einem Helikopter nach Mexiko fliegen? Ein Schiff nach Kuba chartern? Nach Kanada auswandern?

«Es ist wirklich gar nicht so kompliziert», sagten meine neuen Freude. «Wir lassen hier einen neuen Ausweis anfertigen, der auf eine Adresse außerhalb des Staates lautet. Am Freitag erhältst du einen Fahrausweis des Staates Washington. Es wird nicht genug Zeit sein, um ein Foto zu machen, doch dein Signalement wird auf diesem provisorischen Führerschein stehen. Am Sonntag fliegst du nach Chicago. Montag gehst du aufs Paßamt. Den Paß wirst du innerhalb von vierundzwanzig Studen erhalten. Am Montag fliegst du los und tauchst bei Eldridge Cleaver in Algerien wieder auf.»

Ich war erstaunt. Ich hätte nie daran gedacht, mein Gesicht in einem Paßbüro voller Bundesagenten zu zeigen, geschweige denn anzustehen, um an Bord eines internationalen Fluges zu gehen. Aha, wen haben wir denn da? Professor Leary geht nach Algerien...

Es war September 1970. Zu keiner Zeit in der Geschichte der Luftfahrt waren die Kontrollen der internationalen Flüge schärfer gewesen. Mit einem Flugticket für ein arabisches Land hineinsegeln? Mit einem eintägigen Paß am Metalldetektor und den scharfäugigen Sicherheitsbeamten vorbei, die hinter jedem Gesicht einen Luftpiraten vermuteten? Ich sah schon, wie mich FBI-Beamten erkennen würden, hörte die Handschellen klicken.

«Können wir das Ganze nicht verschieben und uns erst einmal um eine Verkleidung kümmern?» fragte ich. «Mit einer guten Verkleidung wird sich auch mein Mut wieder einstellen.»

Es war gar nicht so einfach. Ein Bart? Ein Schnauzer? Eine Narbe? «Sie werden erwarten, daß ich mich hinter einem Bart verstecke oder mich anderes anziehe. Wie wär's mit einem Geschäftsmann mit Halbglatze? Wer möchte gern Frisör spielen?» Ich zog mein Hemd aus, und Kelly schnipselte darauf los. Sie schaute traurig auf die Schere in ihrer Hand: «Ich tu das wirklich ungern.»

Bald war von meiner Mähne nichts mehr übrig.

«Nicht schlecht», fand ich, «aber jetzt müssen wir den oberen Teil meines Schädels glattrasieren.»

Kelly drapierte ein heißes Handtuch über meinen Kopf und seifte mich ein.

«Stillhalten», warnte Rosemary, «ein Schnitt und alles ist aus.»

Ruhige, kleine Bewegungen. Dann fing Kelly zu lachen an. Ich blickte in den Spiegel und sah einen kahlköpfigen Fremden. Zum ersten Mal spürte ich so etwas wie Hoffnung.

Drei Tage später ging ein unauffälliger Mann mittleren Alters namens William McNellis mit einem Paß durch den Metalldetektor und an Bord eines Fluges der TWA nach Paris.

Eine nett aussehende Frau mit einem Lockenkopf stieg ins Flugzeug und setzte sich in die Nebenreihe. Als die Maschine die Rollbahn hinunterrollte, schaut Herr McNellis zur Fräulein Ann McCreedey hinüber und blinzelte.

BIOGRAPHIE

JULIEN OFFROY DE LA METTRIE (1709 – 1751), der auf siebzehn Jahre medizinische Lehre und Praxis zurückblicken konnte, veröffentlichte 1745 seine *Natürliche Geschichte der Seele*. Diese materialistisch-wissenschaftliche Studie der menschlichen Natur erweckte einen derartigen Widerstand seitens der Kirche, daß er gezwungen war, nach Berlin zu flüchten, wo er unter dem Schutz Friedrich des Großen lebte. Sein nächstes Buch, *Der Mensch eine Maschine*, wartete mit einer wissenschaftlichen (statt philosophischen) Erklärung menschlichen Verhaltens auf.

In *Discours du bonheur* und *L'Art du jeu* entwarf La Mettrie eine humanistische Annäherung an die ehtische Philosophie, die Sünde und Schuld als rational-intelligente Begriffe ausschloß. Sein *Système d'Epicure* machte die Evolutionstheorie hundert Jahre vor Darwin und Wallace geltend.

Wegen ihrer radikalen Implikationen wurden La Mettries Schriften von dem religiösen und philosophischen Establishment zurückgewiesen. Erst im späten zwanzigsten Jahrhundert sind wir soweit, daß wir seinen Beitrag an die humanistische Wissenschaft, Psychologie und Evolutionstheorie verstehen können. Es ist möglich, daß seine befreienden Ideen immer noch der Zeit voraus sind.

34. Im Exil

Paris, im September 1970

Wir sahen uns einem wahrhaft unlösbaren Problem gegenüber. Paris war überschwemmt von japanischen Touristen, und es war einfach kein Hotelzimmer zu finden. Wie hieß noch dieser französische Psychiater, der mir lange Briefe geschrieben und mich immer wieder eingeladen hatte, ihn zu besuchen? Ein sephardischer Name. Ben... Ben... Ich sah im Telefonbuch unter *Médecins, Psychiatriques* nach. Pierre Bensoussan. Ich wählte nervös seine

Nummer und erzählte ihm, ich sei Ken Kesey, ein Freund von Timothy Leary. Ob ich ihn wohl aufsuchen dürfe? Er schien begeistert, ein guter Anfang.

«Okay», sagte Rosemary, «ich werde mir ihn anschauen. Wenn er unverdächtig scheint, werde ich ihm erzählen, Timothy Leary sei in London und würde morgen in Paris ankommen. Sonst komme ich zurück, und wir nehmen den nächstbesten Flug nach Algier.»

Eine Viertelstunde später kam sie strahlend an. «Er ist in Ordnung. Sein Büro ist ein psychedelisches Heiligtum. Ein Bild vom Dalai Lama hängt an der Wand. Er ist ein großer Verehrer von dir. Besteht darauf, daß wir bei ihm übernachten.»

Seit Jahrhunderten ist Paris ein Refugium für politische und literarische Flüchtlinge gewesen. Pierre Bensoussan würdigte diese Tradition. Er führte uns aus, um in einem feinen Restaurant zu feiern, wo wir in angeheitertem Zustand seinen Geschichten über Gurdjieff, einem weiteren Exilanten, zuhörten. Pierre hoffte, wir würden in Paris bleiben und uns mit der französischen Intellektuellenszene verbünden. Da wir illegal im Land waren und falsche Pässe benutzten, würde er uns in seinem Landhaus in der Nähe der Schweizer Grenze verstecken. Pierre war ein hoher Beamter der Drogenbehörde der Vereinten Nationen und wurde somit in Insider-Informationen eingeweiht. Wenn er etwas hörte, daß es heiß für uns würde, könnten wir uns innerhalb einer halben Stunde in die Schweiz absetzen. Er hatte einem anderen Flüchtling vor einigen Monaten bereits auf diese Art geholfen, einem Waffenschieber namens Michel Hauchard.

Der Plan klang gut, doch ich war äußerst neugierig auf Eldridge Cleaver und die algerische Exilantenkolonie. Ich hoffte, mich weiterhin in der amerikanischen Politik engagieren zu können. Der einzige Weg nach Hause bestand schließlich darin, Nixon abzusetzen.

Pierre schüttelte spöttisch den Kopf: «Hier haben wir die klassische Torheit des politischen Flüchtlings», meinte er. «Nostalgie. Weißrussen, die gegen Stalin intrigieren. Freie Polen gegen das Kommissariat in Warschau. Spanische Republikaner, die im Kaffeehaus Pläne schmieden, um Franco loszuwerden. Fang hier lieber ein neues Leben an. Nachdem du den Nobelpreis gewonnen hast und Nixon in Pension geht, kannst du mit fliegenden Fahnen nach Amerika zurückkehren.» Er tätschelte meinen Arm. »Aber verschwende nicht deine Zeit mit Flüchtlingspolitik. Das paßt niemandem, weder deinen Gastgebern noch deinen Landsleuten.»

«Wir sind es den Weathermen und unseren Freunden in Amerika schuldig, einen schnellen Abstecher nach Algier zu machen», antwortete ich.

Am Morgen, nachdem wir in Algier angekommen waren, machte ich mich auf den Weg, die Black Panthers zu finden. Der Hotelangestellte sagte, ich solle es bei der Zeitung versuchen. Der Zeitungsverleger meinte, ich solle mich mit der Front de Libération Nationale in Verbindung setzen, der linken Fraktion der algerischen Regierung. Die FLN sagte, versuche es doch beim Touristenbüro. Die McNellis-Verkleidung war einfach zu bürgerlich für revolutionäre Kontakte. Endlich verschaffte mir die Bestechung des Hotelangestellten die Telefonnummer.

Ein Schwarzer meldete sich: «Dufte, Bruder, wir haben dich erwartet.»

Das Taxi wand sich die Straße durch die El Biar-Hügel hoch und hielt vor einer stattlichen Villa, der Niederlassung der Panthers. Neben der Glocke befand sich ein Messingschild mit einem eingravierten, wilden Panther.

Cleaver war nicht da, wir würden später in sein Haus gefahren werden. Wir verbrachten den Nachmittag im Gespräch mit seinem Stellvertreter Donald Cox, der sich selbst Feldmarschall nannte, ein gutaussehender, trickreicher ehemaliger Straßenjunge und Flüchtling aus dem Gefängnis, der in Amerika (oder Babylon, wie sie es nannten) wegen Mordes gesucht wurde. Drei weitere Panthers waren zugegen, samt und sonders athletische Typen. Mojo hatte im Alleingang ein Flugzeug nach Havanna gekapert. Mobuto war einer Polizeirazzia auf die New York Panthers entkommen, indem er dreißig Fuß tief aus seinem Fester sprang und über Dächer balancierte. Jamal wurde vom FBI in drei Staaten gesucht wegen einer Tour von vier Überfällen für die Sache.

Bei Sonnenuntergang fuhr uns der Feldmarschall zu Cleavers Villa. Eldridge begrüßte uns wärmstens am Tor, weil er erkannte, daß unser Besuch ihm mehr Karten in die Hand gab. Als Rosemary und ich unbehaglich im großbürgerlichen, französisch-provinziellen Wohnzimmer saßen, erläuterte uns Cleaver seinen Plan. Er würde uns von den Algeriern politisches Asyl verschaffen. Dann würden wir eine amerikanische Exilregierung bilden. Die Algerier hatten die Panthers bereits als Amerikanische Befreiungsfront anerkannt und mit der Zeit würde es uns gelingen, die gesamte Dritte Welt auf unsere Seite zu ziehen.

Ich schlug vor, ich würde die unpolitischen Kräfte der amerikanischen Alternativkultur vertreten. Wir würden Gruppen von Dissidenten, Kriegsdienstverweigerern, Hippies, Weathermen, Rockstars, Beatniks, Künstlern, Dichtern einladen. Ich meinte, wir sollten eine äußerst sichtbare Gegenregierung zum Regime Nixon bilden. Es bestand kein Zweifel, daß viele Leute der Alternativbewegung zu uns überlaufen würden, wenn wir eine Basis hatten. «Die effektivste Taktik besteht darin, ein Medienzentrum zu betreiben. Wenn die Algerier es uns erlauben, einen Radiosender einzurichten, können wir Radio Freies Amerika aufziehen und nach Europa hinübersenden, wo wir die amerikanischen Streitkräfte erreichen. Wir könnten die Unterstützung der Jugend, der Liberalen und der Kriegsgegner in Europa gewinnen.»

«Unterstützung wofür?» fragte Rosemary.

«Für eine bewaffnete Revolution», sagte Eldridge.

«*Right on!*» echote der Feldmarschall.

«Für eine Volksfront des Großteils der amerikanischen Bevölkerung, die sich eine freundliche Welt wünscht», meinte ich und wünschte sofort, ich könnte es zurücknehmen.

Alle außer Eldridge blickten mich verächtlich an. Er war zur Terrasse hinübergegangen und schaute durch ein Teleskop, das, wie es schien, auf das Schlafzimmer eines benachbarten Hauses gerichtet war. «Right on», sagte er, aber ich war nicht sicher, ob er damit mich meinte.

Es gab bei diesem Treffen weitere störende Töne. Kathleen, die wunderschöne und intelligente Frau Cleavers, war nicht zurückgekehrt von einer Mission in Nordkorea, dessen Diktator, Kim II Sung, Pate ihres Babys war. In Kathleens Abwesenheit hielt Eldridge seine Geliebte in seiner Nähe, ein trüber algerischer Teenager namens Fatima, die uns mit unverhohlenem Mißfallen musterte. Als wir uns zu unseren Strandhotel aufmachten, bestürmte uns Eldridge wegen unseres Nachtquartiers, indem er vorgab, sich wegen der unterschiedlichen Namen in unseren Pässen Sorgen zu machen.

«Was soll das heißen?» protestierte ich. «Wenn die algerische Regierung uns politisches Asyl gewährt, werden sie sicher wissen, daß wir verheiratet sind.»

«Ich möchte nicht deinen Bewährungshelfer spielen», meinte Eldridge.

«Du würdest meine Bewährung doch nicht aufheben, weil ich mit meiner eigenen Frau schlafe, oder?» erwiderte ich.

«Du allein bist verantwortlich für die Schwierigkeiten, in die du geraten könntest», brummte Cleaver – die klassische Antwort eines Polizisten.

Im Taxi sprach Rosemary das aus, was mir durch den Kopf ging. «Eldridge ist schräg. Er scheint irgendwie auf Kontrolle abzufahren.»

«Ich hoffe nicht», sagte ich. «Es spricht vieles für ihn. Die Weltmeinung ist auf seiner Seite: Charismatischer Neger führt Bewegung von Schwarzen, Liberalen, Linken und weißen Jugendlichen. Ich kann mir nicht vorstellen, daß er sich das verdirbt.»

Am nächsten Tag stellte uns Eldridge Esther Greenbaum vor, eine attraktive Frau um die fünfunddreißig, die die Verbindung der Panthers zur FLN war. Nach einem Treffen mit der Regierung informierte sie uns, daß wir politisches Asyl erhalten würden.

Zwei Tage später brachte *El Moujahid*, das Regierungsblatt, einen Bericht auf der ersten Seite, daß Dr. Timothy Leary, ein bekannter afroamerikanischer (!), vom Nixon-Regime wegen seiner Kriegsgegnerschaft und pro-arabischen Einstellung verfolgter Psychologe von der algerischen Regierung politisches Asyl gewährt worden war. Drogen wurden nicht erwähnt.

Ich rief Esther ziemlich aufgebracht an. «Was ist denn los? Die Algerier denken, ich sei ein schwarzer Kommunist. Was wird passieren, wenn sie die Wahrheit erfahren?»

«Machen Sie sich keine Sorgen», war Esthers Antwort. «Eldridge wird sich um Sie kümmern.»

Ich fand diese zweideutige Antwort besorgniserregend.

Die Saga von Eldridge Cleavers Selbstzerstörung in Algerien ist in sich selbst ein Buch wert. Es ist eine Horrorstory wie aus der Feder von Graham Greene, versehen mit exotischen nordafrikanischem Lokalkolorit, sexuellen Orgien, Persönlichkeitszerfall und einer Besetzung von Flüchtlingen, gefangen in den Netzen von Gegenspionage, revolutionärer Verschwörung, Verrat, Wagemut und Melodram. Für uns war es ein Schnellkurs in Rassenbeziehungen und der Politik des Terrors.

Nach meiner Rückkehr von einer verwirrten und gefährlichen Reise nach Jordanien, wo ich mich mit Jean Genet traf, zogen Rosemary und ich in ein Regierungshotel in Djamila, einem Ferienort zehn Meilen außerhalb von Algier. Ich fing ein Buch über meine Flucht an zu schreiben. Einen Teil der Rechte versprach ich aus Dankbarkeit Eldridge.

Wir freuten uns über die Gelegenheit, ein so anderes Land zu erfahren: ein arabisch-afrikanisches Dekor, geschmückt mit Bazars, Wüsten und Oasen. Doch Algier war eine langweilige Stadt. Während der Kolonialzeit hatten sich die Franzosen Algerien als ihr ureigenstes Kalifornien vorgestellt, ein Paradies an Stränden und hügeligen Weinbergen mit einer strahlend weißen Hauptstadt. Als die Franzosen das Land verließen, schwand auch der Glanz. Algier war jetzt eine geschlossene Festung. Strenger arabischer Sozialismus hatte sich mit religiösem Fundamentalismus verbunden, um einen mittelalterlichen Polizeistaat aufzubauen. Es gab praktisch keinen Tourismus, keine Literatur, keine Kultur, kein Nachtleben, keine Musik, keine Kunst. *Time, Newsweek* und sogar die *Herald Tribune* aus Paris wurden meistens verboten. Islamische Prüderie verbunden mit der Härte der Wüste und einem Mißtrauen gegenüber jedem Anderssein durchprägten die Atmosphäre der Stadt.

Algerien war in jenen Tagen das Zentrum des internationalen Terrorismus und revolutionärer Paranoia, eine Rolle, die später von Libyen übernommen wurde. Der Ort war voller Regierungsbeamter und Verschwörer. In dieser Schattenwelt tauchten plötzlich wir auf: Der politisch naive Drogenprofessor und seine schöne Frau, kosmisches Ventil für die epidemische Langeweile der internationalen Gemeinschaft. Als führende Kuriosa der Saison wurden wir überflutet von Einladungen zu Diners und Parties, und natürlich folgten uns dabei allerlei Journalisten, was die Panthers eifersüchtig machte. In den Restaurants der Stadt trafen wir viele politische Flüchtlinge, die ihr Land verlassen hatten, um nationale Befreiungsfronten zu bilden. Die meisten dieser Exilanten waren gegen Rußland und schauten hoffnungsvoll nach Amerika und erhoffen sich Anleitung in ihrem Kampf gegen Faschismus und Kommunismus.

Leider waren die Panthers nicht in der Lage, diese Art politische Führung anzubieten. Eldridge und Kompanie erwiesen sich bald als fünf verwirrte, verängstigte und ungebildete junge Leute, die den Großteil ihres Lebens im Gefängnis oder auf dem Weg dorthin verbracht hatten. Wie hätten sie debattieren können mit brasilianischen Ex-Ministern, chilenischen Professoren, griechischen Zeitungsverlegern, spanischen Politwissenschaftlern? Genauso wie sie mit den anderen Banden in San Quentin umgingen und wie sie es mit den verblüfften New Yorker Liberalen bei Leonard Bernsteins Champagner-Wohltätigkeitsveranstaltung gemacht hatten. Sie standen daneben in ihrem schwarzen Leder und über der Brust verschränkten Armen und schauten finster drein. Sie galten als pathetischer Witz in der Hauptstadt, wo sie mit ihren Wagen umherrasten und Jagd auf Mädchen machten – eine Unverfrorenheit in einem moralistischen arabischen Land.

Da sie sich als die offizielle Exilregierung Amerikas wähnten, taten sie das, was alle Juntas in solchen Situationen tun. Sie verliehen einander militärische Orden und Dienstgrade und begannen die Zivilbevölkerung ihres neuen Staates zu verfolgen, so auch Rosemary und mich, die verachtete Minderheitsrasse.

Wie Nixon und Breschniew erfand Eldridge Cleaver stets eine neue Sicherheitskrise. Alles, was die Panther unternahmen, geschah um der Sicherheit willen. Wir wurden ständig belehrt über die Unsicherheit unserer Lage; die amerikanische Polizei war hinter uns her. Die Algerier waren Rassisten. Die Stadt wimmelte vor Feinden. Unsere Gegner vermehrten sich ständig. Die anderen nationalen Befreiungsfronten erwiesen sich ebenfalls als Rassisten und schwärten vor Doppelagenten. Selbst unsere amerikanischen Verbündeten wurden einer nach dem anderen zu tödlichen Rivalen: Angela Davis, Huey Newton, Stokeley Carmichael – sie alle galten als armselige Lakaien des Imperialismus.

Eldridge postierte Panther am Flughafen, um alle ankommenden Flüge zu überprüfen. Mit einer Armee von vier Mann, den Feldmarschall eingeschlossen, erwies sich dieser Plan als undurchführbar. Also verwandten sie mehr Energie darauf, uns zu plagen. Sie schüchterten uns ein, spionierten uns nach, fingen unsere Post ab, sandten Freunde und Journalisten weg, die uns aufsuchen sollten, quartierten Eldridges mürrische Freundin als Informantin in unsere Wohnung ein. Als ich protestierte, kidnappten sie uns mit vorgehaltener Pistole und hielten uns in verschiedenen Wohnungen gefangen, wobei sie Pressestatements veröffentlichten, die unsere «Verhaftung» mangels Disziplin bekanntgaben und durchsuchten vergebens unsere Wohnung nach Schriftstücken, die bewiesen, daß wir CIA-Agenten waren. Sie konfiszierten unsere Pässe und eine kleine Menge Haschisch und LSD, das sie der algerischen Polizei zu übergeben drohten.

Es war eine schreckliche Lage. Die Panthers brüsteten sich oft damit, Mitglieder «liquidiert» zu haben, die sich als unloyal erwiesen hatten und drohten regelmäßig damit, uns als Drogendealer der algerischen Polizei zu übergeben. Wir hatten keine Ahnung, was die in Algier von der ganzen Sache hielten.

Als nächstes wurde uns befohlen, uns jeden Tag in die Ambassade der Panthers zu begeben, um dort Hausarbeit zu verrichten. Rosemary weigerte sich und stellte sich krank, der älteste Trick der Sklaven. Ich gehorchte passiv widerstehend und verachtete meine arroganten Versklaver. Wir wurden gezwungen, das Spiel «hilfloser Neger» zu spielen. Wenn Eldridge uns zeigen wollte, was das bedeutet, dann ist es ihm gelungen. Ich glaube nicht, daß er mit seiner Erniedrungskampagne mehr erreichte.

Er ging soweit, daß er das Gerücht in Umlauf brachte, ich sei gehirngeschädigt. «Armer Timothy», erklärte er der Welt, «dieses ganze Acid hat das Gehirn des Typen ausgebrannt.» Es entbehrte meist einer gewissen überzeugenden Logik. Ich war der erste, der zugeben mußte, daß ich völlig hirnverbrannt gewesen sein muß, um mich in eine Lage zu bringen, in der jemand wie Cleaver völlige Kontrolle über mein Leben hatte.

Warum ließ ich mir diese Einschüchterungen gefallen? Wir hätten jederzeit eine Luxus-Suite im Aleti Hotel nehmen, in Amerika anrufen und viel Lärm machen können. Doch es schien unfair, unsere Rassenprobleme zu lösen, indem wir uns an unsere weißen Freunde wandten, weiße Möglichkeiten einsetzten und weißes Geld – eine Wiederholung des dreihundertjährigen Musters. In jenen Tagen wiederholten schwarze Führer immer wieder den Slogan «Dafür mußt du büßen, Whitey». Und Eldridge wiederholte mit dem größten Vergnügen das totalitäre Motto: «Entweder du bist Teil der Lösung oder du bist Teil des Problems.» Ich war unvorsichtig genug zu antworten: «Das ganze Problem wird verursacht von dogmatischen Leuten wie du, die das sagen.»

Rosemary und ich diskutierten viel über den Konflikt zwischen Schwarz und Weiß. In jedem Winkel der Welt blieben die Schwarzen arm und wurden in ihrer Verzweiflung aggressiver, während die Industriestaaten ihren Reichtum mehrten. Ich war der Meinung – und bin es immer noch –, daß die Menschheit sich nicht über einen Zustand der Barbarei hinausentwickeln kann, wenn diese Ungerechtigkeit nicht überwunden wird. Als Amerikaner unter einer schwarzen Herrschaft empfanden wir eine gewisse Verantwortung. So beschlossen wir, eine andere Art Präzedenzfall zu schaffen: Wir würden beweisen, wie man der Sklaverei in weniger als dreihundert Jahren entkommen konnte.

Unser Plan kam zur Anwendung an dem Tag, als Eldridge Cleaver am Telefon mit Hewey Newton in Oakland debattierte, wo eine Radiostation ihre Diskussion übertrug: Zwei mächtige Negerführer, angefeuert durch Provokation des FBI, die einander (samt Gefolgschaft) zu ermorden drohten wegen eingebildeter Verletzungen ihres Stolzes.

Ich teilte dem Feldmarschall mit, eine größere Überweisung sei bei meiner Bank eingetroffen.

«Right on», erwidert dieser, «das können wir gut gebrauchen.»

«Aber ich brauche meinen Paß, um das Geld abzuheben. Am besten du gibst mir auch den von Rosemary. Das Geld könnte auf Ihren Namen lauten.»

«Right on», sagte der Feldmarschall. Sie dachten wirklich, sie hätten uns an der Strippe. Der klassische Fehler des Sklavenhalters.

Das Taxi stand vor der Tür unserer Wohnung. Unsere Taschen hatten wir bereits gepackt und dort versteckt, wo Fatima sie nicht finden würde. Wir nahmen lediglich unsere Kleider, Bücher und Platten mit. Mein Herz schlug wild, und mein Bauch verknotete sich, als wir zum Strand fuhren. Der Hotelmanager schien zu wissen, was vor sich ging. «Den Panthern entronnen, was?» sagte er lachend. «Macht euch keine Sorgen. Hier werden sie euch in Ruhe lassen.» Es gab wenig Geheimnisse in Algier.

Ich rief die Botschaft an. Eldridge nahm ab. «He, Mann, was ist los. Hast du die Knete?»

«Wir sind ausgezogen, Eldridge, es ist alles vorbei.»

«Du versuchst mich wohl zu verscheißern, Mann? Du meldest

dich jetzt sofort in der Ambassade, hörst du? Und du bringst eure Pässe mit.»

«Ich werde dir gerne einen Freundschaftsbesuch abstatten. Aber die Pässe kriegst du nicht. Wir sind frei, Eldridge.»

Er fluchte und hing ein. Die Sklaven hatten sich aus dem Staub gemacht. In jener Nacht lauerte ein Wagen mit zwei Panthern vor unserem Hotel, bis die Polizei erschien und sie ansprach., Hände hoch. Auto durchsucht. Papiere kontrolliert. Strenge Verwarnung.

Die nächste Stufe verlangte die Abwendung einer weiteren Bedrohung, nämlich die durch die Regierung. Es war vorauszusehen, daß sie uns für ihre Zwecke einsetzen würde.

Rosemary und ich saßen im Hotelrestaurant, an einem Tisch, der Aussicht auf das Mittelmeer bot. Der Kellner, ein fahler Kabyle aus dem Rif, brachte zwei Krüge mit dickem schwarzem Kaffee und Milch, die vor Blasen schäumte. Ein schwarzer Wagen bog in den Parkplatz ein, und zwei Polizisten in Zivil sprangen heraus. Man verlangte nach uns im Hauptquartier der FLN.

Acht Regierungsbeamte scharten sich rund um den Minister des Innern, der sich für unsere Verfolgung durch die Panthers entschuldigte. «Unsere Regierung bedauert, daß Sie von diesen Amerikanern ‹verhaftet› wurden. Hier herrscht algerisches Recht. Wir sind hier nicht in Texas.»

Alle lachten.

Ich aber wünschte mir, es *wäre* Texas. Sogar Laredo wäre mir recht gewesen.

Die Partei wollte die Möglichkeit diskutieren, ob ich an der Universität dozieren könnte. Niemand erwähnte die Tatsache, daß das Unigelände gerade von staatlichen Truppen besetzt worden war, um einen Protest seitens der Studenten niederzuhalten. Es ging nicht etwa um ein Mitspracherecht: Die Studenten verlangten Lehrmittel und fähigere Lehrer.

«Sie werden vom Erziehungsminister kontaktiert werden. Wie Sie wissen, stellt Algerien von französischen auf amerikanische Lehrmittel um, und wir könnten einen Mann mit Ihrer Erfahrung und Ausbildung brauchen. Übrigens, wenn Sie nichts dagegen haben, wäre es besser, wenn Sie und die Panthers einander in Ruhe lassen würden.»

Ich war ganz und gar einverstanden.

Der Minister befahl seinem Sekretär, die Verbindung herzustellen und sagte dann Eldrigde, es sei ihm verboten, weiteren Kontakt zu uns zu unterhalten. Jetzt waren wir in der Hand der Algerier. Die schwarze Limousine fuhr uns mit heulenden Sirenen zum Strand zurück. Die algerischen Beamten genossen diese Art von Aufsehenerregen.

In den folgenden Wochen wurden wir von Agenten verschiedener ungenannter Geheimdienstbüros angesprochen, die uns über die amerikanische Politik befragten. Was wir von Kissinger hielten, von Teddy Kennedy, von Mohammed Ali? Wie hatte Manson es bewirkt, seine Leute einer Gehirnwäsche zu unterziehen? Wer hatte John Kennedy ermordet? Man war besonders besorgt wegen der Bedrohung der algerischen Sicherheit durch die Panthers. Wir taten unser Bestes zu versichern, daß Eldridges Armee von vier Mann nichts war, worüber man sich hätte ängstigen müssen.

Ein sehr eindrucksvoller Politiker der Armeeclique lud uns in ein Luxusrestaurant ein. Er bot mir eine Fahrt zu seiner Oase an, mit einem vertraulichen Rippenstoß und etwas von Mädchen und Parties murmelnd. Er wollte LSD nehmen. Er machte mir Angst.

Ein Psychiater lud mich zum Lunch ein, um mich zu befragen, was ich über Gehirnkontrolle und Gehirnwäsche wußte und ließ durchblicken, daß ich hinter dem Eisernen Vorhang eine gute Stelle erhalten könnte, in einer tschechischen oder ungarischen Klinik. Als er erfuhr, daß Rosemary sich einer Operation unterziehen müßte, um Kinder bekommen zu können, bot er an, eine gynäkologische Klinik in Rumänien ausfindig zu machen. Ich sagte ihm, ich wüßte nichts über Gehirnwäsche. Ich interessierte mich nicht für eine wissenschaftliche Anstellung in einem kommunistischen Land. Alle diese Intrigen verschlimmerten unseren Gemütszustand.

Eine charmante englische Dame machte uns mit einem gebildeten algerischen Bürokraten und seiner französischen Frau bekannt, Ali und Michelle. Er machte kein Hehl aus seinen Verbindungen zur CIA. Sie planten, nach Kanada auszuwandern. Ich hatte das Gefühl, es sei an der Zeit, jemandem in unser Vorhaben einzuweihen: «Hör mal, Ali, wir möchten aus Algerien fliehen. Wie kommen wir hier raus?»

«Du hast zwei Probleme. Erstens mußt du ein anderes Land finden, das bereit ist, dich aufzunehmen. Du kannst nicht einfach zum Flughafen fahren und auf irgendeinen Flieger hüpfen. Zweitens müssen die Algerier dich ausreisen lassen. Indem du das politische Asyl akzeptiertest, hast du der algerischen Regierung das Recht eingeräumt zu bestimmen, wo du für sie am nützlichsten sein könntest.»

«Ich bin eingeladen worden, an einer Psychologie-Konferenz in Addis Abeba zu sprechen. Die äthiopische Regierung verspricht, mich nicht zu verhaften.» Das Land, um das es eigentlich ging, war Dänemark, aber das wollte ich erst in letzter Minute bekanntgeben.

«Ausgezeichnet», sagte Ali. Seine Miene hellte sich auf. «Eure Ausreisevisa werden am Flughafen für euch bereitliegen. Ich werde alles arrangieren.»

In unserem Hotelzimmer wirbelte ich Rosemary triumphierend durch die Luft: «Dänemark wir kommen!»

«Bist du sicher, daß wir ihm vertrauen können?» fragte sie. «Er ist schließlich bei der CIA.»

«Er ist ein liberaler CIA-Beamter», meinte ich, «und das ist die beste Mafia, mit der du es im zwanzigsten Jahrhundert zu tun haben kannst.»

Wir waren ziemlich nervös, als das Taxi sich dem Flughafen näherte. Am Ausgang standen der Feldmarschall und Mobuto. Ich winkte. Sie schmollten und falteten die Arme über die Brust wie Gefängniswärter. Wir kauften Flugtickets und checkten unser Gepäck bis Kopenhagen durch. Der Flug sah einen Zwischenhalt in Genf vor, wo wir umsteigen würden. Die einstündige Wartezeit dort würde riskant werden, weil die Schweiz Interpol angehörte. Eine halbe Stunde vor dem Abflug gingen wir durch den Zoll. Die Panthers waren verschwunden. Der Beamte checkte unsere Pässe und fragte nach den Visa. Ich erklärte, daß der Direktor des Flughafens sie haben müsse. Wir warteten draußen, während sich drinnen mehrere Beamte um einen Schreibtisch drängten und auf Arabisch leidenschaftlich diskutieren. Sie telefonierten. Zehn Minuten vor dem Abflug kam der Flughafendirektor und fragte uns, wer unsere Ausreise erlaubt habe. Ich sagte Ali. Er schien verwundert. Wir sahen die Zeit des Abflugs immer näher rücken. Noch zwei Minuten. Der Direktor wies einen Assistenten an, unser Flugzeug warten zu lassen. Nach zehn Minuten kam er aus dem Büro mit der

Nachricht, daß wir das Land nicht verlassen könnten. Er entschuldigte sich. Das Mißverständnis würde sich klären, und wir könnten den nächsten Flug nehmen, der in einer Stunde nach Paris flog.

«Paris?» rief ich in Panik. Pierre Bensoussan hatte geschrieben und uns gewarnt, nach Frankreich zu kommen. Paris war zur Hochburg der amerikanischen Drogenüberwachung geworden.

«Es ist eine Falle», meinte Rosemary.

Ich rief Ali vom Flughafen aus an und gab mich ziemlich sauer. Er schmierte mir Honig um den Mund und beruhigte mich. Er erklärte, *er* habe unsere Visa annuliert, der Gefahr wegen. Die CIA war auf dem Plan. Die Panthers bewachten den Flughafen. Es war sehr weise von uns, den Flug nach Paris ausgeschlagen zu haben.

Ich war sicher, daß er log. Ich wußte nur nicht, warum und weswegen. Ich fühlte mich völlig ausgebrannt. Eine Ratte in einem Schocklabyrinth. Ich hatte sechzehn Monate lang im Gefängnis gesessen, wo ich meine Flucht geplant hatte und immer das hilflose Opfer von Männern mit Gewehren gewesen war. Eine Schachfigur der Kontrolleure. Ich hatte kein Vertrauen in mein Urteil in dieser Welt voller Überraschung und Intrige.

Was nun? Wem trauen? Gegen Sonnenuntergang machte ich mich zur Hauptstraße auf und besetzte einen Tisch auf dem Gehsteig vor dem Café de la Faculté, wo die jungen Regierungsbeamten sich nach der Arbeit zu treffen pflegten. Nach einer Weile tauchte der Mann auf, den ich sprechen wollte, einer der jungen Zivilbeamten, die uns zum Parteihauptquartier gefahren hatten. Ich winkte ihn an meinen Tisch herüber. Wir tranken Bier, rauchten und schwatzten über dieses und jenes. Schließlich stellte ich ihm eine ernste Frage: «Sagen Sie mir, Mohammed, warum dürfen wir das Land nicht verlassen?»

Mohammed schien überrascht. «Davon weiß ich nichts. Warum haben Sie mein Büro nicht kontaktiert? Wir sind diejenigen, die für Sie zuständig sind. Sie können ohne unsere Erlaubnis nicht gehen. Kommen Sie morgen früh um neun bei mir vorbei. Ich werde sehen, was sich tun läßt.»

Ich schaute ihm in die Augen. Log er? Er schien belustigt.

Am nächsten Morgen checkten wir wieder aus dem Hotel aus und sagten allen noch einmal Adieu. In seinem Büro war Mohammed sehr sachlich und äußerst interessiert an Ali und jedem anderen, den wir wegen Ausreisevisa kontaktiert hatten. Diese Gesprächsrichtung ließ mich aufbrausen. «Ich habe für heute Reservierungen», sagte ich. «Ich werde die Konferenz in Dänemark verpassen, wenn Sie uns nicht diesen Flug genehmigen.»

«Warum sind Sie nicht zuerst in dieses Büro gekommen?»

«Ihr Büro», explodierte ich. «Hören Sie mal, Mohammed, wir sind seit sieben Monaten in Algerien und warten auf Hilfe von der FLN. Sie kennen uns jetzt ziemlich gut. Wir sind rechtschaffene Leute. Das wissen Sie. Wir haben zurückgezogen gelebt und nie Kontakt zu Algeriern aufgenommen. Ich verstehe Ihre Politik hier nicht. Jeder ist mindestens ein Doppelagent. Niemand sagt die Wahrheit. Jeder spielt ein Spiel. Nichts ist so, was es scheint. Das Schlimmste, was ich verbrochen habe, ist, naiv zu sein.» Mohammed konnte sein Lachen nicht länger zurückhalten. «Professor, *naiv* ist genau das Wort, das ich immer benutzt habe, wenn ich mit meinen Vorgesetzten von ihnen sprach. Nun, wenn man nichts zu verbergen hat, ist Naivität vielleicht der beste Schutz.»

Er kam hinter seinem Schreibtisch hervor und schüttelte mir die Hand, wobei er mir mit seiner Linken auf den Rücken klopfte. Er schien mich zu mögen. «Gehen Sie zum Flughafen», sagte er. «Man wird Sie gehen lassen. Wir werden Sie vermissen. Sie sind ein richtiger Cary Cooper-Typ von einem Amerikaner, nicht wahr?»

«Wie wär's mit einem schönen offiziellen Ausreisestempel für meinen Paß?» fragte ich.

«Dafür ist nicht genug Zeit. Doch machen Sie sich keine Sorgen. Sie werden durchkommen. Es gibt viele Beamte hier, die froh sind, Sie loszuwerden. Manche von uns hoffen allerdings, Sie werden zurückkommen. Doch seien Sie sehr vorsichtig, Professor. Dort draußen gibt's eine Menge unfreundlicher Leute.»

Die Szene am Flughafen präsentierte sich als Wiederholung des Vortags. Wieder die Suche nach den fehlenden Visa. Noch eine Viertelstunde. Noch zehn Minuten. Geplänkel im Büro des Chefs. Leidenschaftliche Debatten auf Arabisch. Knapp eine Minute vor dem Abflug winkte uns der Flughafendirektor durch. Ufff!

Als das Flugzeug von der Startbahn abhob, lächelten Rosemary und ich erleichtert. Wir bestellten Champagner und stießen auf unsere neuerliche Flucht an.

ALBERT HOFMANN, 1906 in Baden (Schweiz) geboren, heute pensionierter Forschungsdirektor der Firma Sandoz, studierte Chemie an der Universität Zürich beim Nobelpreisträger Pofessor Paul Karrer. Von 1929 bis 1971 war er in den pharmazeutischen Laboratorien der Sandoz AG in Basel tätig, wo er u.a. Untersuchungen über Mutterkorn (Ergot), einen auf Roggen wuchernden Schlauchpilz, unternahm. Daraus ging als fünfundzwanzigstes Lysergsäure-Derivat Lysergsäure-Diäthylamid, hervor, abgekürzt LSD-25. 1938 an Tieren getestet, fand das neue Mittel kein Interesse unter den Pharmakologen und Medizinern der Firma; deshalb wurde es ins Regal gestellt. Am 16. April 1943 wiederholte Hofmann die Synthese von LSD-25, mußte seine Arbeit jedoch unterbrechen und sich nach Hause begeben wegen des Einsetzens «eines nicht unangenehmen, berauschenden Zustands, der sich durch eine extrem stimulierte Einbildungskraft auszeichnete».

Drei Tage später beschloß er, die unerwarteten geistigen Auswirkungen des Mittels zu untersuchen, indem er eine minimale Dosis einnahm, nämlich 0,25 Milligramm LSD, was sich als enorme Menge erwies. Da er sich sehr desorientiert fühl-te, fuhr er erneut nach Hause, wobei er eine der denkwürdigsten Fahrradfahrten der Geschichte erlebte. Hofmann nahm später an einer Reihe von LSD-Sitzungen mit einigen der anerkanntesten europäischen Schriftsteller und Philosophen teil.

Aus seinen Untersuchungen von Arzneipflanzen wie Mutterkorn, Meerzwiebel, Rauwolfia, mexikanische Zauberdrogen sind wertvolle Medikamente hervorgegangen wie Methergin, Hydergin, Dehydergot. Über die Fachkreise hinaus, ist Dr. Hofmann nicht nur bekannt für seine Entdeckung des LSD, sondern auch durch die Isolierung von Psilocybin, dem aktiven Bestandteil der magischen Pilze Mexikos. Dies war das Mittel, das in den ersten zwei Jahren des Harvard-Projekts benutzt wurde.

Hofmanns wissenschaftliches Werk fand Anerkennung durch verschiedene Ehrungen, und neben zahlreichen Veröffentlichungen in Fachzeitschriften sind von ihm folgende Bücher erschienen: *Die Mutterkornalkaloide, LSD – mein Sorgenkind* (1979), *Pflanzen der Götter* (mit Richard E. Schultes, 1980), *Der Weg nach Eleusis. Das Geheimnis der Mysterien* (mit Gordon Wasson und C.A.P. Ruck).

35. Landumschlossen in den Alpen

Genf, im Mai 1971

Ich kam aus einer Telefonkabine am Genfer Flughafen und stieß mit einem silberhaarigen, gutgekleideten und sehr gepflegten Herrn zusammen.

«Entschuldigen Sie mich bitte», sagte er mit einem Pariser Akzent, wobei er mich sanft aber bestimmt am Arm packte. Er schien zu wissen, wer ich war.

«Fickt nicht mit dem Raketenmensch», sagte ich schnell. *«Rein in das Raumschiff*!*»*

«Ach? Sie sind nicht Amerikaner», sagte der Unbekannte auf Französisch. Er nahm seine Hand weg. «Ich habe Sie mit jemand anderem verwechselt.» Verdutzt ließ er mich stehen.

Rosemary tauchte aus einer Menge auf, die auf ein Flugzeug wartete. «Was meint Bensoussan?»

«Er rät davon ab, nach Dänemark zu gehen. Er sagt, es sei gefährlich dort und auch zu teuer. Offenbar warteten die Medien und ein paar Beamte auf das Flugzeug, das wir nicht genommen haben. Amerikanische Polizei, vielleicht auch die CIA am Flughafen. Man hätte uns garantiert verhaftet. Überall gab es Gerüchte, wir seien entführt worden.»

«Wie undankbar von der CIA», meinte sie mit gespieltem Unmut. «Nach all den Eheratschlägen, die ich Alis Frau gegeben habe. Vom Silber ganz zu schweigen, das wir bei dieser Engländerin hinterließen. Und meine Pelze.»

«Lädst du mich zu einem Drink ein, während wir nachdenken?»

Wir befanden uns im internationalen Teil des Flughafens, ohne jeglichen Schutz. Da Interpol einen Haftbefehl auf meinen Namen ausgestellt hatte, waren wir durch den Gebrauch unserer eigenen Pässe sehr exponiert. Wir versteckten uns in der Bar.

Rosemary nippte an einem Dubonet und unterhielt sich leise mit mir. «Ich wußte, daß es ein Fehler war, die Pelze zurückzulassen. Was machen wir jetzt?»

«Wir werden hier in Genf abspringen. Pierre hat mir den Namen und die Adresse dieses Waffenschmugglers gegeben, Michel Hauchard. Er wird uns in Lausanne verstecken, bis Pierre kommt, um uns rauszuholen.»

«Wer war dieser grauhaarige Mann? Er beobachtete dich sehr genau.»

«Zu elegant, um ein Bulle zu sein», sagte ich.

Ich trug den braunen McNellis-Anzug, den Bernadine Dohrn mir in Seattle gekauft hatte. Die Leute im Flughafen schauten mich neugierig an, weil ihnen mein Gesicht vielleicht bekannt vorkam. Als man mich ansprach, sagte ich, ich sei ein Schauspieler aus einer FBI-Serie.

In Lausanne fuhr uns das Taxi eine Straße hinunter, die dem See entlang verlief. Der Fahrer hielt vor einem luxuriösen Hochhaus. Im Lift drückte ich auf den Knopf «Dachwohnung», und wir landeten direkt in einem privaten Vorzimmer. Die Türe der Wohnung ging sofort auf. Hoch im Eingang ragend, einen kalten und abschätzigen Blick auf uns werfend, stand der grauhaarige Mann vom Flughafen. Er verbeugte sich formell und bat uns einzutreten. Ein riesiger Deutscher Schäferhund kam herbeigerannt, zitternd vor Angriffslust.

«*Québec, va t'en!*» befahl Monsieur Hauchard. Der Hund verkroch sich in eine Ecke des Zimmers.

Monsieur Hauchard führte uns durch ein riesiges Wohnzimmer mit einer Terrasse, die Ausblick auf den Genfersee bot. Am anderen Ende des Raums saßen zwei schöne Frauen, die uns mit verträumtem Ausdruck blickten. Hauchard stand mit dem Rücken zur Fensterflucht und schaute nachdenklich vor sich hin. «Wie eigenartig. Am Flughafen dachte ich, Sie seien Deutscher. Das haben sie gemacht, um mich zu verwirren?»

Ich zuckte mit den Schultern. «Man kann nicht vorsichtig genug sein.»

Hauchard lachte und ließ seine Zähne blitzen. «Darf ich Ihnen Gabrielle und unseren charmanten Besuch aus Rom vorstellen, Antonia. Professor Leary und seine Frau.»

An seinem Schreibtisch sitzend, ließ Hauchard noch einmal dasselbe Lächeln aufblitzen. «Pierre sagt mir, Sie seien reich und schrieben ein Buch, das wir beim Film verkaufen werden.»

«Ich fürchte, im Augenblick sind wir arm und sehr auf der Flucht.»

«*Boff*, das ist gar nichts», sagte Hauchard großspurig. «Es ist mir eine Ehre, Ihre Bekanntschaft zu machen. Ich verstehe Ihre Lage. Sie haben meine ganze Sympathie. Es ist meine Pflicht als Gentleman, Philosophen zu beschützen. Ich möchte Sie und Ihre schöne Frau bitten, so lange wie nötig meine Gäste zu sein. Und sichere Ihnen meine Unterstützung zu, um diese lästigen kleinen Geschichten mit der Polizei zu regeln. *Boff*! Die Polizei ist kein Problem für mich. Ich habe ein Dutzend Polizisten auf meiner Gehaltsliste!»

Wir schüttelten uns die Hand, und ich lachte erleichtert. Zum ersten Mal in sieben Monaten fühlte ich mich wie ein junger Mann.

Im Gästezimmer packten Rosemary und ich unsere Kleider aus und zogen uns um für das Abendessen.

«Was meinst du?» fragte ich.

«Er ist ein Gangster», sagte Rosemary.

«Ja, das glaube ich auch. Aber wir haben keine Wahl, also ist er unser Gangster.»

«Hoffen wir, daß er ein großer Gangster ist», fügte Rosemary hinzu.

Am darauffolgenden Nachmittag rollte Hauchards Rolls-Royce den See entlang zum Richmont. Der Oberkellner verneigte sich unterwürfig und führte uns ohne ein Wort an einen Tisch hinten im Restaurant, wo ein Mann auf uns wartete.

«Monsieur Duval, darf ich Ihnen den geflüchteten Professor vorstellen?»

Duval streckte mir seine Hand entgegen. Er war klein, über fünfzig, dicklich, kahl mit grauen Schläfen und konservativ-elegant gekleidet, und er trug ein rotes Abzeichen der Légion d'Honneur auf seinem Revers. «Ich bin schon seit einiger Zeit daran interessiert, Sie kennenzulernen. Wenn sie einverstanden sind, würde ich Ihnen gerne ein paar Fragen stellen.»

«Aber mein lieber Duval, ich bin derjenige, der Fragen stellen muß. Ist es Ihnen gelungen, seinen Status zu ermitteln?»

Duval nahm seine Pfeife, zündete ein Streichholz an und ließ die Streichholzschachtel dann auf das weiße Tischtuch fallen. «Ok, bringen wir die dringendsten Details hinter uns. Professor, Sie haben Horatio Mastronardi aus Bern als Ihren Anwalt engagiert. Sehr gut. Er ist der beste Strafverteidiger der Schweiz. Es gibt einen Haftbefehl der Interpol für Sie, doch der ist außer Kraft.

358

Was heißt, das es gefährlich für Sie ist, in Flughäfen umherzuspazieren. Ich würde mich auch von England, Frankreich, Spanien oder Italien fernhalten, wenn ich Sie wäre. Die anderen europäischen Länder wünschen wegen Ihnen weder einen Skandal im Guten noch im Bösen. Es besteht immer die Gefahr, daß ein übereifriger Untergebener Sie verhaften lassen könnte, auch wenn die obersten Behörden Sie lieber in Ruhe lassen würden.

Ihr größtes Problem, wie Sie wohl wissen, sind die Vereinigten Staaten. Meinen Informationen zufolge, zieht die CIA vor, daß Sie ein Flüchtling bleiben, der durch Europa und den Mittleren Osten zieht. Die Leute der Drug Enforcement Agency wollen Sie aber wieder im Gefängnis haben als Symbol Ihrer erfolgreichen Anti-Drogenkampagne. Das FBI ist wirklich hinter Ihnen her. Sie scheinen Informationen zu besitzen, die sie dringend benötigen. Die Schweizer haben erst letzte Nacht erfahren, daß Sie hier sind. Sie wollen Sie natürlich finden, einfach weil es für ein Land peinlich ist, wenn ein Flüchtling bei ihnen inkognito durch die Gegend streift. Die Schweizer werden Sie in Ruhe lassen, solange Sie sich ruhig verhalten.

Ich würde sagen, daß die Amerikaner Ihre Auslieferung verlangen werden. Das wird wahrscheinlich etwa einen Monat beanspruchen. Wenn Sie sich schnell an die Schweizer heranmachen, wird es Ihnen vielleicht gelingen, dem Auslieferungsbegehren zuvorzukommen. Wenn Sie nicht innerhalb von drei Wochen in der Schweiz Asyl erhalten, können Sie sich überlegen, in ein anderes Land zu gehen.»

Duvals Pfeife war ausgegangen. Er nahm die Streichholzschachtel, zündete ein Streichholz an, hielt die Pfeife mit seiner Hand umschlossen und steckte sie wieder in Brand.

«Welche anderen Länder würden Sie vorschlagen?» fragte ich.

Duval schüttelte langsam den Kopf. «Diese Frage liegt nicht im Bereich dessen, was Monsieur Hauchard für heute ausgemacht hat. Ehe ich ihnen mehr erzähle, müssen Sie ehrlich auf einige meiner Fragen eingehen.»

«Michel ist in dieser Sache mein Mentor», sagte ich und wandte mich Hauchard zu. «Was soll ich machen.»

Er zuckte mit den Schultern: «Ich schlage vor, daß sie Duval nachgeben.»

«Sehr gut. Was möchten Sie wissen? Ich nehme an, Sie werden

keine Fragen stellen, wie zum Beispiel wie viele Schwarze Panther es in Algerien gibt.»

«Nein», antwortete Duval, ohne zu lächeln. «Ich möchte wissen, was Sie über Gehirnwäsche mittels Drogen wissen.»

«Drogen», sagte Hauchard überrascht. «Das ist es also, was das FBI wissen möchte?»

«Nein, das ist, was ich wissen möchte», konterte Duval. «Die Informationen, die das FBI braucht, sind Professor Learys Problem, nicht meines.»

Ich beschloß, Duval ein paar Fakten zu geben, also lieferte ich ihm eine schnelle Einführung über die Prägung und wies auf meine veröffentlichten Schriften hin.

Ein paar Tage später erhielt ich einen Anruf von Mastronardi, meinem Schweizer Anwalt. Er war von Albert Hofmann kontaktiert worden. Der große Wissenschaftler wollte mich kennenlernen. Ich reagierte mit Begeisterung, und wir vereinbarten ein Mittagessen in einem hübschen Gartenrestaurant am See. Hofmann erzählte mir von seinen LSD-Sitzungen mit europäischen Intellektuellen wie Rudolph Gelpke, dem verstorbenen Schweizer Gelehrten, der persische Sufi-Dichtung übersetzte, und Ernst Jünger, mystischer deutscher Schriftsteller. Diese Europäer hatten eine informelle «Weisheitsschule» gegründet, um mit psychedelischen Drogen zu experimentieren.

Später, als wir in Port d'Ouchy am Wasser entlangspazierten, fragte ich Hofmann nach den Gefahren von LSD. Ohne zu zögern antwortete er, daß es überhaupt keine Anhaltspunkte dafür gab, daß LSD sich hirnschädigend auswirke.

«Die Gefahren sind also psychologischer Natur?» fragte ich.

Hofmann nickte.

«Wenn die psychologischen Bedingungen positiv sind, können diese Gefahren eliminiert werden?»

«Genau das scheinen die bisherigen Fakten auszusagen», erwiderte er.

Das Leben als Gäste in Michels Luxus-Dachwohnung war sicher anders als das im sozialistischen Algerien: Ausgedehnte Essen und Diners in den besten Restaurants der Schweiz, sorgfältig arrangiert von Michel, der mindestens eine Stunde am Tag im ernsten Gespräch mit Küchenchefs und Restaurantbesitzern zubrachte, um Menüs zu diskutieren. An den Wochenenden wurden Parties veranstaltet in stattlichen Villen am See, die von reichen Deutschen und Südamerikanern bewohnt wurden, die anscheinend Teilhaber in einem Konsortium waren, das Hauchard aufzog, um meine Bücher und Filmdrehbücher zu verkaufen. Alle schienen uns als aufregende und äußerst welterfahrene Abwechslung zu sehen, die die Monotonie des Schweizer Gesellschaftslebens aufheiterte.

Rosemary verbrachte ein paar Tage in einer Klinik in Genf, wo sie sich einer korrektiven Operation unterzog.

«Es ist jemand an der Tür.» Rosemary band ihren Morgenrock zu und öffnete die Vorhänge, um einen regnerischen Schweizer Morgen einzulassen. «Ich schaue nach. Wenn französisch gesprochen werden muß, rufe ich dich.» Sie kam zurück mit einem todtraurigen Gesicht.

«Es ist die Polizei. Sie wollen dich sprechen.»

Ich zog mich an. Zwei Zivilbeamte und ein uniformierter Polizist. Ein höflicher Händedruck. Ein kurzes, französisches Gespräch.

Ich ging zu Rosemary ins Schlafzimmer zurück. «Man hat mich verhaftet. Die Amerikaner haben ein Auslieferungsbegehren eingereicht. Ich werde mit ihnen nach Lausanne fahren müssen.»

«Ins Gefängnis? Wann wirst du zurück sein? Im Krankenhaus sagten sie, heute wäre *die* Nacht. Sage es ihnen. Wir haben sechs Jahre darauf gewartet, ein Kind zu zeugen, und heute nacht ist es soweit.»

«Wir werden das alles bis heute nachmittag geklärt haben. Trink einen Kaffee, nimm ein langes Bad, pack ein paar Sachen ein und geh zu Michel. Mastronardi wird mich rausholen. Ruf ihn sofort an.»

Die Polizisten räusperten sich ungeduldig.

«Sie brauchen nichts mitzunehmen. Alles wird Ihnen zur Verfügung gestellt werden, sogar eine Zahnbürste. Es tut uns sehr leid.»

Rosemary stand an der Türe und weinte, während die vier Männer in einen VW-Käfer stiegen, uns anschnallten und davonfuhren. Es regnete. Mir war elend.

Ein riesiges, in dicke Steinmauern eingelassenes Tor schwang auf. In einem holzgetäfelten Büro streckte ein Mann in einem dunklen Anzug seine Hand aus, als sei er ein Hoteldirektor. «Ah, Professor. Wie unangenehm. Ich bin sicher, Sie werden diese Angelegenheit bald klären können. Maître Mastronardi hat angerufen. Er wird morgen hier sein. Inzwischen hoffe ich, daß es Ihnen hier bei uns nicht zu unbequem ist. Ich habe gehört, Sie sind ein Freund von Michel Hauchard. Wir hatten das Vergnügen, ihn hier vor einiger Zeit zu beherbergen.»

Ich wußte, was als nächstes folgen würde: Mehrere Stunden der Einlieferung – dasselbe wie überall – in Buttyrki, San Quentin, Folsom, Attica, Chino, Soledad, Lubyanka, Stammheim – Dusche, Durchsuchung, Kleiderausgabe (wieder ein blaues Arbeitsgewand) und das Ausfüllen der Aufnahmekarte. Man würde mich am Metallgeländer entlang führen, eine Wendeltreppe hinauf, begleitet von Wärtern mit Schlüsselbunden, die die internationale Musik der Inhaftierung klimperten. Ich würde mich in meine Zelle begeben. Die Türe würde zuschlagen. Peng! Metall gegen Metall.

Es gab nur eine Frage. Einzelhaft oder Gesellschaft? Im zweiten Fall würde ich von Fremden begrüßt werden, die mir Ihre Geschichten erzählten und mich über Überlebensdetails informierten.

Entsprechend der Schweizer Tradition des Hotelkomforts war es eine Einzelzelle.

Meine geübten Augen machten eine Bestandsaufnahme der Einrichtung: metallene Toilettenschüssel, metallenes Waschbekken, Metallbett mit Matraze. Zwei Decken? Und sauber, das war ein guter Touch! Ein Kissen – Luxus! Und Leintücher. Der Himmel!

Die Wände waren aus soliden Ziegelsteinen, die Klopfgeräusche dämpften. Es gab ein kleines, vergittertes Fenster auf etwa drei Metern Höhe.

Ich streckte mich auf der Liege aus und wickelte mich in eine der Decken. In diesem wolligen Kokon fühlte ich mich geschützt. Zum ersten Mal seit Monaten hatte ich keine Angst vor dem Interpol-Alptraum. Er war wahr geworden.

Ich konnte nicht schlafen. Während etwa einer Stunde studierte ich einen Artikel in einer alten Ausgabe von *Paris Match*, der das Jetset-Leben von Maria, der Frau des italienischen Industriellen Vito di Motione beschrieb. Vito schien ein entschlossener Bursche zu sein, die Art, die es nie zulassen würde, daß seine schöne Frau ins Gefängnis kam. Ich studierte die Fotos aufmerksam, als ob sich in einem Kleid oder ihren Gesten einen Hinweis finden lassen würde. Ich betrachtete die Decke. Das Licht befand sich hinter einem Metallgitter. Die Stangen dieses Gitters waren stark genug, um ein verknüpftes Leintuch mit einem daran baumelndem Mann auszuhalten. Die Möglichkeiten für eine weniger dramatische Flucht mußten warten, bis ich mich besser mit den örtlichen Gepflogenheiten auskannte. Meine Träumerei wurde unterbrochen von einem Schlüssel, der nervös nach dem Schloß suchte. Zwei Wärter kamen herein, frech grinsend. Jeder trug eine große, übervolle Schachtel mit Eßbarem, Wein, Büchern, Schreibpapier.

«Frohe Weihnachten», sagte ich.

«Das ist nur der Anfang», meinte einer der Wärter trocken. Zwei Aufseher trugen weitere Schachteln herein.

«Von Monsieur Hauchard», sagte der andere Wärter und blinzelte mir zu, um so das Geheimnis unseres gemeinsamen Wohltäters mit mir zu teilen. Mir fiel ein, wie Hauchard gelacht hatte, als er die Kisten mit Wein und die schönen Uhren beschrieb, die er der Polizei regelmäßig zu den Feiertagen schenkte.

Ich saß auf meinem Bett und machte eine Bestandsaufnahme dieses unverhofften Glücksfalls. Zwei Laibe französischen Brots, die von den mißtrauischen Wärtern aufgeschnitten worden waren. Eine italienische und eine französische Salami. einen Sack mit glänzenden, wachsigen Äpfeln. Diverse Büchsen mit dänischen Fleischdelikatessen. Sechs Schachteln Käse: Camembert, Liederkranz, Gruyère, Boursin und herbes, Mûle du pâpe, Brie. Ein goldbraunes, in Alufolie verpacktes Hühnchen, von dem ein würziger Duft ausging. Eine Schachtel mit fetten, saftigen Garnelen. Eine mit zerlegtem Hummer. Eine weiche Leberwurst. Vier Schachteln mit aussortierten Crackers. Tuben mit Mayonnaise und Dijon-Senf. Einen Schokoladenkuchen. Zwölf Tafeln verschiedenster Schweizer Schokolade. Eine riesige Flasche mit frischem Orangensaft. Drei Flaschen Wein – ein Saint Emilion, ein Mouton Cadet, ein Pouilly Fuisse. Eine Stange Guitanes ohne Filter. Zehn Bücher, darunter *Die Pentagon-Akten*. Zwei Packungen Kuverts, einmal Luftpost, einmal normal. Sieben Mappen mit feinstem Briefpapier, ein Stapel Papier mit Wasserzeichen, ein Bündel Durchschlagpapier. Und eine tragbare Schreibmaschine.

Ich fand den Flaschenöffner, goß den Mouton in eine Kaffeetasse, zündete eine Zigarette an, inhalierte das reiche, harzige, kratzende Streicheln schwarzen Tabaks und lehnte mich zurück, um über meinen geheimnisvollen Beschützer nachzudenken.

Als es Zeit zum Abendessen war, war meine Zelle blau vor Tabakrauch, und ich war angenehm beschwipst. Der Wärter nahm die zwei anderen Flaschen mit und erklärte, die Ration sei eine Flasche jeden zweiten Tag.

Die Schweizer sind sicher die besten Kerkermeister der Welt, dachte ich, und fiel in einen tiefen, betäubten Schlaf.

Ein Monat ging schnell vorüber, während Mastronardi sich mit Anfragen um ein politisches Asyl in der Schweiz befaßte. Inzwischen verbrachte ich zehn bis zwölf Stunden täglich damit, die numerischen Entsprechungen zwischen dem *I Ging*, dem Tarot und dem Periodensystem der Elemente zu finden und nahm so endlich die Aufgabe in Angriff, die Lama Govinda mir gestellt hatte.

Ein Wärter brachte die Post, mehrere Briefe und ein dünnes Paket, das bereits zum Teil geöffnet worden war. Als ich das braune Packpapier und einen Kartondeckel entfernt hatte, entdeckte ich ein ovales Bild von einer Landschaft. Blauer See unter blauem Himmel. Rot verklinkerte Häuser. Ein Baum mit vier starken Ästen. Darunter die Initialen H. H. Ich betrachtete das Bild mehrere Minuten lang und ließ seinen Zauber auf mich einwirken. Es war ein Fenster auf eine Welt voller Sonne und grün-blauer Freiheit.

Ich wendete das Bild nach allen Seiten und fand ein vergilbtes Blatt Papier mit der verwobenen Signatur des Künstlers: Hermann Hesse. Ein elektrischer Schauder zuckte meinen Rücken hoch.

Ich lehnte das Bild vorsichtig an die Wand und las den Brief, der es begleitete:

Seit mehreren Jahren denke ich schon, daß Sie dieses Bild haben sollten, das von Hermann Hesse, meinem Großonkel gemalt wurde. Wie eigenartig, daß ich es Ihnen hier ins Gefängnis meines Landes senden muß – wo Sie sich nicht lange aufhalten werden.
Christopher Wenger

Ich erinnerte mich an eine Kurzgeschichte von Hesse über einen Künstler, der in hoffnungslose Gefangenschaft gerät. Auf die Wand seiner Zelle malt er ein Fenster, das einen Blick auf eine wundersame Landschaft gewährt, einen See und Berge. Der Gefangene klettert dann zu diesem Fenster hinaus und verschwindet in die Berge. Ich band die Schnur des Päckchens um den Ring des Gemäldes, hing es an die Wand und schaute durch das ovale Fenster auf die freie Welt Hesses.

Einer der Briefe kam von Professor Walter Clark, der eine Hypothek über 20 000,– Dollar auf sein Haus aufgenommen hatte, um Maître Mastronardi das Geld für meine Kaution zu senden. Ein weiterer Brief stammte von Allen Ginsberg und berichtete von der Unterstützung, die er sammelte, um mich aus dem Gefängnis zu holen.

Am nächsten Tag stieß ich auf eine faszinierende Nachricht in der *Herald Tribune*. G. Gordon Liddy war wegen verschiedener Vergehen in Zusammenhang mit der Watergate-Affäre verurteilt worden. Ich erinnerte mich lediglich an Liddys komentenhaften Aufstieg ins Weiße Haus. War die Verhaftung meines früheren Verfolgers Zeichen eines Umschwungs?

Zwei Wochen später simulierte ich, Mastronardis Ratschlag befolgend, einen Herzinfarkt. Der Arzt, der mir von Mastronardi gesandt worden war, kicherte zustimmend und verordnete acht verschiedene Medikamente sowie meine sofortige Entlassung.

Rosemary und mein Anwalt warteten im Besuchsraum auf mich. Meine Hand ergreifend, rief er aus: «Ich kann Ihnen nicht sagen, wie ich für Sie geschuftet habe! Hier, das ist für sie. Bilder von meinem Land.»

Er überreichte mir eine große Tafel Schokolade mit Aufnahmen von Schweizer Landschaften. «Es hat mich traurig gemacht zu wissen, daß Sie keine Gelegenheit gehabt haben, die Schönheiten der Schweiz zu genießen.»

«Ich hoffe, das eines Tages nachzuholen», erwiderte ich seufzend.

«Aber sicher werden Sie das! Ganz bestimmt!» Er wandte sich mir zu. Sein Gesicht war verzerrt. Er brach in Tränen aus, richtete sich mühsam auf und ging in eine Ecke des Zimmers, wo er Rosemary und mir den Rücken zuwandte. Sein Körper zitterte vor lauter Schluchzern.

Rosemary warf ungläubig die Hände in die Höhe. Wenn dein Anwalt weint, muß es dir wirklich sehr schlecht gehen.

Mastronardi betupfte seine Augen mit einem Taschentuch und riß sich zusammen. Er trottete auf mich zu und packte meinen Arm mit einem eisernen Griff, wobei er selbstgefällig lächelte. Ich merkte, daß er dieses Melodram zu seinem eigenen Ergötzen inszeniert hatte.

«Sie können die Schweiz *jetzt* erleben! Sie sind frei! Die Schweizer Regierung hat Ihre Auslieferung verweigert. Sie sind frei!»[3]

Nach dem Gefängnisaufenthalt in Lausanne waren die Dinge nie mehr wie früher zwischen Rosemary und mir. Verständlicherweise hatte sie genug von der ständigen rechtlichen Verfolgung. Es waren bald sieben Jahre vergangen seit der Verhaftung von Laredo – unsere gemeinsame Zeit überschattet durch Gefängnisse.

Meine Abwesenheit während ihrer letzten beiden Eisprünge ließ die schmerzhafte Operation zwecklos erscheinen. Die Unsicherheit meiner Stellung als mittelloser Flüchtling gab meinem Leben wenig Sinn, den wir hätten teilen können. Auch wenn ich jetzt draußen war, wurde unsere Abhängigkeit von Hauchard langsam zum erniedrigenden Abklatsch unserer Szene mit Eldridge Cleaver. Beide waren auffällige Kriminelle, die behaupteten, über Beziehungen zu den Behörden zu verfügen und mich aus Geldgier ausnutzten und mich in Zusammenhang brachten mit Geheimniskrämerei und Erpressung.

Dann kam ein Anruf aus New York. Es war John, Rosemarys Begleiter/Chauffeur während meiner Gefangenschaft in Kalifornien. Rosemary errötete, während ich seiner begeisterten Geschichte zuhörte. Er war gerade aus Afghanistan zurückgekehrt und verfügte über eine ansehnliche Summe Bargeld. Er wollte uns besuchen und seine Freude mit uns teilen.

«Komm vorbei», sagte ich.

Rosemary schien sich zu freuen.

Die Dinge entwickelten sich mit vorbestimmter Genauigkeit nach Johns Ankunft. Er war mehr als nur willens, wieder in seine alte Rolle als Rosemarys Beschützer hineinzuschlüpfen.

Ich lag zusammengekauert auf dem Sofa, meine Nacktheit bedeckt von einem Schaffellmantel. John stand bei der Tür, jung und kraftvoll. Rosemary huschte hin und her, um ihre Sachen zusammenzupacken. Sie hielt ein, um mich zärtlich zu betrachten.

«Du hast nie besser ausgesehen», sagte sie.

«Ich habe mich nie schlechter gefühlt.»

«Dies ist der schönste Ort auf Erden. Du wirst diese Berge und das, was ich dir gesagt habe, nicht vergessen?»

«Ich werde es nicht vergessen.»

«Es gibt nichts zu verzeihen.»

«Es war vorauszusehen.»

«Ich werde zu deinem Geburtstag nicht hier sein.»

«Es ist nicht das erste Mal.» Eine weitere Geburtstagstrennung.

«Schreibe alles auf, was passiert. Ich werde jedes Wort lesen.»

«Ja.»

«Bist du eifersüchtig?»

«Ich bin wie gelähmt.»

«Du schickst mich ja fort. Es ist deine Entscheidung.»

«Ich tue gar nichts.»

«Das ist es ja eben.»

Sie ging ins Schlafzimmer. In einigen Augenblicken war sie zurück. Ihre lederne Reisetasche salopp über die Schulter geschwungen. Sie würde nirgendwo in der menschlichen Geschichte fehl am Platz sein. Sie drehte sich graziös nach mir um und winkte Auf Wiedersehen. Sie war bereits unterwegs.

PARACELSUS (1493–1541) war das Pseudonym von Theophrastus Bombastus von Hohenheim, ikonoklastischer Schweizer Philosoph, Psychologe und Pharmakologe. Der Name Paracelsus bedeutet «höher als hoch».

Nachdem er seine Doktorwürden 1515 in Ferrara erhielt, reiste er weit umher. Er erntete viel Kritik mit seiner Praxis der Medizin, weil er experimentelle Mittel verschrieb (einschließlich Laudanum und Äther) und weil er unkonventionelle Methoden einsetzte wie Hypnose und Chirurgie. Gegen den Rat der Fakultät wurde er zum Professor an die Universität Basel gewählt. Später wurde er entlassen und dann verhaftet wegen seiner innovativen Ideen und seiner öffentlichen Rügen des Ärztestandes.

Während der letzten dreizehn Jahre seines Lebens nahm Paracelsus seine Reisen wieder auf und fuhr mit seinen Studien der Alchimie, Biochemie und Medizin fort. Seine Theorien nahmen die moderne Anerkennung des Phänomens der psychosomatischen Krankheit vorweg und behaupteten, daß solche Störungen durch den Geist und nicht durch dämonische Besessenheit verursacht wurden.

Als Philosoph brachte Paracelsus das gnostische Axiom «Wie oben so auch unten» auf einen neuen Stand, indem er eine Vision des Universums als bipolar, animistisch, sich zyklisch regenerierend und evolvierend unterstützte.

36. Gefangen in Kabul

Schweiz, Winter 1972–73

Rosemarys Abgang hinterließ mich mutterseelenallein. Nach zwei Jahren Gefängnis und Exil war ich abgeschnitten von amerikanischen Kontakten. Keinen Lebensinhalt, keine Einnahmequelle. Sorgen, Sorgen, Sorgen. Heim? Freunde? Das Konzept einer Basis und der Freundschaft mußte neu definiert werden in dieser neuro-mobilen Gesellschaft, die wir zu kreieren im Begriff

368

waren. Als sich bewegende Partikel, immer in Schwung, können wir nicht Wurzeln schlagen wie unsere Vorfahren. Ich hatte in fünf Jahren vierzehn verschiedene Adressen gehabt.

Ich war nicht alleine in dieser neuen Beweglichkeit. Richard Alpert wechselte seine Laufbahn ständig: heute ein Heiliger, morgen etwas Heidnischeres. Michael Hollingshead tauchte in London, Katmandu, Cambridge, New York auf, in dem Versuch, die Eingeborenen zu erleuchten und seinen Weg aus der Stadt zu verdienen. Allen Ginsberg war laufend in Bewegung durch den Tierkreis. Burroughs beschrieb Spiralen, die ihn von Tanger via Paris nach London, New York, Boulder und Kansas führten.

Meine Erfahrung mit Heroin zu jener Zeit war nicht das Resultat von Entfremdung und Langeweile. Das zweijährige Zwangsexil in der Schweiz war hart, aber nicht hart genug, um mich an die Nadel zu bringen.

Ein Faktor war die Gegenwart eines Hausgastes, Brian Barrett, britischer Philosoph des Stoffes, aus dem die Träume sind, und Liz, seine Frau. Auch wenn Brian sich wie eine Glucke aufspielte in tugendhafter Mißbilligung von Heroin (genau wie jeder andere verlogene Fixer), vermittelte jedes seiner Worte und jede seiner Taten eine fesselnde Ahnung der dunklen, tiefen, vegetativen Weisheit des Opiums.

Ein weiterer Umweltfaktor, der das Experimentieren mit Heroin begünstigte, waren die Rolling Stones, die 1972 in Montreux waren, wo sie *Exile on Main Street* aufnahmen. Ich verbrachte viel Zeit mit Anita und Keith Richard in der Barockvilla von Prinz Stash de Rolle. Überall, wo ich in jenem Sommer hinkam, hörte ich diesen unterschwelligen Beat der Stones, die Sister Morphine und Brown Sugar zelebrierten. Mick sang über sein Kellerloch, über Nadel und Löffel und stöhnte die profunde Philosophie der Saison aus sich heraus: «I stuck a needle in my arm, it did some good, it did some harm.»

Doch ich verspürte keinen Wunsch, mit einer persönlichen Heroinerfahrung zu beginnen, bis das Schicksal eines Tages diesen Stoff ins Haus wehte.

Zu dieser Zeit gab es neunundvierzig Hippies aus bürgerlichem Haus in der Schweiz, und ich kannte sie alle. Eine von ihnen, Inge, eine Stewardess bei der Swissair, schaute bei mir zuhause vorbei und fragte nach Brian. Sie hatte in Beirut eine große Menge reinen

Heroins gekauft, nur so zum Spaß, hatte es nach Zürich geschmuggelt und wollte jetzt ein bißchen verwirrt wissen, was sie damit machen sollte.

«Warum nimmst du nicht einen Schnupf, um zu sehen, wie es ist, und wirfst dann den Rest in den See», schlug ich vor.

«Brian kriegte einen Herzanfall, wenn er das hier verpassen würde», meinte Inge. «Hier, ich werde etwas davon für ihn dalassen.»

Bei seiner Rückkehr spürte Brian die Anwesenheit von Heroin schon aus fünfzehn Metern Entfernung. Er drängte, ich solle es als Experiment mit ihm zusammen versuchen. Ich hatte die meisten Bücher über Heroin gelesen, wissenschaftlich oder literarisch. Trotz meiner negativen Einstellung fand ich mich gut vorbereitet und gut geführt.

Brian kam zur Sitzung in Bombay-Seide gekleidet. Ich legte eine Platte auf, lehnte mich in die Kissen zurück und sah Brian zu, wie der sein Ritual vollzog. Er löste etwas Pulver in einem Löffel auf, den er über einer kleinen Kerzenflamme erhitzte. Wir hatten ausgemacht, daß er zuerst davon nehmen würde, um die Stärke zu ermitteln. Er zog die Flüssigkeit in seine Spritze und legte diese dann auf einen kleinen Teller. Er lockerte seinen Seidenschal, zog ihn über den Kopf, und während er ein Ende davon in seiner linken Hand hielt, band er das andere um seinen Bizeps. Er streckte seinen linken Arm aus, zog den Schal enger, bis seine Vene blau und einladend hervorstand. Dann setzte er sich den Schuß.

All dies wurde mit der Ruhe und Zielgerichtetheit eines chirurgischen Balletts unternommen. Er legte die Spritze hin und sank mit einem tiefen Seufzer der Lust in die Kissen zurück. Ein paar Minuten später saß er wieder aufrecht und lächelte. Er sagte, er wisse, welche Dosis ich brauchte. Brian schüttelte den Kopf, als er meinen Schuß vorbereitete. «Ich hasse den Gedanken, als derjenige in die Geschichte einzugehen, der Timothy Leary anfixte.»

Als die Droge meine Vene erreichte, spürte ich den warmen Energieflash, von dem unter Fixern immer die Rede ist. Es gab keinen Zweifel: Es fühlte sich während einiger Minuten ganz wunderbar an. Während der nächsten halben Stunde genoß ich eine entspannte, weiche Verzückung, eine kichernde Nonchalance gegenüber weltlichen Angelegenheiten. Bald fiel ich in einen schweren Schlaf.

Am nächsten Morgen kam Brian zu mir, begierig, das Experiment zu wiederholen. Ich hatte keine Lust auf mehr Heroin, also schlug ich vor, daß wir mit der nächsten Sitzung bis zum Abend warteten. Diese Verschiebung verursachte Brian vorhersehbaren Kummer. Um sein Zittern und Zucken von mir fern zu halten, übergab ich ihm die Hälfte des Vorrats und bewahrte den Rest für irgendwelche Versuche, die ich später zu unternehmen wünschen könnte.

An jenem Abend erlaubte ich Brian, mir einen weiteren intermuskulären Schuß zu verabreichen. Es gab mir ein weiches und schläfriges Gefühl.

In der dritten Nacht des Experiments schnupfte ich etwas Heroin und spürte wieder, wie meine Zellen vor Befriedigung seufzten. Am vierten Tag war Brians Vorrat aufgebraucht. Er wurde immer schlechterer Laune. Als es soweit war, mich um einen Schuß zu bitten, hatte ich meinen Teil bereits die Toilette hinuntergespült.

Meine Versuche mit Heroin waren nützlich im Kontext meiner Arbeit als Drogenforscher. Immer kritisch gegenüber Wissenschaftlern, die über psychedelische Drogen moralisieren, ohne ihre Wirkung je erfahren zu haben, fühlte ich mich jetzt qualifiziert, vom Gebrauch von Heroin ohne Vorurteil abzuraten. Es ist ein euphorisches Beruhigungsmittel, das mich in keiner Weise anzieht, wie es auch jeden aktiven Menschen nicht anziehen kann, der seine Freiheit und Unabhängigkeit zu behalten wünscht. Die Aura des Heroin kommt von seinem Status als nichtmedizinische Droge. Wenn Heroin als rezeptpflichtiges Arzneimittel legalisiert würde, wäre es in der Folge ein geringes gesellschaftliches Problem, nicht mehr als andere euphorische Beruhigungsmittel wie zum Beispiel die Barbiturate.

Die Opiate und andere süchtig machende Fluchtmittel, die die Intelligenz vermindern, haben die gegenteilige Wirkung von psychedelischen Drogen, die die Sensibilität erhöhen und zu einem besseren Verständnis des breiten Spektrums menschlicher Wirklichkeiten führen.

Eines Morgens rief mich Jack aus Berkeley an. Es war das erstemal seit meiner Flucht, daß wir miteinander sprachen. Da er immer noch Bewährung hatte, hatte ich ihn nie direkt kontaktiert, um ihn nicht zu belasten. Er berichtete, daß Susan gerade einem Mädchen namens Dieadra das Leben geschenkt hatte. Es gab jedoch Probleme. Susan hatte sich von ihrem Mann getrennt und lebte allein, ohne jede Unterstützung. Ich sagte, ich würde sofort Flugkarten schicken. Jack bot an, Susan und Dieadra zu helfen, in die Schweiz zu kommen.

Es war ein aufregender Augenblick, als ich im Züricher Flughafen meiner Tochter und Enkelin in die Augen sah. Susan übernahm das Obergeschoß meines Hauses am Zugersee und widmete alle ihre Energien der Mutterschaft.

Sie hatte sich verändert. Die Verhaftungen, die Überwachung und meine berüchtigte Berühmtheit hatten dazu geführt, sie scheu und ängstlich werden zu lassen.

Ich schickte ihrem Mann auch eine Flugkarte. Ihm folgte bald sein Zwillingsbruder mit Frau und Baby. Zusammen mit Brian Barrett, seiner Frau und seinem Kind im Haus zeigte es sich, daß ich (mit geborgtem Geld) sechs Erwachsene und drei Kinder unterhielt, in der Hoffnung, im fernen Exil eine idyllische Familienszene aufzubauen. Das Problem war, daß die drei Männer kein Ventil für ihre Energien hatten. Bald fingen sie an, untereinander zu streiten.

Meine Hauptverbindung zur praktischen Wirklichkeit war das Buch über meine Flucht aus dem Gefängnis, von dem Hauchard hoffte, daß es mich berühmt und ihn reich machen würde. Um dieses und andere Ziele zu verfolgen, mietete er ein exklusives Chalet in Gstaad, voll ausgerüstet mit Butler, Küchenchef und Zimmermädchen. Er stellte mir eine Suite zur Verfügung und lud mich ständig ein, um Ski zu fahren und mögliche Partner für unser Unternehmen kennenzulernen.

Ich lernte viel über die Psychologie des Geldes, indem ich Hauchard beobachtete. Er sagte immer: «Nous allons *gagner* beaucoup d'argent.» Zuerst dachte ich mit meinem mittelmäßigen Französisch, es sei ein charmanter Versprecher. Armer Franzose, er kannte das Wort «verdienen» nicht. Nach einer Weile erkannte ich, daß er gerade so gut «faire de l'argent» hätte sagen können, aber das Wort «arbeiten» kam in seinem Wortschatz einfach nicht vor. Hauchard definierte sich selbst als «reich», indem er auf großem Fuß lebte, großbürgerliche Häuser mietete, einen Rolls fuhr, mit dem er Restaurant- und Ladenbesitzer einschüchterte, und formelle Diners für andere «reiche» Leute organisierte. Im Vergleich zu ihm sah ich mich als verarmten Adeligen.

Es war ein Schock für mich zu erfahren, daß das Geld, das Hauchard benutzte, um seinen aristokratischen Stil zu finanzieren, von mir «gewonnen» worden war sowie von zwei weiteren Flüchtlingen, denen Hauchard ohne Erfolg bei ihren legalen Problemen zu helfen versucht hatte. So lernte ich die sehr alte Lektion, daß Armut und Reichtum Geisteszustände sind. Ich war nicht länger auf scheue Art dankbar, da ich in Wahrheit Hauchard sehr gut dafür bezahlt hatte, mein gesellschaftlicher Direktor zu sein. Als ich ihn damit konfrontierte, klopfte er mir freundschaftlich auf die Schulter und lachte. «Mein lieber *Tiem*», meinte er jovial, «woher, meinen Sie, daß mein Geld fließt? Eine Erbschaft von einer Tante?»

Das Beste an Hauchards Einladungen nach Gstaad war das Skifahren. Ich brach durch zum Skihang-Satori, daß du um so sicherer bist, je schneller du fährst.

Es war eigenartig zu entdecken, daß ich in diesem Skiparadies so etwas wie ein Kulturheld war. Hauchard, dessen gesellschaftlicher Status ohnehin unsicher war, benutzte mich als Magnet für üppige Dinnerparties und plazierte mich neben französische Produzenten und italienische Playboys, die mit dem Salzstreuer Kokain-Witze machten.

Die einnehmendste Person, die ich in Gstaad kennenlernte, war Roman Polanski, ein fesselnder Erzähler mit einer seltenen Fähigkeit, eine kleine Gruppe Freunde in eine Salonkommödie zu verwandeln. Ich fühlte mich diesem komplexen Mann sehr verwandt, weil auch er ein permanenter Asylant war. Romans alter Freund Gene Gutowski stieß zu Hauchards Konsortium und flog nach New York, um einen Verleger für mein Manuskript zu finden.

Mir war es nicht gelungen, irgendein Interesse an meinem Buch zu erwecken. Der erfinderische Gutowski kam zurück mit einem Angebot über eine Viertelmillion Dollar Vorschuß von Bantam Books. Mit diesem Anreiz warf ich mich auf die Überarbeitung meines Manuskripts, und im August 1972 hatte ich die Arbeit am *Confessions of a Hope Fiend* beendet.

Die zweihundertfünfzigtausend Dollar wurden dann wie folgt aufgeteilt: Der argentinische Playboy, der Polanski vorgestellt hatte, erhielt zehn Prozent, Gene Gutowski bekam zwanzig und ein distinguierter New Yorker Anwalt namens Alan Schwarzt bekam deren nochmals zehn. Hauchard und ich sollten uns die verbleibenden sechzig Prozent teilen. Es zeigte sich, daß ich bei der Unterschriftsleistung etwa vierzigtausend erhielt. Hauchard stahl den Rest. Ich zahlte 10000,– Dollar an Walter Clark, schickte Susan und Jack je 5000,– Dollar und kaufte mir einen goldmetallic Porsche und ein Zimmer voller hochtechnischer Stereogeräte.

Es tauchten Gerüchte auf, daß die amerikanische Regierung einen erneuten Vorstoß gegen mich plante, um mich aus der Schweiz ausweisen zu lassen. Ich arrangierte ein Treffen mit meiner diplomatischen Verbindung, Duval, im Palace Hotel in Montreux. Er wartete auf mich in der Bar. «Die Spesen sind dermaßen hoch in diesen internationalen Fällen», seufzte er.

«Wie hoch?» erkundigte ich mich vorsichtig.

«Fünftausend.»

«Franken?»

«Dollar. Seien Sie dankbar, daß es nicht englische Pfund sind.»

«Ok. Für fünftausend Dollar sagen Sie mir, welche Länder mich aufnehmen werden.»

«Ihre Lage ist einmalig», meinte Duval. «Sie sind staatenlos, doch eigentlich sind Sie in sich selbst ein unabhängiger Staat. Ich muß mich in erster Linie als ihr schlechtbezahlter Botschafter betätigen. Sie besitzen nirgends auf dieser Welt ein Zuhause. Doch fühlen Sie sich deswegen nicht unerwünscht. Die Amerikaner sind verzweifelt darauf aus, sie zurückzukriegen. Sie sind dabei, Sie vom Kanton Wallis ausweisen zu lassen.»

«Schade», meinte ich. «Ich wurde gerade so gut auf Skiern.»

«Kein weiterer Schweizer Kanton will sie aufnehmen. Jetzt zu den schlechten Nachrichten.»

Duval zog die *Herald Tribune* aus seiner Tasche. Ich war in Orange County für neun Drogenvergehen verurteilt worden. Ich wurde von Cecil Hicks, dem Bezirksstaatsanwalt, als «Pate des größten internationalen Drogenschmuggelrings der Welt, der Brotherhood of Eternal Love» bezeichnet. Meine Kaution wurde auf fünf Millionen Dollar angesetzt.

«Sie sollten sich geehrt fühlen», lachte Duval. «Das sind fünf Millionen Dollar, keine Franken. Ein solcher Preis macht Sie gefährlicher als Voltaire und Freud.»

374

«Das ist absurd. Ich habe noch nie einen Drogendeal gemacht.»

«Machen Sie sich keine Sorgen, Sie werden sich vor Gericht schon noch aussprechen können – nachdem Sie die Amerikaner aus der Schweiz vertreiben in ein Land, von wo man Sie ausweisen kann. Die Amerikaner verlangen, daß man Ihnen Ihren Paß wegnimmt, aber Bern hat sich geweigert.»

«Gut.»

«Schlecht», meinte Duval. «Sehen Sie, die Schweizer können Sie nicht zwingen zu gehen, wenn Sie keinen gültigen Paß haben. Mit einem Paß können sie ausgewiesen werden.»

«Wohin kann ich gehen?»

«Ich habe mit Olaf Palme, dem Premierminister von Schweden gesprochen. Er ist der intelligenteste Mann in Europa. Er mag Sie ganz gern, aber es steht ihm eine kitzlige Wahl bevor, und Sie können ihm nur Stimmeneinbußen einbringen. Der nächstintelligenteste ist Bruno Kreisky, Bundeskanzler von Österreich. Ich habe ihm Ihre Bücher geschickt. Er möchte, daß sie ihn besuchen und ihm helfen, Österreich den Weg ins zwanzigste Jahrhundert zu zeigen.»

Ich wußte nicht genau, was das heißen sollte, aber es war das einzige Angebot, das ich seit einem Jahr erhalten hatte. Ich war gewillt, es in Betracht zu ziehen.

Und so geschah es. Ich wurde planmäßig aus dem Kanton Wallis ausgewiesen. Meine Schweizer Berater rieten mir, in Bewegung zu bleiben. Ich mietete ein Haus über dem Luganersee, das der Familie Hesse gehörte, und ein Bauernhaus in den saftigen Feldern des Berner Oberlands. Susan kümmerte sich um die Basis im Zuger Haus, das ganz in der Nähe von Luzern lag.

Der Plan bestand darin, immer unterwegs zu sein (im Porsche), eine Woche hier, eine Woche da, mit Auftritten in Zürich, Basel, Bern – ein sich bewegendes Ziel zu sein, so daß kein Kanton mich lange genug beherbergte, um sich aufzuregen wegen der Verführung der örtlichen Jugend durch den Rattenfänger von Hameln.

Ehe ich losfuhr erhielt ich einen Anruf von einer Frau namens Joanna Harcourt-Smith, einer alten Freundin von Hauchard, die in seiner Villa in Lausanne zu Gast war. Sie kam an den Zugersee, um mich zu treffen.

Ich holte sie am Bahnhof ab. Sie war eine witzige, auffällige Blondine um die Dreißig. Als wir vor einem knisternden Kaminfeuer saßen, beschrieb sie stolz ihre preisgekrönten Gene. Ihr Vater war ein englischer Aristokrat. Ihre Mutter Marisia war eine Ulam, deren Bruder unter den Erfindern der Atombombe war, und dessen Bruder Asam das Russische Institut Harvards leitete. Joannas Stiefvater, Arpad Plesch, war einer der reichsten Männer Europas. Wie mir waren auch Joanna Glaubwürdigkeit und Geld ausgegangen. Sie war aus mehr Ländern ausgewiesen worden als ich, wegen harmloser Frivolitäten. Joanna hatte zwei Kinder, die bei ihren Vätern lebten, einem griechischen Reedereierben und ein Gesellschaftslöwe aus Washington D.C. Sie trug eine Silberkette um den Hals, an der ein Dutzend Ringe baumelten – Trophäen sozusagen, von Männern und Frauen.

Ich fühlte mich stark hingezogen zu ihrem scharfen Verstand und sexy Stil. «Was willst du», fragte ich sie, um der Sache auf den Grund zu gehen.

Sie lächelte verrucht, eine ihrer Spezialitäten: «Alles!»

Wir liebten uns die ganze Nacht. Die Morgensonne, angenehm überrascht, uns schon so früh wach und auf den Beinen zu finden, stolperte über den Berg und zeichnete eine orangerote Spur auf den See. Ich erkannte einen weiteren dieser magischen Augenblicke, wenn eine neue Welt im Begriff ist, geboren zu werden.

«Was hast du in der Schweiz so gemacht?» fragte sie mich.

«Ich habe ein Buch über meine Flucht aus dem Gefängnis geschrieben und habe es Bantam für eine Viertelmillion verkauft. Ich habe eine Rock'n Roll-Platte gemacht mit einer deutschen Techno-Rockgruppe. Jetzt warte ich auf jemanden, der mir hilft, aus dieser geordneten grünen Hölle zu verschwinden. Ich bin nach Wien eingeladen worden.»

«Warum verbringen wir Weihnachten nicht mit meinen Freunden Putzi und Nicki von Opel? Und dann können wir uns Wien anschauen.»

Während des Essens stand ich auf und öffnete das riesige Fenster, das Aussicht auf St. Moritz bot, dem reichsten Tal der Welt. Ich konnte die Lichter des Eßtisches und meine Freunde reflektiert sehen. Es war, als schaute ich durch das Glas im Wartesaal eines Gefängnisses. In diesem Augenblick spürte ich, daß meine Tage in der Freiheit gezählt waren.

Als ich zum Tisch zurückkehrte, erzählte ich ihnen von meiner Vorahnung.

Putzi war von dieser Geschichte sichtbar aufgebracht. Sie sagte: «Ihr beide bewegt euch zu schnell. Seid vorsichtig. Beruhigt euch. Geht nicht nach Wien. Kommt mit uns nach Ceylon und entspannt euch in der Sonne.»

Doch wir waren zu aufgedreht, um auf sie zu hören.

Es war Mitternacht, und in den Alpen schneite es, als Joanna und ich die österreichische Grenze erreichten. Der Grenzwächter warf einen Blick auf den Skiträger auf dem Dach des Porsche, blätterte in unseren Pässen und winkte uns durch.

Wien im Winter war eiskalt und deprimierend. Bruno Kreiskys Sekretär sagte, der Kanzler habe die Stadt verlassen, um ein paar Tage Ferien zu machen. Man würde mich bei seiner Rückkehr kontaktieren.

Meine österreichischen Gastgeber waren junge linke Filmer, die meine Teilnahme an einigen ihrer Projekte wünschten. Die erste Produktion war ein Dokumentarfilm gegen Heroin. In einer Szene, triefend vor mitteleuropäischem Symbolismus, filmten sie mich, wie ich der tschechischen Grenze entlangspazierte und dumpf auf den Stacheldrahtzaun und die Wachtürme stierte. Als Ex-Sträfling fing ich natürlich an, mir während dieser Szenen Fluchtszenarios vorzustellen. Meine jungen Sponsoren erwiesen sich als psychedelische Marxisten. In dem Versuch, mich zu politisieren, ließen sie durchblicken, daß Kanzler Kreisky mich gegen drei Jets an die Amerikaner ausliefern würde. Sie drängten mich, mich in Jugoslawien zu verstecken. Sie waren desorganisiert und ohne einen Heller.

Joanna wurde krank. Meine Tochter Susan und ihr Baby tauchten auf, zusammen mit ihren Verwandten. Ich rief Duval in Montreux an. Die Amerikaner wollten mich aus Österreich ausweisen lassen, aber Kreisky würde mir beistehen.

Ich telefonierte nach Amerika, um finanzielle Unterstützung aufzutreiben. George Litwin, heute Berater einer großen Bank, überwies telegrafisch eintausend Dollar. Jemand fuhr meinen Porsche an, während dieser vor dem Hotel geparkt war. Das Wetter wurde täglich feuchter und kälter. Joannas Fieber wurde schlimmer.

«Ich werde innerhalb von zwölf Stunden sterben, wenn ich diese trostlose Stadt nicht verlasse», klagte sie. «Komm, wir gehen an die Sonne.»

Wir besaßen genug Geld, um nach Afghanistan zu fliegen, was wie ein sicherer Zug aussah. Ein gutaussehender Rock'n Roller namens Hari, dessen Onkel der König von Afghanistan war, war ein häufiger Gast gewesen in meinem Häuschen am Zugersee. Er hat mich wiederholt gebeten, meine Zeit in der Villa seiner Familie zu verbringen.

Der Plan war, in Afghanistan wieder zu materialisieren und finanzielle Gesundheit zu erlangen, um nach Ceylon weiterzufahren, wo wir Putzi von Opel aufsuchen wollten.

Im Flughafen von Kabul stellte sich eine uniformierte junge Dame als Beamtin der afghanischen Einwanderungsbehörde vor. Sie bat uns um unsere Pässe und verschwand dann mit ihnen.

Dann kam ein netter junger Mann von der amerikanischen Botschaft zu uns herüber und meinte: «Hiermit stehen Sie unter Arrest.»

«Wofür?» fragte ich.

«Weil sie keine Pässe haben», antwortete er logischerweise.

Wir wurden von einer Truppe Soldaten ins afghanische Hauptquartier geführt. Der afghanische General schien gelangweilt, als Joanna und ich beteuerten, wir seien legal ins Land gereist. Niemand schien etwas zu wissen von der Frau, die uns unsere Pässe abgenommen hatte und verschwunden war.

Wir wurden zu einer Baracke begleitet, wo ein Richter in Uniform hinter einem Holztisch saß und Recht sprach über Fälle, die Hühner und Schweine betrafen. Wir endeten in einem verlassenen Hotel, wo vier afghanische Soldaten vor unserer Tür Posten standen. Joannas Krankheit hatte sich verschlimmert. Das Zimmer war kalt und dunkel.

Am nächsten Tag flog die Tür auf und dort, direkt aus einem Märchen, stand Hari, unser Prinz, mit langem schwarzen Haar und einem modischen Anzug à la Beatles.

«Ihr seid angekommen! Willkommen in meinem Land. Es tut mir ja so leid wegen dieser Soldaten. Mein Vater und ich waren mit dem König in den Ferien, so habe ich erst heute von euch erfahren.

In ein paar Stunden werdet ihr frei sein. Inzwischen habe ich vom Palast etwas zu essen kommen lassen.»

Der Prinz schrie einen Befehl, und drei Soldaten kamen herein und brachten Körbe mit Eßwaren, einen tragbaren Kassettenrecorder mit Bändern von den Rolling Stones und fantastisches Haschisch.

Wir waren vor Freude erschlagen. Alles schien sich bestens zu lösen.

Später am Morgen kam der Prinz zurück, ein gebrochener Mann. «Mein Onkel, der König, ist wütend auf mich. Er sagt, die Amerikaner bestehen darauf, daß man dich ihnen ausliefert. Du bist erledigt. Es tut mir leid, daß ich dich in diese mißliche Lage gebracht habe. Ich hatte keine Ahnung, daß sie so scharf auf euch sind.»

«Können wir einen Anwalt nehmen und gegen diese Ausweisung ankämpfen?»

Der Prinz schaute mich mitleidig an. «Anwalt? In Afghanistan kann man keinen Anwalt damit beauftragen, gegen die Regierung anzukämpfen. Dies ist ein sehr primitives Land.»

Sehr niedergeschlagen umarmte uns der Prinz, packte seine Rolling Stones-Bänder und ging.

Ein Beamter der Drug Enforcement Agency und verschiedene seiner Kollegen in Zivil erwarteten uns am Flugzeug. Man gab mir eine Umsteigekarte USA einfach. Berufsbezeichnung: Philosoph.

Sobald das Flugzeug abhob, ging Joanna auf die Toilette und schrieb Zettel, die sie verschiedenen Passagieren in den Schoß warf: HILFE, TIMOTHY LEARY WIRD ENTFÜHRT. BITTE LONDON DAILY MAIL AVISIEREN.

Das Flugzeug hatte wegen uns in Kabul acht Stunden Verspätung gehabt, also mußten wir in Frankfurt zwischenlanden. Wir wanderten durch die Riesenhallen des Flughafens, begleitet von zwei Agenten. Joanna, deren gelbsüchtige Augen jetzt wie orangefarbene Schlitze aussahen, verlangte nach einem Arzt. Diesem Flughafenarzt erzählte ich, daß ich gewaltsam entführt wurde. «Bitte rufen Sie die Polizei.» Er sah mich an mit einem Blick, wie ihn nur ein Deutscher einem Querulanten schenken kann, der sich gegen die Obrigkeit auflehnt.

Ich verbrachte die nächsten drei Jahre im Gefängnis, wo ich

mich müßig über meine Taktiken von jenem Punkt an wunderte. Hätte ich über das niedrige Gatter springen und um Hilfe schreiend durch den Flughafen rennen sollen und hätte ich mit meinen Verfolgern kämpfen müssen? Um in einem deutschen Gefängnis zu landen... Doch ich versuchte nicht zu entkommen. *Es wäre meiner nicht würdig gewesen.*

Wir machten es uns auf den Sofas der VIP-Lounge bequem und planten, unseren gewaltlosen Fluchtversuch in die Freiheit in London zu unternehmen.

In Heathrow zeigte es sich, daß Joannas verzweifelte Botschaften ihre Wirkung getan hatten: Reporter und Photographen ließen ihre Blitzlichter blitzen und riefen uns Fragen zu. Wir wurden in das Büro des Einwanderungskommissars geführt, dessen Name quer durch die ganze Galaxis Respekt einflößt. Es war derselbe glatte Funktionär, der mich 1969 aus London ausgewiesen hatte, als ich John Lennon und die Moody Blues aufsuchen wollte. Er war auf unterkühlte Weise höflich zu mir und zuvorkommend zu Joanna, deren Namen er respektierte.

Ich kam direkt zur Sache: «Ich brauche Ihre Hilfe. Ich werde entführt.»

«Ich würde es nicht ‹entführt› nennen, mein lieber Mann. Sie haben keinen Paß. Ihre amerikanischen Begleiter haben Sie mit einer Rückfahrerlaubnis ausgestattet. Es ist alles ganz in Ordnung, versichere ich Ihnen.»

«Ich weigere mich zu gehen», protestierte ich.

«Verlangen Sie in England politisches Asyl?»

«Nein. Ich verlange in England drei Tage interniert zu werden, um die Reise in ein Land meiner Wahl vorzubereiten. Ich verfüge über eine algerische Niederlassungsbewilligung und Einreisevisa für Libanon, Österreich und Dänemark.»

«Wie's beliebt. Ihr Einreiseantrag wird dem Home Office Ihrer Majestät übermittelt.»

«Per Telefon! Werden solche Entscheidungen für gewöhnlich nicht schriftlich getroffen?» Der nächste Flug nach Los Angeles war in einer halben Stunde. Ich hatte gehofft, sie wenigstens so lange aufzuhalten.

Dies war ein weiterer Beweis für meine Naivität. Das Home Office Ihrer Majestät rief innerhalb fünf Minuten zurück mit der Absage.

«Es tut mir leid», sagte der Kommissar, «aber ich muß Sie bitten, England mit dem nächstbesten Flugzeug zu verlassen.»

«Ich weigere mich.»

«Dann muß ich veranlassen, daß man sie mit Gewalt deportiert.»

Ich war überrascht und enttäuscht. Dies war schließlich nicht irgendeine Bananenrepublik, sondern Großbritannien.

«Und jetzt fürchte ich, daß unser interessantes Gespräch ein Ende nehmen muß.» Er warf einen Blick auf die Tür. Die zwei DEA-Agenten standen im Eingang. Hinter ihnen waren drei Beamte der Spezialabteilung und dahinter verschiedene kräftige Bobbys.

Hand in Hand und mit erhobenem Kopf begaben Joanna und ich uns zum Pan American-Flug nach Los Angeles. Man setzte uns in die erste Reihe der ersten Klasse. Die Stewardess brachte sofort Champagner. «Lassen Sie die Flasche bei ihnen stehen», sagte der Agent hinter uns. Er war von Bureau of Narcotics and Dangerous Drugs.*

Nach dem Abflug entdeckten wir, daß Putzis Cousin, internationaler Bonvivant und Mann von Welt in der Reihe neben der unseren saß. Joanna wurde sofort aktiv. Innerhalb von zwanzig Minuten hatten wir die erste Klasse der 747 übernommen. Gunther, sein Freund, ein deutscher Baron, Joanna und ich saßen am Fußboden und tranken Champagner, während die zwei Agenten an einem Ecktisch uns mit gutmütiger Neugierde zusahen. Man hatte ihnen aufgetragen, uns in kleinen Sachen nachzugeben. Sie wußten, daß zwanzig Jahre auf mich warteten.

Ein Schwarm Agenten wartete im Flughafen von Los Angeles. Ich gab Joanna einen Abschiedskuß, dann zog man mir Handschellen an. Über hundert Journalisten wanden sich hinter einer Absperrung mit schnurrenden Fernsehkameras. Ich lächelte das aufgestellte Lachen, das McLuhan mir angeraten hatte und wurde in einem Streifenwagen zum Bezirksgefängnis von Los Angeles gefahren, begleitet von sechs weiteren Wagen, vollgestopft mit Polizisten mit Maschinenpistolen. Sie hatten Angst vor einem weiteren Weathermen-Anschlag.

Als ich im Hochsicherheitstrakt ankam, wurde ich von der Mör-

---

* Büro für Rauschgifte und gefährliche Drogen (A.d.Ü.)

derreihe mit Zurufen begrüßt: «Willkommen in Amerika, Bruder», sagte der Typ in der nächsten Zelle und übergab mir die Abendzeitung. Die überdimensionale Schlagzeile hieß: STEUER-HINTERZIEHUNG IN HÖHE VON 76 MILLIONEN DOLLAR. DROGENPAPST LEARY IM GEFÄNGNIS. Willkommen daheim.

JOHN C. LILLY, 1915 geboren, erwarb seinen Magistergrad am Darthmouth College und seinen M.D. von der Universität Pennsylvania. Seine Delphinforschung, die er seit über fünfundzwanzig Jahren betreibt, ist der erste systematische Versuch der Kommunikation mit einer anderen Spezies.

Lilly war unter den ersten Wissenschaftlern, die die Bedeutung von LSD als neurologisches Forschungsmittel verstanden. Sein klassisches Werk *Programming and Metaprogramming in the Human Biocomputer* redefiniert auf brillante Weise unser Verständnis der menschlichen Natur, indem es Gehirngegenden untersucht und kartographiert, die der wissenschaftlichen Beobachtung zuvor nicht zugänglich waren. Das Wissen und der experimentelle Zugang zu außerkörperlichen Erfahrungen sind der Beharrlichkeit Lillys und seiner Gruppe bei ihren Untersuchungen des Narkosemittels Ketamin zu verdanken.

Einer der faszinierendsten und wichtigsten Denker unserer Zeit, leistete John Lilly Pionierarbeit mit dem Isolationstank, wie sie in seinem *The Deep Self: Relaxation in the Isolation Tank* beschrieben ist, das Grundlage für den Film *Altered States** war. Ein weiterer von John Lilly inspirierter Film ist *Am Tag des Delphins* nach dem gleichnamigen Buch von Robert Merle. Von John Lilly sind außerdem bekannt: *The Mind of the Dolphin, Im Zentrum des Zyklons, Simulationen von Gott: Spielräume des menschlichen Bewußtseins, Der Scientist. Ein autobiografischer Roman* sowie *Der dyadische Zyklon. Innere und äußere Entwicklung eines Paares* (mit Antonietta Lilly).

* Deutsch: *Der Höllentrip* – ein äußerst irreführender Titel (A. d. Ü.)

37. Folsom

Januar 1973

Innerhalb einer Woche wurde ich in das Gefängnis von Orange County überführt und aufgrund von neunzehn Verbrechen verurteilt als ‹Pate› des größten Drogenrings der Welt. Von den dreißig genannten Verschwörern war nur einer Mitglied der Brotherhood of Eternal Love. Die anderen neunundzwanzig meiner angeblichen Lakaien waren mir völlig fremd. Aus offensichtlichen Gründen – mangels Beweises – beschloß der Bezirksanwalt, die Sache unendlich zu verzögern. Der Fall war von der Presse bereits gerichtet worden.

Da ich somit meinen früheren Gastgebern, dem California Department of Justice, zur Verfügung stand, legte man mir Hand- und Fußschellen an und verfrachtete mich in einen Wagen, der auf Highway 101 Richtung Norden fuhr. Zwei Wachen vorne, einer hinten, der dauernd meine Handschellen überprüfte. Der verantwortliche Typ nahm eine Pistole aus dem Handschuhfach, entsicherte sie und lehnte sich zurück, um zu plaudern: «Sie ist geladen. Wenn du eine Bewegung machst, puste ich dir das Hirn aus. Und nur, damit du es weißt, es folgt uns ein Wagen voller Scharfschützen.»

Triumphierend brachten mich die Beamten in das Gefängnis zurück, aus dem ich entflohen war. «Wir haben Leary jetzt hier in Ihrem Büro, Sir. Zwei Jahre und vier Monate.»

«Grüßen Sie ihn von mir», sagte ich.

Es war ein ekliges Loch. Jeder dort hatte reichlich Zeit abzusitzen. In der Zelle neben mir saß Ricardo, ein Berufskiller der mexikanischen Mafia, der mehrere Morde auf seinem Konto hatte. Da ich drei Monate in drei Meter Entfernung von ihm verbrachte, wußte ich mit der Zeit, wie sein Mind funktionierte. Ich hörte seine alptraumartigen Schreie, seine Schluchzer voller Heimweh, sein verwirrtes Aztekenmördertum. Ritualmord war noch vor ein paar Generationen eine religiöse Pflicht gewesen.

Auf der anderen Seite des Gangs saß einer jener lauten, bulligen Schlägertypen mit wilden Augen, manischen Händen und einer

Mähne gelben Haars ein. Am ersten Abend stand er an der Durchreiche seiner Tür und rief mir zu: «Tim, ich schicke dir was rüber. Schau mal.»

Ein dünner, rechteckiger Gegenstand, der Pappdeckel einer Bibel, kam unter seiner Metalltüre hervorgeschossen und schlug ein paar Zentimeter neben meiner Türe gegen die Wand. Beim dritten Mal rutschte er unten durch. «Laß die Schnur dran», fügte mein Gönner hinzu.

Eingewickelt in Karton war ein Willkommensgruß und etwas Kaffeepulver. Ein paar Nächte später schickte er ein paar Prisen Marihuana rüber. Ich war außer mir vor Freude über diesen Beweis der unüberwindbaren Fähigkeit des Menschen, die Zensur der Kontrolleure zu überlisten.

Und die war ziemlich straff an diesem Ort. Meine literarische Hardware beschränkte sich auf einen Bleistift, der entzweigebrogen worden war, um einem Gebrauch als Waffe vorzubeugen, und ein Blatt Papier täglich.

In der Einzelhaft wartete ich auf das Gerichtsverfahren wegen meiner Flucht. Ich benutzte diese einsame Zeit, um über die Psychologie der menschlichen Entwicklung und über die Stufen der Evolution nachzudenken. Stunde um Stunde tigerte ich durch meine Zelle – sieben Schritte vor, wenden, sieben Schritte zurück –, womit ich mich in Trancezustände voller ruhiger Erleuchtung versetzte. Die Einzelzelle ist ein mächtiger Ort, um seine Ansichten über die Welt zu überdenken.

Legale Dokumente waren die einzigen Nachrichten, die im Loch erlaubt waren, also saß ich auf dem Fußboden unter der nackten, schwachen Glühbirne und schrieb mit einem mickrigen Bleistiftstummel auf der Rückseite einer gerichtlichen Mitteilung ein weiteres vollständiges philosophisches System nieder. Es war eine jener inspirierten, klaren Übermittlungen. Ich hatte mir seit Jahren Gedanken gemacht über die Klassifizierung von Gehirnschaltkreisen und jetzt, in langsamer, ordentlicher Handschrift, praktisch ohne Korrekturen, flossen die Worte aus mir heraus. Das Buch hieß *Neurologik*. Joanna schaffte es, mehrere Auflagen davon zu verkaufen, wie sie auch verschiedene Abdrucke in Magazine und Übersetzungen auf Französisch, Deutsch, Spanisch und Japanisch an den Mann brachte. Alles in allem eine Auflage von fast einer Million.

Während ich auf mein Fluchtverfahren wartete, war Joanna heiter damit beschäftigt, Geld aufzutreiben und für wirksame Publicity zu sorgen. Um ihre Glaubwürdigkeit zu untermauern und Zugang zu gewissen Quellen zu finden, gelang es ihr auf clevere Weise, ihren Namen rechtlich auf Leary ändern zu lassen. Auch wenn wir nie heirateten, erlaubte ihr dieses legale Manöver, sich der Welt als Joanna Leary zu präsentieren.

Das Fluchverfahren erwies sich als eigenartige Scharade, denn die Flucht selbst war das einzige Vergehen, das sich nicht leugnen ließ.

Mir ging es vor allem darum, mich vor Gericht gegen die viel perfidere Anschuldigung zu verteidigen, daß ich ein ausgebranntes LSD-Opfer sei – das von Eldridge Cleaver ausgestreute Gerücht, das begeistert von Leuten weitergegeben wurde, die das ablehnten, wofür ich einstand.

Joanna, die ihr Hauptquartier jetzt in ein Strandhaus in der Nähe des Gefängnisses verlegt hatte, nahm sich der Aufgabe an zu beweisen, daß ich geistig absolut zurechnungsfähig war. Sie hatte den richtigen Mann für diesen Job bald gefunden, Frank Barron, der wieder einmal an einem Tiefpunkt in meinem Leben auftauchte. Jetzt Vorsitzender der Psychologie-Abteilung der nahegelegenen University of California in Santa Cruz, kicherte Frank vor Entzükken, als ich ihm das Problem beschrieb.

«Seit dem Augenblick deiner Geburt bist du ein hoffnungslos unangepaßter, verrückter Kelte gewesen. Drogen haben dir geholfen, dich zu beruhigen. Als Forschungsinstrumente waren sie für dich eine Herausforderung, die du gerne annahmst.»

«Du und ich wissen das», meinte ich aufrichtig, «doch wie können wir irgend jemanden sonst davon überzeugen?»

«Du wirst eine ganze Reihe von psychodiagnostischen Tests über dich ergehen lassen müssen, die vor Gericht als eingeschworene Aussagen akzeptiert sind. Dies wird den objektiven und wissenschaftlichen Beweis erbringen, daß du noch alle Tassen im Schrank hast.»

«Und vielleicht noch mehr», fügte ich hinzu.

Einige Tage später kam Frank zurück mit unserem ehemaligen Freund aus Harvard, Mike Kahn, jetzt akkreditierter Professor in Santa Cruz, und Jeff Shapiro, Direktor des psychologischen Testprogramms des Bezirks. Wir saßen nervös in einem Besuchszimmer, während Dr. Shapiro mir die Tests vorlegte. Es dauerte drei nervtötende Stunden.

Die Prüfung war echt. Während ich gegen die tickende Stoppuhr ankämpfte und meinen Weg durch Labyrinthe, Blockzeichnungen und komplexe psychomotorische Aufgaben fand, beugten sich die drei Psychologen schwitzend über mich und feuerten mich an. In meinen frühen Jahren hatte ich diese Tests Hunderten von verängstigten Patienten zugemutet – nie als unpersönlicher Kliniker, sondern als sympathisierender Zuschauer, der den armen Teufel ermutigte, während er sich mit allerlei kleinen und kniffligen Problemen herumschlug. Jetzt war es umgekehrt.

Während der Gerichtsverhandlung bezeugten Mike Kahn und Dr. Shapiro, daß meine Intelligenz «genial», meine Kreativität «außergewöhnlich» sei. Immer schon ein vollendeter Schauspieler, hielt Kahn einen beredten Vortrag darüber, was ich für ein großer Lehrer sei. Walter Clark, jetzt in den Siebzigern, kam angeflogen, um als Charakterzeuge für mich in den Stand zu gehen.

Trotz der Aussage, ich sei bei ausgezeichneter geistiger Gesundheit und ein netter Kerl, befand mich die Jury schuldig des Verbrechens der Flucht, was auch nicht anders möglich war. Der Richter schlug zu. Man schickte mich nach Folsom, zur Endstation, dem Ort, wo Langjährige und Uneinsichtige eingesperrt werden. Ich hatte bis zu fünfundzwanzig Jahren abzusitzen. Dazu kamen noch die elf offenen Anklagen von meiner Verhaftung in Millbrook, 1968, sowie die neunzehn Anklagepunkte wegen Verschwörung, meine angebliche «Patenschaft» betreffend.

Nach einer heißen Fahrt durch das Central Valley kam der vergitterte Bus an den Außenmauern von Folsom Prison an. Es war eine regelrechte Festung, von hohen Granitmauern und Türmchen umgeben. Die neunzehn anderen Gefängnisse in Kalifornien sahen im Vergleich wie moderne Fabrikkomplexe aus und hatten Namen wie «Bewährungsanstalt» oder «Rehabilitationszentrum». Nur Folsom wurde «Gefängnis» genannt, ein steinerner Kerker, gebaut von chinesischen Kulis.

«Was geschieht jetzt?» fragte ich den Gefangenen neben mir.

«Wir werden im Fischloch, im untersten Stock von Gebäude Fünf landen», antwortete dieser müde. «Dort bleiben wir, bis sie beschlossen haben, ob wir hier sicher sind, verstehst du. Daß wir keine Feinde haben in den oberen Etagen. Außer wenn einer von uns 4-A machen muß.»

«Was ist 4-A?» wollte ich wissen.

Die anderen Jungens schauten einander an und schüttelten den Kopf.

«Das ist wirklich heavy, 4-A. Das Anpassungszentrum, weißt du. Dort stecken sie die wirklichen Arschficker hin. Folsom ist das Arschloch des Gefängnissystems und 4-A dessen Ende. O Scheiße, Mann, da kommen die Bullen der 4-A schon.»

Wir sahen, wie drei Wärter die Stufen eines neueren Betongebäudes hinunter und auf unseren Bus zukamen. Es waren bösartig aussehende Gorillas in braunen Uniformen, mit Schlagstöcken, die an Lederriemen von ihren Handgelenken baumelten. Der überführende Wachtmeister lehnte sich in den Bus hinein.

«He Doktor, komm da raus.»

«Du liebe Scheiße, jetzt haben sie deinen Arsch.»

Ich sah die mitleidigen Gesichter meiner Mithäftlinge und stieg aus dem Bus.

Die Nachmittagssonne dampfte auf dem Betonpflaster. Die drei Stockträger schätzten mich auf unpersönliche Art ein. Einer der drei bewegte seinen Daumen in Richtung von 4-A.

Zwischen den beiden Wärtern eingeklemmt, fühlte ich mich sehr verletzlich. Der dritte ging hinter mir. Am Eingang sprach einer von ihnen in eine Sprechanlage. Die Tür öffnete sich mit viel Lärm. Unsere kleine Prozession ging zehn Meter den Gang hinunter und hielt dann vor einer weiteren Metalltür. Ein Wärter schlug mit seinem Schlagstock gegen den Stahl. Ein weiterer schaute durch ein Guckloch hinaus und ließ uns dann ein.

An der linken Seite des Raumes gab es einen Tresen. Es waren acht Wärter dort, von denen jeder ein Schlagstock trug. Mir ging ein Licht auf. Ihre Gesichter waren absolut ausdruckslos.

»Ausziehen.« Ich zog meinen weißen Overall, meine weißen Socken und meine weißen Tennisschuhe aus, die ich in Luzern im Warenhaus neben der gedeckten Brücke gekauft hatte.

Ich war nackt. Ein Wärter näherte sich mir mit etwas von der Größe und Form eines Tennisschlägers. Ein Metalldetektor. Ein weiterer Wärter warf mir einen grauen Anzug zu sowie Stoffsandalen. Er deutete auf ein Lager am Ende des Tresens. «Eine Matratze und zwei Decken fassen.»

Die verriegelte Türe zu meiner Rechten sprang auf. Ich betrat den untersten Gang von 4-A, umgeben von drei Wärtern, vorbei an einer Reihe von Zellen.

Die Stoffpantinen waren zu groß, die Matratze und Decken unhandlich, wie ich so an den neugierigen Augen der Gefangenen vorbeizottelte. Als sie mich erkannten, begannen sie zu jauchzen und zu schreien.

«He! Wow! Guck, wer da ist. Willkommen in 4-A, Bruder.»

Ich nickte den muskulösen Schwarzen und den untersetzten Weißen hinter ihren Gittern zu. In der letzten Zelle saß ein kleiner Mann im Lotossitz auf dem Fußboden und las in einer Bibel, wobei er mild lächelte.

Am Ende des Zellentrakts wartete eine weitere Metalltür, die zu einem niedrigen und dunklen Gang mit drei Zellen führte. Eine der Türen schwang krachend auf, und man bedeutete mir, in diese vergitterte Hölle einzutreten. Die Wärter schlugen die Tür zu.

Das Loch von Folsom Prison. Es gab eine Toilette ohne Sitz, angeschlagen und fleckig, einen rostigen Waschnapf und einen Betonblock, auf den ich meine fleckige und stinkige Matratze warf. Ein einziger Silberstreifen Licht drang von der äußeren Türe her in den Gang.

Fünfundzwanzig Jahre abzuhocken.

Ich spürte ein eigenartiges Gefühl der Erleichterung. Das wars also. Die unwiderrufliche, unleugbare Hölle Dantes.

Nach einer Stunde der Dunkelheit und Stille ging die äußere Tür auf. Ein junger, blonder Kalfaktor kam herein und lehnte sich gegen die Barren meiner Zelle. «Tut mir leid, daß du hier bist, Mann. Trotzdem – willkommen. Ich bin der Kalfaktor der ersten Abteilung. Rauchst du? Möchtest du was zu Essen?»

«Ja. Ich rauche, und ich esse.»

«Du magst sicher keine doofen Schmöker, was? Ich werde dir was Schweres zum Lesen besorgen.»

Mein Freund glitt hinaus und ließ dabei die äußere Tür offen. Das von der untergehenden Sonne reflektierte Licht erwärmte die Zelle. Nach ein paar Minuten kam er zurück mit Zigarettenpapier und einem weißen Kuvert voller Tabak.

«Das hier ist von Charlie, deinem unmittelbaren Nachbarn.» Das ist also der Typ im Lotossitz, der wie Jesus Christus dreinschaute. «Er möchte wissen, ob du deinen Kaffee mit Milch und Zucker trinkst. Und ob du Honig magst.»

Es war das alte Höflichkeitsritual im Gefängnis! Der neue Insasse, der mit nichts ankommt, wird von den Alteingesessenen mit den verfügbaren Annehmlichkeiten versorgt. Ich roch am Tabak. Bugler. Ich rollte eine Zigarette und sah zu, wie im Sonnenlicht der Rauch in Kringeln aufstieg.

Der Kalfaktor kam noch einmal zurück – diesmal mit vier Büchern. Charlie schickte *Die Lehren des barmherzigen Buddhas, Auf der Suche nach dem Wunderbaren* von P. D. Ouspensky, *Die Lehren des Don Juan* von Carlos Castaneda und *Der Meister und Margarita*, ein satirischer Roman von Michail Bilgakow über das Leben im modernen Rußland.

Als nächstes tauchte mein Freund auf mit einer Papptasse voll Honig, einer Schachtel Graham-Crackers und Kuverts mit Pulverkaffee, Zuckerwürfeln, Milchpulver. «Charlie schickt dir das. Jetzt muß ich gehen. Ich werde die Tür noch ein Weilchen offenlassen. Ich bin ein Fan von dir, Mann. Ich verdanke dir alles.»

«Bitte, bitte», sagte ich verwundert.

«He *Doc*.» Eine freche, herablassende Stimme kam aus der Zelle just hinter der äußeren Tür. Plötzlich begriff ich, wer der einzige andere Mensch war, mit dem ich sprechen durfte: Charles Manson. «Also bist du endlich hier gelandet. Ich verfolge deinen Fall seit Jahren, Mann. Ich wußte, daß du hier enden würdest. Ich möchte schon lange mit dir reden. Ich wollte dich fragen, wie du es geschafft hast, so 'ne Scheiße zu bauen.»

«Scheiße zu bauen?»

«Alle schauten zu dir auf. *Du* hättest die Leute hinführen können, wohin du wolltest.»

«Mir ging es darum, den Leuten zu lehren, wie sie Lehrer vermeiden und ihr eigenes Leben führen», sagte ich müde.

«Als ich 1965 aus dem Gefängnis kam, war ich völlig verblüfft. Tausende von jungen Leuten, die nur darauf warteten, daß man sie programmierte. Gib ihnen LSD, und sie werden alles tun.»

«Charles, haben Psychologen und Experten dich je danach gefragt, genau *wie* du es gemacht hast?»

«Was gemacht?»

«Das Gehirn deiner Leute gewaschen.»

«Nein.»

«Also, das erstaunt mich. Du hast das getan, wovon jede Geheimpolizei der Welt träumt. Du hast Leute programmiert, auf Mordmissionen zu gehen. Und sie würden es wahrscheinlich heute wieder tun. Stimmt's?»

«Ja.»

«Warum hast du es gemacht?»

«Ich bin Christ, Mann. Die Bibel ist mein Handbuch. Die Bibel gibt mir das Programm. Sie sagt dir hier mitten in der Offenbarung, daß das Weib Schuld ist an allen Problemen des Mannes.»

An jenem Nachmittag wurde ich «befördert» zur dritten Abteilung des Anpassungszentrums, und drei Wochen später wurde ich ins reguläre Gefängnisleben eingegliedert. Jetzt kam der Moment, vor dem mich alle gewarnt hatten: Mein erster Spaziergang im Hof, meine erste Konfrontation mit den verschiedenen Gangs, die alle nur darauf warteten, mich herauszufordern, zu testen, auf die Probe zu stellen, um dann meine Stellung in der Gefängnisgesellschaft festzulegen.

Mehrere hundert Gefangene in blauem Drillich füllten den Hof; manche standen in kleinen Gruppen zusammen, andere liefen hin und her im ziellosen Gänsemarsch des Sträflings. Als ich in den Hof kam, waren alle plötzlich hellwach. Die Buschtrommel hatte meine Ankunft und jede meiner Bewegungen in 4-A gemeldet. Wer würde den Anfang machen?

Ich hörte, wie jemand meinen Namen rief. Ich ging hinüber zu einer Gruppe von Schwarzen, die gegen eine Wand lehnten. Da hatten wir's also: die Konfrontation mit den Brüdern. Ich erinnerte mich an Angela Davis' ominöse Aussage gegenüber der Presse, daß ich im Gefängnis von militanten Schwarzen umgebracht werden würde. Reichte Eldridge Cleavers langes Messer bis ins Gefängnissystem des sonnigen Kaliforniens?

Ein Bruder machte einen Schritt auf mich zu: «He Mann. Ich möchte mit dir reden. Komm rüber.»

Langsam ging ich hinüber, wobei ich die abwartende Spannung des ganzen Hofs spürte. Ich blieb dreißig Zentimeter vom Anführer entfernt stehen, schaute ihm in die Augen, nickte und lächelte.

«He Mann, was war mit dir und Bruder Eldridge los?»

«Wir haben uns nicht verstanden.»

«Ach wirklich?» Er wandte sich um und grinste seine Truppe an.

«Aber was ist passiert, Mann. Warum hast du dich nicht mit Bruder Eldridge verstanden?»

Ich schaute mir die Gesichter um mich an, blickte dann dem muskulösen Anführer in die Augen: «Kennst du Bruder Eldridge?»

«Ich? Na klar. War ein paar Jahre mit ihm in St. Quentin.» Nikkende Köpfe und zustimmendes Geflüster ringsum. «Ja, die meisten von uns waren schon mit Bruder Eldridge im Knast.»

«Wenn ihr wißt, wie Bruder Eldridge vorgeht, werdet ihr auch wissen, warum ich mich nicht mit ihm verstehe.»

Langes Schweigen. Dann eine Welle der Belustigung.

«Ja. Wir haben gehört, daß Eldridge mit dir Polizei spielen und dich in sein persönliches Gefängnis einsperren wollte.» Wieder nickten alle, *wenn das nicht stimmt*. Der Anführer fuhr fort: «Gib dem Typen ein bißchen Macht, und sie steigt ihm in den Kopf.»

«So seh ich es auch.»

Ich schüttelte Hände im ganzen Kreis. Ein Rauen der Entspannung ging durch den Hof. Es war jetzt allgemein bekannt, daß ich die «Brüder» konfrontiert und mit ihnen keine Schwierigkeiten hatte. Und, was ebenso wichtig war, ich hatte das Gespräch nicht ungebührlich in die Länge gezogen und somit das diplomatische Gleichgewicht gewahrt.

Ich machte die Runde des Baseballfelds, des Basketballfelds, des Handballfelds, der kleinen Gewichthebe-Ecke. Auf meinem Weg zurück in den Haupthof wurde ich von vier muskelbepackten, hühnenhaften Weißen angesprochen. Der Anführer, ein blonder Riese, hatte seine Ärmel hochgekrempelt und prahlte mit seinen riesigen Muskeln. «He Mann, du bist doch Leary, oder?»

Ich nickte. Der Angel streckte feierlich seine Pfote aus. Ich schüttelte sie.

«Ich bin Fu Griffin. Oakland Hells Angels. Ich bin dir mal bei Kesey zuhause begegnet.»

Fu stellte mich seinen Gefährten vor, Dreckiger Dan, Doofer Willy, Haariger Teddy. Wir saßen im Gras und sprachen von den wild-wonnigen Tagen der Bay Area, von Kesey, Ginsberg, Janis Joplin. Fu hatte zehn Jahre bekommen wegen Heroindealen.

«Brauchst du irgend etwas?» fragte er zuvorkommend. «Du wirst aus der Kantine bis zum ersten des Monats nichts erhalten.»

Um drei Uhr nachmittags erklang der tiefe Pfeifton. Aus der

Gemeinschaftsanlage plärrte es: HOF RÄUMEN! Wir kamen überein, uns am nächsten Tag zu treffen. Die Angels gingen zurück in Gebäude 1, während ich mich in der blauen Ameisenreihe für Gebäude 3 anstellte.

Am nächsten Tag sprach mich im Hof ein rauher Mann mit dem Kinn eines Ochsenfrosches an, Bob Hyde: «Freut mich, dich kennenzulernen», sagte ich und reichte ihm die Hand. «Man hat mir geraten, dich aufzusuchen. Man sagt, du seist der intelligenteste und härteste Bursche im Gefängnissystem.»

Hyde nickte befriedigt. Dann stellte er mir einen Freund von ihm vor, einen großen, schlanken Jungen mit einem braunen Gesicht und fröhlichen Schelmenaugen. «Das hier ist Charles Newsom, ein Fan von dir.»

Wir gingen das Außenfeld auf und ab im Rhythmus des Gefangenen – sprechen, wenden, gehen, wenden – und tauschten dabei wichtige Statistiken aus. Charles war Topspezialist auf dem aristokratischsten aller kriminellen Gebiete: Juwelenraub. Er hatte eine Menge Acid genommen, mit ungezählten Filmsternchen gebumst, war in zahllose Häuser in Bel Air und Beverly Hills eingebrochen. Er hielt sich strengstens an die Robin Hood-Devise: Stehle nur von Reichen.

Bob Hyde war im Gefängnis wegen Betrugs und Schlimmerem. Hinter seiner ruhigen Arroganz verbarg sich ein explosives Temperament. Hier im Gefängnis fungierte er als Anwalt und verfaßte Anträge im Austausch gegen Stangen Zigaretten. Er hatte seinen Klienten bereits in sieben aufsehenerregenden Fällen zu ihrem Recht verholfen.

Hyde und Newson planten ein Projekt, bei dem sie meine Hilfe brauchten. Sie hatten eine Organisation gebildet, die sich PROBE nannte, «P» für »Prison», «R» für «Rehabilitation», den Rest habe ich vergessen.

«Weißt du», sagte Hyde, «du wirst es hier viel leichter, einfacher und gesünder haben, wenn du einer Bande angehörst.»

«Das hat man mir gesagt», meinte ich vorsichtig.

«In diesem Knast gibt es die mexikanische Mafia. Sie sind hart, stark, skrupellos. Sie kontrollieren das Drogengeschäft. Dann gibt's die Rocker. Wir haben dich mit Fu sprechen sehen. Sie sind ok. Sie sind loyal und halten zusammen, aber es gibt nur wenige von ihnen. Dann die Neo-Nazis, die arische Bruderschaft. Die Schwarzen sind im großen und ganzen nicht organisiert, außer den Moslems. Sie bleiben für sich.»

«Bob ist der einzige, der die Schwarzen gegen die anderen Banden verteidigt hat», warf Newsom ein.

«Wie hast du das gemacht?» fragte ich mit wissenschaftlicher Neugier.

«Ich habe den Nazis und den Mexern erzählt, daß die Typen», er zeigte auf die Schützengänge, «nichts lieber hätten, als wenn wir alle anfangen würden, einander gegenseitig umzubringen.»

«Seit Bob übernommen hat, gibt es hier in Folsom keinen Mord und keine Messerstechereien mehr.»

«Welcher Bande, meint ihr also, soll ich mich anschließen?»

Hyde und Newsom schauten einander an. «Wir drei sind diese Bande», sagte Newsom. «Wir sind die gescheitesten Leute in diesem Gefängnis.»

«Dieses Gefängnis ist wie ein verdammter Atomreaktor», meinte Hyde mit einer Armbewegung. «Guck dir die Typen an. Jeder von ihnen eine tickende Zeitbombe. Die in diesem Hof angestaute Energie könnte uns überall dort hinbringen, wo wir nur wollen.»

«Vor allem und hauptsächlich raus», fügte Newsom hinzu.

«Es ist die beste Gruppe, der ich mich anzuschließen hätte hoffen können. Ihr könnt auf mich zählen.»

Wir gaben uns die Hand. Bob Hyde gab ein Daumen-hoch-Signal an eine Gruppe von Weißen, die in der Nähe des Tors standen.

«Ok», sagte Hyde. «Jetzt geht's los. Erstens müssen wir dich in die beste Nachbarschaft bringen. Wenn wir reingehen, wirst du feststellen, daß man dich ins Untergeschoß von Gebäude 3 verlegt hat. Ich werde zwei Zellen rechts, Charles vier links von dir sein.»

«Wie hast du das so schnell geschafft?»

Newsom lachte. «Für ein paar Stangen Zigaretten kriegst du hier alles.»

«Während der nächsten vier Tage», fuhr Hyde fort, «werden wir dich mit den grundlegendsten Annehmlichkeiten versehen. In deiner Zelle gibt es einen Tauchsieder für heißes Wasser und eine Nachttischlampe, damit du nach dem Lichterlöschen weiterlesen kannst. Deine Freundin kann dir ein Radio oder Fernseher bringen. Und wir werden dir ein paar anständige Kleider und einen Bettüberwurf beschaffen.»

«Wie wär's mit Tennisshorts für den Hof?» fragte Newsom. «Fu sagte mir, er würde dir in der Hobbywerkstatt gerne ein paar Ledersandalen machen.»

Das Abendessen war dieses Mal ein fröhlicher, gesellschaftlicher Anlaß. Ich stand mit meinen Freunden an, und wir saßen am selben Tisch. «Das erste, was du morgen früh machen mußt», riet Hyde, «ist, ins Arbeitsbüro zu gehen und denen zu sagen, daß du nicht länger im Garten arbeiten kannst.»

«Geht das denn?»

«Sag ihnen, du hättest einen Brief von deinem Anwalt bekommen und während der nächsten sechs Wochen seist du damit beschäftigt, deinen Fall in der juristischen Bibliothek nachzuschlagen. Ihnen ist das scheißegal. Der Berufskodex ist an diesem Ort sehr einfach. Solange du Ruhe gibst und keine Wellen schlägst, werden sie auch dich in Ruhe lassen. Wir haben zu viel zu tun, als daß du deine Zeit im Garten verplemperst.«

«Und morgen», ergänzte Newsom, «beginnen wir mit deinem Muskeltraining. Nach all dieser Zeit im Loch brauchst du etwas Übung. Laufen und Gewichtheben. Kein schweres Muskelzeugs, einfach genug, um dich auszufüllen und in Form zu bringen.»

Hyde nickte beifällig: «Gleichzeitig möchten wir, daß du dich an unserem Plan beteiligst, das Gefängnis dicht zu machen.»

Ich verbrachte meine Abende damit, auf meiner Schreibmaschine Briefe zu schreiben. Dann machte ich Wasser heiß für eine kremige Tasse Schokolade mit Milchpulver, kletterte ins Bett, schüttelte die vier weichen Kissen bequem zurecht, zündete meine Lampe an und las in den Büchern, die mir geliehen worden waren.

Der alte Territorialinstinkt übernahm. Dies war *meine* Höhle, warm, sicher und bequem. Als ich mehr persönliche Habe ansammelte und meinen Alltag langsam in den Griff bekam, wurde dieses düstere Loch aus Beton und Stein – zwei Meter breit, drei Meter lang – zu meinem Zuhause. Dieser tierische Sinn für ein Daheim ist ein wesentlicher Faktor im Gefängnisleben. Die meisten rückfälligen Kriminellen kommen immer wieder ins Gefängnis zurück, weil sie diese Art Sicherheit nirgendwo anders gefunden haben.

Ein sanfter Rhythmus entwickelte sich. Ich schlief tief und fest, wachte etwa um neun Uhr dreißig auf, trank dampfend heißen, starken Kaffee, rasierte mich und ging um halb elf in den Hof, um Hyde und Newsom zu treffen. Dann drehten wir unsere Runden und redeten bis zum Mittag wie wild aufeinander ein. Nach dem leichten Lunch legten wir uns etwas an die Sonne und unterhielten uns mit den vielen Delegationen, die sich zu uns gesellten, um Bericht abzustatten. Eine Stunde an den Gewichten, umringt von stöhnenden und grunzenden Muskelprotzen, gefolgt von einer kalten Dusche mit frischem Wasser aus dem American River. Später aßen wir ein Eis. In jenem Frühjahr und Sommer war der Himmel wolkenlos, und die Sonne schien hundertsiebenundfünfzig Tage am Stück.

Als der Hof sich um drei leerte, ging ich in meine Zelle zurück und las den *San Francisco Chronicle*. Dem Zählen und der Postabgabe folgte das Abendessen, immer eine Gelegenheit für Klatsch und dramatische Geschichten: Vergewaltigung im Matratzenzimmer, Drogenverhaftungen in der Küche, heroische Verbrechen, clevere Stücke, wagemutige Schießereien.

Um halb neun wurden die Duschen aufgeschlossen, die Zellentüren öffneten sich, und wir gingen die Zellentrakte in Gummisandalen hinunter und standen unter dem heißen Wasser – einen seifigen Augenblick voller Clownerien.

Dann, als die warmen und sauberen Körper von Kaliforniens gemeinsten Mördern alle in ihr Bett gepackt worden waren, ließen wir uns einen um den anderen in den weichen Strudel des Schlafs gleiten. Die Hälfte der Insassen hatte Fernseher mit Kopfhörer. Die Schwarzen verständigten sich schreiend von einem Stockwerk zum anderen, unablässiges Gettogeplänkel und Blödsinn. Kalfaktoren huschten die Treppen hoch und runter, schmuggelten Verbotenes, gaben Zettel weiter, verschoben geheimnisvolle Wertsachen.

Gegen zehn aß ich eine kleine Zwischenmahlzeit bestehend aus einem Croque-Monsieur, Kartoffelchips und Gurken, zubereitet von meinem Zellnachbarn, Drag Line, einem fröhlichen Veteran mit vierzig Jahren Gefängnis auf dem Buckel und seinem Liebsten, eine sanfte, zarthäutige «Lady» namens Wendell. Wenn Drag Line sein Gebiß herausnahm und in Wendells Bett kroch, füllten zahnlose Lustseufzer die Luft.

Ich fing an, an Bob Hydes neuestem Rechtsbegehren zu arbeiten, jenes, daß das Gefängnis schließen sollte. In Folsoms umfassender Bibliothek für Gesetzesvorlagen hatte er jeden Fall untersucht, der die Verfassungsrechtlichkeit von Gefängnissen betraf, und er hatte sich mit anderen inhaftierten Anwälten beraten, mit allen Wassern gewaschenen Insassen, die über mehr Rechtserfahrung verfügten als der gesamte Oberste Gerichtshof Nixons.

In knapper und klarer Sprache faßte unser Antrag die Fehler des Besserungssystems zusammen. Er beschrieb die Torheit des Einsperrens von Menschen zu einem Kostenpunkt von 10 000,– Dollar pro Nase pro Jahr in Fabriken für die Produktion von verstockten Kriminellen.

Das Gericht wurde gebeten zu verfügen, daß Gefängnisse in profitorientierte Berufsinstitutionen verwandelt würden. Gefangene, die die Möglichkeit eines Broterwerbs freiwillig akzeptierten, würden für die Zeit ihrer Inhaftierung für profitable Arbeit zu Gewerkschaftstarifen angestellt. Achtzig Prozent dieser Gehälter würden verwendet, um die Opfer der jeweiligen Verbrechen zu entschädigen, die Familien der Gefangenen zu unterstützen, den Staat für die Gerichtskosten zu kompensieren und die medizinischen sowie die Kosten für Kost und Logis während der Gefangenschaft zu tragen. Zwanzig Prozent des Gehalts würden zur Seite gelegt als Sparbatzen für den Augenblick der Entlassung.

Joanna verschaffte uns Unterstützungsbriefe von über hundert Einzelhändlern der Gegend, die sich bereiterklärten, Waren anzukaufen, die in den Gefängniswerkstätten hergestellt würden – Lederwaren, Metallschmuck, Buchbindearbeiten usw. Sie erhielt ebenfalls Zusicherungen von drei elektronischen Firmen, die einverstanden waren, ins Gefängnis zu kommen und dort Fließbänder einzurichten.

Die finanziellen Implikationen waren beeindruckend. Zweitausend Gefangene, die je 10 000,– Dollar pro Jahr verdienten (nur die Hälfte des gängigen Gewerkschaftstarif) brachten das Bruttosozialprodukt von Null auf zwanzig Millionen Dollar pro Jahr. Da der Staat zwanzig Millionen Dollar sparte, die jetzt dafür vorgesehen waren, das Gefängnis zu betreiben, würden dem Staat vier Millionen Dollar jährlich zufließen. Wärter würden bezahlt wie Vorarbeiter, Gefängnisverwalter bekamen dasselbe wie Manager, die ein Vierzig-Millionen-Dollar-Geschäft leiteten.

Das Begehren verwandelte jedes Minus des Gefängnislebens in ein freies Unternehmen, das jeden belohnte, der mitmachte. Es schloß mit einem formellen Antrag, der verlangte, daß der Oberste Gerichtshof Folsom Prison innerhalb von neunzig Tagen schließen ließ, wenn das California Department of Corrections kein Profit abwerfendes Programm einführte.

Bob Hyde war außer sich vor Freude: «Jetzt werden wir dieses Manifest jedem Gefangenen in die Hand geben.»

«Wie läßt sich das machen?» fragte ich. Sicher würden sie uns verhaften wegen Verteilen von politischen Pamphleten.

Hyde lachte schadenfroh: «Jeder Insasse ist berechtigt, dreißig Fotokopien zu machen von jedem Rechtsbegehren, das ihn betrifft. Dies ist ein Verfahren, das im Namen eines jeden Inhaftierten eingeleitet wird. Also kann jeder Insasse dreißig Kopien davon machen.»

Am nächsten Morgen war Hyde als erster am Fotokopierer. Hinter ihm warteten sorgfältig ausgesuchte Mitgefangene: Ein Mitglied der mexikanischen Mafia, ein Hells Angel, ein Schwarzer Moslem, ein Nazi, ein Drogensüchtiger, ein beliebter Bruder namens Motormaul. Es war das erstemal in der Geschichte des Gefängnisses, daß die zerstrittenen Gangs sich über eine Sache einigten. Als er mit kopieren fertig war, ging er der Reihe der Wartenden entlang und gab jedem von ihnen eine Kopie, die von ihnen erneut dreißigmal vervielfältigt wurde. Ehe der langsame Wärter es begriffen hatte, hatte Hydes Pyramiden-Strategie den ganzen Hof mit eintausend Kopien des Begehrens zur Schließung der Anstalt überflutet.

Während des ganzen Tages waren die normalen Hofaktivitäten vergessen. Jeder las unser Schriftstück – Analphabeten versammelten sich, um es vorgelesen zu bekommen. Alle lachten. Insassen rannten zu den Wärtern rüber, um ihnen zu zeigen, wie ihr Gehalt sich verdoppeln würde. Die Wärter studierten unser Begehren aufmerksam und kicherten untereinander. Der Teil über den Wärter, der 10000,– Dollar verdiente, war ein tolles Stück. Ein paar Sauertöpfe beklagten sich darüber, daß die Wärter mehr verdienen würden als die Insassen.

Ich schickte den Brief an das Bundesgericht von Sacramento ab. Nun war es offiziell: Legale Schritte, um das Gefängnis zu verändern oder zu schließen traten jetzt in Kraft.

Am nächsten Tag wurden Hyde, Newsom und ich getrennt vor den Bewährungsoffizier geschleppt (die Bewährungsabteilung entspricht innerhalb dem Gefängnis der Polizei) und strengstens verwarnt, daß keine unerlaubten Organisationen gestattet seien.

Wir hatten uns im vornherein auf eine Antwort geeinigt: «Wir bitten Sie formell, PROBE anzuerkennen, solange diese Organisation sich mit legalen, friedlichen und konstruktiven Aktionen befaßt.»

Der Gefängnisvorsteher fand das gar nicht lustig.

In jener Nacht schrieben Hyde und ich ein zweiseitiges Begehren, in dem verlangt wurde, daß das Bundesgericht den Gefängnisbeamten befehle, PROBE zuzulassen.

Nochmals lud man uns vor und warnte uns, daß man uns entweder in den Bunker werfen oder versetzen würde, wenn wir mit unseren Aktivitäten fortfuhren.

Wir setzten einen weiteren Antrag auf, in dem wir verlangten, daß das Bundesgericht die Gefängnisbehörden von Versetzungen und Strafmaßnahmen uns betreffend abhalte, bis ein Urteil über unsere früheren Begehren vorlag.

Die Gefängnis-Buschtrommel fing an, einige eigenartige Reaktionen zu melden. Ein Team von Strafanwälten und Beamten aus Sacramento verbrachte einen ganzen Tag in einer Konferenz mit dem Gefängnisdirektor und seinen Leuten. Spitzel hörten bittere Streitereien ab. Es schien, daß dem Gefängnisdirektor und einigen der Verwalter aus der Hauptstadt unser Plan gefiel. Sie wollten vor Gericht gehen, Lärm schlagen, in die Nachrichten kommen und ein mögliches gesetzliches Vorgehen untersuchen. Die harte Fraktion der Gesetzesvollstrecker war wütend und versessen darauf, uns wegen Auflehnung anzuklagen.

Ich wurde vor Morgengrauen aufgeweckt von Drag Line: «He du, sie führen deinen Kumpel ab.»

Sechs Braunhemden mit Schlagstöcken standen vor Bob Hydes Zelle. Er packte seine Habe in Pappschachteln und lud sie auf einen Handwagen.

Hyde sah mich und wollte etwas sagen, aber die Wärter brachten ihn zum Schweigen. «Schreib mir, und wir bleiben in Verbindung», rief ich ihm unglücklich nach.

Wir gewöhnten uns an unseren Verlust, wie das Sklaven so eigen ist, und das Gefängnisleben ging weiter. Jeden Abend stand ich an für mein Abendessen und wunderte mich, daß wieder ein Tag vergangen war. Wie die Jugend ist auch das Gefängnis verschwendet an Leute, die es nicht zu schätzen wissen. Keine Anrufe. Keine Termine. Keine Miete. Keine Pflichten. Keine Sorgen und Erwartungen, doch ausgezeichnete Lesemöglichkeiten.

Als Direktor meines Folsom-Büros für Inspiration wartete Joanna mit einer anderen Strategie auf, um mich rauszuholen. Sie hatte einen freundlichen und leichtgläubigen Alkoholiker ausfindig gemacht, der wie ich aussah, und ihn überredet, mit mir im Besuchszimmer die Kleider zu vertauschen. Sie gab einem Mann in Iowa zweihundert Dollar, um damit einen Helikopter zu bauen, der wie eine fliegende Untertasse aussah. Dieser sollte über das Gefängnis fliegen und unirdische Geräusche von sich geben, um die Wärter abzuschrecken. Joannas Mutter hatte Verbindungen, die ihr eine Audienz beim Papst verschafft hätten.

Sie suchte das Büro von Gouverneur Reagan auf und betörte seinen Pressechef, in der Hoffnung, das Wasser im Reservoir mit einer Liebesdroge zu versetzen. Sie redete sich ihren Weg in den Plymouth von Gouverneurskandidat Jerry Brown, indem sie sich als englische Reporterin ausgab. Um Geld aufzutreiben, veröffentlichte und verkaufte sie meine Bücher *The Secret of the Oval Room* und *Starseed*. Sie versuchte ebenfalls, mein eintausend Seiten langes Testament über die Evolution der Neurotechnologie durch vierundzwanzig Stufen (zwölf irdische und zwölf nachirdische) der Intelligenz an den Verleger zu bringen, das später als *Exo-Psychologie, Die Intelligenz-Agenten* und *Spiel des Lebens* auf den Markt kam.

Alle waren sich einig, daß niemand je harter gearbeitet hatte, um einen Menschen aus dem Gefängnis zu holen, als Joanna.

Die nächsten drei Monate sollte mit die interessantesten meines Lebens sein. Es war immer etwas Intensives los. Drei Tage lang war ich der Mittelpunkt einer Konfrontation zwischen rivalisierenden Banden. Die mexikanische Mafia versuchte, mich zu erpressen. Meine Kumpel bildeten eine schnelle Koalition von Rockern, Schwarzen, Nazis und Drogenleuten. Es gab einen Moment, wo fünfhundert Mann, alle mit Messern bewaffnet, im Hof darauf warteten, ob sich die Anführer zu einem Kompromiß entschließen konnten oder nicht. Sie taten es.

Ich verbrachte zwei Monate in Zusammenarbeit mit einem brillianten Sträfling namens Wayne Brenner. Wir schrieben *Terra II*, das die Migration weg vom Planeten als Ziel unserer Spezies definiert. Für mich war es der Fluchtplan aller Fluchtpläne. Joanna veröffentlichte *Terra II* in einer limitierten Auflage, die ausverkauft und zu einem Sammlerobjekt wurde.

Ich war im Besuchsraum und plante mit Joanna gerade die Flucht der Woche, als ein Wärter an unseren Tisch trat.

«Leary, deine Besuchszeit ist vorüber. Morgen kommst du hier raus. Geh sofort in deine Zelle und fang an zu packen.»

In jener Nacht rührte ich die Buschtrommel, um herauszufinden, warum ich verlegt wurde. Niemand war sicher. Ein Gefangener, der in der Verwaltung tätig war, berichtete, daß Bundespolizisten mit dem Direktor über meinen Fall gesprochen hatten. Das gab mir ein unsicheres Gefühl. Was konnten sie noch von mir wollen?

THOMAS PYNCHON, 1937 geboren, amerikanischer Philosoph, graduierte im Jahre 1958 an der Universität Cornell. 1963 erhielt er den William Faulkner-Preis für den Roman des Jahres mit *V.*

Nach *Die Versteigerung von Nr. 49* schrieb Pynchon einen dritten Roman, *Die Enden der Parabel* (1979), der ihm den National Book Award und überschwengliches Lob seitens vieler Kritiker einbrachte. Seither ist dieses episch-enzyklopädische Meisterwerk respektvoll ignoriert worden.

So wie *Die Göttliche Komödie* im dramatischen Stil die großen philosophischen Konflikte des Mittelalters zum Ausdruck bringt, konfrontiert *Die Enden der Parabel* die Fragen des einundzwanzigsten Jahrhunderts: der Versuch des modernen Zentralstaats, die Wissenschaft für Zwecke der Macht und Kontrolle zu mißbrauchen. Hier treffen wir auf die Dämonen, Inquisitoren, Teufel und Verschwörer des Informationszeitalters, die Medienpolitiker und Gehirnwäscher, die die Chemie, Psychologie, Physik und Raumfahrttechnik dazu benutzen, das Gehirn des Menschen zu manipulieren.

Pynchon wird häufig mit Joyce verglichen wegen der Tragweite seines Werks und auch, weil er sein Leben mit der größtmöglichen Gleichgültigkeit lebt – die erhabene Lösung von Philosophen und Künstlern.

In einer Zeit, in der Übertreibungen, Imagepflege und Eigenwerbung Requisiten des literarischen Erfolgs sind, bleibt Pynchon ironischerweise still. Gerüchte wollen wissen, daß er irgendwo in Südkalifornien lebt, wo er mystische Diagramme studiert und am Roman aller Romane über Mensch und Computer schreibt.

402

38. Fluchtpläne

Im Gefängnis von Vacaville, April 1974

Ich wachte auf, öffnete die Augen und fand mich wieder einmal in einer Gefängniszelle wieder. Dieses Mal war es Vacaville, ein Krankenhaus für kriminelle Geisteskranke. Ich war nicht als Patient dort, sondern als Mitglied des Stabs von Sozialarbeitern. Meine Licht abgebende Dioden-Armbanduhr blinkte 8.00 Uhr pazifische Zeit. Ich gähnte und streckte mich. Meine fünf Zellengenossen waren alle an ihre Arbeit gegangen.

Auf dem Metalltisch neben meiner Koje sah ich das *Wall Street Journal* liegen, das mir jeden Tag von Everett (Aktienschwindel) gebracht wurde.

Ich nahm meine Keramiktasse, etwas Kaffeepulver, Zucker und Milchpulver und rührte das Ganze mit dampfend heißem Wasser an. Ich ging zurück zu meiner Koje und öffnete eine braune Papiertüte, um ein warmes und frischgebackenes Brötchen herauszunehmen, auf dem zerlaufene Butter und Erdbeermarmelade sich ein süßes Stelldichein gaben. Diese Brötchen wurden jeden Tag von Marshall (Heroin) aus der Gefängnisbäckerei herausgeschmuggelt.

Aus einer mit chinesischen Zeichen verzierten Silberschachtel, die mir von Monola (Marihuana) in der Hobbywerkstatt des Gefängnisses gebastelt worden war, nahm ich mir eine erste Zigarette. Ich inhalierte den Rauch und spürte den willkommenen Nikotinstoß. Das Brötchen zerging süß auf meiner Zunge, und der Kaffee badete meinen Gaumen.

Nachdem ich mich rasiert hatte, klopfte ich den byzantinischen Geruch von Aramis (ins Gefängnis geschmuggelt von Jackie Dee, dem Frisör des Flügels – Fälschung) auf meine Gesichtshaut. Ich begrüßte Tony (Heroin), der eine Stange Zigaretten in der Woche dafür bekam, unsere Zelle sauber zu halten. Ich zog eine weich geschnittene Hose, einen Pullover von Yves St. Laurent und Tennisschuhe an. Mir ging's blendend: Ich war bereit für einen weiteren Tag des Vergnügens und der Übung.

Im Vergleich mit dem strengen und grauen Folsom war Vacaville eine moderne und sonnendurchflutete Anlage. Als ich meinen täglichen Pendelweg zur psychologischen Testabteilung entlangschlenderte, kam ich an mehr als fünfzig Wärtern und Gefangenen vorbei. Jede Bewegung verlangte nach einem bewußten, akkuraten gesellschaftlichen Signal. Wenn man vergaß, zu dem einen «He Mann» zu sagen, einem anderen zuzulächeln oder einem dritten respektvoll zuzunicken, konnte dies eine komplexe Kettenreaktion auslösen, die, wenn man sie nicht in den Griff bekam, zu Gewalt und Tod führen konnte. Andererseits wagte ich es nicht, diesen anzulachen oder stehenzubleiben, um mit jenem zu sprechen, um nicht einen neuen Zyklus von Paranoia anzuzetteln.

Die persönlichen Kontakte des Gefängnislebens verlangten eine rasiermesserscharfe diplomatische Sensibilität. In der Außenwelt kann man es sich leisten, andere zu übergehen, anzurempeln oder zu beleidigen, ohne viel zu riskieren. Zivile Elemente verbinden sich in Brownscher Bewegung; sie interagieren und gehen, ohne eine Spur zu hinterlassen. Bekannte rivalisieren miteinander, entwürdigen, beschämen, verspotten sich und trampeln blind, doch relativ ungestraft durch ihre zwischenpersönlichen Beziehungen. Dann springt jeder in sein Auto und fährt nach Hause.

Das Gefängnis jedoch ist ein Psychlotron, ein versiegelter Behälter für zwischenpersönliche Thermodynamik. Eine wirkliche oder eingebildete Abfuhr gärt in der geschlossenen und hitzigen Atmosphäre. Es gibt keinen Ort, wo man sich vor den Konsequenzen eines gesellschaftlichen Schnitzers verstecken könnte. Jeder weiß alles über dich. Nach meiner Entlassung brauchte ich eine Weile, um mich an den gleichgültigen Verkehr auf der Hauptstraße zu gewöhnen.

Bei der psychologischen Testabteilung angekommen, ging ich am Empfangswärter vorbei, der mich mit «Morgen Doktor» begrüßte.

«Tag Offizier Payne.»

Im Videoraum warteten meine Freunde und Kollegen Ton Alonzo, gut aussehendes, gefälliges Filmgenie (Kindsmißbrauch), der glatte und charmante Tom Riodan (Aktienschwindel) und Betty, die sanfthäutige, blauäugige Zivilkrankenschwester auf mich. Wir tranken Kaffee und tauschten Gefängnisklatsch aus. Betty saß neben mir; ihre feuchte Hand rieb mir unterm Hemd den Rücken.

Nach einer Weile blinzelte sie mir zu und ging. Ein paar Minuten vergingen. Ich nickte Tom zu und ging den Gang hinunter zum großen Testraum. Betty wartete hinter einer Ecknische auf mich. Sie warf sich in meine Arme, wandt sich und seufzte. Rauf ging der Pullover – kein BH. Sie zog meinen Kopf auf ihre prallen Brüste hinunter. Ihre Haut war heiß und schickte Schauer an meinem Rückgrat hinunter, zog meinen Magen zusammen und trieb meinen Penis in die Höhe.

«Hör zu», stöhnte ich. «Das geht hier nicht. Tom verabreicht in ein paar Minuten hier drinnen Tests...»

«Komm schon, Baby, wir lassen uns durch nichts aufhalten.» Sie nahm meine Hand und zog mich auf den Gang hinaus. Wir fanden eine Besenkammer. Sie schloß die Tür auf. Wir stapften hinein und zogen unsere Kleider aus. Ihr nackter Körper war so feucht wie ein Tintenfisch. Ich versuchte, sie im Stehen zu lieben, aber ich war zu groß. Wir torkelten kichernd und stöhnend umher und strauchelten über Putzeimer. Besen knallten gegen meine Stirn, und mir wurde schlecht vom Gestank nach Bodenwachs, Lysol, Teenagerspucke und billigem Parfüm. Wir fielen gegen eine Kartonschachtel voller Papierhandtücher, die ich aufriß.

Wir ließen uns auf das weiche Papier fallen, und sie sagte: «Gestern Nacht hab ich's ununterbrochen mit einem Gefängniswärter getrieben und dabei nur an dich gedacht. Du weißt schon, mit diesem hübschen, Mervin, der die Nachmittagsschicht schiebt. Und heute morgen, als ich schon ganz angezogen war und mein Haar aufgesteckt hatte – o Schatz, ich liebe dich –, ging ich gerade auf die Tür zu, als er mich packte und mich auf dem Teppich meiner Wohnung bumste. Und während er mich am Boden vögelte, dachte ich an dich, und deshalb war ich heute morgen spät dran.»

Als Betty mich verließ, ganz rot und schwankend, ging ich in den Videoraum zurück und nahm eine Gruppensitzung auf, die später den Patienten vorgespielt werden würde. Nach dem Mittagessen zog ich meine Tennisshorts an und legte mich ins Gras zwischen den Zellenblöcken, wo ich Sonne tankte und Carl Sagan las, bis der Tennisplatz geöffnet wurde.

Nach vier Stunden Tennis, Yoga und Sonnenbad folgte ich dem Schwarm zurück hinein zur Abzählung. In den fünf Minuten vor dem Einschließen nahm ich eine illegale Dusche. Ich räkelte mich unter dem heißen Strahl und duschte mich dann kalt ab. Duke, mein Wärter, erschien in der Tür und gab vor, irritiert zu sein. «Komm schon, Doktor, was meinst du eigentlich, was wir hier sind, ein Fitness-Klub?» Tropfend hüpfte ich den Gang hinunter und tat auf komische Art so, als hätte ich es eilig.

Nach dem Abendessen und den ABC-Abendnachrichten ging ich in meine Zelle zurück und verbrachte die nächsten drei Stunden mit der Abschrift meines Buches über die Entwicklung der vierundzwanzig Stufen des Nervensystems und deren Verbindung zum Tarot – *Spiel des Lebens*.

Ich wurde einmal von Duke gestört, der mich zuvor gewarnt hatte, daß er eine Überraschungskontrolle meines Schranks nach Schmuggelware vornehmen müsse. Er zupfte halbherzig an meinen Sachen und öffnete eine Schachtel Tennisbälle. Als er mir den Rücken zukehrte, sagte er leise: «Ich höre immer wieder im ganzen Gefängnis, daß dich einer umbringen will.»

«Das ist typisches Bunkergeschwätz. So geht das nun schon seit drei Monaten», erwiderte ich. «Wer könnte mich denn umlegen wollen?»

«Ich spreche nicht von den Viechern hier drinnen. Ich meine die anderen.»

Um zehn Uhr kam Duke ein letztes Mal vorbei und löschte das Licht. Ich zündete meine Nachttischlampe an. Entspannt von einem Marihuanaplätzchen kuschelte ich mich in zwei weiche Kissen und las Solschenizyns *Im ersten Kreis*.

Am Sonntag war Joanna im Besuchszimmer und zuckte buchstäblich vor Aufregung: «Hör zu, Timothy, du kommst hier sofort raus!»

«Schon wieder», scherzte ich. «Was ist es denn dieses Mal, Teleportation?»

«Ich meine es ernst», sagte sie mit einer aufrichtigen Kleinmädchenstimme. «Ich bin diese Woche von einigen Bundesagenten angesprochen worden. Sie wollen dir einen Handel vorschlagen. Wenn du mit ihnen sprichst, werden sie dich in eine besondere, offene Anstalt überweisen lassen. Von dort kannst du leicht entkommen.»

«Kommt nicht in Frage. Sie werden Informationen über die Weathermen von mir wollen, die meine Flucht arrangiert haben.»

«Sie schwören, daß du gegen niemanden aussagen mußt.»

«Dann wollen sie mich in Verruf bringen.»

«Na und?» meinte Joanna ungeduldig. «Sprich mit ihnen, halte sie am Gängelband. Erzähl ihnen einfach nichts, was gegen irgend jemanden verwendet werden kann. Wenn du einmal geflohen bist, wird jeder wissen, daß wir sie einfach benutzt haben. Ich kann Geld und eine Waffe beschaffen. Ich werde ein Fluchtauto kaufen und ein sicheres Versteck mieten.»

«Ich will nicht, daß man mich einen Verräter nennt.»

Joanna schaute mich kalt an. «Hör mal, du fängst an, wie ein institutionalisierter Fall zu denken. Du nimmst ihnen diese widerliche Kumpelmentalität ab. ‹Verräter› – daß ich nicht lache. Information ist Macht. Du bist immer derjenige, der sagt, Intelligenz sei das, worauf es ankommt. Wenn sie meinen, du hättest die Facts, die sie brauchen, müssen wir sie dahingehend bluffen, daß sie dich an einen Ort bringen, von wo du flüchten kannst.»

«Nun», sagte ich abschließend, «ich kann nichts unternehmen, ehe ich nicht die Weathermen davon in Kenntnis gesetzt habe.»

Mein nächster Schritt bestand darin, San Quentin Sammy zu kontaktieren, ein Lebenslänglicher, von dem ich wußte, daß er Kontakt zu militanten linken Gruppen hatte. Wir trafen uns auf dem Sportfeld. Ich fragte ihn, ob er einen Brief für die Weathermen aus dem Gefängnis schmuggeln könne. Er war einverstanden.

An jenem Abend übergab ich ihm in der Kantine eine Zeitschrift, in der ich ein unaddressiertes Kouvert versteckt hatte, das eine Warnung und beruhigende Worte enthielt. Eine Woche später steckte mir Sammy eine Botschaft zu. Sie war einfach. «Wir haben verstanden. Sei vorsichtig.» Sie war unterschrieben mit dem chinesischen Buchstaben *Huan* (Zersplitterung), jenes *I Ging*-Hexagramm, das von den Weathermen nach meiner Flucht ins Versteck geworfen worden war.

In der folgenden Woche kam Joanna zurück mit aufregenden Neuigkeiten. Sie hatte einen langen Abend beim Essen mit zwei Bundespolizisten verbracht. «Wir sind völlig naiv, wenn es darum geht zu verstehen, wie Polizisten denken», sagte sie. «Sie sind grundsätzlich in ihrer eigenen Abteilungspolitik involviert. Die Typen, mit denen ich mich habe vollaufen lassen, sind Demokraten. Einer von ihnen öffnete sein Jacket und zeigte mir ein Abzeichen, das er von Kennedy persönlich gekriegt hat. Sie sagen, sie seien Freunde.»

«Was wollen sie?» fragte ich unruhig.

«Sie sagen, sie brauchen deine Hilfe. Was kann es schon schaden herauszufinden, wie? In einem Monat könnten wir schon zusammen im Untergrund sein.»

Eine Woche später, während ich mein neuestes komplettes Philosophiesystem überarbeitete, befahl man mir, mich auf die Bewährungsabteilung zu begeben. Es war acht Uhr dreißig abends.

Der Beamte war kurz angebunden. «Leary, du wirst in ein anderes Gefängnis verlegt. Geh in deine Zelle zurück und pack dein Zeug zusammen. In zehn Minuten will ich dich hier wieder sehen.»

Ich war überrascht. Gefangene wurden im allgemeinen tagsüber verlegt. Mitten in der Nacht aus meiner Zelle geholt zu werden, war ein offenes Zeichen dafür, daß etwas sehr Eigenartiges im Gange war. Ich ging in meine Zelle und packte ein paar Toilettenartikel und meine Manuskripte in eine Tasche. Zwei Wärter begleiteten mich durch die dunklen und stillen Gänge zum Entlassungsraum, wo man mir einen blauen Polyesteranzug gab und mich an Hand und Fuß fesselten.

Ich legte mich auf den Rücksitz des Personenwagens, der mich fortbrachte, und versuchte zu schlafen. Nach Mitternacht, irgendwo in der Nähe von Bakersfield, hielt der Wagen bei einem Autobahnrestaurant an. Meine Wärter streiften mir die Fußfesseln ab. Wir saßen an einem Tisch ganz hinten und aßen Cheeseburgers.

Um sieben Uhr dreißig am folgenden Morgen fuhren wir auf einen Parkplatz in irgendeinem Vorort von Los Angeles. Drei Zivilwagen warteten. Man stellte sich gegenseitig vor: zwei Drogenbeamte, drei Untersuchungsbeamte des Staates Kalifornien und zwei FBI-Agenten. Jemand unterschrieb meinen Entlassungsbefehl, einer der Wärter aus Vacaville schloß meine Handschellen auf. Ich wurde in den zweiten Stock eines FBI-Gebäudes gebracht. Es war Samstagmorgen. Außer uns war niemand dort.

Die Drogenbeamten nahmen mich beiseite und sagten mir, sie seien vor allem daran interessiert, daß ich in einem Anti-Drogenfilm mitmachte.

Sprecher für den Staat Kalifornien war Jerry Utz, ein assistierender Generalstaatsanwalt, der erklärte, er habe dafür zu sorgen, daß das Vorgehen legal sei, da ich Staatsgefangener war.

Der ältere FBI-Agent war Frankie, ein gutaussehender und straßenweiser Mittfünfziger, «Herhören, Timothy», meinte er, seine Hand auf meiner Schulter. «Manche von uns im Büro geben sich alle Mühe, mit dir eine Übereinkunft zu treffen. Wenn du mit uns kooperierst, können wir dir helfen wegen der zehn Jahre, die du der Bundesregierung schuldest. Aber ich warne dich, wenn du uns reinlegst, werde ich dich in die offene Abteilung eines Bundesgefängnisses bringen mit einer Jacke, auf der ‹Verräter› steht. Das wirst du keine vierundzwanzig Stunden überleben, verstanden?»

«Nein, nicht wirklich.» Ich war nervös und verwirrt. «Was wollt ihr wissen?»

«Für den Augenblick möchten wir erst einmal Bekanntschaft schließen. Vielleicht gibt es da ein paar Sachen, die du uns erklären kannst. Zum Beispiel wie es kommt, daß ein paar nette Bürgerkinder sich mit dieser Revolutionsscheiße abgeben. Wer steht hinter den Weathermen? Das sind die Art Sachen, die uns interessieren.»

Frankie versammelte uns alle rund um einen langen Tisch und stellte ein Kassettengerät an. «Das erste, worüber wir sprechen möchten, ist deine Flucht und dein Asyl in Algerien.»

Ich wiederholte die Geschichte meiner Flucht, wie sie in *Confessions of a Hope Fiend* veröffentlicht worden war. Einer der Drogenbeamten döste vor sich hin. Frankie trommelte mit den Fingern auf dem Tisch. Hatte ich meine keltische Eloquenz verloren? Jemand ging Essen holen. Schon wieder Cheeseburgers. Ich fuhr mit meiner Beschreibung der Begebenheiten in Algerien fort. Als der Nachmittag fortschritt, wurde Frankie immer schlechterer Laune. Er unterbrach mich ständig mit Fragen über Kontakte zu ausländischen Gruppen – waren Kubaner beteiligt? Vietnamesen, Koreaner, Chinesen? Er war offensichtlich nicht zufrieden mit meinen Antworten.

Ich fragte, wo man mich unterbringen würde, und wann ich Joanna sehen könnte.

«Wir bemühen uns darum», antwortete Frankie kurz angebunden. «In den nächsten Tagen wirst du dich in Gefängnissen rund um Los Angeles aufhalten.»

An jenem Abend brachte man mich in das Gefängnis von La Habra. Ich war der einzige Gefangene dort. Ein Schild verbot das Rauchen, und ich mußte lange und laut argumentieren, bis ich den Wärter überzeugt hatte, mir meine Camel zu bringen.

Die kalifornischen Inspektoren holten mich ab, und wir trafen uns alle wieder im Motelzimmer von Jerry Utz. Frankie, der offensichtlich die Verantwortung in dieser Sache trug, mußte auf Anweisungen vom Washingtoner Büro warten. Die Drogenbeamten, immer sehr kritisch gegenüber ihren Rivalen vom FBI, waren sauer über die Verzögerung.

«Typisch FBI. Jedesmal, wenn Frankie essen gehen will, muß er zuerst das Büro anrufen, um zu fragen, ob er einen Hamburger oder einen Cheeseburger bestellen soll.»

Ein paar Tage lang geschah gar nichts. Dann wurde ich aus meiner Zelle heraus und in ein Konferenzzimmer geführt. Dort saß Joanna mit den zwei Drogenbeamten. Sie sah besorgt aus. Die Bullen ließen uns ein paar Minuten allein.

«Was ist los?» fragte ich.

«Frankie hat Schwierigkeiten mit Washington. Deine Antworten gefallen ihnen nicht.»

«Was wollen sie wissen?»

«Keine Ahnung», meinte Joanna.

«Was ist mit meiner Überweisung in eine offene Anstalt und so? Dieses Eingesperrtsein in einem städtischen Gefängnis kotzt mich an.»

Joanna sah mich an und zuckte mit den Schultern. Sie wußte, was ich meinte. Der Fluchtplan schien geplatzt.

Einige Tage später fuhren mich die kalifornischen Inspektoren nach Terminal Island, dem Bundesgefängnis außerhalb von Los Angeles. Sie nahmen mir die Handschellen ab, und wir unterhielten uns den ganzen Weg über freundlich. Sie konnten mit dem FBI nicht viel anfangen.

Joanna zog ins Queen Mary Hotel ganz in der Nähe und kam jeden Tag mit einem Taxi ins Gefängnis gefahren. Auf der Besucherterrasse überschauten wir die Bucht und brüteten.

Um von ihrer überschüssigen Nervenkraft Gebrauch zu machen, verschwor sich Joanna mit den Drogenleuten gegen das FBI, und spannte sich mit dem FBI zusammen, um meine Archive von Michael Horowitz zu erhalten – seine schlimmste Befürchtung. Sie brüstete sich dauernd vor jedermann mit allem was sie tat – vor Fremden im Restaurant des Hotels, Barmännern... Nicht zu sprechen von unserem Fluchtgeld, das sie verpraßte. Sie denunzierte ihren gelegentlichen Geliebten Dennis Martino wegen Dro-

gen und benahm sich ganz allgemein wie eine ungezielte Rakete –
unkontrollierbar, nicht kleinzukriegen, unaufhaltbar. Sie sorgte
acht Stunden täglich, sechs Tage in der Woche für Aufruhr.

Eines Tages kam Bob Dellinger, Drehbuchautor und früherer
Gefängnisinsasse, der jetzt als Lehrer für kreatives Schreiben tätig
war, ans Fenster meiner Zelle. Er sagte, G. Gordon Liddy, einer
seiner besten Schüler, lasse mich grüßen und wünsche mir viel
Glück. Diese Botschaft von meinem alten Rivalen freute mich,
und ich ließ ihn ebenfalls grüßen.
Während meiner Zeit in Terminal Island fanden die Watergate
Hearings vor dem Kongreß statt. Ich wußte, daß ich keine Chance
hatte, aus dem Gefängnis zu kommen, solange Nixon im Amt war.
Doch wenn Nixon fiel... Plötzlich war eine Flucht nicht mehr die
einzige Möglichkeit.
Frankie tauchte immer wieder auf, um mir vage Fragen über die
Weathermen zu stellen, wobei er mir gleichzeitig immer wieder
sagte, ich erzähle ihm nichts Neues. Offenbar war man in Washington wegen mangelnden Erfolgs in meinem Fall hinter ihm her. Als
ich ihn wegen einer Überweisung in eine offene Anstalt ansprach,
machte er Ausflüchte.
«Frankie, was möchtest du denn von mir hören?»
«Ich hab's dir schon gesagt. Wer hat die Collegetypen und die
Weathermen auf den Terrortrip geschickt? Wer hat sie dazu
geführt? Wer? Gib mir endlich die Namen, Scheiße noch mal.»
Plötzlich hatte ich begriffen. «Ausländische Einflüsse», sagte
ich fröhlich, «Moskau, Hanoi, Havanna! Du willst ausländische
Namen, oder?»
Frankie sah mich hoffnungsvoll an. «Genau das hat man uns
gesagt. Was für 'ne andere Erklärung gibt es denn für diesen plötzlichen Ausbruch an Gewalt? Du bist in der Dritten Welt umhergereist. Du hast in diesen Ländern gelebt. Welche Länder unterstützen die Weathermen? Wer waren ihre Kontaktpersonen?»
Ich war immer noch verwirrt. Warum interessierten sie sich für
ausländische Einflüsse auf die Weathermen? Die Weathermen
waren fertig!
«Gab es irgendwelche Verbindungen zwischen den Weathermen
und kommunistischen Ländern, während sie in Algerien waren?»
«Laß mich überlegen.» Ich versuchte, mich an Algerien zurück-

zuerinnern, an die Diners mit den Brasilianern, den Drinks mit der Befreiungsfront der kanarischen Inseln. «Okay. Delegationen von linken Amerikanern kamen tatsächlich durch Algerien auf ihrem Weg nach China, Nordkorea, Nordvietnam. In Algerien machten alle linken Besucher obligatorisch Halt bei der nordvietnamesischen Botschaft, wo man ihnen Stahlringe gab, auf denen ‹FLN-SVN› eingraviert war. Diese wurden angeblich aus Metall gefertigt, das von abgeschossenen amerikanischen Flugzeugen stammte.»

«Was ist mit Bernadine Dohrns Geheimbesuchen in Algerien?»

«Die müssen so geheim gewesen sein, daß ich nie etwas davon gehört habe. Hör mal Frankie, wenn du wirklich wissen möchtest, was ich von der Sache halte, werde ich dir gerne meine ehrliche Meinung sagen.»

«Gut.»

«Ihr Typen von Federal Bureau of Investigation macht dieselben Fehler, die J. Edgar Hoover und Johnson und Nixon gemacht haben: Ihr versucht innere Unruhen auf ausländische Einflüsse zurückzuführen. Das macht nichts, solange ihr euch damit Steuergelder verschaffen wollt. Aber es ist eine Katastrophe, wenn ihr an eure eigenen Lügen glaubt. Die Alternativkultur in diesem Land, die Friedensbewegung, die Kulturrevolution sind nicht von draußen angezettelt worden. Sie sind rot-weiß-blau-amerikanisch. Die Weathermen sind trotz ihrer maoistischen Rhetorik so amerikanisch wie die Dallas Cowboys.»

Frankie war nicht sehr glücklich, das zu hören. Er stützte seinen Kopf in die Hände. Dann ließ er eine Hand auf den Tisch sausen. «Verdammt nochmal, warum sagst du nur solche Sachen? Hör gut zu, Timmy, wenn du weiterhin Tricks mit mir versuchst, werde ich dich dafür kriegen.»

Er stürmte aus dem Konferenzzimmer und hinterließ mich besorgt und verwirrter denn je.

Frankies Rache ließ nicht lange auf sich warten. Zwei Bundesoffiziere holten mich am nächsten Tag um drei aus Terminal Island heraus. Sie wollten mir nicht sagen, wo wir hinfuhren. Sie nahmen mir am Flughafen von Los Angeles die Handschellen ab. «Eine Bewegung, Doktor, und wir knallen dich ab.»

Minneapolis-St. Paul. Unterwegs verwöhnten mich die beiden

mit Geschichten, wie Polizisten sie mögen, eben diese Stories, die alle Nichtbullen wie Arschlöcher aussehen lassen. Wie man diesen Lebenslänglichen beim Masturbieren erwischte mit einem Besenstiel im Arsch. Oder der doppelgelenkige Gefangene, der seinen eigenen Penis *und* sein eigenes Arschloch lecken konnte. Bullen fahren ab auf Arschlochwitze. Da gab es noch den Gefangenen, der anal mit einer warmen, runden, unwiderstehlich sinnlichen Glühbirne masturbierte: Er drückte ein bißchen zu hart zu und, schlürf, sie saß in ihm fest. Stell dir das vor! Ein schönes Problem für die Chirurgen. Ha-ha.

Zwei Wärter holten mich in St. Paul am Flughafen ab und brachten mich zum Bundesgefängnis von Sandstone, etwa hundert Meilen nördlich. Niemand in meiner Welt wußte, wo ich war. Noch warum.

Nachdem ich eingetragen und mit einem blauen Arbeitsgewand versehen worden war, sagte der Aufseher zu mir: «Wir geben dir eine Chance Leary, du kommst direkt zu den anderen.»

«Danke. Nach all dieser Zeit in Einzelhaft kann ich etwas Sonne gebrauchen.»

«Zu deinem Schutz buchen wir dich unter einem anderen Namen.»

«Sie machen Witze!»

«Befehle von Washington. Dein Name lautet Karl Drossel.»

Drossel, ein Singvogel. Ich mußte lachen.

«Ist das einer von diesen kranken FBI-Witzen oder was? Das kommt einer Erlaubnis gleich, mich umzulegen, das wissen Sie doch?»

Der Aufseher wollte mir nicht in die Augen sehen. Er schaute auf seine gefalteten Hände. «Ich mache nur das, was man mir befohlen hat.»

Sandstone war ein blitzblankes kleines Gefängnis in den Feldern von Minnesota, gebaut mit Hubert Humphreys Unterstützung. Dieser Bunker war so sauber wie nur etwas. Eine Metallkoje, eine Muriel Humphrey-Matratze, ein wunderbar (grau) angemaltes Waschbecken und eine Toilette. Minimalismus.

Schritte im Gang, das Rasseln von Schlüsseln, kling-klang.

«Essen.»

Ein Tablett erschien im «Schweinetrog». Ich rief dem Wärter zu: «Kann ich ein paar Bücher kriegen?»

«Keine Bücher im Bunker, Drossel.»

Das Essen war sensationell, frisch vom Bauernhof des Gefängnisses. Dicke, saftige Schweinskoteletts. Süßer Mais. Frische Bohnen.

Ich machte ein bißchen Yoga und dachte über den eigenartigen Lauf der Dinge nach. Das Büro verlor keine Zeit. Sie hatten mich unter dem Namen Drossel eingeführt, und bis morgen würde jeder im Gefängnis meinen, es sei irgendeine komische Verräterszene im Gang.

Um zehn gingen die Lichter automatisch aus. Ich konnte das Sternbild des Skorpions von meinem Fenster aus sehen, so wußte ich, wie spät es war. Etwa um zwei Uhr nachts hörte ich, wie die Durchreiche wieder aufgeschlossen wurde.

Eine Taschenlampe schien mir aufs Bett. Ich stützte mich auf. «He, wie wär's mit was zu lesen?»

«Keine Bücher für Spezialfälle.» Die Stimme gehörte einem Schwarzen.

Ein paar Minuten später wurde die Durchreiche schon wieder aufgeschlossen. Die schwarze Stimme sagte: «Hier, lies das.»

Ich wachte im Morgengrauen auf und begann *Die Enden der Parabel* von Thomas Pynchon zu lesen. Es handelte von CIA-Gehirnkontrolle, Drogen und Raketenpolitik. Ich las bis zum Lichterlöschen, das beste Buch, das ich seit *Ulysses* gelesen hatte. Als ich fertig war, fing ich wieder bei der ersten Seite an, unterstrich und notierte.

Am nächsten Tag erschien die gute alte zuverlässige Joanna. Frankie und das FBI hatten sich geweigert, ihr zu sagen, wo ich war, doch sie hatte es von einigen ihrer Freunde vom Drogendezernat herausgefunden.

Das war überhaupt mein Hauptbedenken gegenüber Joanna, diese Drogenbeamten, die sie sich als Freunde hielt. Sie hatte eine echte Beziehung zu ihnen. Ein Oberdrogenbulle rief sie beinahe jeden Abend an und erzählte ihr stundenlang von seiner Arbeit, seiner Ehe und von der Bedeutung des Lebens.

Jedenfalls kam sie mit schrecklichen Nachrichten. Die gängige Ausgabe von *Newsweek* enthielt eine Nachricht, offensichtlich durchgesickert vom FBI, daß ich im Begriff sei, Freunde im Drogengeschäft und die Weathermen zu verraten. Eine weitere Geschichte aus FBI-Quellen erschien im *San Francisco Examiner* und behauptete, daß als Resultat meines Redens viele Verhaftungen durchgeführt würden. Wegen Bedrohung meines Lebens, hieß es dort, würde man mich in Schutzhaft halten.

Die Tatsache, daß ich öffentlich als Verräter angeprangert wurde, war sehr beunruhigend. Seit ich Vacaville verlassen hatte, hatte ich jede Nacht in Einzelhaft oder im Bunker verbracht. Als Joanna und ich die Lage überdachten, wurde ich in das Büro des Direktors gerufen. Er winkte mich ans Telefon. Ein Agent des Chicagoer Büros des FBI erklärte mir, er sei soeben angewiesen worden, meinen Fall zu übernehmen. Ich sprach ausdrücklich mit dem neuen Agenten und protestierte gegen die unleugbare Tatsache, daß ich vom Büro betrogen worden war und weigerte mich, mit ihm zu sprechen, bis ich mich mit meinem Anwalt beraten hätte. Der Aufseher beobachtete dies alles mit einem besorgten Gesichtsausdruck. Er wußte, daß alles, was ich über das abgekartete Spiel sagte, der Wahrheit entsprach.

Joanna war nie großartiger als während dieser Zeit in Minnesota. Da war sie, diese großbürgerliche Europäerin, und lebte in einer Pension in einem altmodischen amerikanischen Bauerndorf, wo die Alkoholabgabestelle *keinerlei* Champagner führte, ganz abgesehen von *Dom Pérignon*, und wo es keine französischen Zigaretten im Umkreis von fünfhundert Meilen gab, wie denn auch überhaupt nichts los war zwischen dem Ende der Besuchszeit um drei Uhr dreißig und dem Mittag des nächsten Tages, außer sich weiter so aufzuführen wie die tapferste, intelligenteste Frau, die sich je dafür eingesetzt hat, ihren Mann aus dem Gefängnis zu holen. Ironischerweise fütterte man die Zeitschriften *Rolling Stone* und *Playboy* genau zu diesem Zeitpunkt mit Geschichten über sie und was für ein gefährliches, verräterisches Luder sie sei.

Joanna begann, alle Verbindungen zu nutzen, die sie in den letzten Monaten zu demokratischen Politikern und liberalen Gesetzeshütern angeknüpft hatte. Dank Freunden, die sie in Hubert Humphreys Büro gewonnen hatte, flog sie schließlich mit Hubert nach Washington und verschaffte sich Empfehlungen, mit denen sie einige ihrer Verbündeten im Justizdepartement aufsuchte. Mein Instinkt sagte mir, ich sollte die Presse anrufen und das

Ganze an die Öffentlichkeit tragen, doch Joanna hatte das Gefühl, daß eine Veröffentlichung meine Chancen minderte, in ein Gefängnis verlegt zu werden, von wo ich flüchten konnte. Sie versuchte, mich in ein Bundeslager für «Zeugen» bringen zu lassen – wie John Dean und Howard Hunt –, wo die Sicherheit ziemlich locker gehandhabt wurde. Doch das FBI wollte mich verfügbar halten. Also beschlossen wir, daß Joanna nach Kalifornien zurückkehren sollte, um die dortigen Gesetzeshüter zu überzeugen, mich zurück an die Westküste zu bringen.

Ich kehrte zu meiner Lektüre zurück.

Einige Tage später wurde ich in das Büro des Direktors gerufen. Er war *betont freundlich*. Er forderte mich auf, mir eine Tasse Kaffee einzuschenken und hieß mich entspannen, während er mir typische Aufsehergeschichten servierte – Salven aus Maschinengewehren auf Zellenreihen in Leavenworth während eines Aufstands, blutige Körper, die vom dritten Stock hinunterkrachten. Er war *dermaßen herzlich*. Er zog eine Zeitung aus der Schublade seines Pults hervor und warf sie mir rüber. «Große Entwicklungen im Fall Nixon», sagte er. «Ich glaube, sie haben die Schuldigen gefunden.»

Ich warf einen schnellen Blick auf die Story. Nixon war erledigt.

«Eine gute Chance für dich», meinte der Direktor. «Viele Leute an hohen Posten werden jetzt damit beschäftigt sein, ihren Arsch zu retten.»

Plötzlich begriff ich, daß dieser Mann Demokrat war. Ich meine, sie würden doch keinen republikanischen Bürokraten in Huberts eigenes kleines Hinterhofgefängnis stecken. Der Aufseher begleitete mich zur Türe, seinen Arm um meine Schulter gelegt. «Ja», sagte er, «ein Haufen von diesen Typen, die so gegen dich waren, werden sich jetzt schleunigst zurückziehen.» Er klopfte mir auf den Rücken. «Ich mag es, wie du dich hältst, Timmy.»

Warum nennen diese Typen mich immer Timmy, fragte ich mich. Mit fünfundfünfzig war ich älter als die meisten von ihnen, und immer noch behandelten sie mich wie ihren kleinen Bruder.

Ich wurde innerhalb einer Woche nach Kalifornien überwiesen, außerhalb der Fuchtel des FBI.

G

IORDANO BRUNO (1548 –1600), italienischer Psychologe und Philosoph, wurde zum Dominikanermönch erzogen. Im Alter von achtundzwanzig Jahren führte sein unabhängiges Denken zu Anschuldigungen der Häresie, die ihn zwangen, in Frankreich, England und Deutschland Exil zu suchen. Er lehrte an verschiedenen Universitäten, doch seine fortwährenden Herausforderungen des Dogmas hinderten ihn daran, fest angestellt zu werden.

Sein erstes Werk, veröffentlicht im Jahre 1582, handelt von der Erinnerung und dem Lernen durch Assoziation. Seine beiden bedeutendsten philosophischen Abhandlungen *Von den Ursachen* und *Von der universellen und weltlichen Unendlichkeit* sahen moderne Entwicklungen im Bereich der Psychologie voraus. Indem Bruno die Vorherrschaft einer einzigen und fixen Wirklichkeit zurückwies, beweist er, daß unsere Wahrnehmung von unserem Standpunkt in Raum und Zeit abhängt.

Auf dem Höhepunkt der Gegenreformation wagte Bruno die gnostisch-pantheistische Annahme zu wiederholen, daß Gott jedem Menschen, jedem Element der Schöpfung innewohnt. Bruno wird allgemein als der erste angesehen, der lehrte, daß die Sonne nichts weiter als ein Stern in einem unendlichen Universum von unzähligen Welten voller bewußter Wesen ist.

Ständig von der Inquisition überwacht, wurde Bruno 1591 nach Venedig gelockt und dort von Agenten des Vatikans verhaftet. Man brachte ihn darauf in Ketten nach Rom, wo er acht Jahre lang gefangengehalten und von Inquisitoren verhört wurde. Wegen seiner Weigerung, seine Thesen zu widerrufen, starb er auf dem Scheiterhaufen.

39. Entführt von der Geheimpolizei

August 1974

Der erste Halt war das Gefängnis der Stadt Glendale. Weil ich unter Sonderschutz stand, hatte ich einen achtzelligen Flügel ganz für mich allein. Der Gefängnisdirektor war ein Herr mit einem Magistergrad in Soziologie. Es war ihm erlaubt, Weinflaschen bei der Hand zu haben, um halluzinierende Alkoholiker auszucoolen, so daß er mir jeden Abend um zehn ein großes Glas Sherry gab und wir uns unterhielten. Er ließ Joanna mit mir in einem abgeschiedenen Zimmer allein, wo wir uns lustigen akrobatischen Liebesspielen hingaben.

Zu diesem Zeitpunkt hatte Joanna eine rechte Mannschaft von unbewußten Helfern beisammen – mehrere Drogenbeamte, von denen manche lokal, ein weiterer auf Bundesebene arbeitete, nämlich der besagte Jerry Utz, sowie ein Top-Bundesstaatsanwalt, der gerade ein Privatbüro eröffnet hatte. Sie arrangierte meine Überweisung in ein besonderes, beinahe schon gesellschaftsfähiges Gefängnis in der Nähe von Sacramento. Gefangenen in Schutzhaft war es unter anderem erlaubt, in die Stadt zu fahren, um ins Kino zu gehen oder mit ihren Frauen allein zu sein. Man brauchte da nur davonzulaufen, sagte Joanna.

Als ich in Sacramento aus dem Flugzeug stieg, fuhr ein Polizeiauto bis unter die Tragflächen. Der Fahrer war ein blonder Sturmführer, der ein Gewehr unter dem linken Arm trug. Im Beifahrersitz saß der oberste Vollzugsbeamte von Ostkalifornien, Art van Court, ein stämmiger, gutaussehender Mann mit wachen Augen, der ebenfalls eine Waffe trug und dauernd auf der Lauer nach einer möglichen Falle war. Das FBI hatte Art gewarnt vor Horden von mörderischen Black Panthers, verzweifelten Drogensüchtigen und Weathermen-Terroristen. Mit tiefer Aufrichtigkeit packte von Court meine Hand und versicherte mir, daß er, wenn nötig, mein Leben mit seinem eigenen schützen würde.

Während wir in nördlicher Richtung auf Highway 40 fuhren,

zählte van Court seine Befähigungen auf, als mein offizieller Leibwächter zu fungieren. Er hatte diese intime Rolle 1964 für Barry Goldwater gespielt und war von dem Augenblick seiner Nominierung zum Präsidentschaftskandidaten bis zum Morgen nach seiner Niederlage nie mehr als drei Meter von ihm entfernt gewesen. Und er war Ronald Reagans Sicherheitschef gewesen.

Da meine Pläne vielmehr auf Flucht denn Schutz abzielten, war ich nicht gerade begeistert von seinen Zusicherungen.

«Erzählen Sie mir von diesem besonderen Gefängnis, wo ich hinkommen werde.»

«Das Gefängnis», antwortete van Court. «O je, das wurde vor vier Monaten geschlossen. Aber machen Sie sich keine Sorgen wegen Ihrer Sicherheit. Sie werden im Bezirksgefängnis von Placerville in einer speziellen Sicherheits-Einzelzelle verwahrt. Es besteht keine Chance, daß diese Arschlöcher Sie da rausholen können. Sie werden rund um die Uhr bewacht.»

«Großartig!» sagte ich begeistert.

Dies war das sechsunddreißigste Gefängnis, das ich während meiner Karriere als Gesetzesbrecher bewohnte, und das schlimmste. Zuerst schloß man mich unter dem Namen William James in einen Tank mit etwa zwanzig anderen Insassen, vorherrschend junge Leute, die wegen Besitzes von kleineren Mengen Drogen oder Autodiebstahl dort einsaßen. Es war faszinierend, Teil dieser lustigen und rebellischen Bande zu sein. Doch dann wurde ich erkannt und sofort in eine Einzelzelle von drei mal drei Metern gesteckt, wo ich drei Monate lang wie eine Mumie herumlag. Keine Schreibmaschine, kein Fernseher. Keine menschlichen Kontakte. Nur Bücher als Gesellschaft.

Ich hatte zweimal in der Woche Ausgang. Man sandte mich jeweils in das Materialzimmer, damit ich meine Zivilkleider anziehen konnte, und zwei Beamte führten mich zu einem Wagen, in dem Joanna auf dem Rücksitz wartete. Dann fuhr man uns zu einem Einkaufszentrum, um Toilettenartikel und Schreibpapier zu kaufen, und dann in ein Restaurant zum gemeinsamen Mittagessen. Die ganze Zeit über gingen Joanna und ich die Fluchtmöglichkeiten durch. Die Überzeugung, daß ich über wertvolle Informationen verfügte, verwirrte van Court nicht wenig. Er erwartete, daß FBI-Agenten auftauchen und mich befragen würden. Woche um Woche verging, ohne ein Wort. Das Büro versuchte, mich unter Druck zu setzen. Sechs Monate waren seit meinem Verschwinden im penalen Untergrund vergangen. Niemand außer Joanna und ein paar Vollzugsbeamten wußten, wo ich war.

Mit meiner Isolation und dem Gerücht, ich werde bedroht von linken Militanten und Drogenhändlern, die mich umbringen wollten, verfolgte die Bundespolizei zwei Ziele: 1. wollte man mich zur Kollaboration zwingen und 2. trachtete man danach, die Zersplitterung und das Mißtrauen zwischen den Fraktionen innerhalb der Alternativkultur zu vergrößern. Ein klassisches Manöver, das ein gerütteltes Maß an Verwirrung hervorbrachte.

Joanna mietete ein Versteck in Sacramento, kaufte sich einen 38er Revolver und hieß mich auf den Augenblick harren, um Fluchtplan Nr. 42 in die Tat umzusetzen. Der Druck nahm zu.

Jetzt betrit Dan McGowan, FBI-Agent des Chicagoer Büros und Weathermen-Experte, die Szene. Ich mochte Dan, ein seriöser und studierter Mensch mit breiten kulturellen Interessen, sofort. Wir unterhielten uns mehrmals über die Soziologie des Terrorismus und anarchistische Politik.

Am nächsten Sonntagmorgen ließ er mich in den Umkleideraum rufen, wo ich einen blauen Seersucker-Anzug und weiße Schuhe anzog. Mich in die unschicksten Kleider zu stecken, die man finden konnte, war eine der brillanteren Strategien der Vollzugsbeamten, um Verfolger zu verwirren. Wärter führten mich zum Wagen – van Court fuhr, McGowan saß neben ihm mit einer Knarre, und Joanna drückte sich in eine Ecke des Rücksitzes. Als das Gefängnis nicht mehr zu sehen war, fragte sie den Marshall: «Jetzt?»

«Nein wirklich, ihr Typen seid nicht zu bremsen», lachte van Court. «Meinetwegen jetzt!»

Joanna warf sich in meine Arme. Ich fiel auf sie, und wir küßten uns meilenlang. Dann nahm Joanna meine Hand und schob sie hinunter, und noch weiter ihren glatten Oberschenkel entlang, vorbei an ihrem Knie in ihren weichen Stiefel. Ich konnte die geladene 38er dort spüren.

Der offizielle Grund für diese Fahrt war die Lokalisierung des Weathermen-Verstecks, wo ich die Nacht nach meiner Flucht aus dem Gefängnis verbracht hatte. McGowan sagte, sie suchten nach Dokumenten, die dort hinterlassen worden sein könnten.

Joanna und ich hatten unser eigenes Programm. Wir planten, die zwei Bundesagenten auf ein verlassenes Grundstück in San Francisco zu führen, den 38er herauszuziehen, sie zu entwaffnen und in den Kofferraum zu verfrachten, um dann dorthin zu fahren, wo unser Fluchtwagen stand. Joanna hatte 14 000,– Dollar in bar bei sich. Wir würden nach Mexiko City fliegen und von dort nach Brasilien, wo wir beide viele Freunde hatten.

Wir fuhren etwa eine Stunde durch das Castro-Viertel, aber ich schien das Weathermen-Versteck einfach nicht finden zu können. So schlug ich vor, daß wir an einen verlassenen Ort fuhren, wo wir die Straßenkarte auf die Motorhaube legen könnten, um mein Gedächtnis aufzufrischen. Wir fuhren eine verlassene Gasse hinter einer Fabrik hinunter.

Art parkte das Auto, Joanna zog verstohlen die Pistole hervor. Ich schob sie beiseite. Als wir die Straßenkarte auf der Motorhaube ausbreiteten, signalisierte mein Gehirn zuckend Alarm: diese zwei ehrbaren und anständigen, aber draufgängerischen Polizisten würden Widerstand leisten. Sie wußten nur allzugut, daß ich kein Killer war. Und ich wußte nur allzugut, daß sie dahingehend indoktriniert worden waren, mich zu killen, wenn ich versuchte zu fliehen. Während der achtzehn Monate, da meine Freunde der Exekutive mich unter falschem Namen in verschiedenen Gefängnissen versteckten – in La Habra, Yolo, Whitter, Sandstone, Glendale, Placerville und Nevada City – hatten sie mich oft genug gewarnt, daß sie mich erschießen würden, wenn ich nur eine falsche Bewegung machte.

Würden sie mich töten, wenn ich versuchte, sie zu töten? Eine interessante Frage.

Ich versuchte das Ganze schrittweise zu überdenken. Wenn ich van Court und McGowan erschoß, würde die Explosion in der Gasse widerhallen. Und was sollte ich mit ihren blutenden Körpern anfangen? Und das warme Blut auf meinen Händen? Und ihre trauernden Familien? Ich hatte keine Angst um Joannas und meine Sicherheit. Wir waren schon längst jenseits von jeglicher Angst.

«*Après. Trop dangereux ici.*» flüsterte ich. Mein Herz schlug heftig. Dies hier erwies sich als viel weniger unpersönlich, als die Szene, die ich so oft in meiner Zelle durchgegangen war.

Nach meiner nutzlosen Suche gaben die Agenten die Fährte auf.

Joanna ließ van Court umherfahren, bis wir einen Tabakladen gefunden hatten, der Gitanes verkaufte. In einem Restaurant, das über die Straße verkaufte, holten wir gebackenes Huhn und gebratene Muscheln. Ich schlug ein Picknick an der verlassenen Küste gerade unterhalb Presidio und der Golden Gate-Brücke vor. Joanna nickte in eifrigem Einverständnis.

Wir aßen unseren Lunch und ließen die Beine vom steinernen Pier hinunterbaumeln, beobachteten Seemöven und Touristen. Kein Ort, um einen Fluchtversuch zu unternehmen.

Als wir gegessen hatten, fuhren wir über die Golden Gate-Brücke in Richtung Sacramento. Art war immer noch am Steuer. Joanna lehnte sich im Rücksitz in die Ecke. Meiner Gefühle überhaupt nicht sicher, ließ ich den Kopf hängen und sah zu meinen Füßen eine 357er Magnum. Sie war aus Dans Halfter gerutscht und unter dem Sitz eingeklemmt. Ich hob sie auf und hielt sie versteckt. Ich stieß Joanna an. Sie machte große Augen.

Ich hielt das schwere Stück einfach in meiner Hand, während das Auto der Schnellstraße entlangraste. Joanna fuhr in ihren Stiefel und förderte ihre Waffe zutage. Sie sah mich mit kindlicher Erwartung an, eine hübsche Zwölfjährige, die mit in den Zirkus darf. Ich wartete. Die beiden Polizisten schwatzten unschuldig vor sich hin. Es war der Traum eines jeden Gefangenen, der da Wirklichkeit wurde. Im Rücksitz sitzend, die Magnum in meiner Hand, konfrontierte ich das Dilemma des Dissidenten: War ich fähig, für meine Freiheit KGB-Agenten zu töten?

Ich tippte Dan auf die Schulter: «Zeig die Karte mal her.»

Der FBI-Agent gab sie mir. Ich lehnte mich über den Vordersitz und schlug sie so auseinander, daß sie Dans Schoß bedeckte. Ich schob die Pistole so unter die Karte, daß Dan sehen konnte, daß ich sie in meiner Hand hielt. Ich ließ sie in seinen Schoß fallen und klopfte ihm verschwörerisch auf die Schulter. Jetzt war es an ihm, große Augen zu machen. Er nickte dankbar. Joanna sah mich enttäuscht an.

Am nächsten Besuchstag berichtete Joanna, daß sie das Versteck aufgegeben und die 38er weggeworfen habe. Sie war begeistert von einem *neuen* Plan. «Ich habe endlich herausgefunden, was das FBI von dir will. Es scheint, das Justice Department untersucht die FBI-Einbrüche in den Häusern von Freunden und Verwandten der Weathermen. Über zwanzig FBI-Agenten könnten verurteilt und ins Gefängnis geschickt werden. Wenn du ihnen ausländische Verbindungen zu den Weathermen nennen kannst, kannst du ihnen helfen, ihre Ärsche zu retten.»

«Soviel ich weiß, war die nordvietnamesische Regierung nicht dran interessiert, ein paar verrückten Studenten dabei zu helfen, Fakultätsgebäude zu bombardieren.»

Verzweifelt sah sie mich an: «Kannst du dich nicht an ein paar Tatsachen erinnern, die die Geschworenen auf ausländische Einflüsse schließen läßt?»

«Klar. Ich könnte Dutzende von Umstände zitieren, die dem FBI-Fall zugute kämen.»

«Dann werden sie dich laufen lassen.»

Wir sahen einander an und lachten erleichtert. Mehr als zwei Jahre hatten wir uns nach verrückten Fluchtplänen und einem Leben auf der Flucht gerichtet. Jetzt durften wir uns sozusagen auf ein gutbürgerliches Dasein einstellen.

«Ruh du dich ein bißchen aus, während ich mir darüber Gedanken mache», schlug ich vor. Wir beschlossen, daß sie ein paar Wochen bei ihrer Mutter am Strand von Marbella verdient hatte.

Marshall van Court, der immer noch aufrichtig glaubte, daß Drogenleute und radikale Sturmtruppen das Gefängnis von Placerville unaufhörlich umkreisten, verbrachte mich eines nachts im Dunkeln zum Bezirksgefängnis von Nevada City. Mein Name dort war Peter London. Während vier Monaten lebte ich im Wärtergebäude, schrieb *Was will die Frau?* und genoß die Kameradarie des Gefangenlebens. Sechzehn Rowdies in einem Raum.

Dreimal in der Woche fuhren mich die Agenten jeweils zu einem unbenutzten Camp in der Nähe von Folsom, wo ich den Nachmittag beim Baseballspiel mit Jerry Utz zubrachte. Manchmal kamen freundliche Burschen vom Justice Department vorbei, um mit mir zu plaudern. Sie machten nicht den Eindruck, als wollten sie mir Informationen entlocken. Sie wollten nur, daß ich wußte, daß sie meine Freunde waren. Vielleicht für zukünftige Gelegenheit?

Nächster Halt war das Bezirksgefängnis von Yolo in Kalifornien, wo mein Name Thomas Pynchon lautete. Ich hatte drei Zellen ganz für mich: eine war mein Schlafzimmer, eine der Fitnessraum und eine das Büro. Der Sheriff mochte mich. Er sandte mir einen

Schwarzweiß-Fernseher und einen großen Tisch für meine Schreibmaschine, Bücher und Zeitungen.

Aufgekratzt vom monastischen High – der Enthaltsamkeit –
schrieb ich fieberhaft und hatte bald die Arbeit am *Was will die
Frau?* beendet. Zum erstenmal seit Vacaville hatte ich Zugang zu
wissenschaftlichen Büchern und Journalen. Ich verbrachte mindestens acht Stunden täglich mit Lektüre über Immunologie, Astro-
nomie, Genetik, Neurologie, Gerontologie und Geologie.

Die neuesten Befunde aus diesen Wissenschaften, die durch lei-
stungsfähige neue Instrumente (Elektronenmikroskope, lineare
Teilchenbeschleuniger, Radioteleskope, PET-Scanner, Computer-
Animationstechniken) ermöglicht wurden, scheinen die Menschheit auf eine relativistische Bahn zu bringen. Das mechanistische,
Newtonsche Modell des Universums verlor ständig an Terrain
zugunsten des Einsteinschen Kontinuums. Alles im Universum –
von der Galaxie bis zum Quark – wurde als lebendig und ständig
evolvierend angesehen, wobei es verständliche Signale aussandte
und durch intelligente menschliche Intervention verändert werden
konnte. Eine neue, positivistische menschliche Wissenschaft ereig-
nete sich.

Ich war hocherfreut, berauscht, inspiriert, den philosophischen
Trend zu beobachten, der überall auftauchte und die Macht an das
intelligente Individuum zurückgab.

GERARD K. O'NEILL

GERARD K. O'NEILL (1927 –), Physiker und Space-Philosoph, machte seinen B. A. in Swarthmore und 1957 seinen Doktor in Cornell. Seither lehrte er in Princeton Physik und wurde 1965 Ordinarius.

In den ausgehenden sechziger Jahren stellte O'Neill seinen Studenten folgende Aufgabe: Ist die Oberfläche eines Planeten wie die Erde der geeignete Ort für eine Industriegesellschaft? Nach einem Semester Systemanalyse und Eignungsuntersuchungen lautete die Antwort: Nein. O'Neill und seine Studenten machten sich nun daran, Pläne für Industriezonen und komfortable Wohngebiete in einer hohen Umlaufbahn um den Globus zu entwickeln. Rohstoffe sollten auf der Mondoberfläche gewonnen werden.

Als seine wissenschaftlichen Ergebnisse hinsichtlich der technischen und wirtschaftlichen Durchführbarkeit einer Space-Kolonisation von Wissenschaftsjournalen abgelehnt wurden, begann O'Neill seine Erkenntnisse in außerplanmäßigen Vorlesungen an verschiedenen Colleges vorzutragen (dieselbe Taktik, die ein Jahrzehnt zuvor von den Harvard/ Millbrook-Forschern angewendet worden war). In diesen wissenschaftlich fundierten Vorlesungen legte O'Neill dar, daß die Wanderung in den Weltraum – zur neuen «High frontier» – ebenso profitabel und notwendig sein wird, wie die Wanderung von der alten in die neue Welt. Wie bereits Christopher Columbus es in seinen Tagen erlebte, sind die einzigen Hindernisse auf diesem Weg politischer und ideologischer Natur.

O'Neill ist heutzutage der wichtigste Fürsprecher für eine Evolution außerhalb des Planeten, für die Wanderung in den Raum und post-irdische Zivilisation. O'Neill ist unter anderem Autor folgender Werke: *Elementary Particle Physics* (gemeinsam mit David Cheng), *Unsere Zukunft im Raum* sowie *Two Thousand and Eighty One: A Hopeful View of the Human Future*.

425

40. Freiheit?

San Diego, September 1975

Fährt man in südlicher Richtung, so windet sich Highway 5 kurz hinter La Jolla einen Hügel hinauf und dort liegt, gerade unter einem, das glitzernde und schimmernde marineblaue San Diego – Miami Beach West, die schönste Stadt auf dem Kontinent. Offene Meereslandschaft, Strände, Inseln, weiße Segel, hochgelegene Spazierwege.
Mitten im Stadtzentrum erhebt sich jener schlanke, braune Keil von einem Wolkenkratzer, ohne Reklameschriften, ohne Neonbeleuchtung bei Nacht: das Metropolitan Correctional Center, der Bundesknast. Kein Ort zum Zuckerlecken!

Die beiden mich begleitenden Marshals, Jonny und Pete, verfielen in tiefes Schweigen, als wir die Küstenstraße entlangfuhren, vorbei am Flughafen, an den eleganten Fischrestaurants. Dann bogen sie in eine Seitenstraße ein, die direkt zur Küste führte. Es tat ihnen leid, daß unsere Wege sich jetzt schieden. Fast ein Jahr lang hatten wir täglich miteinander zu tun gehabt. Jonny und ich hatten Hunderte von Handballspielen gemeinsam gespielt. Pete hatte die abschließende Fassung von *Was will die Frau?* getippt.

Während wir darauf warteten, daß das schwere Gefängnistor sich öffnete, warf Pete mir die Handschellen zu, die ich mir überstreifte. Jonny öffnete den Kofferraum und zog einen Karton hervor, in dem sich meine wenigen Habseligkeiten befanden.

«Werdet ihr mich unter meinem richtigen Namen registrieren lassen?» fragte ich mit ruhiger Stimme.

Pete und Jonny warfen sich schuldgeladene Blicke zu.

«Nun stell dich nicht an, Mann», sagte ich. «Ihr zwei werdet mir das doch nicht noch einmal antun. Ist doch alles abgekartetes Spiel.»

Die Marshals blickten schweigend zu Boden. Dann sagte Jonny: «Hör zu, Tim, wir haben unsere Befehle. Und der Boss hat alles versucht. Als er sich gestern mit Washington anlegte, wurde er beinahe gefeuert. Das FBI will immer noch, daß du plauderst.»

«Okay», sagte ich mit sanfter Stimme. «Wie soll ich heißen? J. Edgar Loser?»

«Mach's uns nicht so schwer. Deinen Namen mußt du dir schon selbst aussuchen.»

«Okay. Mein Name ist Bruno. Vorname: Giordano. Das schreibt sich G-I-O-R-D-A-N-O.»

«Noch was, Tim. Die Abteilung, wo man dich unterbringen wird, da sitzen nur die schweren Jungs. Wilde Typen. Killer, auf deren Kopf ein Preis ausgesetzt ist. Wenn du meinst, es würde zu heavy, sprich mit den Wärtern. Da kriegst du vielleicht eine Einzelzelle.»

Dies war mal ein vornehmer Laden: eine weiträumige Lobby wie in einem Luxushotel, Teppichboden überall, Billardtische, elegant geschwungene Treppen, die zu komfortablen Tagesräumen führten, überall Sessel und Farbfernseher. In einem tiefergelegenen Raum saßen sieben Insassen in Overalls und musterten mich mit neugierigen Blicken. Cool blickte ich zurück. Ein Wärter führte mich zu meiner Zelle – ein enger Raum mit Bett, Tisch, Klo, Arzneischränkchen, Waschschüssel –, unberührt und clean wie in einem nagelneuen Holiday Inn. Durch massives Fensterglas konnte man auf San Diego und die Brücke nach Coronada herabblikken.

Ich ging wieder in die Aufenthaltsräume hinunter, um die anderen Gäste auszuchecken. Zwei Mafiosi: Guido, ein bulliger Typ um die Fünfzig mit tiefgefurchter Stirn, und Joey, ein jüngerer gutaussehender Las Vegas-Typ – beide Killer, daran bestand kein Zweifel. Außerdem ein verschlagener aalglatter Mexikaner, ebenfalls ein Killer. Zwei stumpfsinnige Weiße, Zwangsverbrecher. Ein kerniger gutgelaunter Ire. Ein amerikanischer Indianer, ein Sioux mit dem Wahn im Blick. Nachdem wir uns mit Handschlag miteinander bekanntgemacht hatten, schlenderte ich in die Lobby zurück. Dort gab es eine bescheidene Bibliothek mit Büchern und Zeitschriften. Bis spät in die Nacht vertiefte ich mich in einen Spionageroman von Le Carré.

Gegen elf Uhr stand ich auf, rasierte mich, duschte und machte mich an die Mr. Coffee-Maschine. Murphy, der allein am andern Ende des Tisches saß, bedeutete mir, ich solle mal zu ihm rüberrutschen. Er sprach sehr sorgfältig.

«Hör zu, ich will mich ja nicht in deine Sachen mischen, dir sollte nur klar sein, daß jeder einzelne hier ganz genau weiß, wer du bist. Seit Jahren bin ich ein Fan von dir. Du hast mein ganzes Leben verändert, Mann.»

Murphy fing an zu lachen. «Yeah, Mann, du hättest mal sehen, was für eine Unruhe du unter den Mafia-Heavies gestiftet hast, als du hier hereinspaziertest. Als es sich gestern herumsprach, daß ein Neuer kommen würde, wurden alle nervös. Jeder, der hier einsitzt, auf den ist ein Preis ausgesetzt worden. Die Typen vom Rauschgiftdezernat versuchen zum Beispiel den Mexikaner umzulegen. Und Guido, ein Mafiaboss aus New Orleans, schreit Joey zu: ‹Giordano Bruno! Bruno! Er *muß* einer von uns sein. Aber von wo? Kennst du irgendwelche Brunos aus Buffalo, Joey?› Die beiden hartgesottensten Mafiosi im ganzen Land machen sich in die Hosen! Und wie du hier reinkamst, mit dieser schwarzen Brille! Du sahst aus wie der geriebenste Berufskiller aus ganz Sizilien. Hast du das in Harvard gelernt? Und als du in deiner Zelle warst und gelesen hast, hing Joey die ganze Zeit am Telefon und klapperte die gesamte Ostküste ab. Rief sogar seine Mutter an, um herauszufinden, wer du bist.»

Einen Monat lang hielt sich das Märchen und geriet dann zur Farce. Die Presse von San Diego bearbeitete die Gefängnisleitung, sie solle eingestehen, daß der berühmteste Ausbrecherkönig in den Mauern dieser ehrbaren Stadt weilte. Es gibt mehr als eine Stadt, die auf ihre Gefängnisse und ihre prominenten Insassen stolz sind.

Ein gutausgeklügelter Plan wurde in die Tat umgesetzt, um den Gefängnisboss aus dem Schußfeld der Presse zu ziehen. Man flog mich nach Sacramento, wo ich eine Nacht in meiner alten Zelle im Yolo County Jail zubringen sollte. Am nächsten Morgen wurde ich nach San Diego zurückgeflogen und unter meinem richtigen Namen registriert. In einer Presseverlautbarung wurde dann wahrheitsgemäß mitgeteilt, daß ich soeben meine Zelte im Bundes-Hilton aufgeschlagen hatte.

Joey erzählte mir, daß er voller Stolz seine Mutter anrief, um ihr die wahre Identität seines neuen Freundes zu offenbaren. «Weißt du, was sie sagte? Sie sagte, ‹Laß dich nicht mit dem ein, Joey, der wird dir 'ne Menge Schwierigkeiten bereiten.›»

Vor lauter Aufnahme und Weitergabe von Wörtern brodelte es inzwischen nur so. Zwölf Stunden am Tag las und schrieb ich. Auf diese Weise stolperte ich geradewegs in die große Offenbarung der Space-Kolonisierung hinein: der nächste Schritt in der menschlichen Evolution war fällig. Ab in eine hohe Umlaufbahn! Professor Gerard O'Neill aus Princeton warf in einem Aufsatz in Stewart Brands Zeitschrift, *Co-Evolution Quarterly*, die jahrmillionenalte Theorie von der Bindung durch irdische Schwerkraft über den Haufen. Er wies nach, daß die Oberfläche eines Planeten der denkbar ungünstigste, teuerste und gefährlichste Ort war für eine Technologie-geprägte Zivilisation. Wir waren nicht länger verdammt, wie Kletten an der schleimigen Oberfläche dieses heavy Planeten zu hängen. Jetzt war es an der Zeit, ins All zu wandern. O'Neill erzählte da keine Star Trek-Stories, keine Geschichten im Stil Sagans, in denen es um die Kolonisation anderer Planeten geht; er wies einfach hartnäckig darauf hin, daß der nächsteinfache Schritt in Umlaufbahn-Neuland führen mußte. In der ersten, der Blockhausphase, würden wir Space Labs hinauftransportieren, Werkzeuge und Baumaterialien, um Industriezonen und Solarstationen einzurichten. Möglicherweise würden wir dann Mini-Welten errichten, Gebiete, die dann von einer rastlosen Welle von Pionieren bewohnt werden könnten. Das ganze Projekt würde weit weniger kostspielig sein, als neue Städte auf dem Heimatplaneten zu errichten.

Als einer, der sein Leben lang Ausbruchskünstler gewesen war, geriet ich über die Möglichkeit, daß es von hier einen Ausweg geben sollte, völlig aus dem Häuschen.

Eines Abends im Februar fiel mir eine Schlagzeile aus dem *San Francisco Chronicle* ins Auge! *NEUE JFK-ENTHÜLLUNGEN – SEX & DROGEN MIT KÜNSTLERIN.* Wie sich herausstellte, hatte James Truitt, der Mann, der diese sensationelle Story enthüllt hatte, früher einmal für Philip Graham, den Herausgeber der *Washington Post*, gearbeitet. In Interviews im *National Enquirer*, mit Associated Press und der *Washington Post* sagte Truitt aus, eine Frau namens Mary Pinchot Meyer habe ein zweijähriges Liebesverhältnis mit Präsident John Kennedy unterhalten und in einem

Schlafzimmer des Weißen Hauses Marihuana mit ihm geraucht. Als Vertrauensperson Mary Meyers berichtete Truitt einem *Post*-Korrespondenten, sie und Kennedy hätten sich zwischen Januar 1962 und November 1963, wo Kennedy umgebracht wurde, ungefähr dreißig Mal getroffen. Mary Meyer hatte Truitt erzählt, JFK hätte einmal die Bemerkung gemacht: «Gegen Kokain ist dies doch gar nichts. Ich bring dir mal was mit.»

Truitt behauptete, Mary Meyer hätte über ihre Affäre mit dem Präsidenten Tagebuch geführt, welches nach ihrem Tode von ihrer Schwester, Toni Bradlee gefunden und James Angleton übergeben worden war, der das Tagebuch ans CIA-Hauptquartier weitergab und es vernichtete. Wie die *Post* «aus anderer Quelle» zu berichten weiß, wurde Mary Meyers Tagebuch tatsächlich vernichtet: «Dieser Quelle zufolge heißt es, das Tagebuch... habe ein paar hundert Worte vager Andeutungen über einen namentlich nicht genannten Freund enthalten.»

Kenneth P. O'Donnell, ein früherer Mitarbeiter des Weißen Hauses, der für den Terminkalender des Präsidenten verantwortlich war, bestätigte, daß Mary Meyer das Weiße Haus besucht hatte, verneinte jedoch alle Behauptungen hinsichtlich eines Liebesverhältnisses.

Associated Press gegenüber sagte Toni Bradlee aus, «Solange Mary am Leben war, hatte ich nicht die geringste Ahnung.» Die *Post* schreibt:

Angleton, der sein Amt als Leiter der CIA-Spionageabwehr 1975 niederlegte, nachdem Unregelmäßigkeiten in seiner Abteilung nachgewiesen werden konnten, sagte aus, Mary Meyer sei eine «geschätzte Freundin» seiner Frau und ihm selbst gewesen. Weiterhin sagte er aus, er habe der Familie nach Marys Tod beiseite gestanden und sei bei «rein privaten Fragen» behilflich gewesen. Er war es auch, der die Vorbereitungen des Begräbnisses leitete. Er verweigerte jegliche Auskunft darüber, ob ein Tagebuch existiert habe oder nicht.

Ich steckte mir eine Camel an, schritt hinüber zum Fenster und blickte über die Bucht von San Diego. Also war es tatsächlich JFK gewesen, mit dem Mary Pot geraucht hatte. Und wieder einmal bemächtigte sich meiner das Gefühl, daß Mary Pinchot Meyers Leben und Tod einen wichtigen Platz in der modernen Geschichte einnahmen. Einen wichtigeren Platz, als wir das jemals begreifen werden.

Nachdem Jerry Brown Gouverneur wurde, wurde ich aus dem kalifornischen Gewahrsam entlassen, nachdem ich für zwei Joints und einen erfolgreichen Ausbruch zweiunddreißig Monate abgesessen hatte – zwanzig Monate länger, als man normalerweise für derlei Vergehen aufgebrummt kriegt.

Für die Sache in Laredo hatte ich fast zwei Jahre gesessen. Das Höchstmaß für diese Art Vergehen lag bei genau einem Jahr. Die Bundeskommission für bedingte Haftentlassungen wollte mich aber immer noch nicht gehen lassen. Indem sie meinen Antrag ablehnten, griffen sie zur Begründung auf ein Straftatenregister zurück, das bis ins Jahr 1938 reichte... damals mußte ich 35 Dollar für ein Verkehrsvergehen blechen. Es sah ganz so aus, als würde ich im Gefängnis bleiben, bis die Demokraten in Washington die Macht wieder übernehmen würden – im November 1976. Oder 1980.

John Milano ging los und holte meine Entlassungspapiere im Gerichtsgebäude auf der anderen Straßenseite vom Gefängnis. Von meinem Zellenfester aus beobachtete ich John, wie er mit breitem Lächeln auf dem Gesicht die Stufen des Gerichtsgebäudes hinabeilte. Dies war der Augenblick, wo das ganze Rechtsanwälte-Business mal Sinn machte, wenn es darum ging, jemanden zu befreien, der es verdiente, frei zu sein.

Ein ganzer Schwarm von Presse- und Medienleuten erwartete mich, als ich das Gefängnisgebäude verließ. Auch eine Menge lokaler Freunde waren gekommen, alle stimmten in einen Willkommensgruß ein. Ich ließ mein McLuhan-Lächeln über mein Gesicht blitzen und winkte allen zu. Welch ein Triumph! Das zehn Jahre während Theater wegen einer silbernen Schachtel mit Gras war endlich vorbei. Ich war ein freier Mann.

Aber war ich das wirklich? Kaum daß Joanna, ihre Mutter Marisia, John Milano und ich ins Auto einstiegen, eilte ein Mann in dunklem Anzug auf uns zu. «Der Bundesmarshal wünscht Sie sogleich in seinem Büro zu sprechen.» Ich wandte mich um zu John. «Dazu haben sie kein Recht», sagte er.

«Sagen Sie ihm, wir feierten. Ich werde ihn morgen anrufen.»

Joanna und ich verbrachten die Nacht im La Valencia, einem romantischen Hotel in spanischem Stil am Strand von La Jolla. Wir waren gerade beim Frühstück im Speisesaal, als sich am nächsten Morgen zwei Herren unserem Tisch näherten – Bundes-Marshals.

«Wir haben aus Washington Anweisung bekommen, Ihnen mitzuteilen, daß Sie sich in Lebensgefahr befinden. Es wird Ihnen hiermit nahegelegt, den Schutz des Marshalls zu akzeptieren. Andernfalls werden Sie innerhalb der nächsten zweiundsiebzig Stunden ein toter Mann sein.»

Ich blinzelte Joanna zu und fuhr fort, meine Rühreier zu verzehren. «Was wäre damit verbunden?»

«Wir geben ihnen einen anderen Namen und bringen Sie an einem sicheren Ort unter. Solange Sie im Untergrund bleiben, werden wir Ihnen jeden Monat 800 Dollar zahlen.»

Ich ließ mich gar nicht erst auf eine lange Diskussion ein. Was die zwei mir erzählten, stimmte wahrscheinlich sowieso nicht. Viele militante Linke mochten mich nicht, weil ich Eldridge Cleaver entronnen war und mich zu einer gewaltfreien Revolution bekannt hatte. Ich war aber bereit, auf die moralische Lauterkeit der Weathermen und die amerikanischen Linke zu setzen. So hirnverbrannt ihre rhetorischen Ansätze und ihre Hoffnungen auf eine bewaffnete Revolution auch immer sein mochten, Mörder waren sie nicht.

«Bevor ich eine Entscheidung treffe, möchte ich erst mit Washington sprechen», sagte ich. «Bedienen Sie sich, Marshall, nehmen Sie einen Kaffee und warten Sie, bis wir mit frühstücken fertig sind.»

Nervös blickten sich die beiden im Speisesaal um. «Ich denke, wir sollten uns an einem öffentlichen Ort wie diesem nicht einfach so zeigen», meinte der eine.

Ich rief einen meiner Kontaktleute im Justizministerium an. Zwanzig Minuten später rief er zurück. «Genauere Einzelheiten kann ich nicht herausbekommen, aber es gibt erheblichen Druck von oben, keinerlei Staub um dich aufzuwirbeln und dich an einem ruhigen Ort zu überwachen. Eines ist sicher, auf diese Weise wirst du am Leben bleiben und die Chance haben, deinen Mind in ein paar wenigen Tagen zu überdenken.»

Die traurige Logik wurde mir sofort bewußt. Wenn ich es ablehnte, ein Papier zu unterzeichnen, mit dem ich die von der Regierung empfohlene Schutzhaft ablehnte, war ich ganz besonders leicht zu verletzen. Irgendwer in den höchsten Abteilungen der Justizbehörden wollte mich versteckt wissen, unter Druck; wollte, daß ich Angst kriegte. Irgend etwas wollte man immer noch von mir.

«Man rät mir, Ihr Schutzangebot anzunehmen», sagte ich den Marshalls. «Wo planen Sie, mich zu verstecken?»

«Salt Lake City.»

«Liegt überhaupt nicht drin. Ganz Utah gleicht einem Gefängnis.»

«Befehl vom Chef.»

«Verbinden Sie mich mit ihm.»

Es war schon sonderbar, wie das Justizministerium als mein Reiseagent tätig wurde. Schließlich stimmten wir Santa Fe, New Mexico, zu. Dort wollte ich schon immer mal Zeit verbringen.

Joanna und ich fanden ein vollkommen isoliert stehendes Häuschen, keine hundert Meter westlich des Pecos River in den Sangre de Christo-Bergen. Die Marshalls besorgten mir einen New Mexico-Führerschein und Ausweispapiere auf den Namen James Joyce. Joanna hieß fortan Nora.

Hinter unserm Haus gab es ein kleines Flüßchen. Nachts war der Wüstenhimmel von Sternen übersät, und wir konnten gegen Mitternacht den Skorpion aufsteigen sehen.

Als wir das erste Mal nach Santa Fe hineinfuhren, wußte bereits jedermann, wer wir waren. Und indem das Justizministerium einsah, daß sie mich nicht verborgen halten konnten, warfen sie das Handtuch. Es sollte drei Jahre dauern, bis das FBI begann, mich erneut zu verhören.

Etwa um den 4. Juli 1976, dem zweihundertsten Geburtstag der Amerikanischen Revolution, nahm ich meinen eigenen Namen und meine eigene Identität wieder an: Timothy Leary, Autobiograph, bereit, auf Sendung zu bleiben.

Epilog

Die ganzen letzten Jahre über hatten Joanna und ich gespürt, daß unsere Partnerschaft nach meiner Entlassung nicht weiter dauern würde. Ihre „Mission impossible", ihre unmögliche Mission, bestand darin, mich aus dem Gefängnis zu befreien. Nachdem dies alles erfolgreich, mit Brief und Siegel abgeschlossen war – kurz nachdem die Regierung mir gestattet hatte, mich in der Öffentlichkeit zu zeigen –, nahmen wir ein Flugzeug nach San Diego und trennten uns in aller Freundschaft. Bereits wenige Stunden später zog Joanna mit ihrem neuen Freund zusammen in ein neues Abenteuer: Schwangerschaft und Heirat, später Trennung.

Anschließend wurde sie Berater des Premierministers von Grenada, kaufte einen Segelschoner, lernte, Flugzeuge zu fliegen, war *Omni*-Berichterstatterin bei Shuttle-Starts und segelte eines Tages in den Südpazifik.

Ich packte meine Siebensachen in zwei Koffer und nahm den Freeway nach Norden, in Richtung Glendale, wo meine Tochter, Susan, mit ihren Kindern, Dieadra und Ashley, lebte. Wir feierten meine Freilassung, indem wir uns ein Baseballspiel im Dodger-Stadium ansahen. Dies war mein allererster Ausflug mit meinen Enkelkindern, und ich genoß die einfachen Dinge des Lebens in vollen Zügen – Hot dogs kaufen, Bier trinken, mit Susan das Spiel diskutieren – sie war begeisterte Baseballanhängerin.

Die Nacht verbrachte ich auf Susans Couch und ließ mir alle Missetaten, alle Irrtümer meines Lebens noch einmal durch den Kopf gehen. Ich fragte mich, wie die Zukunft wohl aussehen würde. Meine Situation war wieder einmal äußerst prekär. Sechsundfünfzig Jahre alt, kein Zuhause, keine Arbeit, keinen Kredit und nur wenig Kreditwürdigkeit. Ein freier Spieler mit wenig Aussicht, sich an ein Team der American League anhängen zu können. Meine Verbindungen waren unterbrochen. Während der fünfzehn Jahre, die vergangen waren, seit G. Gordon Liddy uns mit dem Auto in Millbrook abgeholt hatte, war ich in vierzig Gefängnissen in vier Kontinenten isoliert gewesen. Ich hatte Freunde aus den Augen verloren, die inzwischen über den ganzen Erdball verteilt lebten. Ich fühlte mich ziemlich verlassen. Es war eine großartige Zeit, eine neue Karriere zu starten.

* * *

Erste Stufe: Bezahlte Arbeit. Eine New Yorker Agentur, die Vorlesungen an Colleges organisierte, rief mich an. Das Programm, das ich ihnen vorschlug, *American Culture: 1946–1984*, sagte ihnen zu und man verpflichtete mich zu einer Transamerika-Tour.

Auf die neue Generation Studenten war ich äußerst gespannt; immerhin waren sie jenen Summer of Love Erstklässler gewesen. Wie sich herausstellte, waren sie ebenso gespannt auf mich. Meine Vorlesungen zogen eine immense, begeisterte Zuhörerschaft an.

Zweite Stufe: Neue Adresse. Ich mietete ein schönes Haus aus Redwood und Glas, eingebettet in einen Hain in Laurel Canyon. Es war ein gutes Gefühl, sich in Hollywood niederzulassen, umgeben von Leuten, die schreiben, Regie führen, Filme produzieren, als Schauspieler tätig sind. Und zwar in Filmen, die das menschliche Bewußtsein verändern.

Über viertausend Jahre lang war menschliche Intelligenz, waren Kreativität, Freiheit und Individualität – die kostbare Triebkraft der Innovation – stetig nach Westen gezogen, von Asien über den Mittleren Osten, durch Europa und hatte den Atlantik in Richtung Neue Welt überquert. Zuerst hatten die Innovatoren entlang der Piste am Ganges gesammelt, dann zum Euphrat, dann zum Nil, dann weitergezogen nach Athen, Rom, Paris, London, Neu-England. Jeder neue Außenposten hatte seine Zeit als Ort einer neuen Vision erlebt, wo die Intelligentesten, Schnellsten und Tapfersten sich für den nächsten Schritt nach vorn versammelt hatten. (Die angesehene Elite wird man in diesen Neulandzonen nicht antreffen, sie wird sich stets zwei, drei Sektoren weiter hinten, in östlicher Richtung aufhalten.)

Um das Jahr 1976 hatten die Innovatoren die letzte irdische Grenze erreicht. Sie rauschten auf den sagenumwobenen Boulevards auf und ab – Hollywood, Sunset, Santa Monica, selbst Ventura –, sie bevölkerten die Freeways, nahmen auf dem Sunset Strip an Ausbruchsgeschwindigkeit auf, sausten die wenigen übriggebliebenen neonbeleuchteten Palmenmeilen des genetischen Highways zum Ozean des Friedens entlang.

436

Dritte Stufe: Neu-Lernen. Die traditionelle Lebensweise der Filmkultur lernen. Mein Tutor in dieser neuen Gemeinschaft war Henry Edwards, ein durch und durch verrückter Mann aus Manhattan, ein früherer Rock-Kritiker bei der *New York Times*, derzeitig damit beschäftigt, als Drehbuchschreiber für das Filmmusical *Sergeant Pepper's Lonely Hearts Club Band* heißzulaufen.

Unter Henrys Führung verbrachte ich etliche tausend Stunden in Filmvorführräumen, an Drehplätzen, in chicen Restaurants, bei Malibu-Parties und Swimming-pool-Brunches, und versuchte zu begreifen, wie man Filme macht. Und Freunde gewinnt.

Was mir vor allem durch den Kopf ging, als ich mich in dieser Vor-Abschuß-Space-Kolonie namens Hollywood niederließ, war, eine Frau zu finden, mit der ich die nächste und aufregendste Etappe der Reise genießen konnte.

Am 13. Mai 1978, im Anschluß an ein Dodgers-Spiel, begab ich mich an eine Wasserstelle, die von englischen Filmemachern bevorzugt wurde, und dort saß, umgeben von Freunden und auf mich wartend, Barbara. Sie war gerade von einem Filmproduzenten geschieden worden und lebte mit ihrem fünfjährigen Sohn, Zachary, in Beverly Hills.

Es fällt mir schwer, Barbaras Schönheit, ihr Wissen und uneingeschränkte Liebesfähigkeit zu beschreiben. Nach meiner wissenschaftlichen Einschätzung ist sie die sexieste, die klügste, witzigste Frau in der ganzen Stadt. Demographische Angaben: geboren 1948, aufgewachsen in Scarsdale; ihre Mutter Engländerin, ihr Vater Amerikaner, ihr Großvater ein anerkannter Chirurg.

Am Anfang war ich durch Barbaras Eleganz und hohen Lebensstil einigermaßen eingeschüchtert. Ich fragte mich, ob ein achtundfünfzigjähriger Intellektueller mit geringen materiellen Ambitionen und dubiosen Aussichten, einen Job zu finden, es fertigbringen würde, die Verantwortung für eine neue Familie zu übernehmen. Es schien, als gäbe es nur einen Weg, das herauszufinden. Wir heirateten noch im Dezember.

Jene Jahre, die auf die Gefängniszeit folgten, jene Jahre mit Barbara und Zachary sind die liebevollsten, ruhigsten, produktivsten Jahre meines Lebens gewesen. Ich bin nur einmal fälschlicherweise verhaftet worden, und kürzlich wurde mir das sichtbarste Symbol häuslicher Abhängigkeit verliehen – eine Kreditkarte. Es gibt nicht das leiseste Gefühl, von Regierungsbeamten observiert oder verfolgt zu werden.

Wie andere Menschen ihrer Generation, so erwartet natürlich auch Barbara nur das Beste und spornt mich unermüdlich an higher zu sein und näherzukommen – die höchste Einladung zu persönlichem Wachstum und emotionaler Bindung. Ihre Aktivitäten als Filmproduzentin (*Return Engagement*), als Drehbucheditorin und Finanzberaterin setzen ein Gleichgewicht zu meinen Rollen als Performer, Schriftsteller und finanzieller Trottel.

Wir haben unsere privaten Experimente mit den bekannten psychoaktiven Drogen fortgesetzt und vier neue Neurotransmitter ausprobiert – Adam, XTC, Ketamin und Intellex –, die einem offenbaren, daß es immer noch Dimensionen des Gehirns gibt, die es zu entdecken gilt.

Bei öffentlichen Auftritten trete ich nachdrücklich dafür ein, daß Gesetze, die es den amerikanischen Bürgern verbietet, ihr Nervensystem zu verändern, nicht zur Unterzeichnung gelangen. Immer noch hundertprozentig für eine maßvolle und intelligente Anwendung von Drogen eintretend, bin ich in zunehmendem Maße davon überzeugt, daß das Recht des Einzelnen, Zugang zu seinem eigenen Gehirn zu suchen, heutzutage die wesentlichste politische, ökonomische und kulturelle Frage Amerikas darstellt. Unsere Staaten werden niemals vereint noch erfolgreich sein, bevor nicht der Generationenkrieg um Drogen beendet sein wird.

Die mehr als 50 Millionen von uns, die in maßvoller Weise gelegentlich zu Drogen greifen, um unsere ästhetischen, sinnlichen, emotionalen, intellektuellen und geistigen Perspektiven zu intensivieren, scheinen von der Antidrogen-Gesetzgebung nicht sonderlich beeindruckt zu sein. Wegen unserer großen Zahl wird der Versuch, unsere neurologischen Alternativen zu verbieten, sich als äußerst wirkungslos erweisen.

Meine College-Vorlesungstour – die Haupteinnahmequelle in den vergangenen sieben Jahren – hat sich als eine lohnende Aufgabe erwiesen. Ich habe mir angehört, was junge Leute heute denken, und habe die Gelegenheit gehabt, sie an einem wichtigen Kreuzweg in ihrer Entwicklung beeinflußen zu können.

Drei Hauptthemen haben diese Vorlesungen bestimmt: Space-

438

Wanderung, Intelligenzvermehrung und Lebensverlängerung – zusammengefaßt unter dem Akronym S.M.I.L.E.

Mein Szenario für *Space-Wanderung* basierte auf den fruchtbaren Werken von Wernher von Braun, Constantine Tsolskovski und Gerard O'Neill, angetrieben durch das Entstehen des Citizen's Space Movement und durch die greifbare Realität der Shuttle-Raumflüge. Ich war fasziniert, daß dieses spezifische Gebiet mit Leuten gefüllt war, die – auf Grund eigener Experimente zur chemischen Veränderung des Gehirns – begreifen, daß unsere Spezies nur so weit in den äußeren Raum gehen kann, wie wir nach innen vorgestoßen sind.

In meinen Vorlesungen zur *Intelligenzvermehrung* fasse ich zwei Jahrzehnte Forschung über absichtliche, bewußte Verwendung psychoaktiver Drogen zur Reprogrammierung des Gehirns zusammen. Diese Ideen durch John Lillys Theorien vom Gehirn als einem Biocomputer auf den neuesten Stand gebracht, die auch einen intellektuellen Rahmen abgeben für die von persönlichen Computern, Wortprozessoren und Video-Spielen ausgelöste Informations-Revolution.

Lebensverlängerung ist philosophisch wie wissenschaftlich der heißeste Punkt. Auf dem Wege biochemischer Intervention kann das Sterben verschoben werden – diese Möglichkeit wirft unsere Auffassung von der Bedeutung des Lebens völlig über den Haufen. Alan Harrington, in *The Immortalist*, und Roy Walford, in *Leben über 100*, diskutieren beide die unendlichen Möglichkeiten, die traditionelle Religionen und Philosophien genutzt haben, um uns von der Unvermeidlichkeit des Todes zu überzeugen. Sobald die Mechanismen der DNS-Reparatur, der immunologischen Verteidigung und der DNS-Codes des Alterungsprozesses durchschaut werden können, und wenn, wie Dr. Walford sagt, die menschliche Lebensspanne auf 150 Jahre ausgedehnt werden kann, dann mag es eines fernen Tages möglich sein, das Sterben auf unbestimmte Zeit zu verschieben, während Fortschritte auf dem Gebiet der molekularen Rekonstruktion es ermöglichen, den unfreiwilligen, unvermeidlichen Tod zu eliminieren. Es gibt zur Zeit wenige Themen, die mich so sehr gefangennehmen.

Seit meiner Entlassung aus dem Gefängnis habe ich sechs neue Bücher geschrieben und über fünfzig Artikel auf den Gebieten

Exo-Psychologie, Neuro-Logik, Soziobiologie, Neuro-Politik, Gaia-Theorie, Verjüngung, Neuro-Geographie, Neo-LaMarckianismus, persönliche Evolution und Entwicklung, Biocomputer-Theorie, experimentelles Sterben, Neuro-Ökologie, migratorische Demographie und die befreienden Vorteile von Wortprozessoren und Videospielen verfaßt.

In meiner Freizeit habe ich Grundkenntnisse in verschiedenen Kommunikationsmedien erlangt: als Radio-Mitarbeiter, beim Filmschauspielen, Filmemachen, als Alleinunterhalter, beim Umgang mit dem persönlichen Computer, im West Coast-Verlagswesen und beim Debattieren – indem ich mich solch wertvollen Gegenspielern wie G. Gordon Liddy öffentlich stellte.

Zurückblickend muß ich sagen, daß die sich wiederholenden Engagements mit meinem alten Rächer G. Gordon vorausbestimmt schienen. Immerhin waren es die verpfuschten Hausdurchsuchungen in Millbrook, die ihn zum Chefklempner des Weißen Hauses und zum Mastermind von Watergate aufsteigen ließen.

Ich mochte, wie Gordon sich nach seiner Verhaftung verhielt: wie er Judge (Henkers-John) Sirica die Stirn bot, seine tapfere Weigerung, im Watergate-Prozeß auszusagen. Ganz besonders mochte ich seine spartanische Antwort auf die Frage: «Schwören Sie, die Wahrheit zu sagen, die ganze Wahrheit...», die klar und deutlich «Nein» lautete. Ich schätzte seinen mannhaften Widerstand gegenüber den Gefängnisverwaltungen, seine Weigerung, zu bereuen, sein romantischer Stolz auf seine eigene Courage, sein schadloses Sticheln derjenigen, die sich leicht schockieren lassen.

Nach sechzehn öffentlichen Debatten, einem Dokumentarfilm (*Return Engagement*) und Dutzenden von Interviews habe ich Gordon liebgewonnen, obwohl ich viele seiner Ideen ablehne. Wir beide sind in der seltenen Position, die es uns ermöglicht, genau das zu sagen, was wir wollen. Darüber hinaus teilen wir uns in dieselbe spezielle gesellschaftliche Perspektive, die entsteht, wenn man lange Zeit in Gefängnissen gesessen hat.

Fast täglich stehe ich in Kontakt mit anderen alten Freunden. Die meisten von uns wissen, daß wir eine bedeutsame Periode in der Geschichte der Menschheit durchlebt haben, daß wir Teil einer mächtigen Bevölkerung abgesicherter, erfahrener Veteranen der sechziger Jahre sind. Viele Millionen von uns, die wir auf planvolle Weise das Bewußtsein bis an die äußeren Grenzen getrieben haben und, auf diese oder jene Weise die Paradoxe und Ekstasen, denen ein Gehirnforscher begegnet, gemeinsam erlebt haben.

Meine Tochter Susan ist eine Altenpflegerin, nebenher studiert sie Computer-Wissenschaft, ist Mitglied der US Army-Reserve, eine hingebungsvolle Mutter und, über allem, eine unsinkbare Individualistin. Mein Sohn Jack lebt in Berkeley. Er ist Mitglied der Internationalen Bruderschaft der Kesselmacher, Eisenschiffbauer, der Schmiede, der Schweißer und ihrer Helfer. In meinen väterlichen Fantasien sind meine Kinder Neuland-Pfadfinder des Baby-Booms, Mitglieder der ersten Schockwelle ihrer Generation, die die in Gräben verharrende Vergangenheit trifft. In meinen stolzen Träumereien sind sie evolutionäre Helden, Spätentwickler mit unbegrenzten Fähigkeiten. Ihre Zukunft ist eng an die Zukunft ihrer Generation geknüpft.

Frank Barron ist Professor an der Universität von Kalifornien in Santa Cruz, ein höchst angesehener Gelehrter und Außenseiter. Sein Engagement für die Psychologie der nuklearen Abrüstung ist stärker denn je zuvor. Mehrere Male pro Jahr treffen wir zusammen.

Richard Alpert, auch bekannt als Ram Dass, schaut, wenn er in Los Angeles zu tun hat, zu liebevollen Zusammenkünften vorbei. Seine grundlegende Strategie in der Schaffung einer originellen Identität hat darin bestanden, sich mit einem prophetischen Meister zusammenzutun, für den er den loyalen Leutnant spielt. Nachdem sein Hindu-Guru starb, tat Ram Dass sich mit einer flammenden Hausfrau aus Brooklyn zusammen, die sich Joya nannte, Mutter des Universums. Ihre rowdyhafte, unbekümmerte Affäre rief bei allen seinen wahren Freunden viel Applaus hervor. Derzeitig ist Richard damit beschäftigt, Botschaften von einem entkörperlichten mediumistischen Meister namens Emmanuel weiterzureichen. Ram Dass-Richard Alpert ist unser grundlegend reformierter theosophischer Unitarier-Priester geworden. Seiner in die Millionen gehenden Gemeinde predigt er eine geistreiche Unterwerfung unter das Unvermeidliche. Er ist eine ganz außergewöhnliche Geschichte eines Erfolges. Ich liebe ihn von ganzem Herzen.

Allen Ginsberg, den ich häufig treffe, fährt fort, ein deklamatorischer Politiker zu sein, ein Prophet des Alten Testaments, der die Sünden der Bourgeoisie anprangert.

Walter Clark, inzwischen hoch in den Achtzigern, bleibt ein begeisterter und wirkungsvoller Fürsprecher des chemischen Mystizismus, eifrig und bereit, unser Abenteuer der Suche nach Gott ganz von vorn zu beginnen – auf einer höheren Ebene.

Die schroffe Figur von William Burroughs ragt turmhoch aus den nordafrikanischen Science-fiction-Filmlandschaften meiner Erinnerung empor. Wir begegnen uns alle paar Monate, und ich bin jedesmal aufs neue erfrischt von seinem sardonischen Humor und seiner präzisen wissenschaftlichen Intelligenz, wenn es um Space-Wanderung, um neue Mind-verändernde Techniken, Lebensverlängerung und die auserlesene Zukunft verschrobener Dekadenz geht.

Die stets schöner werdende Nanette heiratete einen herausragenden buddhistischen Gelehrten und ist heute Mutter von vier Kindern.

Auch zwölf Jahre nach unserer Flucht hält Rosemary sich im Untergrund versteckt, die rätselhafte Figur unserer Träume. Steht sie strahlend, in ein schwarzes Cape gehüllt auf einem afrikanischen Bootsanleger und wartet auf das Zeichen, ihr Schweigen zu brechen? Wird ihr Abenteuer je einmal erzählt werden?

Ralph Metzner ist derzeitig Dekan des California Institute for Integral Studies in San Francisco. Er arbeitet weiterhin als Lehrer, Psychotherapeut, Schriftsteller und Forscher für veränderte Bewußtseinszustände.

George Litwin gab seinen Posten an der Harvard Business School auf, um ein erfolgreicher Berater der Industrie zu werden. Er ist auch eine leitende Persönlichkeit in der Rajneesh-Bewegung.

Gunther Weil ist zur Zeit der Direktor des Center for Media Development an der University of Massachusetts und lehrt tantrischen Tao-Yoga.

Ken Kesey und ich sind stets eng befreundet geblieben. Er sitzt fleißig daran, einen weiteren großen, amerikanischen Roman zu schreiben.

Michael Hollingshead, der absolute Zigeuner-Gelehrte, hat zwei Bücher über das Bewußtsein verfaßt sowie Bilderbücher zu den Themen Wissenschaft und Evolution für Marvel Comix.

Maynard Ferguson und seine Big Band talentierter junger Musiker ist populärer denn je. Flora Lu fährt zwischen Ojai und Indien in mysteriösen spirituellen Missionen hin und her.

Die Hitchcocks fuhren fort, singuläre Realitäten zu errichten. Tommy ist Rechtsanwalt. Billy ist ein einfallsreicher Finanzier und Schutzpatron der Künste. Peggy, von Geburt her ausgestattet mit einem schier unerschöpflichen Reservoir gutmütigen Humors und Großzügigkeit, ist ein Makler für heiteres Wissen geblieben, die ganzen Jahre kulturellen Aufschwungs und Bankrotts hindurch. Die Hitchcock-Familie hat den Millbrook-Besitz als ein historisches Baudenkmal erhalten.

Eldridge Cleaver und ich sind, seit Algerien, mehrere Male in Freundschaft zusammengekommen. Im Bundesgefängnis von San Diego bildeten wir zwei eine hochqualifizierte Basketballmannschaft. Zu dieser Zeit wurde Eldridge ein wiedergeborener Christ und Befürworter der Space Migration. Seither ist er ein Moonie geworden und einer der knallharten Befürworter Ronald Reagans.

Mein Archivar, Michael Horowitz, hält weiterhin die Fitz Hugh Ludlow Memorial Library in San Francisco, der Welt größte Sammlung von Büchern, Manuskripten und Artefakten zum Thema Drogengebrauch aufrecht. Tatkräftig unterstützt von Cindy Palmer und Michael Aldrich. Michael und Cindy haben zwei Werke zur kulturellen Pharmakologie veröffentlicht: *Moksha: Aldous Huxley's Writing on Psychedelics and the Visionary Experience* und *Shaman Woman, Mainline Lady*.

Das Polizeiaufgebot aus dem Poughkeepsie Courthouse, das uns aus Millbrook vertrieb, wurde von G. Gordon Liddy angeführt, von Sheriff Larry Quinlan, Deputy Charles Borchers und Deputy Albert Traver. Liddy, Quinlan und Borchers wurden später wegen schwerer Verbrechen angeklagt, ein karmisches Heimzahlen, wie es in jenen Tagen so typisch war. Traver, der einzige der Bande, der sauber blieb, wurde später zum Captain befördert.

Im Herbst 1982 kehrte ich nach Poughkeepsie zurück, um am Vassar College einen Vortrag zu halten. Während ich mich noch im Umkleideraum aufhielt, ging die Tür auf und ein robuster Bursche mit dem unverkennbaren Auftreten eines Bullen trat ein. «Timmy», rief er aus und legte mir seine Arme um die Schultern. «Kennst du mich noch? Ich bin Al Traver.» Wir nahmen einander auf den Arm wie frühere Fußballrivalen. Dies ist mein Traum, wie die Politik der American League eines Tages aussehen sollte.

Wenn ich so zurückblicke auf ein reiches, ständig sich veränderndes und äußerst unterhaltsames Leben, wird mir klar, daß meine Hingabe an gewisse Lebensideologien niemals ins Wanken geraten ist. Unermüdlich und voller Zuversicht habe ich meine Selbsterforschung vorangetrieben, meine Evolution und Innovation als Gegenmittel gegen unentrinnbares Erwachsenendasein. Indem ich Schulen, Jobs, geographische Orte wechselte, indem ich den Offiziersdienstgrad in der Armee ausschlug ebenso wie Titel in der akademischen Welt ... von den Ermahnungen meines Großvaters, ich sei „anders", bis zu Aldours Huxleys Vorschlag, ich solle ein Cheerleader der Veränderung werden, von meinem ersten Pilzetrip in Cuernavaca bis hin zu meinen kürzlich durchgeführten Ketamin-Experimenten zu freiwilligem Tod, habe ich mich selbst stets reprogrammiert und andere ermutigt, Widerstand zu leisten, zu fragen, herauszufordern, in der Tat alles zu tun, dem Fließband zu entrinnen, das uns fortbewegen würde – wenn wir nicht wachsam sind – forttragen in eine alles verschlingende, altertümliche Vergangenheit.

Im Alter von vierzig Jahren Drogen zu entdecken, war eine gänzlich unerwartete Gnade. Hier hatte man eine direkte Methode an der Hand, mit der man das Nervensystem in jenen für Suggestion offenen Zustand zurückführen konnte, in dem neue Realitätsprogramme eingedruckt werden konnten. Die Erkundung der eigenen neurologisch/genetischen Ausrüstung kann zu einer Metamorphose einer ganz besonders vorteilhaften Art führen – Verjüngung! Zur in die DNS eingebauten Gewißheit, daß die Zukunft nicht so sein wird wie die Vergangenheit.

In den letzten zwei Jahrzehnten hat sich herausgestellt, daß diejenigen, die am meisten an Prozessen interessiert sind, die eine Verjüngung zur Folge haben, jene sind, die nach 1946 zur Welt gekommen sind – die Nachkriegswelle junger Menschen, mit denen mein Schicksal so eng verbunden war. Heute weiß ich die Wichtigkeit demographischer Erhebungen die einzelnen Generationen betreffend zu respektieren, die erkennen lassen, daß zu Zeiten beschleunigter kultureller Veränderungen die Generation, zu der man gehört, ein höchst entscheidender Faktor dafür ist, wie man denkt und handelt.

Innerhalb dieses Jahrhunderts sind in Amerika vier verschiedene Gruppen auf der Bildfläche erschienen, und alle vier sind noch äußerst lebendig: 1) die Old Timers, die Leute, die vor 1920 geboren wurden; 2) die Permissiven Eltern, geboren zwischen 1920 und 1945; 3) die Baby Boomers, geboren zwischen 1946 und 1964; und 4) die Whiz Kids, die gewitzten jungen Menschen, die nach 1965 geboren wurden.

Die scheinbar unlösbaren Probleme unserer Tage wurden von zwei Prä-1946-Generationen hervorgerufen. Der Wirkungskreis und die Gewichtigkeit dieser Probleme scheinen jegliches Fassungsvermögen zu sprengen – Überbevölkerung, Umweltverschmutzung, Gewalt, Weltuntergangsrüstung, die Anstrengungen der Status quo-Generationen, die jüngere Generationen gegen neue Ideen abzuschirmen.

Käme mir die Aufgabe zu, die evolutionären Angelegenheiten auf diesem Planeten in die Hand zu nehmen, würde ich jetzt, in diesem Augenblick, die ganze Welt mit fortschrittlichen Menschen überfluten, damit sie, friedfertig programmiert, die Kontrolle übernähmen und die notwendigen Veränderungen einleiten würden.

Und siehe! Dies ist genau das, was die DNS getan hat, wie es scheint. Genau in dem Moment, wo alles hoffnungslos aussah, da kamen 76 Millionen Nachkriegsamerikaner anmarschiert – 40 Millionen mehr, als wir erwartet hatten – frisch, voller Vertrauen und Zuversicht, programmiert für Innovation.

Eine kürzlich durchgeführte Umfrage läßt erkennen, daß achtzig Prozent der amerikanischen Öffentlichkeit derzeit an persönlichen Erfüllungsprojekten teilnimmt, von denen die meisten in irgendeiner Weise das Phänomen der Verjüngung einbeziehen. Kritiker dieses neuen Trends behaupten, dies würde das Ende des Industriellen Zeitalters in Amerika bedeuten, und sie haben recht. Das Industrielle Zeitalter ist vorüber. Das Informations-Zeitalter hat begonnen.

Ich sehe darin einen Grund zu feiern. In der Zukunft wird ein Überleben von einer Vermehrung von Intelligenz abhängig sein: Erweiterung des Informationsspektrums, dessen, was wir empfangen, Verbesserung unserer Modelle zur Analyse dieser Tatsachen und die Entwicklung leistungsfähigerer Methoden zur Übermittlung auf den neuesten Stand gebrachter Signale an andere.

Ich treffe diese Voraussage mit Zuversicht und Heiterkeit: die Jungen sind bereit, die höheren Schaltkreise ihrer Gehirne anzuschalten, *Turn On*! Sich einzustimmen, *Tune In* auf die furchteinflößende Macht ihrer Zahlen, und Verantwortung zu übernehmen, *Take Charge* für die Evolution.

Es ist an der Zeit.

(Wird fortgesetzt.)